# BYŁAM
# SŁUŻĄCĄ

## W ARABSKICH PAŁACACH

# Laila SHUKRI

# BYŁAM SŁUŻĄCĄ

## W ARABSKICH PAŁACACH

Prószyński i S-ka

Projekt okładki
Agencja Interaktywna Studio Kreacji
(www.studio-kreacji.pl)

Zdjęcie na okładce
© Getty Images

Redaktor prowadzący
Michał Nalewski

Redakcja
Roman Honet

Korekta
Katarzyna Kusojć
Sylwia Kozak-Śmiech

Łamanie
Ewa Wójcik

ISBN 978-83-8069-053-0

Warszawa 2015

Wydawca
Prószyński Media Sp. z o.o.
02-697 Warszawa, ul. Rzymowskiego 28
www.proszynski.pl

Druk i oprawa
Drukarnia POZKAL Spółka z o.o.
88-100 Inowrocław, ul. Ceglana 10-12

# Rozdział I

# Bibi

Pierwszy raz przyjechałam do Kuwejtu jako służąca, kiedy miałam dziesięć lat. Jeszcze nie miesiączkowałam i mama, myjąc mnie w Bombaju przed podróżą, tłumaczyła mi, co mam zrobić, gdy pojawi się pierwsza krew.

– Już niedługo – mówiła, namydlając moje zupełnie dziecinne ciało – pojawią się pierwsze włoski. O tu, pod pachami – jej spracowane dłonie delikatnie mnie łaskotały – i tu – wskazała wzgórek łonowy. – Wtedy poproś swoją panią, dla której będziesz pracowała, o maszynkę do golenia i usuń je wszystkie. Pamiętaj, żeby zawsze dbać o czystość, bo to jest bardzo ważne.

Słuchałam w skupieniu, ponieważ mama pracowała kiedyś w Kuwejcie trzy lata jako służąca i wszystko wiedziała. Była taka mądra.

– A kiedy pojawi się krew, to poproś swoją panią o Kotex – tłumaczyła mi dalej.

– A co to jest Kotex? – Nie rozumiałam.

– Takie wkładki, umieszczasz je między nogami, żeby nie zabrudzić ubrania.

– Ale to niewygodne… i na pewno wypadną – trapiłam się.

5

– Nie martw się. – Mama uspokajała mnie, dokładnie myjąc mi włosy. – Kupię ci majteczki, w których są specjalne kieszonki na podpaski. Będzie ci wygodnie.

Kochana mama. Zawsze o wszystkim myślała. W każdym momencie wiedziała, jak postąpić. Kiedy jeszcze nosiła mnie w brzuchu, w trzecim miesiącu ciąży uciekła ze swojej wsi do miasta, żeby mnie uratować. Obawiała się, że systematyczne i brutalne bicie, którego doświadczała ze strony mojego wiecznie pijanego ojca, może doprowadzić do poronienia. Wściekły mąż zarzucał jej, że ciąża jest wynikiem zdrady, i robił wszystko, żebym nie przyszła na świat. Ale mama zabrała ze sobą moją pięcioletnią wtedy siostrę Anisę i ciemną nocą wymknęła się z domu. Na piechotę, poprzez góry, przemierzając wyschnięte w porze suchej jezioro, dotarła do miejscowości, gdzie znalazła schronienie i pracę. Chodziła na otaczające miasteczko pola ryżowe, żeby zarobić na utrzymanie swoje i Anisy. Była niezwykle pracowita i lojalna, co zjednało jej przychylność ludzi. Kiedy przyszedł czas porodu, przyjęto ją do szpitala, gdzie z powodu niespodziewanych komplikacji spędziła miesiąc.

Opowiadała mi, że kiedy się urodziłam, położna od razu nadała mi imię Indira, ze względu na niezwykłe podobieństwo do naszej wielkiej rodaczki[1]. Wysokie czoło, charakterystyczny kształt nosa i policzków przyczyniły się do tego, że do tej pory jak wracam do Indii, wołają na mnie Indira Gandhi. Ale w dokumentach wpisano Bibi Shaik. To po ojcu, którego nie widziałam nigdy w życiu. To znaczy pojawił się raz, ale byłam wtedy zbyt mała, żeby to pamiętać.

Mama po pobycie w szpitalu wróciła do swojej wsi. Dowiedziała się, że ojciec opuścił nasz dom i osiadł w innej miejscowości,

[1] Indira Priyadarshini Gandhi (1917–1984). Indyjska polityk, premier Indii w latach 1966–1977 oraz 1980–1984. Została zamordowana przez sikhijskich fundamentalistów. Ciało zostało spalone, a popioły zamiast do Gangesu – trafiły w Himalaje.

gdzie się ożenił. Wyznajemy islam, więc mężczyźni mogą mieć jednocześnie więcej niż jedną żonę. Mama myślała, że ojciec, zajęty nowym życiem, zapomniał o nas, dzięki czemu możemy się czuć bezpiecznie. Od razu zaczęła pracować, żebyśmy miały co jeść. Wtedy zajmowała się mną moja siostra. Do tej pory, kiedy siedzimy w trójkę i pijemy herbatę z mlekiem, mama i siostra wspominają incydent z tamtego czasu. Kiedy zostawałam z siostrą w domu, Anisa miała za zadanie zmieniać mi pieluchy i bujać mnie, kiedy płakałam. Przywiązana do sufitu i odpowiednio udrapowana płachta materiału pełniła funkcję kołyski. Mama co parę godzin przychodziła z pracy do domu, aby nakarmić mnie piersią. Pewnego razu z przerażeniem zobaczyła, że cała jestem spuchnięta i czerwona od płaczu. Oprócz tego na policzkach były zatarcia, z których sączyła się krew.

– Co się stało?! – zawołała ze strachem mama. – Coś ty jej zrobiła? Jak ty się nią opiekowałaś?! – krzyczała na moją siostrę.

– Ja nic... Tylko ją huśtałam... O tak, wysoko pod sufit... – Siostra zaczęła wymachiwać drobnymi rączkami. – Bo płakała i płakała... chciałam ją uspokoić... – tłumaczyła się, ale widząc niezadowoloną minę mamy, sama wybuchnęła donośnym płaczem.

Była jeszcze dzieckiem i nie zdawała sobie sprawy z tego, że zbyt gwałtownymi ruchami może zrobić mi krzywdę. Tkanina kolebki już podrażniła mi delikatną skórę buzi, a zbyt wysokie bujanie groziło upadkiem na podłogę. Od tamtej chwili, kiedy mamy nie było w domu, opiekowała się mną stara sąsiadka, która sama wychowała jedenaścioro dzieci.

Mama opowiadała mi, że ojciec przyszedł do domu, kiedy miałam cztery miesiące. Jak zwykle był pijany i natychmiast, gdy mnie zobaczył, chwycił wielki nóż i zbliżył się do mnie, mówiąc: „Zabiję tego pierdolonego bękarta!". Ja uśmiechałam się do niego i chciałam sięgnąć po długie, zimne ostrze jak po najcenniejszą zabawkę. Żywo reagowałam, wydając radosne dźwięki, szczęśliwa, że ktoś przyszedł się ze mną bawić. Ojciec zamachnął się, chcąc zadać mi śmiertelny cios. Wtedy mama, zaalarmowana histerycznym krzykiem mojej siostry, w ostatniej chwili zatrzymała jego rękę. W akcie desperackiej odwagi dotkliwie go pobiła wielkim żelaznym rondlem i bezpowrotnie wyrzuciła z domu. Po trzech latach dowiedziała się, że umarł po ukąszeniu przez kobrę. Nie pamiętam nawet jego imienia.

Mama musiała zawsze ciężko pracować, żebyśmy nie głodowały. Kilka razy w tygodniu wstawała o trzeciej rano i razem z paroma innymi kobietami wyruszały małym, wynajętym wozem, zaprzężonym w dwa białe woły, do oddalonej miejscowości, gdzie znajdowały się sady mango. Tam właściciele sprzedawali zielone, jeszcze niedojrzałe owoce. Kobiety ładowały je na wóz i wracały do naszej wsi. Tu dzieliły się twardymi owocami i układały je w kopce. Po trzech, czterech dniach skórka niektórych mango zmieniała barwę na żółtą lub lekko pomarańczową. Wtedy mama, sprawdziwszy palcami miękkość każdego dojrzałego owocu, wrzucała je do ogromnego kosza. Kiedy był wypełniony po brzegi, a mogło w nim się zmieścić do trzystu sztuk mango, mama znowu budziła się bladym świtem, brała kosz na głowę i wyruszała do okolicznych wiosek, aby sprzedać owoce. W zamian dostawała gałązki z ziarnami ryżu lub pieniądze.

– Robiłam to wszystko dla ciebie, córeczko – wspominała, czesząc moje włosy. – Starałam się, aby w naszym domu zawsze była garstka ryżu... a ty przepadałaś za białym ryżem, który jest najdroższy. Dlatego ciężary nosiłam w obie strony... Najpierw mango, a z powrotem wiązki ryżu...

Kiedy Anisa miała dziesięć lat, przyszedł do nas mąż siostry mojej mamy i zabrał ją, żeby odwiedziła ciocię. Po pięciu dniach do mamy dotarła wiadomość, że jej szwagier chce wydać Anisę za mąż za kogoś ze swojej dalekiej rodziny. Mama się zdenerwowała i od razu ze mną na plecach wyruszyła, aby zapobiec temu małżeństwu. Droga była daleka. Autobusem mogłyśmy dojechać jedynie do połowy, a dalszą część trasy musiałyśmy przebyć pieszo. Szłyśmy przez góry, wędrówka była ciężka, bo nasze nogi raz po raz zapadały się w lepkiej mazi dna jeziora, o tej porze roku pozbawionego wody. Byłam ogromnie zmęczona i płakałam, mama niosła mnie tyle czasu, ile mogła, ale jak już nie dawała rady, to musiałam iść sama.

– Nie ociągaj się! – poganiała mnie. – Chodź szybko, bo będzie za późno!

Kiedy po dwóch dniach dotarłyśmy na miejsce, przyjęcie weselne już się kończyło. Anisa, ubrana w skromne, białe, wykończone czerwonymi oblamówkami sari, siedziała wśród dziesiątek kobiet. Na jej twarzy malowało się przygnębienie, a jej małe ciało ginęło w zwojach materiału. Smutnego widoku nie łagodziły nawet ozdabiające ją girlandy kwiatów. Na jej szyi zwisał naszyjnik z czarnych koralików, zwany *nallal patiya* – znak, że małżeństwo zostało już zawarte.

– Anisa! – wykrzyknęłam i z płaczem rzuciłam się jej na szyję. Zawsze byłyśmy razem, a teraz nie widziałam jej już od tygodnia. Siostra odwzajemniła uścisk, a jej ciało zaczęło drżeć. Nie wiem, czy do końca wtedy wiedziała, w czym tak naprawdę bierze udział.

– Za kogo wydaliście moje dziecko?! – zaczęła histerycznie krzyczeć mama. – Komu oddaliście moją córeczkę?

Panem młodym okazał się dwudziestojednoletni młodzieniec pochodzący z niezmiernie ubogiej rodziny. My też byłyśmy biedne i nieraz zdarzały się dni, kiedy nie miałyśmy nic do jedzenia. Ale rodzina, do której właśnie dołączyła moja ukochana siostra, składała się z prawdziwych nędzarzy. Ich ubóstwo było tak wielkie, że gdy później ich odwiedziłyśmy, trzymałam się kurczowo sari mamy, nie mogąc odnaleźć się w obskurnym otoczeniu. Pamiętam, że mieli zaledwie jeden garnek i trzy talerze: po jednym dla każdego z członków rodziny. Kiedy częstowali nas jedzeniem, mnie kazali czekać, aż dorośli zjedzą i zwolni się jeden z talerzy. Ponieważ byłam bardzo głodna i domagałam się posiłku od razu, dostałam swoją porcję na pokrywce od garnka.

W dniu wesela siostry mama dowiedziała się o niskim statusie pana młodego od kobiet siedzących wokół Anisy. Jej rozpacz, że przybyłyśmy za późno, sięgnęła zenitu. W przypływie desperacji zdjęła z nogi swój sandał, znalazła szwagra i zaczęła go porządnie okładać.

– Coś ty zrobił?! – krzyczała. – Jak śmiałeś? Dlaczego nie zapytałeś mnie o zgodę?! Kto ci pozwolił zadecydować o losie mojego dziecka?! – Kolejne razy lądowały na głowie i ciele mężczyzny. Zgromadzeni goście nawoływali jeden przez drugiego, żeby mama się uspokoiła. Na siłę odciągali ją od szwagra, tłumacząc, że to i tak już nic nie da. Jej córka jest już żoną i nic tego nie zmieni. Lepiej niech mama pogodzi się z tym, co się stało. Zresztą na pewno jest głodna i Bibi też, więc lepiej niech posilą się po dalekiej podróży i celebrują z innymi ten ważny dla jej córki dzień.

Jakaś kobieta postawiła przede mną parujący talerz z ryżem i mango. Czułam dotkliwy głód, więc z łapczywością się na niego rzuciłam. Jednak nie smakowało mi jedzenie, więc z odrazą odsunęłam naczynie. Wtedy też nie zdawałam sobie sprawy, co tak naprawdę się dzieje, ale widziałam, że mama jest autentycznie zła, a siostra smutna, więc się głośno rozpłakałam. To okazało się już ponad siły mamy. Wzięła mnie za rękę, mówiąc „idziemy!". Następnie, nie zważając na protesty gości weselnych, ściągnęła Anisę z podwyższenia, zaprowadziła do pokoju obok i zdjęła jej białe, ślubne sari. Rzuciła je w kąt, po czym ubrała córkę w spódniczkę i bluzkę, które miała na sobie przed tygodniem, kiedy opuszczała nasz dom. Gotowe do drogi powrotnej, skierowałyśmy się do wyjścia. Mama, mocno trzymając nas przy sobie, z trudem przeciskała się przez jazgoczący tłum. Rodzina pana młodego próbowała nas zatrzymać, ale mama dopięła swego i wkrótce znalazłyśmy się na górskiej drodze prowadzącej do domu.

Mimo że Anisa mieszkała z nami, oficjalnie była już mężatką. Jej mąż, Mowlal, odwiedzał nas czasami, przynosząc trochę warzyw, owoców, słodyczy i herbatników. Ja zawsze czekałam na owoc drzewa bochenkowego, dżakfrut. Uwielbiałam jego łagodny, słodki smak. Mowlal czekał, aż jego żona dostanie pierwszej miesiączki i będzie mógł skonsumować małżeństwo. Stało się to, kiedy siostra skończyła dwanaście lat. Mama przygotowała dla małżonków oddzielny pokój, aby mieli trochę prywatności. Nie wiem, co się tam stało, ale od tej chwili, kiedy Mowlal przychodził do nas, Anisa uciekała z domu i chowała się w pobliskich górach. Nic nie potrafiło jej przekonać, żeby jeszcze raz została sam na sam z mężem. Mama tłumaczyła zięciowi, że musi być cierpliwy i dać jej córce trochę więcej czasu, więc Mowlal czekał. A kiedy nas odwiedzał, przebywał przeważnie ze mną. Brał mnie na spacery, nosił na barana, bawił się w popularne gry. Lubiłam zabawę rangoli[1], przy której zawsze było dużo śmiechu. Przekomarzaliśmy się, jakich materiałów i kolorów użyć, żeby powstała jak najładniejsza kompozycja. Czasem dołączały do nas dzieci

---

[1] Rangoli – tradycyjna sztuka tworzenia barwnych kompozycji na ziemi. Hindusi tworzą je z ziaren ryżu, piasku, zbóż, płatków kwiatów lub malują je kredą. Wielobarwne ornamenty wznoszone są przed tradycyjnymi świętami, jednak dzieci często bawią się, tworząc mozaiki bez żadnej okazji.

sąsiadów i bawiliśmy się w *kabbadi*[1]. Uwielbialiśmy tę zabawę i mogliśmy grać w nią godzinami. Tylko Anisa, kiedy wracała ze swojej górskiej kryjówki po wyjeździe Mowlala, była smutna.

– Też bym tak chciała się bawić... – mówiła rozgoryczona.

– To zostań i baw się z nami. Czemu uciekasz?

– Nie mogę... – odpowiadała ponuro i odwracała głowę.

Próbowałam ją wtedy rozerwać i proponowałam jej grę w kulki logiczne. Układanie jednokolorowych kulek w równych rządkach na tyle ją zajmowało, że po paru chwilach jej twarz się rozchmurzała.

Pewnego dnia zauważyłam, że mama spakowała do małej torby swoje dwa najlepsze sari. Zapytałam, po co to robi.

– Jadę, córeczko, do Kuwejtu... – Od razu mocno mnie do siebie przytuliła. – Tam są bogaci ludzie i ja będę dla nich pracować. Już nigdy nie zabraknie ci jedzenia. – Z czułością gładziła mnie i całowała po głowie.

Nie wiedziałam, co to jest Kuwejt. Myślałam, że jak mama pojedzie tam do pracy, to jak zwykle wróci do domu na noc. Jednak stało się inaczej. O pierwszej w nocy mama obudziła mnie i siostrę.

– Odprowadzicie mnie na dworzec kolejowy – powiedziała.

Do Kuwejtu, aby pracować jako służące, jechały również dwie nasze sąsiadki. Je też odprowadzały rodziny. Całą grupą ruszyliśmy pieszo na stację. Kiedy tam dotarliśmy, było jeszcze ciemno. Czekaliśmy na pociąg wśród innych podróżnych. Mnie znużył marsz, więc prędko zasnęłam.

---

[1] *Kabbadi* – popularna zabawa dzieci w Indiach. Dzieci dzielą się na dwa zespoły i ustawiają naprzeciwko siebie na prostokątnym boisku. Po sygnale wytypowany zawodnik wbiega na pole przeciwników i krzycząc jednym tchem „kabbadi", musi dotknąć jak największej liczby rywali. Zanim skończy okrzyk, ma za zadanie wrócić na stronę swojej drużyny. Zawodnicy dotknięci są eliminowani z gry.

– Wstawaj szybko! Mama odjeżdża! – Siostra mocno mnie tarmosiła.

Na peronie kłębił się tłum. Po chwili straciłam mamę z oczu. Szukałam jej wzrokiem wśród różnobarwnych sari, twarzy rozmazanych w świtającym dniu, ramion splecionych w pożegnalnych uściskach. Nie odnalazłam. Kiedy pociąg ruszył, długo biegłam za ostatnimi wagonami, krzycząc:

– Mamo! Mamo! Zostań! Proszę, nie odjeżdżaj! Nie zostawiaj mnie! Mamo! – Płakałam głośno, wierząc, że mama mnie usłyszy i od razu wróci. Pociąg zniknął w oddali, a ja wciąż miałam nadzieję, że następnego dnia mama się pojawi. Jednak mama nie przyszła ani następnego dnia, ani tygodnia, ani miesiąca, ani roku. Zobaczyłam ją dopiero po trzech latach.

Kiedy mama wyjechała, mąż siostry wraz ze swoimi rodzicami wprowadził się do nas na dobre. Anisa już nie mogła przed nim uciekać i musiała spać z nim w jednym pokoju. Od tej pory na jej twarzy zawsze gościła smuga cienia.

Po jakimś czasie mama zaczęła przysyłać nam pieniądze na utrzymanie i paczki z ubraniami. Pamiętam biało-niebieską sukienkę z falbankami. Gdy miałam ją na sobie, czułam się jak śliczna lalka, którą mama przysłała mi z Kuwejtu. Często ją zakładałam i myślałam o mamie.

Pewnego razu, a była to pora deszczowa, przyszli do nas krewni z rodziny mojego zmarłego ojca.

– Wynoście się stąd! – krzyczał brat ojca. – To nie jest wasz dom! Nie możecie tu mieszkać!

– Ale gdzie mamy iść? – pytała z płaczem Anisa. – Przecież nie mamy innego domu!

– Na ulicę! – wrzeszczała żona brata ojca. – Tylu ludzi tam mieszka, więc i wy możecie! – Wyrzucała przed dom wszystkie nasze rzeczy. W błocie wylądował cały nasz dobytek. Garnki, naczynia, ubrania, pościel, a nawet jedyna lalka, którą miałam. Moja ulubiona sukienka też tam trafiła. Rzęsiste krople intensywnego deszczu wbijały ją w błotnistą breję i już po chwili straciła swoje intensywne kolory, zamieniając się w brunatną szmatę.

– Nie! Nie chcę! – zaczęłam się histerycznie drzeć. – Mamo! Mamo!

Siostra, widząc moją rozpacz, rzuciła się z piąstkami na wuja. Ten się wściekł, przewrócił Anisę na ziemię i zaczął ją mocno bić i kopać. Nie mogłam patrzeć, jak moja siostra dostaje kolejne razy. Wybiegłam na zewnątrz i zaraz wróciłam, cała przemoknięta, trzymając w ręce ostro zakończony kamień. Z całej siły uderzyłam nim kilka razy wciąż znęcającego się nad Anisą wuja. Momentalnie z ciętej rany nad uchem zaczęła płynąć szybkim strumieniem krew.

– Policja! Policja! – darła się żona wuja. – Ta znajda zabiła mi męża!

Powstał taki harmider, że zbiegli się wszyscy sąsiedzi. Powiadomiony został też starzec zwyczajowo pełniący funkcję naczelnika wsi.

– Co się tu dzieje? – pytał, starając się dowiedzieć, o co chodzi w całym zamieszaniu.

– Oni nie mają prawa tu mieszkać! – krzyczeli krewni ojca jeden przez drugiego. – Ta Bibi, ten bękart nie należy do naszej rodziny!

– To jest dom po moim ojcu, mój brat nie żyje, a to nie jest jego dziecko! – Wściekły wuj próbował tamować krew. – Wszystko przez nią! – Oskarżycielsko wskazał na mnie. – Ale ja się z nią policzę! – Zbliżał się do mnie z groźnym wyrazem twarzy.

– Policję wezwać, policję! – krzyczeli krewni ojca.

– Powinni ją wsadzić do więzienia! – wtórowała ciotka.

Przerażona schowałam się za naczelnika wioski. Wszyscy byli niezmiernie wzburzeni i nie słuchali nawet słów starca, który próbował załagodzić sytuację. Widząc, że w tym momencie nic nie wskóra rozmową z rozjuszonymi krewnymi, którzy już rozpanoszyli się w naszym domu, zdecydował:

– Dziewczynki teraz pójdą ze mną. A jutro spokojnie porozmawiamy i spróbujemy rozstrzygnąć ten spór.

Pozbierałam z Anisą resztki naszego dobytku, który udało nam się uratować z błota, i poszłyśmy za naczelnikiem do jego domu. Ulokował nas tam w małym pustym pokoju.

– Śpijcie teraz – powiedział. – Jutro się wami zajmę.

Zamknął drzwi, a my z Anisą, leżąc na podłodze na matach, szlochałyśmy, przytulone do siebie mocno. Pomyślałam, że gdyby mama była z nami, to nigdy by do tego nie doszło.

Następne dni nie przyniosły rozwiązania. Wuj szybko sprzedał nasze rodzinne gniazdo i zostałyśmy bezdomne. Czasami przechodziłam koło swojego nie swojego domu i uparcie powtarzałam:

– To jest mój dom... To jest mój dom... – Ale nie mogłam wejść do środka. Przez otwór wejściowy, obramowany żółto-czerwoną futryną, patrzyłam na niebieskie ściany, przypominając sobie szczęśliwe chwile, które spędzałam tam z mamą. Czasami gładziłam ogrodzenie z trzciny, okalające nasz niewielki ogródek, ale nowi właściciele szybko mnie stamtąd przeganiali. Pocieszenia szukałam w ramionach siostry. Zostałyśmy w mieszkaniu starca. Jednak wkrótce mąż Anisy zabrał ją ze sobą do oddalonego miasta, w którym znalazł pracę. Zostałam zupełnie sama.

Starałam się skoncentrować na nauce. Mama, jeszcze zanim wyjechała do Kuwejtu, zapisała mnie do szkoły. Miałam tam lekcje języka telugu[1], matematyki, angielskiego i historii.

---

[1] Język telugu – posługuje się nim 70 milionów osób, mieszkańców indyjskiego stanu Andhra Pradesh, gdzie posiada status języka urzędowego.

Jednak wiejscy nauczyciele niezbyt przykładali się do swojej pracy i razem z innymi dziećmi większość czasu spędzałam na bezużytecznym siedzeniu. Dopiero kiedy mama przysłała pieniądze na prywatną szkołę, moja edukacja nabrała tempa. Byłam pierwsza w klasie z matematyki i języka angielskiego. Bardzo się starałam, bo chciałam, żeby mama po powrocie była ze mnie dumna.

Po roku mojego pobytu u starca przyjechał do mnie w odwiedziny mąż siostry z wiadomością, że Anisa urodziła synka. Zabrał mnie ze sobą na parę dni, żebym zobaczyła siostrzeńca. Pokochałam to dziecko od razu. Miał spojrzenie, które przypominało mi mamę. Poza tym znowu byłam wśród bliskich. Nie chciałam wracać do naszej wioski, gdzie ludzie źle mnie traktowali, gdyż uważali, że jestem owocem pozamałżeńskiego związku. Jednak Mowlal wysłał mnie z powrotem do naczelnika wioski, gdyż uważał, że powinnam chodzić do szkoły. Nie zważając na to, postanowiłam postawić na swoim i wyjechać, aby mieszkać ze swoją siostrą i jej rodziną. Już następnej nocy opuściłam swój skromny pokoik, zabrałam swoje ubrania i poszłam sama na dworzec kolejowy. Miałam w kieszeni kilka rupii, które podarowała mi siostra, kiedy ją odwiedziłam. Pamiętałam, że pociąg odjeżdża o czwartej nad ranem. Oczy mi się zamykały, ale walczyłam z sennością, bo bałam się, że pociąg odjedzie beze mnie. Udało mi się nie zasnąć i razem z tłumem podróżnych wsiadłam do wagonu. Wiedziałam, że podróż trwa długo i na miejsce dotrę dopiero następnego dnia rano. Po paru godzinach poczułam dotkliwy głód, ale nie chciałam pozbywać się ostatnich rupii, bo nie wiedziałam, kiedy mogą mi się przydać. Miałam przy sobie tylko małą paczkę herbatników. Zaczęłam je jeść, ale zaraz przybiegło do mnie jakieś małe dziecko i wyciągnęło po nie rączkę. Oddałam mu wszystko, co zostało w paczce.

Kiedy zobaczyli to jego rodzice, poczęstowali mnie jedzeniem, które mieli dla siebie. Już nie byłam głodna.

Pociąg jechał i jechał, a ja wyglądałam dużego mostu, bo pamiętałam, że na trzeciej stacji za nim mam wysiąść. Kiedy wreszcie do niego dotarliśmy i pociąg dość długo jechał nad dużą brunatną taflą wody, ludzie pootwierali okna i zaczęli wrzucać do niej pieniądze. Nie wiedziałam, dlaczego tak się dzieje, ale zrobiłam to samo co wszyscy, i moje ostatnie pieniążki również znalazły się w wielkiej rzece[1].

Kiedy przybyłam na miejsce, już świtało. Siostra niezmiernie się zdziwiła, kiedy zobaczyła mnie w drzwiach.

– Skąd ty się tu wzięłaś?! – wykrzyknęła. – I jak tu sama dotarłaś? Przecież to tak daleko!

– Przyjechałam! – Byłam szczęśliwa, że wreszcie będę z bliskimi. – Chcę z wami mieszkać!

Mąż siostry zgodził się, żebym z nimi została, bo obiecałam, że pomogę im w opiece nad synkiem i pracach domowych. Nowe obowiązki pochłonęły mnie tak szybko, że nie miałam czasu chodzić do szkoły.

Jednym z ważniejszych wydarzeń, które zapadło mi w pamięć z tamtych dni, były rozpacz i płacz milionów ludzi na ulicach.

– Zabili Indirę Gandhi! Indira Gandhi zginęła w zamachu! – powtarzano z ust do ust.

Wszyscy zbierali się przed nielicznymi odbiornikami telewizyjnymi i wspólnie oglądali nadawany na żywo program. Wśród lamentów wspominali wielką przywódczynię, która tak wyraźnie zapisała się w historii swojego kraju. Siostra też znalazła dużą salę zapełnioną setkami ludzi, którzy próbowali dojrzeć coś na czarno-białym

---

[1] Mowa tu o rzece Godavari (1465 km), drugiej co do długości, po Gangesie, rzece Indii. Zwyczaj wrzucania pieniędzy do jej nurtu ma zapewnić powodzenie i szczęście. Dla wyznawców hinduizmu jest to święta rzeka.

ekranie niewielkiego telewizora. Przecisnęłam się między nogami zgromadzonych, ale odbiornik pokazywał jedynie duże smugi dymu i parę płomieni ognia. Nie znalazłam w tych obrazach nic ciekawego, więc wyszłam na zewnątrz i zaczęłam jeździć na rowerku.

Następnym zdarzeniem, które dobrze pamiętam z tamtego okresu, była wizyta u fotografa. Mama przez powracające z Kuwejtu służące przekazała nam pieniądze, żebyśmy zrobiły sobie z siostrą zdjęcie i jej wysłały, bo dawno nas nie widziała. Chciała też zobaczyć swojego wnuka. Do tej pory mam tę fotografię. Stoję obok siostry w sięgającej kolan spódniczce we wzory i bluzce z tego samego materiału. Z włosów spływa mi girlanda białych kwiatów chameli[1]. Na rękach trzymam swojego siostrzeńca. Na czole, między brwiami, mamy czarne kropki, które miały chronić nas przed złym okiem[2]. Gdy teraz patrzę na to zdjęcie, widzę przede wszystkim moje niezwykle wychudzone ręce i nogi. I bardzo smutne, duże oczy.

Kiedy Nazir skończył dwa lata, Anisa zaczęła się niepokoić, dlaczego jeszcze nie mówi. Wydawał z siebie jakieś dziwne dźwięki i nikt nie mógł go zrozumieć. Mowlal zabrał dziecko do lekarza, który stwierdził, że chłopiec nie słyszy. Siostra postanowiła zmienić imię synka na Mallikardżuna[3]. Wierzyła, że to pomoże w jego cudownym uzdrowieniu. Pojechałyśmy również do świątyni Tirumala[4], aby tam modlić się o zdrowie dziecka. Niestety, cud nie nastąpił i Mallikardżuna do tej pory jest niemową.

---

[1] Chameli (hindi) – rodzaj jaśminu.
[2] „Święta kropka" lub „czerwona kropka" (zwana bindi) – znak noszony przez kobiety na terenach znajdujących się pod wpływem hinduizmu. Muzułmanie w Indiach niekiedy przejmują ten zwyczaj, stosując kropkę (czerwoną lub czarną) w celach ozdobnych i ochronnych.
[3] Mallikardżuna – jedno z imion boga Sziwy, jednego z najistotniejszych w hinduizmie.
[4] Kompleks świątynny Tirumala, położony w górach w rejonie Andhra Pradesh, to jedno z najczęściej odwiedzanych centrów religijnych na świecie. Złota świątynia przyciąga pielgrzymów, gdyż wierzą, że za sprawą Venkateswara, wcielenia boga Wisznu, każde powierzone mu życzenie będzie spełnione.

Najradośniejszy dzień w tamtym czasie przeżyłam, kiedy odwiedził nas dawny sąsiad z naszej wioski. Pamiętam, że przyszłam do domu i on już siedział, popijając herbatę.

– Mama wróciła z Kuwejtu! – zawołał od razu, zanim zdążyłam zamknąć drzwi.

– Mama! Mama! – Zaczęłam klaskać i skakać w euforii. – Mama wróciła! – Obracałam się w kółko, uradowana z tak fantastycznej wiadomości.

Dopiero po chwili zauważyłam, że Anisa płacze.

– Czemu płaczesz? – Podbiegłam do niej szybko. – Zobaczymy mamę! Nie płacz! Mama! Mama! – zaczęłam powtarzać, obracając się wokół własnej osi.

Siostra wytłumaczyła mi, że ona nie może jechać. Musi pilnować domu i czekać na męża, który wtedy pracował w jeszcze innej miejscowości. Wiedziała, że jeśli wyjadę, zostanie sama z chorym synkiem. Nie może więc tak szybko zobaczyć mamy. Żałowałam, że siostra nie pojedzie ze mną do wioski, ale i tak nic nie zdołało przyćmić mojego szczęścia, że już wkrótce spotkam się z mamą.

Gdy przyjechaliśmy na miejsce, sąsiad od razu zaprowadził nas do naszego domu! Mama za zarobione w Kuwejcie pieniądze odkupiła go od poprzednich właścicieli. Znowu byłam w pokoju, który znałam od dzieciństwa, w swoim łóżku, a mama siedziała obok mnie. Byłam najszczęśliwszym dzieckiem na świecie! Nie odstępowałam mamy na krok i myślałam, że niedługo wrócę do szkoły. Wtedy mama zobaczy, jaką ma mądrą córkę!

Jednak nie poszłam do szkoły. W tamtym czasie mama odbywała mnóstwo rozmów z różnymi ludźmi. Zrozumiałam z nich, że podczas pobytu w Kuwejcie spadła z dużej wysokości i wciąż miała poważne kłopoty ze zdrowiem. Lekarz zabronił mamie pracować, bo to mogłoby doprowadzić do jej całkowitego unieruchomienia.

Pewnego razu usłyszałam, jak mama mówi do obcego mi mężczyzny:

– Wyrób paszport dla Bibi.

On na to odpowiedział:

– Trzeba jej dodać lat, bo jest za młoda.

Wkrótce potem zaczęły następować dziwne wydarzenia, które przyjmowałam jako rodzaj zabawy. Mama zabrała mnie do fotografa, bo powiedziała, że będzie mi potrzebne zdjęcie do paszportu. Nie wiedziałam, co to jest paszport. Zdjęcie chyba nie podobało się mamie, ponieważ stwierdziła, że trzeba je zrobić jeszcze raz. Pewnej nocy obudziła mnie o drugiej, uczerniła moje zmęczone od niewyspania oczy kohlem[1] i założyła mi sari. Byłam zachwycona: pierwszy raz w życiu miałam na sobie sari tak jak dorosłe kobiety. Znowu poszłyśmy do znajomego fotografa. Tam popatrzył na mnie przez obiektyw, ale chyba nie był do końca zadowolony z mojego wyglądu, bo sam zaczął mocno obwodzić mi oczy kohlem. Powiedział coś do mamy, która uczesała mi gładko włosy, tak jak to robią starsze kobiety. Dopiero wtedy zrobił mi zdjęcie i z aprobatą uśmiechnął się do mamy. Później dowiedziałam się, że chodziło o to, żebym na zdjęciu sprawiała wrażenie starszej, niż byłam w rzeczywistości. W paszporcie mam wpisaną wcześniejszą o parę lat datę urodzenia. Jako dziesięciolatka nie mogłabym jechać do pracy jako służąca w Kuwejcie.

Kiedy dokumenty zostały przygotowane, pojechałyśmy do Bombaju. Nigdy wcześniej tam nie byłam. Miasto oszołomiło mnie swoim ogromem, hałasem i tłokiem na ulicach. Dobrze, że mama była obok mnie. Mieszkałyśmy w małym, wynajętym pokoju z prysznicem pośrodku i dostępem do łazienki na korytarzu.

---

[1] Starożytny arabski kosmetyk do makijażu oczu, wytwarzany ze sproszkowanego antymonu; popularny w Indiach.

Od razu zajął się nami jakiś mężczyzna. Jak się później dowiedziałam, był to agent firmy rekrutującej służące do Kuwejtu. Ciągle gdzieś musiałam chodzić, badano mnie, pobierano mi krew, zrobiono mi nawet prześwietlenie klatki piersiowej. Formalności było dużo i ów mężczyzna wszędzie nam towarzyszył. W końcu agent oznajmił, że wszystko jest załatwione i mam w dokumentach ostatni stempel, który umożliwi mi wyjazd.

Wtedy mama dokładnie mnie umyła i wyjaśniła, co to jest miesiączka. Później kazała mi napisać parę podstawowych słów w dialekcie kuwejckim. Powiedziała, że mi się przydadzą w mojej pracy. *Ta'ali* znaczy „chodź", *sawi* – „zrób", *dżibi* – „przynieś", *ruhi* – „idź", *mai* – „woda", *ruz* – „ryż", *akl* – „jedzenie", *matbah* – „kuchnia", *hammam* – „łazienka". Nowe wyrazy były trudne, więc notowałam je wszystkie z dużą starannością. Mama miała jeszcze dla mnie inną ważną radę.

– Pamiętaj, że kiedy ci dadzą jedzenie, to zjedz wszystko. Nie skub co parę minut jak ptaszek, tak jak w domu. – Mama gładziła mnie po włosach. Rzeczywiście, w domu jadłam często, ale małe porcje, dwie łyżki ryżu, za godzinę trochę warzyw, a za następną znowu łyżkę ryżu. – Pamiętaj, że nie zawsze będziesz miała dostęp do jedzenia, więc musisz nauczyć się jeść od razu wszystko, co ci dadzą. – Przytuliła mnie mocno do siebie.

Przed wyjazdem mama ubrała mnie w sari i spięła włosy, żebym wyglądała na starszą. To był pierwszy raz, kiedy musiałam przez dłuższy czas poruszać się w sari. Sprawiało mi to wielką trudność. Chodziłam sztywno jak manekin, bo bałam się, że jeśli tkanina spadnie, kiedy będę już bez mamy, to nie poradzę sobie z jej odpowiednim upięciem. Na lotnisko pojechali ze mną mama, mąż siostry i agent. Byli ze mną przy odprawie, ale nadszedł moment, w którym dalej musiałam iść sama. Mama i Mowlal zaczęli płakać.

21

– Przestańcie! – zganił ich ostro agent. – Tylko niepotrzebnie ją przestraszycie! No, idź już, idź! – Popchnął mnie w stronę przejścia. – Idź za ludźmi! – Nadal mocno mnie popychał. – A później znajdź pomieszczenie z tym numerem. – Pokazał mi palcem numer na karcie pokładowej. – I czekaj tam, dopóki nie każą ci wsiąść do samolotu.

Kiedy odnalazłam swój numer i usiadłam wśród ludzi oczekujących na odlot, ogarnął mnie niewyobrażalny strach, który narastał z każdą minutą. W głowie pojawiło się mnóstwo pytań bez odpowiedzi: Gdzie ja jestem? Co ja tu sama robię? Dokąd ja jadę? Co mnie tam czeka? Bałam się tak potwornie, jak nigdy w życiu, ale siedziałam sparaliżowana w obawie, że jeśli polecą mi łzy, ludzie na mnie nakrzyczą. Spuściłam więc głowę i łkałam bezgłośnie w środku samej siebie.

# Rozdział II

# Kuwejt

W samolocie nadal się bałam. To był mój pierwszy lot w życiu. Kiedy podano jedzenie, nie mogłam nic przełknąć. Siedząca obok kobieta musiała mnie namawiać do wypicia kilku łyków soku. Widząc, że nic nie zjadłam, zapakowała mi cały posiłek do torebki, mówiąc, że mam go wziąć ze sobą. Samolot nie leciał bezpośrednio do Kuwejtu i musiałam parę razy się przesiadać. W Bahrajnie przypadkowi podróżni znowu chcieli mnie karmić, ale na widok wielkiego kawałka mięsa zwymiotowałam. Pamiętam jeszcze długie czekanie w Dubaju, więc kiedy dolatywałam do Kuwejtu, marzyłam jedynie o tym, żeby zdjąć niewygodne sari, położyć się do łóżka i długo spać.

Na lotnisku powinni czekać na mnie Kuwejtczycy, u których miałam pracować. Jednak tak się nie stało. Urzędnicy dzwonili parokrotnie pod podany w dokumentach numer telefonu, lecz nikt nie odpowiadał. Siedziałam w ciasnym pomieszczeniu na niewygodnych krzesełkach razem z innymi przyjezdnymi pracownikami z Indii, Sri Lanki i Filipin, którzy czekali, aż ich sponsorzy po nich przyjadą. Tak spędziłam całą noc.

Rano przyszli urzędnicy i powiedzieli, że przyjechali po mnie moi pracodawcy. Wyszłam i zobaczyłam mężczyznę noszącego diszdaszę[1] i ghutrę[2] na głowie oraz kobietę w czarnej abai[3]. Pierwszy raz widziałam takie stroje. Kuwejtka trzymała na ręku zawiniątko. Kiedy wsiedliśmy do samochodu, od razu mi je podała i powiedziała:

– To moja córka Basma. Będziesz się nią opiekować.

To znaczy, domyśliłam się, że tak powiedziała. Nie znałam wtedy dialektu kuwejckiego i odgadywałam z kontekstu sytuacyjnego, co do mnie mówią. Dziewczynka była jeszcze niemowlęciem, miała może trzy miesiące. Po chwili *madame*, bo tak kazała się do siebie zwracać moja pani, odebrała ją ode mnie.

Kiedy podjechaliśmy pod wysoki apartamentowiec, Kuwejtczyk wysiadł i wziął córeczkę od żony, po czym wszedł do środka. Ja też myślałam, że wreszcie będę mogła się położyć, ale *madame* od razu zabrała mnie na *suk*[4], żeby kupić mi ubrania. Dostałam na zmianę trzy diszdasze i dwie koszule nocne. Służyły mi później przez następne lata.

Kiedy po zakupach dotarłyśmy do domu, byłam wykończona. Kotłowało mi się w głowie i było mi niedobrze. Chociaż przez dwa dni piłam wyłącznie wodę i soki, znowu zwymiotowałam żółtawą cieczą. *Madame* kazała mi się wykąpać i położyć. Szybko zmorzył mnie kamienny sen.

Następnego dnia rano obudziła mnie *madame*. Było już chyba południe. Dostałam herbatę i kawałek ciasta, ale nadal nic nie mogłam przełknąć. *Madame* znowu poleciła mi się wykąpać.

---

[1] Diszdasza – tradycyjny kuwejcki ubiór męski, przypominający luźną koszulę do ziemi z długimi rękawami, najczęściej w kolorze białym. Także: kolorowa, luźna suknia do ziemi z długimi rękawami, noszona również przez kobiety.

[2] Ghutra, także: kefija – tradycyjne arabskie, męskie nakrycie głowy. Kwadratowy kawałek materiału, przeważnie bawełniany, złożony i owinięty dookoła głowy.

[3] Abaja – tradycyjne ubranie noszone w krajach muzułmańskich. Czarna, luźna suknia do ziemi z długimi rękawami, przypominająca płaszcz.

[4] *Suk* (arab.) – targ, targowisko.

Tym razem weszła ze mną do łazienki. Kiedy się rozebrałam, zaskoczona krzyknęła:

– Dziecko! To przecież dziecko!

Stałam naga pod prysznicem, a poruszona *madame* tylko kręciła głową. Następnie zaczęła mi przeglądać włosy. Później dowiedziałam się, że sprawdzała, czy nie mam wszy. Kuwejtka, wiedziona jakimś instynktem, zaczęła mydlić i myć mi głowę. Zamknęłam oczy i wyobrażałam sobie, że robi to moja mama. Przez moment znowu znalazłam się w Indiach, w rękach mojej ukochanej mamy. Jednak to trwało zaledwie krótką chwilę. Poczułam lekkie potrząśnięcie. To *madame* dawała mi mydło, pokazując, żebym dalej sama się dokładnie umyła.

Po kąpieli założyłam kupione mi nowe ubranie. *Madame*, wyraźnie zdenerwowana, cały czas gdzieś dzwoniła. Zaraz po powrocie jej męża z pracy wszyscy pojechaliśmy do domu rodziców *madame*. Willa była duża i pracowały tam cztery służące ze Sri Lanki. Nagle każdy zaczął do mnie coś mówić, chyba o coś pytać, ale ja nic z tego nie rozumiałam. Ponieważ nie mogliśmy się porozumieć, atmosfera stawała się coraz gęściejsza. Służące, chcąc się wykazać przed pracodawcami, za wszelką cenę próbowały coś mi wytłumaczyć, ale zupełnie nie wiedziałam, o co im chodzi. Wtedy zaczęły mnie trącać i trochę szarpać, jak gdyby to mogło pomóc w dogadaniu się. Nie wiedziałam, czego oni wszyscy ode mnie chcą, i po policzkach zaczęły mi lecieć duże łzy. Wtedy ojciec *madame*, stary Kuwejtczyk, odgonił ode mnie służące i zaczął wydawać jakieś polecenia. Kiedy tylko zabrał głos, wszyscy zamilkli.

Na polecenie ojca *madame* gdzieś zadzwoniła. Po chwili dała mi słuchawkę i nareszcie usłyszałam swój ojczysty język.

– Jestem koleżanką twojej mamy – przedstawiła się kobieta. – To ja rekomendowałam cię do tej pracy. Dałam im również

twoje dokumenty, żeby wyrobili ci wizę. Oni potrzebują opieki do córki, bo *madame* wraca do pracy. Twoja mama mówiła, że umiesz opiekować się niemowlakiem! A teraz oni mają do mnie pretensje, że przysłałam im dziecko! Mają więc zamiar natychmiast odesłać cię do Indii i chcą, żebym im dała kogoś innego!
– Kobieta była wyraźnie rozdrażniona.

– Ja umiem! Naprawdę umiem! – szlochałam do telefonu.

– A nie kłamiesz?

– Nie, naprawdę nie! – zapewniałam.

– Bo wiesz, co się stanie, jak cię odeślą do Indii?

Nie miałam pojęcia, co się mogło zdarzyć, ale głos kobiety brzmiał tak groźnie, że się przestraszyłam.

– Znowu stracicie dom! – powiedziała niemiłym tonem. – Przecież matka go odkupiła, ale zaraz potem zastawiła go tylko po to, aby zdobyć pieniądze, żebyś mogła tu przyjechać!

Serce mi struchlało. Biedna mama! Gdzie będzie mieszkać?! Pokoik u naczelnika był malutki, a poza tym nie wiadomo, czy starzec ją przyjmie. Wyląduje na ulicy! Moja mama będzie mieszkać na ulicy! Wyobraziłam ją sobie jako obdartą, schorowaną nędzarkę, która żebrze na ulicy o garstkę ryżu. Nie, nie mogę do tego dopuścić! – przelatywało mi przez głowę. – Przecież jestem dobrą córką!

Na myśl, że mogę zawieść mamę, rozpłakałam się na dobre.

– Nie becz już! – Koleżanka mamy była wyraźnie zirytowana.

– Powiedz mi prawdę! Umiesz zajmować się niemowlakiem?! Tylko nie kłam!

– Umiem... – powtarzałam przez łzy – umiem...

– A kim się opiekowałaś?

– Synem siostry...

– I umiesz wszystko robić przy dziecku?

– Umiem...

26

– Na pewno?

– Na pewno...

– Dobrze, daj mi *madame*, to jej powiem.

Oddałam słuchawkę Kuwejtce. Ta słuchała i patrzyła na mnie, a na jej twarzy odmalowywał się wyraz niedowierzania. W końcu głęboko westchnęła i znowu podała mi telefon.

– Słuchaj, udało mi się ją przekonać, żeby dała ci szansę. Zostawi cię na próbę na trzy miesiące... – Od razu otarłam łzy z radości, że mogę zostać i pracować. – Mama mówiła ci, co masz robić?

– Tak.

– Pamiętaj, najważniejsze jest to, żebyś dokładnie wykonywała wszystkie ich polecenia. Na początku pokażą ci co i jak, a z czasem nauczysz się arabskiego. My wszystkie tu mówimy po arabsku. I pamiętaj... – kobietę chyba ktoś zawołał, bo zaczęła mówić bardzo szybko – nigdy nie dotykaj żadnych pieniędzy ani złota. Oni specjalnie zostawiają takie rzeczy, żeby sprawdzić, czy jesteś uczciwa. Muszę już kończyć. Słuchaj ich we wszystkim, to może cię zostawią na dłużej!

Postanowiłam, że będę się starać z całych sił i swoją pensję będę wysyłała mamie do Indii. Dopiero teraz uzmysłowiłam sobie, że przed moim wyjazdem do naszego domu przyszedł jakiś człowiek z torbą, w której było dużo pieniędzy. Mama wtedy powiedziała do mnie:

– To dla ciebie na twój wyjazd, paszport, bilety na pociąg, nasz pobyt w Bombaju, samolot, dla pośredników, którzy załatwiają wizę... dużo tego, dużo... – Podpisywała jakieś papiery i ciężko wzdychała.

Zostałam i naprawdę robiłam wszystko, co w mojej mocy, aby państwo byli zadowoleni. Ale to wszystko wcale nie przedstawiało się tak prosto. Opieka nad dzieckiem w Indiach to zupełnie co innego niż opieka nad dzieckiem w Kuwejcie. Nie wiedziałam, co to są pampersy, mleko w proszku, odżywki, kaszki. *Madame* musiała mnie wszystkiego uczyć. Jak dobrze zakładać pampersy, przygotowywać butelki z kolejnymi rodzajami modyfikowanego mleka, herbatkami ziołowymi i wprowadzać kolejne gotowe pokarmy ze słoiczków. Starałam się wszystko zapamiętać, ale nie zawsze mi się to udawało. Denerwowałam się, kiedy *madame* rano wychodziła do pracy, a po południu do rodziny i znajomych, a ja zostawałam na cały dzień sama z Basmą. Mała często płakała i musiałam godzinami ją bujać lub nosić na rękach. W krótkich przerwach, kiedy spała, sprzątałam przestronny apartament z trzema łazienkami, czterema sypialniami i obszernym salonem. Poza tym obsługiwałam moich pracodawców. *Baba*[1] codziennie musiał mieć czystą i wyprasowaną diszdaszę. Nigdy przedtem nie posługiwałam się żelazkiem i na początku państwo nie byli zadowoleni z mojego prasowania.

Kiedy starałam się wygładzić każdą fałdkę materiału, myślami przenosiłam się do Indii. Wracałam do tego krótkiego szczęśliwego czasu, kiedy mama wróciła z Kuwejtu. Przywiozła wtedy ze sobą żelazko elektryczne. Wcześniej żaden z moich sąsiadów nie widział takiego urządzenia, więc wszyscy się zbiegli, żeby je oglądać. W mojej wiosce posługiwano się żelazkami, do których wkładało się rozżarzone węgle. Były ciężkie i niewygodne. Węgle szybko stygły i należało czekać, aż znowu nagrzeją się w palenisku. Elektryczne żelazko wywołało duże poruszenie i wszyscy chcieli je pożyczać od mamy. Ponieważ było używane prawie bez ustanku, wkrótce się zepsuło.

Po paru tygodniach pracy w Kuwejcie byłam ogromnie zmęczona i znużona. W Indiach większość czasu spędzałam

---

[1] *Baba* (dial. arab.) – ojciec; w patriarchalnych stosunkach w Kuwejcie służące często głowę rodziny (swojego pracodawcę) nazywają *baba*.

na powietrzu, a tu wciąż siedziałam zamknięta w czterech ścianach. Poza tym nie miałam nikogo, z kim mogłabym się pobawić i porozmawiać. Ponieważ w ogóle nie wychodziłam z domu, miałam wrażenie, że jestem w więzieniu. Czułam się samotna i opuszczona. Zatęskniłam za swoimi ulubionymi zabawami, przestrzenią, zielenią, ludźmi. Ze względu na panujące w Kuwejcie temperatury okiennice zewnętrzne były cały czas zamknięte. W kraju, w którym słońce świeci intensywnie przez cały rok, ja go w ogóle nie widziałam.

Codziennie rano budził mnie mąż *madame*, Fajsal, żądając, abym podała mu śniadanie, wyprasowaną diszdaszę i wyczyszczone buty. Później obsługiwałam *madame*, która wydawała mi instrukcję na cały dzień. W nocy wstawałam do płaczącej Basmy, która z czasem robiła się coraz marudniejsza. *Madame* chciała też, abym szybko nauczyła się gotować, żeby obiad był gotowy, kiedy państwo przyjdą z pracy. Największą trudność sprawiało mi obsługiwanie urządzeń elektrycznych, których wcześniej nigdy nie widziałam. Nie miałam pojęcia, jak używać miksera, blendera czy sokowirówki. Dużo problemów miałam z prawidłowym nastawianiem pralki. Kiedy zdarzały mi się pomyłki, moi państwo ostro mnie strofowali. Wtedy przełykałam gorzkie łzy i z zazdrością patrzyłam na małą Basmę, wiedząc, że nigdy nie zostanie wysłana do pracy jako służąca. Wręcz przeciwnie. To ona będzie zawsze miała służbę do obsługi. Czasami, przez chwilę, w mojej głowie pojawiała się myśl, że chciałabym urodzić się w Kuwejcie i mieć takich rodziców jak moi państwo.

Dni biegły, a ja musiałam podołać coraz większej liczbie obowiązków. W pewnym momencie pojawił się żal do mamy, że mnie tu przysłała. Jak mogła mi to zrobić?! Jak mogła skazać mnie na taki los?! Przecież dobrze wiedziała, jak wygląda życie służącej w Kuwejcie! Praca dwadzieścia cztery godziny na dobę i całkowita zależność od pracodawców!

Często płakałam w ukryciu i w skrytości ducha marzyłam, żeby odesłali mnie do domu. Ale zaraz przypominałam sobie słowa koleżanki mamy, który powiedziała, że jeżeli stąd wyjadę, znowu odbiorą nam dom. Wiedziałam więc, że muszę tu zostać, bo inaczej skończymy z mamą jako żebraczki na ulicy.

Mimo moich licznych potknięć przy wykonywaniu prac domowych państwo postanowili, że mogę u nich pracować. Myślę, że chodziło im głównie o Basmę, która była nieznośnym dzieckiem. Ciągle domagała się uwagi i jeśli nikt się nią nie zajmował, krzyczała wniebogłosy. Ponieważ spędzałam z nią najwięcej czasu, to właśnie ja potrafiłam ją w miarę szybko uspokoić.

Kiedy już zapadła ostateczna decyzja, trzeba było załatwić mnóstwo formalności, aby wyrobić dla mnie wizę pobytową. W paszporcie miałam wbitą jedynie wizę wjazdową. Wiązało się to z załatwianiem licznych spraw w różnych klinikach i urzędach. Musiałam przejść dokładne badania medyczne, zrobić prześwietlenie płuc i złożyć swoje odciski palców. W każdym miejscu kłębiło się od ludzi, którzy przyjechali do Kuwejtu w poszukiwaniu zarobku. Tłum był wielonarodowy. Kobiety, głównie z Indii, Sri Lanki i Filipin, przyjeżdżały pracować jako służące. Mężczyźni z tych krajów zatrudniali się jako kierowcy, ogrodnicy, kasjerzy lub robotnicy fizyczni. Dochodziła jeszcze siła robocza z Iranu, Pakistanu i Bangladeszu.

We wszystkich instytucjach należało czekać godzinami na swoją kolej, ale mnie to nie przeszkadzało, bo nareszcie wychodziłam z domu i mogłam rozmawiać w swoim języku. Służące przede wszystkim wymieniały się swoimi opiniami na temat domów, do których trafiły, i mieszkających tam lokatorów. To w rękach Kuwejtczyków leżał teraz ich los. Zwyczajowo pracodawcy zabierali nam paszporty i byłyśmy całkowicie zdane na ich łaskę.

Nasze życie na służbie w pełni zależało od charakteru i dobrej woli ludzi, których obsługiwałyśmy.

Niektóre kobiety już teraz narzekały na swoich państwa. Jedna skarżyła się, że musi wstawać o czwartej trzydzieści rano, a pozwalają jej kłaść się spać dopiero po północy. Inna utyskiwała, że nie dostaje dostatecznej ilości jedzenia. Wszystkim zaś przeszkadzały narzucone ograniczenia, głównie brak możliwości swobodnego wychodzenia z domu. Nawet rozmowy telefoniczne z bliskimi lub znajomymi były limitowane, a niektórym w ogóle nie pozwalano kontaktować się w ten sposób. Wszystkie z zazdrością słuchałyśmy nielicznych kobiet, które miały jeden wolny dzień w tygodniu na wychodne. Ale pomimo tych niedogodności praca w Kuwejcie nadal odbierana była jak wygrany los na loterii. Po spłaceniu długów zaciągniętych na wyjazd pensje, choć niewysokie jak na warunki kuwejckie, pozwalały często na utrzymanie całych rodzin pozostawionych w ojczystych krajach.

Wtedy największe wrażenie zrobiła na mnie historia, którą przekazywano sobie z ust do ust w każdym miejscu. Kuwejtka zamordowała azjatycką służącą, a następnie, z pomocą męża, zagrzebała jej ciało na pustyni.

– To straszne! – mówiła jedna z Hindusek. – Wyobraźcie sobie, że to sam Kuwejtczyk zgłosił ten mord, ale zrobił to dopiero po dwóch miesiącach od zdarzenia.

– Jak to się dokładnie stało? Dlaczego została zabita? – dopytywały się stojące w kolejce służące.

– Nikt nie zna prawdziwych motywów tej zbrodni – relacjonowała kobieta. – Wiadomo tylko, że jej pracodawczyni zatłukła ją na śmierć kijem.

Zauważyłam, że na twarzy jednej z przysłuchujących się Hindusek odmalowało się przerażenie. Zobaczyłam, że jedno jej oko było opuchnięte i przekrwione. Na rękach miała siniaki.

– Ale za co ją zabili? – spytała cicho.

– Tego nikt nie wie. Kuwejtczyk zeznał, że jego żona zadzwoniła do niego, mówiąc, że ich służąca ma drgawki i strasznie krwawi. Natychmiast przyjechał do domu i chciał zabrać znajdującą się w krytycznym stanie pokojówkę do szpitala. Ale jego żona mu na to nie pozwoliła. Po niecałej godzinie ofiara zmarła.

Wśród oczekujących w kolejce przeszedł pomruk zgrozy.

– To dziwne, że ten Kuwejtczyk tak sam się do tego przyznał – powiedziała stojąca najbliżej mnie służąca.

– Podobno czuł się winny i przestraszył się, bo podano, że niedawno na pustyni znaleziono jakieś ciało – mówiła dalej najlepiej poinformowana kobieta. – Chociaż tamta wiadomość dotyczyła innego przestępstwa, mężczyzna zdał sobie sprawę z tego, że zbrodnia, która rozegrała się w jego domu, też może zostać wykryta.

– Słyszałam, że później próbował się wycofać ze swoich zeznań – dodała jakaś kobieta. – Mówił, że to wszystko nieprawda, a oskarżenie żony miało być jego odwetem po ostrej kłótni małżeńskiej.

– Tak, ale policjanci mu nie uwierzyli. Zaczęli śledztwo i przesłuchali dozorcę, który widział, jak małżeństwo dwa miesiące temu wynosiło w nocy z domu wielką skrzynię. Użyli też psów tropiących i znaleźli ciało na pustyni.

Wszyscy zamilkli. Pewnie rozważali, podobnie jak ja, jaki los czeka ich na służbie. Po wyrobieniu wizy pobytowej byli zobowiązani pracować dwa lata u tych samych pracodawców. Niektóre kobiety wyjmowały zdjęcia dzieci pozostawionych w swoich krajach, jakby to miało im pomóc przetrwać najgorsze chwile. Zastanawiałam się, czy w mieszkaniu moich państwa jest jakiś kij lub drąg. Ale nic takiego nie widziałam.

Wreszcie po wizytach w kilku instytucjach i wielogodzinnym oczekiwaniu miałam w paszporcie wbitą wizę numer dwadzieścia, którą otrzymywała służba. Wtedy zadzwoniła do mnie koleżanka mamy.

– Widzisz, wszystko dobrze się ułożyło – mówiła zadowolona, że nie musi szukać kogoś innego na moje miejsce. – A ty? Jak sobie radzisz? Dają ci jeść? Są dla ciebie dobrzy?

– Dostaję jedzenie, ale czasami na mnie krzyczą.

– Dlaczego?

– Mam kłopoty z obsługą tych wszystkich urządzeń elektrycznych... Poza tym *madame* chce, żebym codziennie gotowała... A ja nie umiem gotować kuwejckich potraw.

– Nie martw się, wszystkiego się nauczysz – pocieszała mnie.

– I ciągle siedzę w domu – skarżyłam się. – I nie mam z kim rozmawiać. – Mój głos się załamał.

– Tak tu jest...

– To jak ja wytrzymam dwa lata? – Łzy poleciały mi z oczu.

– Wszystkie wytrzymujemy... – westchnęła kobieta.

– Ale ja nie dam rady! – krzyknęłam rozpaczliwie i rozpłakałam się w głos. Nagle zapragnęłam przytulić się do mojej mamy.

– Mamo! – zawołałam bezwiednie.

– Nie płacz, dziecko! Nie płacz! – Głos kobiety był kojący.

– Czas szybko płynie...

Basma rosła i wymagała coraz większej uwagi. Z tego powodu, jeżeli państwo gdzieś z nią wychodzili, brali mnie ze sobą. Czasami chodziliśmy nad morze. Lejący się z nieba żar nieco zelżał i rodziny z dziećmi tłumnie korzystały z ładnej pogody. Towarzyszyły im liczne służące. Większość ubrana była tak jak ja: w diszdasze do ziemi z długimi rękawami, inne chodziły w koszulach nocnych o podobnym kroju. Niektóre nosiły na głowie chustki zakrywające im włosy, bo tego wymagali ich pracodawcy. Inne miały specjalne uniformy. Składały się na nie różnokolorowe tuniki z białymi kołnierzykami i oblamówkami oraz spodnie.

Rodziny kuwejckie rozwijały na plaży koce, układały pojemniki z jedzeniem, termosy z kawą i herbatą. Służące krzątały się wokół nich, przygotowywały i podawały posiłki i napoje, zajmowały się dziećmi. Jeżeli obok siebie znalazły się przypadkowo dwie pomoce mówiące w tym samym języku lub znające dobrze arabski, zaczynały rozmowę. Pierwsze pytania zawsze były takie same. Czy państwo są dla nich dobrzy? Jak długo są w Kuwejcie? Jaką mają pensję i czy mogą wychodzić? Niektórzy pracodawcy nie pozwalali nawet na krótkie rozmowy, bo uważali, że inne służące mogą buntować przeciwko nim ich pracownice. Z tego samego powodu rzadko spotykało się służącą, która miała wychodne.

Kiedy Basma spała, patrzyłam na łagodne, błękitne fale, rozpryskujące się o piaskową plażę. Potem mój wzrok przenosił się na roześmiane dzieci, pluskające się z rodzicami w wodzie, grające w piłkę na plaży, budujące zamki z piasku, bawiące się różnokolorowymi zabawkami. Wtedy coś mnie mocno ściskało w środku i łzy bezwiednie płynęły z moich niewyspanych oczu.

Ten dzień zdarzył się po ponad roku pobytu w Kuwejcie. Jak zwykle rano obudził mnie *baba*. Otworzyłam oczy i aż krzyknęłam z przerażenia. Cała moja koszula i łóżko były zakrwawione! Przestraszyłam się, że jestem poważnie chora i zaraz umrę. Pomyślałam o mamie, której być może już nigdy nie zobaczę. Kuwejtczyk zaraz zabrał mnie do łazienki i zawołał *madame*. Ta przyszła i oznajmiła, że to normalne dla dziewczynki w moim wieku. Powiedziała, żebym się umyła, i dała mi czystą koszulę. Zaraz potem przyniosła mi majtki, do których sama doczepiła podpaskę. W ten sposób w dalekim kraju, służąc u obcych ludzi, stałam się kobietą.

# Rozdział III

# Kochankowie *madame*

Z biegiem czasu opanowałam swoje obowiązki. Już nie miałam problemu z obsługiwaniem urządzeń elektrycznych i powoli uczyłam się gotować. Zauważyłam, że dużo kuwejckich potraw jest podobnych do dań, które gotowała mi mama. Do jednych z popularnych posiłków należało *biriani* z kurczakiem, jednogarnkowe danie z ryżu z dodatkiem szafranu, kardamonu, cynamonu, curry, kminku, kolendry, czerwonej papryki, liści laurowych oraz świeżo posiekanego imbiru. Moi państwo lubili ostre przyprawy, więc kazali mi też dodawać papryczkę chili. W skład *biriani* wchodziły również pomidory, czosnek, cebula i koncentrat pomidorowy. Odmianą tej potrawy było chyba najpopularniejsze danie w Kuwejcie, czyli *madżbuz*. Do podobnej jak w przypadku *biriani* bazy dodawałam kurczaka, baraninę lub rybę.

Moi państwo kupowali wyłącznie biały długoziarnisty ryż basmati, który sprowadzano do Kuwejtu z Indii. Mogłam najeść się go do woli, bo państwo nie żałowali mi jedzenia. Przypominałam sobie wtedy czasy, kiedy garstka takiego ryżu była w mojej wiosce rarytasem. Wówczas podstawę pożywienia większości mieszkańców Indii stanowiła kasza amarantus[1], którą po ugotowaniu mieszano z ostrymi papryczkami. Nie cierpiałam tej potrawy, więc zawsze płakałam, kiedy widziałam ją na talerzu. Zdarzało mi się wyrzucać drogocenne jedzenie na podłogę i wybiegać z krzykiem z domu. Niemniej trudno było mi też znieść głód. Kiedy przez trzy dni nie miałyśmy co włożyć do ust, mama i siostra potrafiły przeżyć ten czas bez narzekania. Ja jednak nie mogłam wytrzymać palącego ssania w żołądku, osłabienia i zawrotów głowy. Zamykałam wtedy oczy i z całej siły wyobrażałam sobie, że jeśli je otworzę, przede mną pojawi się stół pełen dymiących przysmaków. Niemniej nic takiego się nie działo, jedynie pobudzony wyobraźnią brzuch dokuczał mi do tego stopnia, że zwijałam się z bólu na podłodze. Mama gładziła mnie wtedy po włosach, ale w domu nie było niczego, co mogłaby dać mi do jedzenia.

– Córcia, wytrzymaj jeszcze trochę – mówiła, gładząc mi włosy. – Jutro... – Jej głos drżał. – Jutro... na pewno znajdę jakieś zajęcie i cię nakarmię. Jutro...

Mama, wiedząc, że nie przepadam za kaszą amarantus, starała się zamieniać ją na talerz ryżu dla mnie. Chodziła z ugotowaną potrawą z kaszy do sąsiadów i prosiła w zamian o miseczkę ryżu. Kiedy jej się to udało, wstawiała talerz do szafki, żebym mogła podjadać z niego, gdy będę miała ochotę. Mama i siostra go nie dotykały.

W diecie moich państwa w Kuwejcie było dużo ryb i owoców morza. Niekiedy chodziliśmy na *suk* rybny, gdzie na straganach, obłożone lodem, wystawiono na sprzedaż dziesiątki gatunków ryb oraz krewetki, kraby, homary, langusty, ostrygi, przegrzebki,

---

[1] Amarantus (szarłat wyniosły) – często nazywany zbożem XXI wieku, ponieważ jego nasiona pod względem najważniejszych składników odżywczych przewyższają nawet pszenicę.

kałamarnice i ośmiornice. Ale najczęściej przyrządzałam ryby złowione przez męża *madame*. Jako zapalony wędkarz w każdy weekend wyruszał na połów na wody Zatoki Perskiej. Nie było go w domu przez trzy dni.

Kiedy Basma trochę podrosła, często odwiedzaliśmy rodziców *madame*. Lubiłam tam jeździć, bo willa była duża i pełna ludzi, więc nie czułam się osamotniona. Oprócz rodziców *madame* mieszkali tam jej dwaj bracia oraz cztery siostry. Obsługujące ich cztery służące ze Sri Lanki miały wyraźny podział obowiązków. Jedna zajmowała się gotowaniem, następna prasowaniem, a dwie pozostałe sprzątaniem, każda na innym piętrze. Wtedy przekonałam się na własnej skórze, co to znaczy rywalizacja między służącymi. Każda chciała zaskarbić sobie względy domowników, bo ulubienice mogły liczyć na lepsze traktowanie i wyższe dodatkowe upominki pieniężne z okazji świąt muzułmańskich. Co miesiąc większość z nas wysyłała całe swoje wynagrodzenie do swoich pozostawionych w krajach rodzin. Ubranie, wyżywienie oraz niezbędne drobiazgi do higieny osobistej zwyczajowo zapewniali nam pracodawcy. Jeśli ktoś cieszył się sympatią domowników, mógł liczyć na ulubiony szampon czy mydełko i częstszą wymianę odzieży na nową. A czasem nawet drobne datki bez okazji. Dlatego nieraz widziałam, jak służące kopią pod sobą dołki i psują jedna drugiej wykonaną wcześniej pracę. Nie wiadomo, jakim sposobem ulubiona bluzka którejś z Kuwejtek straszyła wypaloną dziurą, posprzątana wcześniej łazienka – rozbryzganymi odchodami, a przygotowana potrawa – gorzkim smakiem. Służące były niezmiernie zazdrosne o siebie i często donosiły jedna na drugą.

Nie brałam udziału w tych brudnych gierkach, ale i tak, ponieważ byłam najmłodsza, cała rodzina *madame* mnie lubiła. Pamiętam, że jedna ze służących, która pracowała w tym domu najdłużej i czuła się najważniejsza ze wszystkich, nie mogła tego znieść. Miała na imię Czandra i robiła wszystko, żeby mi dokuczyć. Wyśmiewała się ze mnie, że nie mówię jeszcze tak płynnie po arabsku jak ona, ciągle mi dokuczała, pytając, dlaczego moja mama mnie tu wysłała, i skarżyła się na mnie *madame*, że źle zajmuję się Basmą. Znosiłam jej złośliwości w pokorze, bo jej podłe zachowanie oraz kłamstwa po prostu nie przynosiły zamierzonego przez nią rezultatu. Wtedy Czandra, wściekła, że nic nie wskórała, zaczęła specjalnie niedokładnie płukać ryż, a nawet pluć do jedzenia podawanego domownikom. Nie mogłam na to patrzeć i tego tolerować. Mimo że nigdy wcześniej tak nie robiłam, tym razem powiedziałam *madame* o jej postępowaniu.

– Co ty mówisz? Przecież Czandra służy moim rodzicom od kilkunastu lat! – Na początku *madame* nie mogła uwierzyć w to, co mówię.

– Naprawdę tak jest! – przekonywałam. – Proszę spojrzeć na ryż w potrawach, jaki jest brudny! Są w nim nawet robaki!

Ja zawsze dokładnie płukałam ryż, wielokrotnie zmieniając wodę i wybierając palcami malutkie czarne robaczki, które czasami znajdowały się wśród ziarenek.

– Niemożliwe! Niemożliwe! – kiwała głową *madame*.

Przy najbliższym posiłku spostrzegłam, że *madame* z podejrzliwością patrzy na talerz i w końcu, po dokładnych oględzinach, nic nie wzięła do ust. Wieczorem, gdy Czandra przygotowywała kolację, *madame* cicho weszła do kuchni i przyglądała się, jak robi to służąca jej rodziców. Czandra stała tyłem do wejścia i nie zauważyła mojej pani. Rzucała głośno naczyniami i wściekle coś mamrotała w swoim języku, od czasu do czasu spluwając do garnków.

Oburzoną *madame* ogarnęła furia.

– Wynoś się stąd! Natychmiast się stąd wynoś! – krzyczała rozsierdzona. – Chcesz nas wszystkich wytruć! Natychmiast idź do swojego pokoju! Pakuj się i jutro wyjeżdżasz do Sri Lanki! – Zaskoczona obecnością *madame* i jej wybuchem Czandra początkowo stanęła jak wryta, jakby nie rozumiejąc, co się dzieje. – No co tak stoisz?! – *Madame* aż kipiała ze złości. – Wyrzucam cię! Jeszcze dziś kupię ci bilet i jutro nie chcę cię tu widzieć!

Dopiero wtedy Czandra zrozumiała, że została przyłapana na swoich niecnych uczynkach. Wybuchnęła histerycznym płaczem i rzuciła się na kolana.

– Nie! Proszę! Proszę tego nie robić! – zawodziła. – Tyle lat służę w tym domu! – Sama zaczęła bić się po twarzy i wyrywać sobie włosy. – Ja już nie będę! Nigdy nie będę! – Podrapała sobie policzki prawie do krwi, chcąc wzbudzić litość. Złapała *madame* za nogi i zaczęła obcałowywać jej stopy. Ta jednak okazała się niewzruszona i z obrzydzeniem zaczęła ją kopać.

– Nie dotykaj mnie, ty brudna świnio! Natychmiast wynoś się z tej kuchni!

Czandra złapała rękę *madame*.

– *Madame*, proszę, proszę! – Czandra aż zachłystywała się od płaczu. – *Madame*, to ja *madame* służyłam, jak *madame* mieszkała w tym domu! Tyle razy zabawiałam *madame*, kiedy była mała! – Próbowała całować dłonie Kuwejtki.

Ta z odrazą wyrwała rękę i zwróciła się do mnie:

– Bibi! Wyrzuć to jedzenie, a potem dokładnie umyj i wyparz wszystkie naczynia! Albo nie! Lepiej od razu wszystko wyrzuć! Jutro kupimy nowe garnki i zastawę! A ty szybko się pakuj! – rozkazała Czandrze. – Powiem ojcu, co robiłaś, i od razu kupimy ci bilet!

Jak tylko *madame* wyszła, roztrzęsiona Czandra rzuciła się na mnie z pięściami.

– Ty podła suko! – Zaczęła mnie okładać po głowie. – Ty bękarcie jeden! – Nie wiem, dlaczego użyła tego słowa, ale zabolało mnie mocniej niż jej uderzenia. – Przywlokłaś się tu nie wiadomo skąd i od razu mnie wygryzłaś! Nie daruję ci tego! – Była starsza i większa, więc z łatwością rzuciła mnie na podłogę. – Ty szmato! Ty bezwstydna dziwko! – Zaczęła zapamiętale walić moją głową o posadzkę. – Nie wiesz, że my powinnyśmy tu trzymać się razem?! Pracujemy jak niewolnice tylko dlatego, że im kiedyś wypłynęła z ziemi ropa! Ja przez sześć lat nie widziałam swoich dzieci! A teraz jak wrócę, za co im dam jeść?! Za co opłacę szkoły?! Nienawidzę ich wszystkich i ciebie też!

– Ratunku! Pomocy! – darłam się wniebogłosy. Miarowe uderzenia odbijały się echem i miałam wrażenie, że zaraz moja czaszka rozsypie się w drobny mak.

Zwabiony przeraźliwym wrzaskiem, do kuchni wpadł brat *madame*, Badar. Miał około trzydziestu lat i był znany z mocnego charakteru. Wszystkie służące się go bały.

– Co tu się dzieje?! – zagrzmiał srogo. – Co ty wyprawiasz, *madżnuna*[1]?! – ryknął na Czandrę. – Zostaw ją! W tej chwili puść Bibi! – Złapał Czandrę mocno za włosy i wywlókł z kuchni. Następnie wrzucił ją jak tłumok do małego ciemnego schowka na odkurzacze i szczotki. – Siedź tam do jutra! – krzyczał. – Jutro damy ci godzinę na spakowanie twoich rzeczy! I wynocha z naszego domu!

Ból rozsadzał mi czaszkę. Chciałam się podnieść z podłogi, ale ledwie oparłam się na rękach, aby wstać, poczułam tak silne zawroty głowy, że z powrotem bezwładnie opadłam na posadzkę. Czułam nieustający szum w uszach i było mi niedobrze. Podbiegły do mnie inne służące i podpierając mnie z obu stron, z trudem postawiły na nogi. Od razu zwymiotowałam. Służące zaprowadziły mnie do swojego pokoju, gdzie spały, i położyły

---

[1] *Madżnuna* (arab.) – wariatka, szalona, obłąkana.

na jednym z rozłożonych na podłodze materacy. Zwinęłam się w kłębek, powtarzając w duchu: „Mamo, mamo, proszę cię, pomóż mi! Niech ten ból wreszcie przejdzie!".

Po godzinie zajrzała do mnie *madame*.

– Jak się czujesz? – spytała.

– Słabo... Strasznie mnie boli głowa i ciągle wymiotuję – odpowiedziałam.

*Madame* zastanowiła się chwilę i powiedziała:

– Zostaniemy tu na noc. Teraz dam ci środki przeciwbólowe, a jak do rana ci nie przejdzie, pojedziemy do lekarza.

Przez następne godziny leżałam sama na materacu, cicho jęcząc. Około północy, po skończonej pracy, przyszły do pokoju trzy służące. Zaraz się rozgadały na temat Czandry.

– A pamiętasz, jak ostatnio zginęły ci pieniądze?

– I ze szkatułki państwa zniknęła złota bransoletka? – skarżyły się jedna przez drugą.

– A ta sukienka? Pamiętacie? Pięknie ją wyprasowałam i powiesiłam na wieszaku, a później pani na mnie nakrzyczała, że są na niej tłuste plamy od palców! I że powinnam dokładnie myć ręce przed prasowaniem! A jak wieszałam, to naprawdę nie było żadnych plam!

– Tak, ta Czandra to zła kobieta!

– I jak się panoszyła!

– I o mało nie zabiła Bibi! A ty? Jak się czujesz? – zwróciły się do mnie.

– Słabo... Ciągle kręci mi się w głowie i wymiotuję.

– Może przynieść ci coś do jedzenia?

– Nie, nie! – Na samą myśl o jedzeniu wstrząsnęły mną torsje.

– Wody... Dajcie mi trochę wody – poprosiłam cicho.

Służące podały mi wodę, a następnie kolejno zaczęły się myć w przylegającej do pokoju małej łazience. Mogły korzystać

41

wyłącznie z tej łazienki, więc minęło dużo czasu, zanim wszystkie skończyły wieczorną toaletę. Później zmęczone szybko zasnęły. Za parę godzin czekał je następny dzień ciągłej pracy.

Rano mój stan nie uległ poprawie. Usłyszałam od służących, że Czandra całą noc przesiedziała zamknięta w schowku, bo państwo się bali, że może im zrobić coś strasznego. Zdarzało się, że służące z zemsty dolewały żrących detergentów do mleka dla dzieci lub powoli podtruwały domowników toksycznymi substancjami.

Na godzinę przed wyjazdem na lotnisko Badar przyprowadził Czandrę do pokoju służących, aby zabrała swoje ubrania. W pomieszczeniu nie było żadnej szafy. Obok każdego z czterech materacy stała jedna torba i parę reklamówek, w których kobiety trzymały swoje osobiste rzeczy. Na widok Czandry serce zaczęło mi bić szybciej ze strachu. Wyglądała jak wiedźma – z czarnymi obwódkami wokół oczu, pełnym nienawiści spojrzeniem i zaciętymi bruzdami wokół ust. I te jej włosy! Pierwszy raz widziałam, żeby ktoś osiwiał w ciągu jednej nocy! Całość demonicznego widoku dopełniały białe strąki, sterczące w nieładzie wokół zszarzałej twarzy.

Leżałam na jej materacu i kiedy podeszła bliżej, przeszywając mnie pełnym zawiści wzrokiem jak sztyletem, mimowolnie zerwałam się z posłania. Od razu znowu dostałam zawrotów głowy i mdłości, ale zebrałam wszystkie siły, aby znaleźć się jak najdalej od niej. Badar, widząc moje przerażenie, krzyknął do Czandry:

– Nie waż mi się jej tknąć! Bo skończysz w kuwejckim więzieniu i nigdy nie zobaczysz swoich dzieci!

Czandra wzdrygnęła się jak porażona prądem. W milczeniu zaczęła zbierać swoje rzeczy. Jednak biła od niej taka wrogość, że miałam wrażenie, jakby nagle w pokoju zabrakło powietrza. Badar postał chwilę, po czym wyszedł, wołając Ramę, jedną ze służących. Wykorzystując ten moment, Czandra szybko podniosła pozostawioną przeze mnie na materacu chusteczkę, stanęła w zacienionym kącie i obracając ją w rękach, zaczęła szeptać jakieś zaklęcia. Na jej nadgarstku zauważyłam zawiązaną czarną opaskę. Mówiła coś rytmicznie, powtarzając co chwilę moje imię. Wtedy do pokoju weszła Rama.

– Bibi! – krzyknęła, widząc pusty materac. – Bibi! Tu jesteś! – Kiedy mnie zauważyła, szybko do mnie podbiegła. – Wszystko w porządku?! Nic ci nie jest?! – Podejrzliwie patrzyła na Czandrę. Kiedy zorientowała się, co ona robi, od razu zawołała: – A ty już przestań z tą swoją czarną magią! Dobrych ludzi i tak nie uda ci się skrzywdzić!

Czandra odwróciła się do mnie z zaciętą twarzą i jeszcze raz spojrzała na mnie złym okiem. Ciarki przeszły mi po plecach.

– Nie bój się, nic ci nie zrobi. – Rama próbowała mnie uspokoić, ale w jej głosie nie było pewności.

– Spakowałaś się już?! – usłyszałam głos *madame*. – Jeszcze niegotowa?! To szybko, za pół godziny jedziemy na lotnisko! – poganiała Czandrę.

*Madame* wyszła, a Czandra wróciła do zbierania swoich rzeczy. Po kwadransie przyszła *madame* ze swoim bratem.

– Pokaż nam twoje bagaże! – polecił Badar. – Musimy je przeszukać!

Czandra ręką wskazała swoje tobołki. *Madame* i Badar zaczęli grzebać w torbach służącej. Wtedy Czandra nagle do mnie podbiegła. Odruchowo zasłoniłam twarz rękami. Poczułam lekkie szarpnięcie i usłyszałam brzęk nożyczek. W tej samej chwili dobiegł mnie nieprzyjemny świst niczym dochodzący z zaświatów chichot. Otworzyłam oczy i zobaczyłam, że Czandra z triumfem trzyma kosmyk moich włosów. Już chciałam powiedzieć *madame*, żeby go jej zabrała, ale nagle rozległ się grzmiący głos Badara:

– Ty złodziejko jedna! – Trzymał w palcach złotą bransoletkę.

– To twoja? – zwrócił się do siostry.

– Tak! – odpowiedziała *madame*. – Tyle czasu jej szukałam! To bransoletka z kompletu! Mam do tego jeszcze naszyjnik! Jak mogłaś nam to robić?! – rzekła z wyrzutem do Czandry. – Przecież dobrze cię traktowaliśmy!

– Nie rozmawiaj z nią! – powiedział Badar. – Na szczęście pozbywamy się tego śmiecia z domu! Idziemy! – rozkazał tonem nieznoszącym sprzeciwu.

Wtedy Czandra, wlepiając we mnie swoje jaszczurcze oczy, zaczęła skrzeczeć:

– Przeklinam ciebie i twoje dzieci! Obyś nigdy nie zaznała szczęścia! Żeby twoje dzieci cierpiały tak, jak teraz będą cierpieć moje! Przeklinam cię!

Zirytowany Badar mocno popchnął Czandrę.

– Dość! Nie gadaj już! Zbieraj swoje rzeczy i wynocha!

Kiedy *madame*, Badar i Czandra wyszli, zupełnie opadłam z sił. Miałam wrażenie, że klątwa Czandry od razu zaczęła działać.

– Połóż się i odpocznij sobie! – powiedziała Rama, widząc, w jakim jestem stanie.

– Nie mogę spać na materacu tej... – Nie byłam w stanie nawet wymówić imienia Czandry.

– To chodź tu. – Zaoferowała mi swój materac. – Ja muszę już iść. Kazali mi przejąć obowiązki kuchenne Czandry, dopóki nie przyjmą kogoś nowego.

Następnego dnia przyszła do mnie *madame* z zapytaniem, jak się czuję. Chciała już wracać do swojego domu i musiała mieć pewność, że poradzę sobie z opieką nad Basmą. Jednak mój stan zdrowia się nie poprawił. *Madame* zadecydowała, że musimy jechać do lekarza.

– Nie, nie trzeba... – broniłam się.

– Musi zobaczyć cię doktor. – *Madame* była stanowcza. – Idź się wykąp, a Rama niech ci da jakąś czystą diszdaszę.

Na początku pojechałyśmy do kliniki. Wiza pobytowa uprawniała mnie do bezpłatnej opieki lekarskiej i podstawowych leków. Po przeprowadzeniu wywiadu lekarz skierował mnie na dokładniejsze badanie do szpitala. Tam od razu zrobili mi prześwietlenie głowy. Na szczęście moja czaszka była cała, ale po zapoznaniu się z moimi objawami specjaliści stwierdzili, że mogę mieć lekki wstrząs mózgu. Kazali mi leżeć w łóżku bez poduszki i przyjechać na kontrolę za dwa tygodnie.

Ponieważ nie mogłam opiekować się Basmą, państwo postanowili, że zostaniemy na pewien czas w domu rodziców *madame*. Przez tydzień leżałam w pokoju służących. Rama przynosiła mi jedzenie i wodę. Kiedy poczułam się lepiej, od czasu do czasu wstawałam i chodziłam trochę po domu. Domownicy traktowali mnie dobrze, ponieważ uwolniłam ich od złodziejki i pełnego plwocin jedzenia.

Szczególnie lubił mnie ojciec *madame*, Abu Badar. Jego poorana zmarszczkami twarz zawsze była pełna życzliwości, kiedy ze mną rozmawiał. Przypominałam mu czasy jego młodości, gdy często bywał w Indiach. Czasami mnie wołał, kazał robić sobie mocną herbatę z szafranem, sadzał mnie u swoich stóp na miękkim dywanie i wspominał epokę przed odkryciem złóż ropy naftowej w Kuwejcie. Morskie handlowe wyprawy do Indii były wtedy niezwykle popularne i stanowiły jedno z głównych źródeł dochodu Kuwejtczyków. Abu Badar opowiadał, że wraz z kilkoma przyjaciółmi wsiadał na łódź i żeglował do Indii. Najczęściej wieźli tam na sprzedaż wyławiane w wodach kuwejckich perły lub sprowadzane z Iraku daktyle. W Indiach spędzali tydzień lub dwa, kupując ryż, przyprawy, herbatę, cukier, sezonowe owoce i warzywa oraz tkaniny. Potem wracali do Kuwejtu, aby sprzedać tu przywiezione towary.

Ojciec *madame* dobrze znał historię Kuwejtu i chętnie o niej gawędził. To był dla mnie zupełnie nowy świat, więc słuchałam jego opowieści z wielkim zainteresowaniem. Zamykałam oczy i wyobrażałam sobie, że jestem małą dziewczynką i dziadek opowiada mi cudowne baśnie.

Abu Badar mówił o bezkresnych pustyniach Półwyspu Arabskiego i wędrujących po nich plemionach beduińskich. Na początku osiemnastego wieku jedno z nich, Bani Utub, dotarło na tereny dzisiejszego Kuwejtu i założyło tam małą osadę. Członkowie plemienia porzucili swój koczowniczy tryb życia i stali się rybakami, żeglarzami i handlowcami. Ze względu na swoje niezwykle strategiczne położenie osada nabrała dużego znaczenia w handlu morskim, a także karawanowym.

– Już dawno, dawno temu to był ważny punkt – mówił Abu Badar, popijając aromatyczną herbatę, wyraźnie dumny ze swoich przodków. – Wyobraź sobie, że w połowie osiemnastego wieku przybyła tu karawana złożona z pięciu tysięcy wielbłądów i tysiąca mężczyzn! Pięć tysięcy wielbłądów! – powtarzał i z podziwem kręcił głową. – A nasze większe statki, zwane *booms*, pływały nie tylko do Indii, ale również do Jemenu, skąd przywoziły tytoń, do Persji, gdzie kupowano tytoń i suszone owoce, oraz Afryki Wschodniej, gdzie zaopatrywano się w namorzynowe słupy wykorzystywane w Kuwejcie do budowy domów. Nasi kupcy handlowali też końmi czystej krwi arabskiej. To piękne zwierzęta...

Chwilami Abu Badar milknął, jak gdyby w myślach sam przenosił się w tamte odległe czasy. Ja siedziałam, nic nie mówiąc, ale raz się odważyłam i zapytałam:

– A kiedy odkryto ropę naftową?

– W tysiąc dziewięćset trzydziestym ósmym roku... I od tej pory wszystko się zmieniło...

Czasem zastanawiałam się, jak wyglądałby Kuwejt, gdyby nie było w nim ropy naftowej. I dlaczego nie odkryto złóż ropy w naszej wiosce.

Z dnia na dzień czułam się coraz lepiej i wiedziałam, że lada moment moi państwo wrócą do domu, a ja do swoich obowiązków. Zaprzyjaźniłam się z Ramą i zdawałam sobie sprawę z tego, że będzie mi brakować jej codziennej obecności. Rama była niezwykle sympatyczna i należała do tych nielicznych służących, które raz w tygodniu miały wychodne. Pewnego razu wróciła do domu cała zapłakana i roztrzęsiona.

– Rama! Co się stało?! – wykrzyknęłam.

– Jedną zabili, a druga umarła. Ooo! – zaczęła zawodzić.

– Kogo zabili? Kto umarł? – dopytywałam się.

– Siostry... Dwie siostry...

– Twoje siostry?! – Przeraziłam się.

– Nie. To moje znajome. Ale nie żyją! Nie żyją! – Zaczęła głośno szlochać.

– Zginęły w wypadku?

– Gorzej, znacznie gorzej. – Rama rozszlochała się na dobre.

Minęła prawie godzina, zanim zdołałam ją trochę uspokoić. Wtedy Rama z trudem opowiedziała mi, co się zdarzyło.

– Znowu to samo. Znowu to samo... – mówiła przez łzy. – To dzieje się coraz częściej. Pobicia przez sponsorów. Tortury. Dżalal ciągle przychodziła posiniaczona. Powtarzaliśmy jej, żeby rzuciła tę pracę. Ale wtedy musiałaby wrócić na Sri Lankę. A tam dwoje małych dzieci, rodzeństwo, starzy rodzice i żadnego dochodu. We dwie z siostrą utrzymywały wszystkich... Co oni teraz zrobią?! – Podałam jej papierowe chusteczki, którymi wytarła zapłakaną twarz. – Przestrzegałyśmy ją, że może dojść do tragedii. Ale ona nie słuchała. Chciała przetrzymać dwa lata, a później znaleźć inną pracę. Jakby odeszła teraz i jej sponsor nie zgodziłby się na transfer wizy, musiałaby opuścić Kuwejt. A wtedy z czego spłaciłaby długi, które zaciągnęła na przyjazd?! Dlaczego jednak tego nie zrobiła?! Może w biedzie, ale przynajmniej by żyła! – Rama wzięła głęboki, ciężki oddech. – Ten Kuwejtczyk znowu wpadł w szał z powodu rzekomego jej uchybienia w pracy. Katował ją, a w końcu podobno mocno popchnął, tak niefortunnie, że kiedy upadła, doszło do ostrego uszkodzenia rdzenia kręgowego. Nie miała szans... I co wtedy zrobił jej pracodawca?! Zapakował jej zwłoki do auta i zawiózł do jej siostry, żeby zajęła się pogrzebem! A kiedy ta nieszczęsna kobieta zobaczyła rzucone byle jak i nienaturalnie skręcone ciało swojej siostry na tylnym siedzeniu samochodu, umarła na atak serca! Taka tragedia! Taka tragedia! – Rama znowu zaczęła rozpaczać.

Pomyślałam, jakie mam szczęście, że trafiłam do państwa, którzy mnie nie biją i dają wystarczająco dużo jedzenia. Jednak usłyszana historia w brutalny sposób przypomniała mi o mojej prawdziwej pozycji w społeczeństwie, w którym musiałam funkcjonować przez najbliższy czas.

Wróciliśmy do apartamentu państwa. Zajęłam się swoją pracą. Basma rosła jak na drożdżach i wymagała stałej opieki. Zaczęła chodzić i wszędzie jej było pełno. Trudno mi było sprzątać, gotować, zmywać, prać, prasować i jej pilnować równocześnie, ale dokładałam wszelkich starań, żeby państwo byli ze mnie zadowoleni. Wieczorem wyczerpana kładłam się do łóżka. Basma już nieco podrosła i po całodniowym dokazywaniu przesypiała większość nocy.

Pewnego razu o północy obudziły mnie dziwne dźwięki. Słyszałam skrzypienie łóżka, jakieś jęki i szepty. Na wpół rozbudzona podeszłam do łóżeczka Basmy, myśląc, że dręczą ją koszmary. Jednak dziewczynka spała spokojnie. Cicho wymknęłam się z pokoju dziecięcego do holu. Zobaczyłam przyćmione światło sączące się z pokoju *madame*. Dochodziły stamtąd przytłumione rozmowy i śmiechy. Zdziwiło mnie, że jeden głos był męski. Przecież *baba* jak co tydzień wypłynął na połów ryb! Może wrócił wcześniej? Odruchowo sprawdziłam, czy jego buty stoją na swoim zwykłym miejscu, ale nie było ich tam. Kto więc znajdował się w sypialni *madame*?! Zaciekawiona podeszłam na palcach do lekko uchylonych drzwi sypialni państwa. To, co zobaczyłam, całkowicie mnie zszokowało! Rozpromieniona *madame* miała na sobie czarną, przezroczystą koszulę nocną, która zmysłowo układała się wokół jej nagiego ciała. Musiała ją kupić niedawno, bo chociaż zajmowałam się jej garderobą, to nigdy wcześniej jej nie widziałam. Tyłem siedział zupełnie rozebrany mężczyzna. Jego sylwetka na pewno nie przypominała męża *madame*! Był od niego znacznie wyższy i potężniejszy. Pierwszy raz widziałam *madame* w negliżu! Na dodatek przy obcym mężczyźnie! Kiedy *madame* wychodziła z domu, zawsze szczelnie zakrywała głowę chustą, a ciało obszerną abają. Jak uważała, żeby nawet najmniejszy kosmyk nie wystawał spod hidżabu[1]! Zawsze powtarzała, że to *haram*[2], aby ktoś zobaczył jej włosy! W domu też nosiła się skromnie i nigdy nie widziałam jej w nieprzyzwoitym stroju. A teraz siedziała z rozpuszczonymi włosami, które opadały jej na prawie zupełnie obnażone piersi, i z rozłożonymi nogami, bez żadnej bielizny, przy zupełnie nieznanym mi mężczyźnie! Nie mogłam tego pojąć! Widać było, że para przyjemnie spędza czas. Na środku wielkiego małżeńskiego łoża stała srebrna taca, a na niej patera pełna świeżych owoców, które sama wieczorem pokroiłam na małe kostki. Ze zdumieniem patrzyłam, jak *madame* brała po kawałku soczystego arbuza lub melona i z uśmiechem podawała partnerowi do ust.

---

[1] *Hidżab* (arab.) – chusta, którą muzułmanki zakrywają głowę.
[2] *Haram* (arab.) – grzech.

– Taak... – mruczał zadowolony mężczyzna. – Amber, tak, Amber...

Pierwszy raz słyszałam, jak ktoś zwraca się do *madame* po imieniu. Najczęściej nazywano ją Umm Basma, czasami jej mąż wołał na nią *Ja mar'a!*[1].

– Amber! – Mężczyzna wziął cząstkę czerwonego owocu.

– Amber... – Włożył ociekający sokiem przysmak do ust kobiety. Ta westchnęła zmysłowo, oblizała wargi, a strużka nektaru popłynęła na jej pełny biust. Na ten widok mężczyzna szybkim ruchem odsunął tacę i zaczął zlizywać sok z piersi *madame*. Ta jęczała coraz głośniej i zarzuciła nogi na plecy mężczyzny. Trwali tak przez chwilę, po czym gwałtownie zmienili pozycję. *Madame* położyła się na plecach, a mężczyzna przylgnął do niej, pieszcząc namiętnie jej piersi i pośladki. Wtedy przez moment mignęła mi jego twarz. Nie mogłam uwierzyć w to, co zobaczyłam. Nieznajomym mężczyzną był Adil, brat męża *madame*!

Tego już było dla mnie za wiele. Nie mogłam dłużej na to patrzeć! Szybko wróciłam do pokoju, robiąc przy okazji trochę hałasu, ale para była tak zajęta sobą, że niczego nie zauważyła. Położyłam się na podłodze, na swoim materacu, i długo nie mogłam zasnąć. Serce biło mi jak oszalałe. Ogarnęły mnie też jakieś dziwne, nowe uczucia, gromadzące się gdzieś w podbrzuszu. Słyszałam miarowy odgłos skrzypiącego łóżka i urywane westchnienia, które z czasem robiły się coraz głośniejsze. Odruchowo ścisnęłam nogi i zrobiło mi się całkiem przyjemnie.

Na drugi dzień wstałam rano do swoich obowiązków. Kiedy podawałam *madame* śniadanie do łóżka, zachowywała się całkiem normalnie. W bawełnianej koszuli nocnej z długimi rękawami, ze spiętymi do góry włosami wyglądała na uosobienie

[1] *Ja mar'a!* (arab.) – kobieto!

skromności. Przez chwilę pomyślałam nawet, że cała sytuacja w nocy tylko mi się przyśniła. Ale w pokoju unosił się jakiś ostry zapach, pościel była zmięta, a oczy *madame* wciąż płonęły nienasyconym pożądaniem.

– Bibi! – Jej niższy niż zwykle tembr głosu przywołał mi przed oczy scenę, której byłam świadkiem. – Nie będzie mnie dzisiaj cały dzień. Opiekuj się Basmą i nic nie gotuj, zjem na mieście. I jeszcze... – przełknęła ślinę – posprzątaj dobrze sypialnię... Odkurz, wywietrz i zmień pościel. Wieczorem pokrój świeże owoce i umyj te dwa duże puchary na lody... – Przy ostatnich słowach jej wzrok umknął gdzieś w bok. Jeżeli jej mąż nadal był na rybach, to dlaczego potrzebne jej były dwa puchary?!

*Madame* wróciła do domu już po zmroku.

– Idź na dół i przynieś zakupy! – Podała mi kluczyki. Zeszłam do samochodu i zobaczyłam wiele firmowych toreb z ekskluzywnych sklepów. Z ciekawości zajrzałam do środka. Było w nich mnóstwo wymyślnej bielizny i luksusowych kosmetyków. Zaniosłam wszystko na górę. – Zostaw to w sypialni i idź spać! Późno już! – rozkazała *madame*. Jej włosy lśniły, cera jaśniała, a ciało rozsiewało zapach aromatycznych olejków. Z pewnością spędziła cały dzień nie tylko na zakupach, ale też w salonie piękności. – No idź już, idź! – poganiała mnie. – Już cię nie potrzebuję.

Choć było jeszcze wcześnie, musiałam udać się do pokoju Basmy, gdzie spałam. Dziewczynka tęskniła za mamą i chciała się z nią pobawić, ale *madame* powiedziała, że jest zajęta. Zauważyłam, że Basma nie widziała matki cały dzień, zupełnie jak ja, kiedy byłam mała. Tyle że moja mama ciężko pracowała, aby zarobić dla mnie na garstkę ryżu.

Wyjęłam klocki i zaczęłam budować z Basmą zamki. Dziewczynka miała mnóstwo kolorowych zabawek, które rzadko widziałam w naszej wiosce. Nawet ci, którzy pracowali w Kuwejcie,

51

wysyłali dzieciom przede wszystkim pieniądze na jedzenie, czasem ubrania, ale prawie nigdy nie przesyłali zabawek. Lubiłam siedzieć z Basmą na puszystym dywanie w jej biało-różowym pokoju i wznosić z klocków różne budowle.

Po godzinie Basma zrobiła się zmęczona. Jak co wieczór musiałam jej dać kolację, wykąpać i położyć spać. Najedzona, czysta i przebrana w piżamkę dziewczynka zaczęła marudzić:

– Mama! Mama! Chcę do mamy! – Rwała się do pokoju matki. Nie mogłam niepokoić *madame*, więc próbowałam czymś zająć dziecko.

– Zobacz! Tu jest misio! Jaki ładny misio! Zaraz pójdzie spać z Basmą!

– Nie chcę misia! Chcę do mamy! – Dziewczynka się rozpłakała.

– Ale misio jest śpiący! Chce już iść do łóżeczka! – Pragnęłam ją uspokoić.

– Nie! Chcę do mamy! – Dziewczynka wyrwała mi się i pobiegła do pokoju matki. Ale drzwi sypialni były zamknięte.

– Mamo! Mamo! – Basma wyciągała rączki, żeby sięgnąć klamki, i zezłoszczona kopała w drzwi.

– Bibi! – Głos *madame* był ostry. – Natychmiast weź stąd to dziecko! Jak ty jej pilnujesz? Nie umiesz pracować? – Przekręciła od wewnątrz klucz w zamku. – Mówiłam już, że jestem zajęta!!!

Wzięłam ryczącą i wierzgającą nogami Basmę na ręce i z trudem zaniosłam ją do jej pokoju. Ciągle wrzeszczała „Mama! Mama!" i nie chciała położyć się do łóżeczka. Dopiero gdy nastawiłam parę razy jej ulubioną pozytywkę, z trudem zasnęła.

Wyczerpana wyciągnęłam się na swoim materacu. Przypomniałam sobie słowa Ramy, która mówiła, że w Kuwejcie dzieci większość czasu spędzają ze służącymi i kierowcami. Zdarza się, że w wielkich willach rodzice nie widzą swoich dzieci przez parę dni. Podobno kiedyś kilkuletni chłopiec pojechał z kierowcą swojego kolegi do jego rezydencji i dopiero po paru dniach matka zorientowała się, że jej synek nie nocuje w swoim domu. Nauczyciele w szkołach skarżyli się, że dzieci właściwie nie znają porządnie żadnego języka, bo wychowywane przez służące, mówiące łamanym arabskim lub angielskim, też kaleczą każdy z nich. Teraz myślę, że czasem skrajna bieda i nadmierne bogactwo przynoszą te same efekty – rozłąkę z rodzicami i widoczne braki w edukacji.

Tej nocy nie mogłam zasnąć. Nasłuchiwałam, co się dzieje w apartamencie. Po jakiejś godzinie, gdy Basma pogrążyła się we śnie, zgrzytnął zamek w wejściowych drzwiach. Usłyszałam podniecone głosy *madame* i Adila. Szybko poszli do sypialni. Leżałam z otwartymi oczami, wyobrażając sobie, co tam robią. W końcu nie wytrzymałam i poszłam ich podejrzeć. Ostatecznie zawsze mogłam powiedzieć, że chciałam skorzystać z łazienki.

Drzwi sypialni były uchylone, ale szczelina okazała się znacznie mniejsza niż poprzedniej nocy. Położyłam się na podłodze, starając się jak najwięcej zobaczyć przez niewielką szparę. *Madame* nosiła wyzywające czerwono-czarne body. Jej kształtny biust, lśniący drobinkami złota, falował zachęcająco. Wokół bioder miała zawiązaną błyszczącą chustę z przyczepionymi do niej koralikami i połyskliwymi okrągłymi blaszkami. *Madame* tańczyła zmysłowo taniec brzucha w rytm płynącej z odtwarzacza muzyki. Rozochocony Adil co chwilę chciał klaskać w dłonie, ale *madame*, falując ponętnie długimi włosami i bezgłośnie wydymając rubinowe wargi, dawała mu rękami do zrozumienia, aby był cicho. Adil raz po raz poklepywał *madame* po pośladkach, zachęcając ją do ognistych ruchów całego ciała. Kiedy rozległy się rytmiczne partie bębenków, biodra *madame* zaczęły drżeć i falować coraz szybciej i szybciej. Wtedy Adil zerwał się i niecierpliwie zaczął rozsznurowywać wstążki w seksownej

53

bieliźnie. Po chwili piersi *madame* ukazały się w całej okazałości. Adil jął je namiętnie całować, po czym para upadła na łóżko. Prześwit w uchylonych drzwiach był za mały, abym mogła zobaczyć, co stało się dalej.

Po weekendzie *baba* wrócił z połowu niezwykle uradowany. Z dumą pokazywał swój bogaty łup: różne rodzaje tuńczyka, makrele, sumy, flądry i inne ryby, których nazw nie znałam.

– Bibi! – zawołał mnie. – Chodź tu do mnie z Basmą!

Podeszłam do niego z dziewczynką na rękach.

– Zobacz, córeczko! – chwalił się *baba*. – To jest rekin!

Niewielkiej wielkości rekin szczerzył ostre zęby, wzbudzając entuzjazm dziecka. Mąż *madame* wziął ode mnie dziewczynkę.

– Weź wszystkie ryby i je oczyść! – polecił.

Tej pracy nie lubiłam najbardziej. Usuwanie łusek, płetw oraz wnętrzności zabierało mnóstwo czasu i niekiedy kaleczyło mi ręce.

Poszłam do kuchni i zabrałam się do niewdzięcznej roboty. Słyszałam, jak *baba* bawi się rekinem z córeczką, a następnie dzwoni do swojego brata Adila. Powiedział mu o świetnym połowie i zaprosił na wieczór na kolację.

Kiedy przyszedł Adil, *madame* w sukni do ziemi z długimi rękawami i hidżabem na głowie siedziała dostojnie na kanapie z Basmą na kolanach. Przywitali się zdawkowo, nawet na siebie nie patrząc. *Baba* z entuzjazmem zaczął rozprawiać o ostatniej wyprawie na wody Zatoki i wyjątkowo udanym połowie. Namawiał brata, żeby mu towarzyszył w jego eskapadach, ale ten wykręcał się dolegliwościami zdrowotnymi.

Przez cały czas, gdy podawałam kolację, *madame* nie odezwała się ani słowem. Skromnie spuszczała oczy, nawet nie patrząc w stronę Adila. Mąż *madame* tryskał dobrym humorem i od czasu do czasu zerkał z satysfakcją na swoją cichą i posłuszną żonę.

Kiedy sprzątałam ze stołu w jadalni, państwo wraz z gościem przenieśli się do salonu.

– Bibi! – wołał mnie znowu *baba*. – W kuchni jest świeży arbuz i melon! Pokrój owoce i przynieś je nam na deser!

Paterę pełną soczystych cząstek owoców postawiłam na stoliku wraz z małymi talerzykami i widelczykami. *Madame* jako uprzejma gospodyni nałożyła parę kawałków Adilowi i podała mu je na talerzyku.

Wtedy, na jedną chwilę, ich roziskrzone spojrzenia się spotkały. Ale zadowolony z siebie mąż *madame* niczego nie zauważył.

Do kuwejckich zwyczajów należało przesyłanie sobie nawzajem przez sąsiadów półmisków z jedzeniem. *Madame* czasem też mnie wysyłała, żebym zaniosła ugotowaną potrawę któremuś z sąsiadów. Szczególnie często kazała mi chodzić piętro niżej do rodziny Alego. Był to starszy Kuwejtczyk, około siedemdziesiątki, mieszkający tylko z żoną i służącą. Zauważyłam, że jego służące często się zmieniały: żadna nie mogła zagrzać dłużej miejsca. Czasem, wynosząc śmieci, widziałam je całe zapłakane. Pomyślałam, że zapewne żona Alego musi być wyjątkowo wredna i z nudów gnębi każdą nową pomoc, która pojawi się w ich domu. W pewnych momentach, kiedy nie zatrudniali żadnej służącej, rodzina Alego korzystała z dochodzącej pomocy domowej.

Pewnego razu jak zwykle poszłam z talerzem do apartamentu Alego. Otworzył mi osobiście. Natychmiast gdy mnie zobaczył, na jego twarzy pojawił się obleśny uśmiech.

– Chodź do środka! – polecił. Weszłam i od razu skierowałam się w stronę kuchni. – Nie, nie tu! – Czułam jego przyspieszony oddech tuż za moimi plecami. – Idź tam! – Nakazał mi pójść do sypialni. Przyzwyczajona do wykonywania poleceń, posłusznie poszłam do sypialni. Postawiłam talerz na małym stoliku i chciałam wyjść. Jednak Ali zagrodził mi drogę. – A ty gdzie się tak spieszysz? – zapytał, przybliżając się do mnie.

– Ja muszę iść! Pani czeka! – Chciałam go wyminąć, lecz Ali na to nie pozwolił.

– Zostań na trochę! – Podszedł blisko mnie. Złapał moją małą pierś i ścisnął nieprzyjemnie.

– Aj! – krzyknęłam. – To boli!

Dopiero teraz Ali przyjrzał mi się uważnie.

– A coś ty taka dzika?! – Bez zahamowań zaczął mnie obmacywać obiema rękami. – A tak w ogóle to ile ty masz lat? – zapytał, czując moje drobne ciało. – Może ty jeszcze nigdy nie byłaś z mężczyzną? Co? Przyznaj się, jak to naprawdę jest z tobą?

Chciałam mu się wyrwać, ale już wsadził swoje stare łapsko pod diszdaszę i dotykał moich majteczek.

– Nie! Ja chcę iść! – Rozpłakałam się głośno.

– Nie drzyj się tak! – próbował mnie uspokoić. Jednak nie dawałam za wygraną i starałam się wyzwolić od jego obleśnego dotyku.

– Co, może już inne służące-kurwy cię nauczyły, że trzeba od razu żądać pieniędzy?! I dlatego tak się opierasz?

– Mamo!!! – zawołałam bezwiednie jak zawsze w momentach, kiedy było mi źle.

– No dobrze, ile chcesz? – Puścił mnie, sięgając po portfel, ale nadal tarasował drogę do drzwi. – Jak to jest twój pierwszy raz, to mogę dać ci tyle. – Pomachał mi przed nosem równowartością dwóch moich pensji.

– Chcę do domu! – Ruszyłam w stronę wyjścia.

– Jak nie chcesz pieniędzy, to wezmę cię za darmo! – krzyknął zdenerwowany i popchnął mnie na łóżko. Przygniótł mnie całym swoim ciężarem tak, że prawie nie mogłam oddychać. Ściągnął mi majtki i próbował wsunąć we mnie nabrzmiały członek.

Opierałam się, jak mogłam, mocno krzyżując nogi. Mężczyzna był jednak znacznie silniejszy i szybko zdołał rozewrzeć mi uda.

– Ali! Ali! Jesteś tu?! – To był głos jego żony, która właśnie wróciła z zakupów. – Ali! Gdzie jesteś?!

Mężczyzna szybko oderwał się ode mnie, zanim zdążył zrobić coś więcej. Ja też naprędce wstałam i założyłam rzuconą na podłogę bieliznę. Drzwi się otworzyły i do sypialni weszła żona Alego.

– O, tu jesteś!

– Bibi przyniosła jedzenie – powiedział Ali.

– Tak, tak... – W oczach żony Alego widać było niemy wyrzut.

Ali spojrzał na nią groźnym wzrokiem i kobieta od razu wyszła z pokoju.

– Jak zechcę, to i tak cię będę miał! – powiedział do mnie z pewnością w głosie. – Wystarczy, że poproszę twoją *madame*, a sama cię do mnie przyśle. Nie wiesz, że ją odwiedzam? Przyjmuje tabuny mężczyzn, to mnie też może... Jak nie chce, żeby jej mąż się o wszystkim dowiedział... – zagroził, chełpiąc się własną przebiegłością.

Żona Alego kręciła się po mieszkaniu, więc czym prędzej pobiegłam na górę. Od tej pory nie podglądałam już swojej pani, bo bałam się, że jak mnie przyłapie, to z mężczyznami, których przyjmuje, każe mi robić to samo, co ona. W każdą noc weekendu słyszałam otwierane drzwi wejściowe i męski głos, który nie zawsze należał do brata męża *madame*.

Pewnego razu o północy obudziło mnie mocne walenie do drzwi.

– Otwórzcie szybko! Otwierać! – usłyszałam uniesiony głos męża *madame*. Z przyzwyczajenia poderwałam się, żeby podejść do drzwi. W holu na wpół ubrana *madame* chwyciła mnie za rękaw.

– Poczekaj! Idź do sypialni i szybko ją posprzątaj – mówiła szeptem. – I przynieś mi szlafrok.

Kątem oka spostrzegłam Adila przemykającego pospiesznie do nieużywanej służbówki.

– Otwierajcie! I to już! – W głosie męża *madame* brzmiała rosnąca irytacja.

– Już, *habibi*[1], już! – *Madame* udawała, że ma problem z zamkiem. – Nie wiem, co się stało, chyba coś się zacięło!

– To wyjmij klucz, może ja spróbuję otworzyć swoim.

– Nie mogę... nie mogę go wyjąć! – kłamała *madame*.

Na szczęście w sypialni nie było dużego bałaganu. Pewnie Adil dopiero niedawno przyszedł. Prześcieliłam łóżko i uchyliłam okno. Następnie zaniosłam dwie filiżanki po kawie do kuchni, umyłam je i wstawiłam do szafki. Potem podałam *madame* szlafrok.

– Otwierasz czy nie?! – *Baba* był wyraźnie zirytowany. – Bo zaraz wyważę drzwi!

– Już! Już się otwierają! – *Madame* udawała, że uporała się z zamkiem. – A czemu tak nagle wróciłeś? – zapytała z niewinną miną.

– Pogoda... Poinformowali nas, że będzie załamanie pogody... – Niczego niepodejrzewający *baba* skierował się prosto do sypialni, w której od razu zgasło światło. Usłyszałam miłosne szepty, a zaraz potem zamknęłam drzwi za opuszczającym chyłkiem mieszkanie Adilem.

[1] *Habibi, habibti* (arab.) – kochanie, ukochany.

# Rozdział IV

# Dziewczyny na licytacji

Po dwóch latach pobytu w Kuwejcie miałam prawo zrezygnować z pracy lub pojechać na dłuższy urlop do Indii. Jednak nie skorzystałam ani z jednego, ani z drugiego. Mimo że według przyjętych norm koszt biletu do Indii pokrywali pracodawcy, nie mogłam sobie pozwolić na ten wyjazd. Mama chorowała i ciągle były potrzebne pieniądze na lekarzy. Z tego powodu nie udało jej się jeszcze spłacić pożyczki zaciągniętej pod zastaw domu. Poza tym państwo nie chcieli, żebym jechała, bo to właśnie ja najlepiej sobie radziłam z Basmą. Zagrozili, że jak wyjadę, to od razu zatrudnią kogoś innego na moje miejsce, ponieważ ich córka musiała mieć osobę do całodobowej opieki. A *madame* nie chciała zajmować się domem.

Wszyscy wiedzieli, że odkrycie złóż ropy naftowej i związane z tym bogactwo spowodowało, że Kuwejtczycy przyzwyczaili się do obsługi i nie wykonywali wielu prac, przede wszystkim fizycznych. Rzesza przybyszów z innych krajów arabskich oraz Azji, zatrudniona w wielu sektorach, przyczyniała się do niezwykle wygodnego życia codziennego rdzennych obywateli. Egipcjanie i Palestyńczycy zasilali szeregi nauczycieli, prawników i lekarzy, Irańczycy byli głównie kupcami i robotnikami, a inne azjatyckie nacje służącymi, kierowcami, ogrodnikami i sprzątaczami. Później dowiedziałam się, że chociaż system niewolniczy został oficjalnie zniesiony w tysiąc dziewięćset dwudziestym czwartym roku, to jeszcze do późnych lat pięćdziesiątych w domach zamożnych Kuwejtczyków można było spotkać niewolników, zwanych *mu'alids*. Niewolnicy ci byli w większości Afrykanami, zrodzonymi z rodziców niewolników, którzy zazwyczaj służyli w kuwejckich rodzinach od pokoleń. Posiadanie niewolników stanowiło wyznacznik wysokiego statusu społecznego, w związku z czym przeważnie traktowano ich dobrze. Niewolnice często były nałożnicami swoich właścicieli, bo islam zezwalał na taką formę współżycia.

Od połowy lat siedemdziesiątych kluczową rolę w zatrudnianiu cudzoziemców zaczął odgrywać system zwany *kafala*, czyli sponsoringu. W latach osiemdziesiątych każdy cudzoziemiec zatrudniony spoza regionu krajów wchodzących w skład Rady Współpracy Zatoki Perskiej[1] musiał mieć swojego *kafila*, czyli sponsora. *Kafilem* mogła być osoba prywatna lub instytucja prywatna albo państwowa. System ten dawał sponsorom rozległą władzę nad zatrudnionymi pracownikami.

Ja też musiałam się podporządkować decyzji moich pracodawców. Nie chciałam tracić pracy, co mi groziło w przypadku wyjazdu na urlop. Wtedy, jeżeli chciałabym wrócić do Kuwejtu, musiałabym jeszcze raz zacząć całą procedurę, a to wiązało się z ogromnymi kosztami i nowymi pożyczkami. Nie mogłam sobie na to pozwolić.

Państwo ze względu na to, że nie wyjechałam, dali mi niewielką podwyżkę i wychodne w każdy piątek. Na początku wychodziłam

---

[1] Rada Współpracy Zatoki Perskiej (w skrócie GCC) powstała w 1981 roku w Rijadzie. W jej skład wchodzi Arabia Saudyjska, Bahrajn, Katar, Kuwejt, Oman i Zjednoczone Emiraty Arabskie.

z Ramą, która dobrze znała Kuwejt. Później poruszałam się już sama. Tradycyjnym miejscem spotkań służących było Kuwait City, gdzie mieściła się katolicka katedra obrządku rzymskiego pod duchowym patronatem papieża. Ziemię pod katedrę w tak doskonałej lokalizacji ofiarował sam emir Kuwejtu Abd Allah III as-Salim as-Sabah[1] ze względu na rosnącą liczbę chrześcijan z Kerali, Goi, Sri Lanki i Filipin. Na terenach położonych wokół katedry gromadziły się co tydzień tłumy najniżej płatnej siły roboczej z wielu krajów.

Spotkania te były okazją wymiany doświadczeń związanych z życiem w Kuwejcie. Tam zetknęłam się z ogromem cierpień, które stały się udziałem wielu zatrudnionych. Zdarzało się, że pracodawcy przez lata nie płacili wynagrodzenia służącym, bo uważali, że go nie potrzebują, skoro mają dach nad głową, jedzenie i ubranie. Wszystko to wobec powszechnej wiedzy, że pensje przeważnie były wysyłane do ojczystych krajów zatrudnionych tu pracowników. Ludzie z pokorą rezygnowali ze swojego życia prywatnego i znosili niemal niewolnicze traktowanie, byle zapewnić swoim bliskim lepsze warunki życia.

Niektórzy nie chcieli być na całodobowych usługach swoich sponsorów, więc kupowali wizy od Kuwejtczyków i pracowali na własny rachunek. Jednak to rozwiązanie miało wiele minusów. Przede wszystkim było nielegalne, bo prawo obligowało pracowników do zatrudnienia w miejscu wskazanym w oficjalnych dokumentach. Poza tym cena wizy sięgała wysokości rocznej pensji, którą ci najniżej opłacani przyjezdni zdołali dostać. Oprócz tego musieli sami znaleźć sobie jakieś miejsce zamieszkania i zapewnić wyżywienie. To nie było proste przy minimalnych zarobkach,

[1] Nad terenami obecnego Kuwejtu panuje od osiemnastego wieku dynastia as-Sabah. Abd Allah III as-Salim as-Sabah (1895–1965) panował w latach 1950–1965 i w 1954 roku ofiarował społeczności chrześcijańskiej ziemię pod budowę świątyni.

które mogły wynosić zaledwie niecałe sto dolarów. Większość z nich gnieździła się w wynajętych mieszkaniach, gdzie żyli w kilkanaście, a nawet więcej osób. Warunki higieniczne były tam w opłakanym stanie.

Pewnego razu Rama zabrała mnie do takiego mieszkania, gdzie przebywała jej koleżanka. Przeraziło mnie to, co tam zobaczyłam. Było tak brudno, że odmówiłam wypicia herbaty, którą mnie poczęstowano. W powietrzu unosił się nieprzyjemny odór niemytych ciał, niepranej odzieży i odchodów. Zaraz gdy usiadłyśmy, koleżanka Ramy zaczęła się skarżyć, że nie można ufać nikomu ze współmieszkańców, bo ciągle coś komuś ginie: jedzenie, kosmetyki, ubrania, a przede wszystkim pieniądze.

– Ale najgorzej jest z pracą. – Ukradkiem ocierała łzy. – Ciągle muszę chodzić i szukać ludzi, u których mogę sprzątać. I to taka niepewna praca... W tych domach nie można nawet nic zjeść. Ciężko jest... Bardzo ciężko... – wzdychała. – I ten klimat... Niemiłosierny upał, kurz, wszędzie wciskający się piasek. Zanim dojdę na pieszo do autobusu i dojadę do mieszkań, gdzie sprzątam, to już jestem zmęczona. A to, co zarobię, nie zawsze starcza na opłacenie wszystkiego. I jeszcze wiza... Kończy mi się za dwa miesiące. Skąd ja wezmę taki majątek, żeby opłacić nową? – Po policzkach kobiety spłynęły łzy.

Rama próbowała ją pocieszyć.

– Nie martw się. Poradzisz sobie jakoś – mówiła, lecz jej słowa nie brzmiały przekonująco.

Pewnego razu, kiedy siedziałam z nowymi znajomymi w Kuwait City, podszedł do nas znany mi z widzenia Hindus.

– Jak masz na imię? – zapytał.

– Bibi.

– Radżu – przedstawił się. – A masz pracę?

– Tak.

– I co? Jesteś zadowolona? – zapytał.

Nie wiedziałam, co odpowiedzieć. Niby nie mogłam narzekać, nie brakowało mi jedzenia, państwo regularnie wypłacali pensję i nawet zbytnio nie krzyczeli, ale ten przymus bezustannej gotowości do wykonywania każdego polecenia okazał się dosyć męczący. Bez względu na to, jak byłabym zajęta zmywaniem, odkurzaniem, gotowaniem czy sprzątaniem, w każdej chwili *madame* mogła mnie zawołać, żebym podała jej torebkę, która leżała prawie tuż obok niej, ale poza zasięgiem jej ręki. Albo nakazywała mi wyjąć jakąś jej bluzkę z szafy, przynieść jej buty, szklankę wody czy kluczyki od samochodu. Westchnęłam i powiedziałam:

– Tak, jestem zadowolona.

Radżu zauważył moje chwilowe wahanie.

– A może chciałabyś zmienić pracę?

Taka myśl nigdy wcześniej nie przyszła mi do głowy. Czułam, że całkowicie należę do moich sponsorów, którzy ściągnęli mnie do Kuwejtu. Moje milczenie Radżu przyjął za dobrą monetę.

– Mogłabyś wychodzić, kiedy chcesz, nie tylko w piątki. – Zaczął roztaczać przede mną wizję lepszego życia. – I w ogóle przez większość czasu robić, co chcesz. A ile zarabiasz? – Nic nie odpowiedziałam, ale Radżu skwapliwie zapewnił: – Na pewno zarobiłabyś minimum trzy razy więcej.

– Ale co to za praca? – Pomyślałam, że nie zaszkodzi zapytać.

– A masz rodzinę w Indiach? – Radżu zmienił temat.

– Tak. Mamę… i siostrę.

– A jak mama się czuje?

– Jest chora. Bardzo chora…

– Pewnie na jej leczenie potrzeba dużo pieniędzy. A spłaciłyście już długi zaciągnięte na twój przyjazd?

– Nie, jeszcze nie.

– Sama widzisz, że potrzebujesz więcej zarabiać. Dobrze się zastanów. Porozmawiamy o tym za tydzień. Do widzenia.

– Odszedł, zasiewając w moim sercu ziarenko niepewności.

Przez następne dni, usługując państwu, zastanawiałam się, jak to by było, gdybym nie musiała już dłużej bez przerwy służyć. W ostatnich miesiącach ze szczególnym trudem przychodziło mi opiekowanie się Basmą, która była niezwykle rozpuszczona i krnąbrna. Chociaż rodzice nie spędzali z nią dużo czasu, kiedy jednak już się nią zajmowali, rozpieszczali ją do granic możliwości. Nie było jej życzenia, które nie mogłoby zostać spełnione. Poza tym naśladując dorosłych, ciągle wydawała mi jakieś rozkazy, i czasem specjalnie rozsypywała klocki, żebym je później, jeden po drugim, musiała jej podawać. Przerażało mnie, co będzie dalej. Nieraz widziałam kuwejckie dzieci nad morzem, które kopią i plują na służące, a rodzice na to w ogóle nie reagują. Pewien chłopiec znalazł sobie zabawę polegającą na sypaniu w twarz służącej piaskiem, który wdzierał się do jej oczu i nosa. Nie mogła na niego krzyknąć ani nawet zwrócić mu uwagi. Pewna koleżanka Ramy była sprzątaczką w szkole. Opowiadała, że nauczycielkom zajmuje prawie pół roku, zanim nauczą nowe dzieci jako takiej dyscypliny. Małe dzieci z zamożnych domów nawet nauczycielki traktują jak swoje własne służące. Polecają im podawać sobie torby, wyjmować piórniki, rozpakowywać kanapki czy układać zeszyty i książki. Nagminnie też śmiecą, chociaż w każdej klasie znajduje się kosz. Ale dlaczego miałyby postępować inaczej, skoro do nawyków ich rodziców należało wyrzucanie z jadących samochodów papierów, opakowań po jedzeniu, jednorazowych kubków po kawie i innych śmieci wprost na ulicę? Wiedzieli, że rano gromada zarabiających grosze Hindusów pozbiera to wszystko.

Przez cały tydzień wyobrażałam sobie, że mieszkam gdzieś w mieście i mam nieograniczoną wolność. Im dłużej o tym myślałam, tym bardziej nęciła mnie ta perspektywa. Wprawdzie przypominałam sobie obskurne mieszkanie koleżanki Ramy i jej żale, lecz tak dużo ludzi funkcjonowało bez swoich oficjalnych sponsorów, że na pewno nie wszyscy żyli i pracowali w tak okropnych warunkach. Kiedy w piątek poszłam jak zwykle do Kuwait City, wypatrywałam Radżu. Jednak nigdzie go nie widziałam. Kupiłam colę i samosę[1] z warzywami, po czym dosiadłam się do niedawno poznanej koleżanki, Sudżaty.

– Co słychać? – zapytałam.

– Dobrze – odpowiedziała. – Tylko pewien facet ciągle mi się przypatruje.

– Który?

– O, tam stoi. – Wskazała na wysokiego i wyjątkowo dobrze ubranego Hindusa.

Kiedy tylko mężczyzna zobaczył, że patrzymy w jego kierunku, od razu do nas podszedł.

– Jak się macie? – zagadnął. Sudżata zaczęła chichotać i widać było, że nowy znajomy przypadł jej do gustu. – Mohan – przedstawił się.

– Sudżata.

– Bibi.

– Ładne z was dziewczyny – stwierdził bezceremonialnie. Koleżanka nadal się krygowała i chichrała, więc Mohan zwrócił się bezpośrednio do niej: – Pracujesz gdzieś? – Sudżata potaknęła. – A ja zrobię tak, że nie będziesz musiała pracować. – Dziewczyna odwróciła do niego głowę. – Bardzo mi się podobasz – stwierdził,

[1] Samosa – potrawa kuchni indyjskiej, przekąska w postaci trójkątnego pierożka, smażonego na głębokim oleju. Jako nadzienie służą najczęściej ostro przyprawione warzywa, czasami również mięso lub ser.

mierząc ją wzrokiem dokładnie od stóp do głów. – Taka atrakcyjna dziewczyna jak ty nie powinna pracować. Ja ci wszystko zapewnię – przekonywał – mieszkanie, wyżywienie, wyślę twojej rodzinie pieniądze... – Sudżata otworzyła szeroko oczy ze zdumienia. – A tak, tak... – Nie chcąc tracić piorunującego pierwszego wrażenia, jakie wywarł na dziewczynie, wyjął z kieszeni parę małych złotych kolczyków. – Widzisz to? Mogą być twoje. Tylko chodź ze mną. – Na widok drogocennego kruszcu Sudżata rozjaśniła się. – Piękne, prawda? Jeszcze dzisiaj mogą zdobić twoje śliczne uszka! – kusił. – Chcesz przymierzyć? – Wyciągnął dłoń z mieniącymi się błyskotkami.

Sudżata miała taki wyraz twarzy, jakby nie wierzyła, że to dzieje się naprawdę. Złoto dla moich rodaków przebywających w Kuwejcie było niezmiernie ważne. Po paru latach pracy, kiedy spłacili długi zaciągnięte na wyjazd i dostali podwyżkę pozwalającą na oszczędności, każde finansowe nadwyżki lokowali w misternie wyrabianych złotych łańcuchach, naszyjnikach, kolczykach i bransoletkach. Z dumą chwalili się nawzajem kupionymi wyrobami, które im były cięższe, tym większe wzbudzały zazdrość i podziw. Sukces wynikający z pobytu w Kuwejcie mierzyło się ilością złota przywiezionego do swojego kraju. Kruszec ten spełniał wiele ról. Był wyznacznikiem prestiżu oraz formą zabezpieczenia, bo zawsze można było go sprzedać w kryzysowej sytuacji. Poza tym w Indiach wydanie dziewcząt za mąż wiązało się zawsze z ogromnymi kosztami. Rodzina narzeczonej musiała przekazać przyszłemu mężowi prezenty ze złota oraz dużą sumę pieniędzy. Im większy posag wnosiła dziewczyna, tym większe szanse miała na znalezienie odpowiedniego kandydata z dobrym wykształceniem i stałą pracą. Dlatego pracujący w Kuwejcie przez lata gromadzili złoto, aby we właściwej chwili móc wykorzystać je w celu zapewnienia lepszej przyszłości swoim córkom.

Sudżata bez wahania sięgnęła po kolczyki. Sprawnie wyjęła z przekłutych uszu tanie świecidełka z metalu i włożyła biżuterię ze szlachetnego kruszcu. Następnie wyciągnęła małe lusterko i zaczęła się przeglądać. Mohan wykorzystał ten moment.

– Widzisz, jak idealnie do ciebie pasują? – chwalił. – Powinnaś je stale nosić.

– Dobrze mi w nich? – zapytała mnie Sudżata.

– Tak, bardzo. – Poczułam lekkie ukłucie zazdrości. – Też chciałabym mieć takie.

– Zdejmij je teraz! – rozkazał Mohan. – Będą twoje, jak ze mną pójdziesz.

Koleżanka z wyraźnym żalem posłuchała polecenia. Jednak nie spuszczała oczu z biżuterii, którą Mohan cały czas trzymał w otwartej dłoni.

W tym momencie jak spod ziemi wyrósł obok nas Radżu.

– Zostaw Bibi w spokoju! – wrzasnął na Mohana. – Ja pierwszy z nią rozmawiałem! Jest moja!

Mohan spojrzał na siedzącą obok niego Sudżatę.

– Przestań! Nie ma o co się kłócić! Przecież są dwie! Wystarczy dla każdego!

– To bierz tę swoją i idź już! Ja też mam tu robotę! – Spojrzał porozumiewawczo na Mohana.

– Dobra, dobra! Co się tak wkurzasz?! Nie ma o co! Chodź! – Wziął wciąż wpatrzoną w złoto Sudżatę za rękę i odszedł.

Kiedy się oddalili, Radżu natychmiast przeszedł do rzeczy.

– I co? Zdecydowałaś się? Zobacz, twoja koleżanka to mądra dziewczyna! Nie będzie marnowała czasu na mało płatną służbę! Mohan zapewni jej królewskie życie! – Pomyślałam o błyszczących kolczykach i chorej mamie. – A kiedy ostatni raz byłaś w Indiach? – zapytał Radżu, jakby czytał w moich myślach.

– Dawno. Ponad dwa i pół roku temu...

– I tyle czasu nie widziałaś chorej mamy?! – zapytał z udawaną troską. Poczułam się winna jako córka. – A dlaczego nie pojechałaś na urlop po dwóch latach? – pytał Radżu.

– Państwo powiedzieli, że jak wyjadę, to nie mam po co wracać.

– Państwo, państwo… Powiedzieli, zabronili, kazali. – Mężczyzna się wykrzywił. – Zawsze traktują nas jak swoją własność. – Po twarzy Radżu przebiegł jakiś bolesny skurcz. – Jak swoich niewolników. Zawsze musimy robić to, co oni chcą. – Zamilkł na moment, ale zaraz odzyskał dawną werwę. – Koniecznie musisz wkrótce jechać do Indii! – przekonywał żarliwie. – A jak mama umrze i już nigdy jej nie zobaczysz?! – Zamarło mi serce. To rzeczywiście mogło się zdarzyć! Widząc strach na mojej twarzy, Radżu kuł żelazo, póki gorące. – Słuchaj! Nie ma co się zastanawiać! Chodź już dziś ze mną i nie wracaj do nich! – Perspektywa tego, że nie będę musiała nikogo słuchać dwadzieścia cztery godziny na dobę, będę mogła wychodzić, kiedy chcę i gdzie chcę, oraz wreszcie przytulę się do mamy, była naprawdę kusząca. – Chodź ze mną! Chodź już teraz! – namawiał mnie gorąco.

Mimo wszystko trochę się bałam. Wiedziałam, że wiele służących ucieka w ten sposób od swoich sponsorów, ale nie byłam jeszcze zupełnie przekonana do takiego kroku.

– No, nie wiem… – wahałam się.

Wtedy do Radżu podeszło dwóch innych Hindusów.

– Radżu! Specjalne zlecenie. Sami nie damy rady. Musisz nam pomóc! – Wskazali na zaparkowany niedaleko elegancki samochód, w którym siedziało pięciu Kuwejtczyków. – Wyjątkowa stawka!

Radżu spojrzał na najnowszy model bmw, po czym zwrócił się do mnie:

– Słuchaj! Muszę teraz iść. Wróć do domu, weź swoje rzeczy i za tydzień spotkamy się w tym samym miejscu.

Przez następne dni myślałam tylko o tym, że już niedługo zrzucę moje jarzmo. Szczególnie że opieka nad Basmą w ostatnich miesiącach stawała się coraz trudniejsza. Dziewczynka była wyjątkowo uparta i w ogóle mnie nie słuchała. Gdy państwo szli do pracy, musiałam brać ją na dół apartamentowca, żeby pobawiła się trochę na powietrzu. Basma wyrywała mi się, szybko pędziła przed siebie i parę razy sama wybiegła na ulicę. Nawet nie chcę myśleć, co by się stało, gdyby wtedy jechał samochód! Nie byłam dla niej żadnym autorytetem, podobnie jak przytłaczająca większość służących kuwejckich dzieci. Kiedy rozwydrzona Basma zaczynała płakać, zaraz do pokoju przychodziła *madame*, pytając, co jej zrobiłam. Każdy jej grymas, łzy, zabrudzone ubranie, zepsuta zabawka to była moja wina. Nigdy Basmy. Z tego powodu codziennie łajano mnie wielokrotnie za to, że coś źle robię. W dodatku przy tym nieznośnym, do tego w ogóle niesłuchającym mnie dziecku wykonywanie codziennych prac domowych stało się torturą. Basma wszędzie właziła, wszystkiego chciała dotknąć, nawet urządzeń elektrycznych, i ani na moment nie potrafiła sama się pobawić. Musiałam uważać, żeby nigdzie nie zostawiać butelek z detergentami, bo wszystkiego chciała spróbować. Chwila nieuwagi groziła tragedią. Wieczorem zaś bez przerwy krzyczano na mnie, że apartament jest niedostatecznie czysty, jedzenie niesmaczne, a ubrania nieuprane i niewyprasowane na czas. A jak miałam temu wszystkiemu podołać, kiedy byłam odpowiedzialna za uparte, często dostające napadów szału lub agresji małe dziecko?! Miałam już tego wszystkiego dość!

W piątek spakowałam swoje rzeczy osobiste do małej reklamówki. Niewiele tego było. Trochę bielizny na zmianę i mocno już zużyte diszdasze i koszule nocne, które kupili mi państwo zaraz po moim przyjeździe. Przed moim cotygodniowym wyjściem *madame* jak zwykle przypomniała mi:

– Tylko się nie spóźnij! Jestem wieczorem zajęta! Musisz zostać z Basmą!

– Dobrze – powiedziałam, ale w duchu pomyślałam, że już nigdy tu nie wrócę. Nareszcie upragniona wolność!

W Kuwait City rozglądałam się za Sudżatą. Chciałam zapytać, jak jej się układa z Mohanem. Ale nigdzie jej nie widziałam. Cały dzień czekałam na Radżu, który pojawił się dopiero przed wieczorem. Kiedy zobaczył w mojej ręce reklamówkę, uśmiechnął się zwycięsko.

– Uciekłaś! – stwierdził z triumfem. – To dobrze, bardzo dobrze! Chodź ze mną!

Podążyłam za Radżu, przeciskając się przez tłum Hindusów. Niektórzy widząc mnie z Radżu, dziwnie mi się przyglądali. Podeszliśmy do zdezelowanego pojazdu, w którym siedziały jeszcze dwie inne kobiety z tobołkami.

– Już są wszystkie! – powiedział Radżu do kierowcy. – Ruszaj!

W niedługim czasie dotarliśmy do trasy szybkiego ruchu. Po paru kwadransach znaleźliśmy się na terenach, które pierwszy raz widziałam. Zawsze kiedy gdzieś jeździłam z moim państwem, za oknami samochodu były ulice, apartamentowce, wille lub morze. Teraz po obu stronach ciągnęła się pustynia. Widziałam brunatny piasek i bezkresne pustkowie.

Podążaliśmy przed siebie w milczeniu. Obok mnie siedziały dwie Filipinki niewielkiej postury. Kurczowo trzymały w rękach swoje zawiniątka i od czasu do czasu wymieniały się smutnymi spojrzeniami.

Samochód zjechał z głównej trasy. Po dziesięciu minutach znaleźliśmy się pod nie wiadomo skąd wyrosłym na pustyni skupiskiem paru bloków, które otaczał wysoki mur. Na parkingu stało sporo samochodów. Uderzało zwłaszcza to, że obok odrapanych i poobijanych starych aut znajdowały się lśniące, nowe pojazdy najdroższych marek, czasem z czekającymi w środku kierowcami. Kiedy wysiedliśmy, od razu usłyszałam głośną muzykę i rozbawione głosy. Tuż obok bloków mieścił się niewielki basen, przy którym świetnie bawiło się rozochocone towarzystwo. Kuwejtczycy, w tradycyjnych diszdaszach lub jedynie w krótkich, kolorowych spodenkach, siedzieli rozbawieni wśród licznych dziewcząt różnego wieku i narodowości. Pomyślałam, że będę miała dużo sprzątania po takiej imprezie. Ale to nic! – pocieszałam się. – Nareszcie będę sama sobie panią!

Aby wejść do jednego z bloków, należało przejść koło basenu. Radżu szedł pierwszy, a my we trzy podążałyśmy za nim. Kuwejtczycy rzucali Hindusowi przyjazne pozdrowienia.

– Radżu jak zwykle niezawodny! – rzekł jeden z Kuwejtczyków, trzymając pełną szklankę. – Zawsze ma świeży towar! Nawet niezłe są! – zwrócił się do swojego towarzysza. – I jakie młode! – Obrzucił nas taksującym spojrzeniem.

Przechodząc blisko niego, poczułam silny zapach drożdży. Tuż obok stał wielki baniak z brunatnożółtą, zawiesistą cieczą. Co chwilę ktoś podchodził do tego naczynia i porządnie sobie z niego nalewał. Domyśliłam się, że jest to nielegalny alkohol wytwarzany domowym sposobem. Wiedziałam już, że w żadnym sklepie w Kuwejcie nie ma alkoholu, bo jest całkowicie zabroniony. Ale słyszałam, że moi rodacy na dużą skalę prowadzą jego potajemną produkcję. Nie zawsze był to alkohol najlepszej jakości, więc po jego spożyciu zdarzały się przypadki poważnych chorób, a nawet ślepoty.

Wjechaliśmy windą na drugie piętro. Radżu zapukał. Drzwi otworzyła nam jakaś kobieta. Miała zniszczoną twarz, drżące ręce i mocno zepsute, pożółkłe zęby.

– Już są! – powiedział Radżu, wpychając nas do środka. – Zajmij się nimi odpowiednio i je przygotuj! Ja idę do gości.

Mieszkanie nie było duże. Składało się z kuchni, łazienki i dwóch pokoików. Wszędzie leżały porozkładane materace dla dziewcząt, i to w tak znacznej liczbie, że od razu poczułam ciasnotę.

Kobieta zaprowadziła nas do małego pokoju.

– My się już znamy – powiedziała do Filipinek. Następnie zwróciła się do mnie:

– Jestem Lata. A jak ty masz na imię?

– Bibi.

– Będziesz nazywała się Lalita! – zadecydowała. – Tak lepiej brzmi. A teraz wszystkie pokażcie mi swoje ubrania! – poleciła.

Filipinki rozpakowały swoje tobołki. Lata sprawnie brała do ręki koronkowe stringi i staniki, różnokolorowe body, minispódniczki i błyszczące bluzki na ramiączkach. Z aprobatą oglądała kosmetyki do makijażu, prezerwatywy i blond peruki z długimi i krótkimi włosami.

– W porządku! – stwierdziła z uznaniem. – Dokładnie tak, jak się umawiałyśmy. Teraz idźcie się umyć, a od jutra zaczynacie.

Kiedy Filipinki wyszły, Lata zaczęła przeglądać moje rzeczy.

– A co to jest? – Patrzyła na kilka spranych, burych szmat, bardziej przypominających ścierki do podłogi niż ubrania. Stałam zdezorientowana i nie wiedziałam, co powiedzieć. – Radżu nie mówił ci, co będziesz robić?

– Sprzątać... ja umiem sprzątać – powiedziałam cicho. – I jeszcze opiekować się dziećmi.

Lata wybuchnęła niepohamowanym śmiechem, jakbym opowiedziała jej dobry żart.

– Sprzątać, mówisz. A to dobre! – Wciąż nie mogła się opanować. – Ach, ten Radżu... – westchnęła – zawsze wszystko zwala na mnie. – Sięgnęła po papierosa i zapaliła go trzęsącymi się rękami.

– Palisz? – Wyciągnęła paczkę w moją stronę.

– Nie.

Lata zaciągnęła się parę razy, przyglądając mi się uważnie.

– A właściwie ile ty masz lat?

– Dwanaście... to znaczy niedługo kończę trzynaście.

– Czy ty już kiedyś byłaś z mężczyzną? – zapytała wprost. Pomyślałam, że chodzi jej o to, co moja *madame* robiła z bratem swojego męża. Spuściłam głowę. – Czyli jeszcze nigdy z nikim nie byłaś? Jesteś dziewicą? – Przytaknęłam. – I na pewno nie oszukujesz? Bo możemy cię wystawić za wysoką cenę.

Poczułam skurcz w żołądku. Nagle zapragnęłam się znaleźć w pełnym zabawek pokoju Basmy. Wstałam i ruszyłam w stronę drzwi.

– Ja muszę już iść, bo Basma... i *madame* czeka na mnie. Kazała mi przyjść. Już dawno powinnam być w domu – mówiłam nieskładnie.

– Hola, hola, moja mała! – Lata zamknęła drzwi na klucz. – Stąd nie ma ucieczki. Sama tu przyjechałaś, więc teraz należysz do nas.

Dotarło do mnie, że uciekłam z więzienia do piekła. Przypomniałam sobie leżącego na mnie naszego prawie siedemdziesięcioletniego sąsiada, który brutalnie chciał rozewrzeć mi nogi i ocierał o moje udo swój nabrzmiały członek.

– Idę... ja idę... – mówiłam mechanicznie, starając się dotrzeć do drzwi.

– Siadaj! – Lata mocno popchnęła mnie na materac. – Nigdy stąd nie uciekniesz! Gdzie pójdziesz sama? Na pustynię?!

Zwinęłam się w kłębek na materacu i zaczęłam płakać. Lata podała mi dwa zielone listki.

– Masz! Weź to do buzi i pożuj! Tak jak gumę do żucia.

Przyzwyczajona do wykonywania poleceń, zrobiłam tak, jak mi kazała. Odniosłam wrażenie, że w ustach mam trawę o gorzkawym smaku.

Już po parunastu minutach poczułam się dużo lepiej. Ogarnęła mnie jakaś niezwykła euforia. Wstałam i zaczęłam tańczyć, powtarzając moje nowe imię „Lalita, Lalita!".

Do pokoju wszedł Radżu.

– A tej co jest? – zapytał.

– Dałam jej trochę *katu*[1], bo ryczała. A ty co, nic jej nie powiedziałeś, do jakiej pracy ją bierzesz?

– Nie było czasu.

– Nie było czasu, nie było czasu – gderała Lata. – A teraz nie wiadomo, ile musimy w nią zainwestować! Nie ma nawet porządnych majtek!

– Ale jest bardzo młoda! – tłumaczył się Radżu.

– No tak... I podobno jest dziewicą! – zawołała Lata.

– Naprawdę?! – Radżu się ożywił. – To możemy ją nieźle opchnąć! Nawet jest ładna.

– Zrobimy ją na małą, cudną sexy lalkę, a będą się o nią bić!

Rozmowa Laty z Radżu docierała do mnie jak przez mgłę. Ale zrozumiałam, że przemienię się w śliczną lalkę. Już nigdy więcej nie będę służącą Bibi, popychadłem gotowym na każde skinienie państwa i Basmy!

– Jestem Lalita, sexy lalka! Lalita, śliczna Lalita! – wykrzykiwałam i kręciłam się w ekstazie, co pewien czas podskakując, uszczęśliwiona.

– Popatrz na nią! Niezła zabawa będzie! I ekstra kasa! – Lacie wrócił dobry humor.

– Ale już teraz musimy to zacząć dobrze przygotowywać. – Radżu świetnie znał się na biznesie, który pokątnie prowadził.

---

[1] *Kat* (*khat*, *qat*) – liście niewielkiego drzewka (z gatunku *Catha edulis*) rosnącego w Afryce Wschodniej oraz na Półwyspie Arabskim. Zawierają szereg substancji psychoaktywnych, strukturalnie podobnych do amfetaminy. Ich spożywanie powoduje przypływ energii, lekką euforię, zadowolenie i rozluźnienie.

– Zrobimy licytację! Dziewica Lalita na sprzedaż! Kto da więcej! Najlepiej, żeby wiadomość dotarła do bogatych szejków, oni lubią się pokazać jeden przed drugim. Jak się nawzajem nakręcą, to osiągniemy naprawdę dobrą stawkę!

– Dodatkowy dochód na pewno nam się przyda! Bo niedługo przez przychodzących tu za darmo policjantów pójdziemy z torbami! – skarżyła się Lata. – Codziennie zjawiają się tu po dwóch, po trzech i żądają najlepszych dziewczyn. Nie mówiąc o tym, ile wypijają!

Następnego dnia obudziłam się późnym rankiem z bólem głowy. Chciałam jak zwykle wstać do swoich domowych obowiązków i opieki nad Basmą. Dopiero po otwarciu oczu uświadomiłam sobie, gdzie jestem. Na materacach pokotem leżało sześć śpiących dziewczyn. Nawet się nie przebrały po nocnej libacji i rozwalone, prezentowały jędrne pupy w stringach, pokryte brokatem biusty w przezroczystych bluzkach i zapijaczone twarze z rozmazanym makijażem. W pokoju unosił się zapach potu i kwaśnego alkoholu. Przeszłam nad nimi, ostrożnie stawiając nogi, i znalazłam łazienkę. Była potwornie brudna: na podłodze walały się ubrudzone krwią podpaski, koło sedesu leżał zużyty papier toaletowy, a umywalkę pokrywały zaschnięte rzygowiny.

– O, obudziłaś się już! – usłyszałam głos Laty. – To dobrze. Mówiłaś, że umiesz sprzątać, więc zacznij od łazienki. Dziewczyny są zajęte od rana do wieczora i nie mają na to czasu. A ty musisz zarobić na życie, zanim sprzedamy cię po raz pierwszy. No, ruszaj się, byle szybko, bo jak dziewczyny się pobudzą, to łazienka będzie zajęta do nocy! W tej szafce na dole powinnaś znaleźć jakieś płyny i ścierki.

Z obrzydzeniem zabrałam się za robotę. Przypomniałam sobie lśniące czystością łazienki w apartamencie moich państwa. Codzienne dbanie o ich schludny wygląd było niczym w porównaniu z doprowadzeniem do porządku tego małego pomieszczenia. Z trudem zdrapywałam zwrócony pokarm i nawet nie miałam jak obetrzeć lecących mi ciurkiem łez. Mamo, proszę, zrób coś, pomóż mi! – powtarzałam w myślach. – Mamo, mamusiu, uratuj mnie! – wołałam w niemej rozpaczy.

Gdy uporałam się z łazienką, Lata kazała mi sprzątnąć teren wokół basenu. Tam było jeszcze gorzej. Resztki tłustego jedzenia, pełno jednorazowych kubków, talerzy i sztućców, zużyte prezerwatywy, niedopałki papierosów i mnóstwo pustynnego piasku. Kiedy doprowadziłam cały obszar do względnego porządku, było już dobrze po południu. Dopiero wtedy zorientowałam się, że od rana nic nie miałam w ustach. Wyczerpana pojechałam na górę. Dziewczyny po kolei wstawały i szykowały się do nocnej pracy. Weszłam do kuchni.

– Jestem głodna – powiedziałam.

Jedna z dziewczyn podała mi kawałek płaskiego arabskiego chlebka i jeden topiony serek.

– To twój dzienny przydział – wyjaśniła. – Gdy zaczniesz pracować, to wyżywisz się przy klientach. Oni często przywożą tu jedzenie z restauracji.

Jadłam i patrzyłam na dziewczyny malujące się przy stole kuchennym. Znowu przypomniałam sobie molestującego mnie sąsiada.

– Nie! Nie chcę! – krzyknęłam i pobiegłam do pokoju. Z poczucia bezsilności zaczęłam głośno płakać i walić zaciśniętymi pięściami o ścianę.

Zaraz pojawiła się Lata.

– Uspokój się! – wrzasnęła na mnie. – To nie zabawa! Weź to! – Włożyła mi do buzi trzy zielone listki. – Przeżuj dobrze, zrób z nich językiem kulkę i trzymaj przy policzku.

Spełniłam jej polecenie i po półgodzinie zalała mnie fala niespodziewanej energii. Chciałam śmiać się, tańczyć i wyglądać tak ponętnie, jak otaczające mnie dziewczęta. Krążyłam wokół nich z szerokim uśmiechem, prosząc o umalowanie mi oczu kolorowymi, błyszczącymi cieniami, upudrowanie policzków i pociągnięcie ust krwistoczerwoną szminką. Widząc, co robię, Lata poleciła paru moim współlokatorkom, aby się mną zajęły. Dziewczyny wsadziły mnie pod prysznic, po czym pastą z cukru i soku z cytryny usunęły mi dokładnie wszystkie włoski na całym ciele. Następnie jeszcze raz dokładnie mnie umyły i natarły moje ciało olejkiem arganowym. Tak wspaniale się czułam! Teraz to mnie ktoś wreszcie obsługiwał! Siedziałam na krześle, a dziewczęta malowały mi paznokcie, czesały włosy i robiły makijaż. Lalita, Lalita! – podśpiewywałam w myślach. – Lalita też ma swoje służące! – cieszyłam się.

Lata przyniosła mi nową bieliznę, sukienkę, pończoszki, sznurowane buciki, blond perukę i dużą wstążkę. Czarne majteczki z czerwonymi oblamówkami i koronkami zawiązywane były z tyłu na wymyślną kokardkę. Zobaczyłam w lustrze, że przez to powstał kuszący wzór w kształcie serca, skąd wychylały się moje pośladki. Króciutka sukienka na górze miała sznurowany bordowy gorset, który podkreślał moją jeszcze nie całkiem dojrzałą figurę. Dół składał się z wielu warstw tiulu i falbanek poruszających się zmysłowo przy każdym ruchu. Sięgające do połowy ud białe pończoszki wykończone były szeroką, ozdobną koronką. Czerwone, lakierowane buciki miały podwyższone obcasy. Całość dopełniały blond peruka z długimi włosami i wielka czerwona kokarda na czubku głowy.

Kiedy znowu zerknęłam w lustro, nie mogłam uwierzyć, że to naprawdę ja! To nie była Bibi, służąca, ale Lalita, śliczna dziewczynka posiadająca swój dwór służących! Uszczęśliwiona zaczęłam klaskać w dłonie i kręcić się w kółko. Sukienka unosiła się frywolnie, ukazując w całej okazałości moje majteczki.

– Vanessa! – Usłyszałam, jak Lata zwraca się do jednej z dziewcząt. – Weź Lalitę nad basen, żeby zobaczyli ją klienci. Ale bądź przy niej cały wieczór i jej pilnuj! Ona niedługo idzie na licytację. Goście muszą ją obejrzeć, pożądać jej, ale nikt nie może dotknąć nawet jej małego paluszka. Pamiętaj! Nie odstępuj jej nawet na krok!

Podskoczyłam do góry zachwycona. Teraz to ja będę miała osobistą służącą, Vanessę! Lata jeszcze raz wepchnęła mi do ust świeże zielone listki do żucia.

Zeszłyśmy na dół, kiedy party już się rozkręciło. W szmaragdowej, lekko falującej wodzie basenu odbijały się różnokolorowe światła migających reflektorów. Z głośników płynęła przyjemna muzyka. Grono uśmiechających się i kokietujących dziewcząt zabawiało rozłożonych na wygodnych leżakach mężczyzn.

– Słuchaj! Rób dokładnie to, co ci każę – pouczała mnie Vanessa. – Ja ich wszystkich dobrze znam. Z niektórymi lepiej dać sobie spokój. Dużo gadają, chwalą się, a kiepsko płacą. Najgorsi są policjanci po cywilnemu. Wybierają najlepsze z nas, a nie dają ani grosza. Uważają, że im się to należy, ponieważ nie zamykają nam biznesu.

Przechadzając się z Vanessą brzegiem basenu, czułam na sobie rozognione spojrzenia mężczyzn. Kilku z nich od razu chciało spędzić ze mną noc i pytało o stawkę. Ale Vanessa, zniżając głos, jakby powierzała im największą tajemnicę, mówiła:

– To jeszcze dziewica. Będzie miał ją ten, kto da najwięcej. Wkrótce licytacja.

Większość zainteresowanych natychmiast pytała, kiedy to się odbędzie.

– Nie wiem – odpowiadała Vanessa zgodnie z instrukcją daną jej przez Latę. – Wkrótce... – A po chwili dodawała: – To może być każdego dnia.

Niektórzy wyciągali w moim kierunku ręce, pragnąc mnie dotknąć, jakby chcieli sprawdzić, czy towar jest dobrej jakości. Wtedy Vanessa wypinała w ich kierunku swoje pośladki opięte w krótką skórzaną spódniczkę, skutecznie odgradzając mnie od intruzów. Chodziłyśmy tak przez pewien czas, wzbudzając coraz większe zainteresowanie wyraźnie już podpitych mężczyzn. Zauważyłam, że dwóch Hindusów targa następny wielki baniak z alkoholem. Widocznie w pierwszym już pojawiło się dno.

– To dzisiaj będzie gorąco! – powiedziała Vanessa. – Jak się całkiem spiją, trudno nad nimi zapanować.

Kiedy znalazłyśmy się na końcu basenu, zauważyłam, że w niewielkiej odległości stoją ażurowe parawany. Podeszłyśmy bliżej. Za przepierzeniem w półmroku znajdowało się olbrzymie, pokryte kolorowymi poduszkami łoże.

– Co to jest? – spytałam zaciekawiona.

– To na specjalne okazje.

– Jakie okazje?

– Sama się przekonasz. Może nawet dzisiaj – stwierdziła Vanessa, patrząc na młodych Kuwejtczyków co chwilę skaczących do wody. Rozochoceni mężczyźni głośno się śmiali, przepychali, wrzucali się nawzajem do basenu. Wyraźnie było widać, że rozsadza ich energia.

– Od tego się zazwyczaj zaczyna – stwierdziła Vanessa. – Na początku robią zawody, kto najdalej skoczy, a później...

– Co później?

Vanessa nie odpowiedziała. Wróciłyśmy do gości. Impreza trwała w najlepsze i atmosfera stawała się coraz bardziej rozpalona. Niektórzy mężczyźni już powybierali sobie partnerki i obściskiwali się z nimi na leżakach lub udawali się do bloku, gdzie mogli skorzystać z pokojów. Na mój widok rozległy się gwizdy i cmokania.

– Lalita! Lalita! – Znali już moje imię. – Chodź tu do nas! Nie ma na co czekać!

– Ja dam najwięcej! – Bezzębny starzec podniósł się z leżaka i podszedł do nas chwiejnym krokiem. – Mam pieniądze! Dużo pieniędzy! – Bezładnie grzebał po kieszeniach diszdaszy, ale znalazł tylko kilka mało wartych banknotów. – Widzicie? Mogę ją kupić! – Pogięte, brudne papierki upadły na wyłożoną kafelkami podłogę.

– Ahmed! Nie żartuj! Co ty masz?! Ona będzie moja! – Wyjątkowo gruby Kuwejtczyk o nalanej twarzy wyciągał łapska w moją stronę.

Vanessa stanęła między nim a mną.

– Odejdź stąd! – wydarł się na nią Ahmed, zionąc alkoholem. – Nie stój mi na drodze!

Vanessa próbowała załagodzić narastające spięcie:

– Proszę ją zostawić, to jeszcze nie dzisiaj! – Cały czas manewrowała, nie pozwalając mężczyźnie zbliżyć się do mnie. – Proszę trochę poczekać! Licytacja odbędzie się już za parę dni.

– Co?! – Grubas napierał na Vanessę, próbując zmusić ją do ustąpienia. – Kim ty jesteś, żeby mi mówić, co ja mam robić?! Jesteś tylko dziwką na moich usługach! – Wyciągnął z kieszeni wypchany portfel. – Zapłacę ci i rozkazuję ci odejść!

Sytuacja zaczynała wymykać się spod kontroli. Spanikowana Vanessa rozejrzała się wkoło. Widząc jednego z obsługujących gości Hindusów, krzyknęła:

– Radżu! Gdzie jest Radżu?! Zawołaj go tu szybko! – Wzięła mnie za ramię i pociągnęła w stronę windy. Jednak nie mogłyśmy tam dobiec, bo otoczyli nas inni mężczyźni.

– My tu jesteśmy klientami i my zdecydujemy o licytacji! – krzyczeli jeden przez drugiego. – Chcemy, żeby odbyła się dzisiaj!

Na odkrytych pośladkach poczułam lepką, kluchowatą rękę. Odsunęłam się odruchowo, ale wtedy dosięgły mnie dziesiątki palców, które próbowały rozsznurować mój gorset, miętosić mi piersi i dotknąć jak najwyższego punktu między moimi nogami. Zaczęłam drżeć, bałam się, że za chwilę cała ta horda rzuci się na mnie, zdzierając moje ubranie. Vanessa też była przerażona, bo nie mogła nic zrobić. Z basenu powychodzili młodzi mężczyźni i dołączyli do ordynarnie obmacujących mnie gości.

– Panowie! Panowie! – rozległ się nagle stanowczy głos Radżu.

– Dzisiaj jest szczególny wieczór! Czekają was nie lada rozrywki!

Zabrzmiała głośno muzyka i na zaimprowizowanej scenie trzy wyjątkowo atrakcyjne dziewczyny zaczęły się wyginać w erotycznym tańcu, ocierając się seksownie o siebie. To odwróciło uwagę mężczyzn. Większość przybliżyła się do podwyższenia, aby dokładnie zobaczyć lubieżną zabawę.

– Ty, Radżu! – powiedział jeden z ociekających wodą młodzieńców. – Nie bądź taki sprytny! Nas tak łatwo nie spławisz!

– My chcemy Lalitę! – dodał drugi. – Chcemy Lalitę jako nagrodę w naszych zawodach!

Radżu popatrzył na wyjątkowo umięśnione sylwetki stojących przed nim klientów. Widać było, że po parę godzin dziennie spędzają na siłowni.

– Panowie! – Radżu intensywnie się zastanawiał, jak tu wybrnąć z trudnego położenia i nie stracić stałych bywalców. – Zawody to świetny pomysł! Dziewczyny! Chodźcie tu! – zawołał kręcące się nad basenem prostytutki. – Najlepsze panienki dla zawodników! Ilu z was startuje?

Trzech mężczyzn wybrało sobie po jednej partnerce i zaczęło iść z nimi na drugi koniec basenu.

– Lalita idzie z nami! – Jeden z nich się odwrócił. – To nasza nagroda!

– Dobrze, niech Lalita idzie! – Radżu ustąpił. – Ale będzie się tylko przyglądać! I wy też możecie na nią jedynie patrzeć! Ale nagrodą będzie Lili! Jest bardzo podobna do Lality! – Skinął ręką na filigranową Filipinkę z włosami zebranymi w dwa kucyki i ubraną w rozkloszowaną, króciutką sukienkę w kratkę.

– Vanessa! – rzekł Radżu do mojej towarzyszki. – Jak tylko skończą, od razu weź Lalitę na górę!

Całe towarzystwo poszło w stronę zaciemnionego, odgrodzonego parawanami zakątka. Ja czułam się cała brudna od dotyku spoconych dłoni, nieświeżych oddechów i sprośnych komentarzy pod moim adresem. Wyplułam przeżutą kulkę liści, która zaczęła mi ciążyć w ustach.

– Lepiej, gdybyś to zostawiła – mruknęła Vanessa.

– Jestem zmęczona. – Dopiero teraz uświadomiłam sobie, że od samego rana ciężko pracowałam i prawie nic nie jadłam. – Chcę już iść do pokoju.

– Nie możesz. Musisz kibicować w zawodach.

– Jakich zawodach?

– Sama zobaczysz.

Kiedy dotarłyśmy do wielkiego łoża, zabawa już się zaczęła. Trzech mężczyzn kotłowało się na nim z wybranymi wcześniej dziwkami. Wokół stali ich koledzy i pociągając potężne łyki wprost z butelki whisky, plugawymi pokrzykiwaniami zagrzewali uczestników orgii do ostrej akcji. Nie chciałam na to patrzeć.

– Vanessa, proszę, nie chcę już tu być! – błagałam. – Pozwól mi iść do mieszkania!

– Musimy robić to, co każe nam Radżu. – Koleżanka przekazała mi ponurą prawdę o moim nowym życiu. – Bezwzględnie musimy go we wszystkim słuchać.

Młodzi, wysportowani mężczyźni energicznie zajmowali się uległymi im kobietami, traktując to jako rodzaj sportu i okazję do popisania się swoją sprawnością fizyczną.

– Jak jeszcze nigdy tego nie robiłaś, to lepiej się przypatrz. Przynajmniej się czegoś nauczysz.

Nie chciałam się niczego uczyć. Kiedy mężczyźni jeden po drugim zaczęli uprawiać seks, ich koledzy, patrząc na ekskluzywne zegarki, których koszt wystarczyłby mi na przeżycie paru lat w Indiach, zaczęli mierzyć czas. Obstawiali też zakłady, który z ich kumpli okaże się tym razem najlepszy.

– Jedziesz! Jedziesz! – zagrzewali ich do rywalizacji. – Pięć minut! – odliczali.

Widziałam, że leżące pod postawnymi mężczyznami drobne Filipinki z trudem udają zadowolenie, gdyż od czasu do czasu ich twarze wykrzywiały się w cierpieniu.

– Te byczki robią sobie zawody, który z nich może odbyć najdłuższy stosunek. Podstawowa reguła mówi, że członek zawsze musi być w środku – wyjaśniła mi Vanessa.

Byłam bliska płaczu i marzyłam, żeby ten horror wreszcie się skończył. Po pozbyciu się z buzi zmiętej kulki ohyda otaczającej mnie rzeczywistości dotarła do mnie ze zdwojoną siłą.

– Dawaj! Dawaj! – krzyczeli podnieceni mężczyźni. – Dziesięć minut!

Zamknęłam oczy, żeby na to nie patrzeć. Słyszałam, jak wokół łoża gromadzi się coraz więcej widzów.

– Piętnaście minut! – krzyczeli. – Jeszcze, jeszcze! Dacie radę!

– Koniec! Mahmud odpada! Siedemnaście i pół minuty!

– Stawiam na Tarka! Tarek! Tarek!

– Nie daj się, Jasin! Dwadzieścia minut!

– Dwadzieścia pięć! Dwadzieścia sześć! Dwadzieścia siedem! Dwadzieścia osiem! Jasin, przegrałeś! Wypadł ci!

Towarzystwo wybuchnęło donośnym śmiechem.

– Tarek! Pokaż, co umiesz! Trzydzieści minut! Trzydzieści jeden! Trzydzieści dwa! Trzydzieści trzy! Trzydzieści cztery! Jest!

Uuuuu! – zawyli zgromadzeni. – Brawo, Tarek! – Rozległy się gwizdy i gromkie brawa.

Otworzyłam oczy. Wycieńczona Filipinka z ulgą podnosiła się z łoża, usiłując zakryć swoje nagie, zmaltretowane ciało. Zwycięzca, z dumą przyjmując gratulacje i pełne uznania poklepywania po plecach, pił whisky duszkiem wprost z butelki. Na twarzy przyglądającej się wszystkiemu i czekającej na swoją kolej Lili malował się podszyty strachem niesmak.

W końcu Vanessa mogła mnie zaprowadzić na górę. Mieszkanie było puste, bo niewyżyci klienci zgarnęli wszystkie dziewczyny. Nie miałam już na nic siły i w ubraniu położyłam się na materacu. Chciałam jak najszybciej zasnąć, żeby zapomnieć, gdzie się znajduję i co mnie wkrótce czeka. Jednak sen nie nadchodził, ponieważ intensywne przeżycia całego dnia podsuwały mi przed oczy ohydne sceny, których nie zdołałam wymazać z pamięci.

– A co to za afera była dziś przy basenie? – dotarł do mnie głos Laty.

– Chodziło o tę nową małą – wyjaśniał Radżu. – Musimy ją szybko opchnąć. Nie damy rady za długo jej trzymać. Już dziś o mało jej zbiorowo nie zgwałcili.

– To na co czekasz? Zrób licytację i po sprawie.

– Chcę poczekać kilka dni, żeby wiadomość dotarła do tutejszych milionerów. Wtedy dopiero będzie prawdziwy zarobek.

Mocno zaciskałam powieki, udając, że śpię. Zatliła się we mnie iskierka nadziei. Mam parę dni! – myślałam. – Muszę stąd w tym czasie uciec! Może uda mi się schować niepostrzeżenie w jakimś zaparkowanym samochodzie i w ten sposób wyrwę się ze szponów Radżu? – snułam plany, które napawały mnie odrobiną otuchy.

– A ty co masz taką poważną minę? Trzeba się cieszyć, że wpadnie nam ekstra kasa! – mówiła Lata.

– Niestety mamy wielki problem! – stwierdził Radżu. – Na nieszczęście był dzisiaj u nas na party naczelnik policji z naszego okręgu. Zobaczył, jak wszyscy napalili się na Lalitę! – Radżu przeklął siarczyście. – Teraz chce ją jako łapówkę, że nas kryje!

– Nie dość, że te psy codziennie tu przychodzą, piją i korzystają z dziwek za darmo, to jeszcze teraz chcą nas pozbawić zarobku, dzięki któremu możemy się trochę odbić?! – Lata nie kryła oburzenia. – Niech ich wszystkich diabli wezmą! – złorzeczyła, zalewając policjantów potokiem niewybrednych epitetów. – Masz jakiś pomysł, jak z tego wybrnąć?

– Jest tylko jedno wyjście. – Radżu umiał sobie radzić w trudnych sytuacjach. – Lalitę musi kupić ktoś stojący wyżej od naczelnika. Ktoś superbogaty i superważny.

– Nie myślisz chyba o tym zboczonym popaprańcu? Lalita to jeszcze dziecko.

– Nie wiem… Nie wiem, kto będzie nią zainteresowany. Idę na dół zobaczyć, jak sobie radzą dziewczyny.

Ogarnęło mnie przerażenie. Co oni chcą ze mną zrobić? Mamo, gdzie jesteś?! – wołałam w duchu. – I dlaczego mnie tu wysłałaś?!

Przez następne cztery dni szukałam okazji, żeby opuścić to straszne miejsce, w którym nagle znalazłam się przez własną naiwność. Ale to nie było proste. Lata zawsze obserwowała mnie swoim czujnym okiem i nawet nie pozwalała mi wypluwać *katu*, który dawała mi codziennie od rana. Szybko zauważyłam, jak działają na mnie zielone listki, i starałam się ich pozbywać, aby zachować jasność umysłu. Jednak bystra Lata, uważnie oceniając wielkość mojego wypchanego policzka, od razu zorientowała się, że gdy wychodziłam z łazienki, wypukłość była mniejsza. Wkładała mi wtedy do buzi następne listki i mówiła ze złością:

– Nie rób tego więcej! Tu wszystko kosztuje!

Kiedy tylko miałam okazję, rozmawiałam z pracującymi dziewczynami, żeby zorientować się, czy jest szansa na ucieczkę. Niestety dość szybko dotarło do mnie, że wydostanie się stąd jest prawie niemożliwe. Sztab pracujących dla Radżu Hindusów uważnie pilnował całego terenu, a w dodatku wkoło rozciągała się pustynia. Ponoć w okolicy funkcjonowały przybytki podobnego rodzaju, więc nawet gdyby udało mi się jakimś cudem stąd wydostać, mogłabym wpaść z deszczu pod rynnę. Poza tym kiedy Lata dowiedziała się, o co wypytuję, jeszcze bardziej zaczęła mnie pilnować.

– Nie wiem, dlaczego chcesz stąd nawiać – dziwiła się moja koleżanka z pokoju. – Prawie cały dzień śpimy, a w nocy się bawimy. Nie jest tak źle!

Dziewczyny różnie odnajdywały się w biznesie Radżu. Zdecydowana większość była już tak uzależniona od kiepskiej jakości alkoholu i narkotyków, że żyły z dnia na dzień w stanie całkowitego lub częściowego zamroczenia. Ponieważ musiały płacić Radżu za używki, więc i tak oddawały mu swoje marne zarobki. Były po prostu jego maszynkami do robienia pieniędzy. Zaledwie kilka z nich zarabiało większą kasę. Znalazły sobie paru stałych klientów, którzy zawsze o nie prosili, i naciągały ich na dodatkowe stawki i prezenty.

Po paru dniach usłyszałam, że Radżu nakazał Lacie, abym tego wieczoru wyglądała wyjątkowo ładnie. Ponadto kazał Vanessie i dwóm innym nienaćpanym, atrakcyjnym dziewczynom, żeby mi towarzyszyły. Momentalnie złapał mnie silny skurcz żołądka. Czy to nadszedł dzień licytacji? Przypomniałam sobie nieprzyjemny, piekący dotyk męskiej dłoni na moim pośladku. Czy już nie ma dla mnie ratunku? – myślałam w panice.

Zamiast jak zwykle nad basen Pahlaj, prawa ręka Radżu, zaprowadził nas do terenowego samochodu. Poczułam jeszcze większy strach. Wśród moich współlokatorek krążyły opowieści o znanym z dewiacji obleśnym staruchu. A może licytacja już się odbyła i właśnie do niego jedziemy?– przelatywało mi przez głowę. O tym kliencie opowiadano upiorne historie. Znany z sadyzmu, dręczył kobiety, wymyślając najpotworniejsze tortury. Podobno pamiętał czasy, kiedy miał harem niewolnic, i od tamtej pory każdą panienkę traktował jak swoją własność. Mówiono, że dwie dziewczyny w ogóle od niego nie wróciły. Snuto domysły, że mógł je przetrzymywać w jednej ze swoich licznych posiadłości, a nawet podejrzewano, że jedna z nich już nie żyje. Kiedyś podsłuchałam rozmowę mocno pijanych dziwek:

– On sam jest tak stary, że niewiele już może!

– To raczej nie sięgnie po dziewicę.

– Z tym zbokiem to nigdy nie wiadomo.

– Lubi tam wkładać najróżniejsze przedmioty.

– Żeby jej tylko czymś innym nie przebił!

Na wspomnienie tych słów przeszył mnie tak ostry prąd w podbrzuszu, że aż zwinęłam się z bólu.

– Vanessa, gdzie my jedziemy? – Mój głos drżał.

– Nie wiem. – Koleżanka nie patrzyła w moją stronę.

Spojrzałam przez okno. Przemierzaliśmy pustynię pokrytą tu i ówdzie wydmami. Nie było żadnych dróg, jednak liczne ślady opon wskazywały, że teren należał do uczęszczanych. W oddali zobaczyłam pełzającego węża. Był ogromny, częściowo znajdował się pod piaskiem, który tworzył zawijany wzór. Od czasu do czasu wąż unosił głowę, zatrzymywał się na moment, aby za chwilę znów, używając swojego potężnego, długiego ciała, przesuwać się rytmicznie do przodu. W Indiach wierzymy, że wąż reprezentuje fallusa, a kiedy się porusza, symbolizuje spermę. W tych okolicznościach widok gada przyjęłam za zły omen.

Po paru kwadransach dotarliśmy do obozu, w którym rozbitych było parę namiotów. Przed nimi zaparkowało dużo drogich samochodów. Pahlaj kazał nam wysiąść.

– Słuchajcie, pobędziemy tu tylko godzinę, żeby pokazać Lalitę. Potem ty – zwrócił się do jednej z dziewczyn – zostajesz i pracujesz dla właścicieli przez całą noc. Taki jest z nimi układ za to, że mogliśmy tu się dostać.

Weszliśmy do najbliższego namiotu, w którym stało rozstawionych kilka tanich plastikowych stolików i krzeseł. Zdziwiło mnie, że w środku nie było nikogo oprócz jednego hinduskiego pracownika. Pahlaj porozmawiał z nim chwilę, a ten wskazał mu ręką róg namiotu.

– Chodźcie! – zawołał nas Pahlaj.

Ze zdziwieniem zobaczyłam duży otwór i prowadzące na dół betonowe schody. Na początku kiedy po nich schodziliśmy, panowała cisza i półmrok, ale im niżej się znajdowaliśmy, docierał do nas tym większy hałas i głośniejsza muzyka. W końcu ujrzeliśmy dużą, zapełnioną gośćmi salę, w której odbywało się huczne party. Vanessa powiedziała mi, że na środku pustyni, prawie dziesięć metrów pod ziemią, funkcjonuje regularnie działający nocny klub!

Wyposażenie dyskoteki było niezmiernie nowoczesne, wręcz futurystyczne. Z położonej wyżej galerii roztaczał się widok na szarą, betonową wymyślną konstrukcję, która tworzyła położone na różnych poziomach parkiety do tańca, siedziska i półokrągłe blaty. Ściany pokrywało olbrzymie kolorowe graffiti oraz zdjęcia butelek z rozmaitymi trunkami. W kątach widniały wyłożone pluszem czerwone kanapy z rozrzuconymi w artystycznym nieładzie różnobarwnymi poduszkami. Przy nich stały szaropopielate okrągłe stoliki. DJ przy najnowocześniejszej konsoli z zapałem puszczał porywające do tańca przeboje. Przy obficie zaopatrzonym barze podekscytowane towarzystwo zamawiało kolorowe drinki.

– Pokiwajcie się trochę, żeby dobrze się przyjrzeli Lalicie! – Muzyka tak dudniła, że ledwo usłyszałam słowa Pahlaja.

Podeszła do nas kelnerka z wysokimi szklankami wypełnionymi koktajlami.

– Szef kazał powiedzieć, że to dla was od firmy.

Sączyłam przez słomkę swój pierwszy w życiu alkohol. Mimo cierpkości dodany do niego sok sprawił, że nawet mi smakował. Po paru minutach zaczęło mi się wkoło podobać. Migały tęczowe kolory, a roześmiani uczestnicy imprezy podrygiwali w rytm muzyki. W przeciwieństwie do przybytku Radżu w klubie bawili się nie tylko mężczyźni, ale również kobiety. Ubrane w metalizujące srebrne, turkusowe i żółte krótkie sukienki, Kuwejtki, z niezwykle wyrazistymi makijażami na twarzach, szalały na parkiecie na równi z Kuwejtczykami. Zobaczyłam też mieszaną grupę cudzoziemców.

– To Amerykanie i Brytyjczycy – wyjaśniła mi Vanessa. – Jak mają tu odpowiednie kontakty, to mogą bawić się tak w każdy weekend. – Pociągnęła mnie w stronę roztańczonego tłumu. – No, ruszaj się! – przekrzykiwała wdzierający się do uszu hałas. – Na górze są prywatne loże, z których doskonale wszystko widać. Bywają tam niezłe szychy!

Początkowo zaczęłam niezgrabnie podskakiwać, ale wkrótce alkohol i panująca wokół ekstatyczna atmosfera tak mnie rozgrzały, że zupełnie zapomniałam, w jakim celu się tu znalazłam. Wyrafinowane wnętrze, rozpromienieni goście w pięknych strojach, profesjonalna muzyka i światła sprawiły, że poczułam się jak gwiazda filmów Bollywood, które czasem oglądałam, kiedy mieszkałam u naczelnika wioski. Moje ciało samo odnalazło odpowiedni puls tańca i po chwili byłam po prostu nastolatką, która bawi się na dyskotece.

Po kwadransie zabawy zachodnie hity zostały zastąpione przez muzykę arabską. Goście imprezowali przy niej równie żywiołowo. Nagle na moment zgasło światło, a po chwili snop z reflektorów został skierowany na mieszczącą się nieco wyżej platformę. Wszyscy zastygli w oczekiwaniu. Po paru pierwszych dźwiękach, których zawodzący ton przypominał, że znajdujemy się w sercu pustyni, na podwyższeniu pojawiła się prawdziwa wschodnia piękność. Zaczęła delikatnie ruszać biodrami, zarzucać długie do pasa krucze, gęste, lśniące włosy i zmysłowo układać ozdobione bransoletkami ręce. Jej doskonałe ciało poruszało się harmonijnie, sprawiając, że goście nie mogli oderwać od niej wzroku. Wykonywała taniec brzucha, lecz jej magiczna siła tkwiła w bajecznej urodzie, która została wyeksponowana przez wyjątkowo prosty strój jak na tancerkę. Czarny satynowy stanik podkreślał jej idealne piersi i jasną karnację, a skąpa przepaska na biodrach, którą tworzyły umieszczone na błękitnej szarfie i wydające kusicielski brzęk srebrne krążki oraz rozcięty w paru miejscach przezroczysty czarny tiul, odsłaniała perfekcyjne nogi. Kobieta wprawiała w zmysłowe drgania biodra i brzuch, jednocześnie hipnotyzując publiczność tajemniczym wyrazem wielkich, czarnych, osłoniętych długimi rzęsami oczu. Pomalowane na czerwono pełne, lekko wilgotne i na wpół rozchylone usta przyciągały obietnicą egzotycznych rozkoszy. Kiedy się obróciła, spod tiulu prześwitywały obnażone krągłe pośladki. Kobieta była prawie naga, ale jej sensualne, a jednocześnie pełne gracji ruchy i powabne, posągowe ciało przywodziły na myśl boginię.

– Kto to jest? – zapytałam z podziwem Vanessę.

– To jest Mansura. Marokanka, absolutny numer jeden na rynku. Bierze bajońskie sumy i tylko wybrani mogą o niej marzyć.

Po występie zachwyceni goście zaczęli klaskać i wiwatować, a kiedy znów zabrzmiały miarowe rytmy muzyki pop, ich szaleństwo zaczęło się na nowo. Zauważyłam, że po sali kręci się sporo przystojnych Hindusów, którym Kuwejtki często stawiają drinki.

– Na nas już czas! Idziemy! – Pahlaj bezceremonialnie wziął mnie za rękę i pociągnął w stronę schodów.

Kiedy znaleźliśmy się na górze, wokół hulał jedynie pustynny wiatr. Było już całkiem ciemno i obozowisko wyglądało na opuszczone. Jedynie duża liczba samochodów stojących wokół namiotów sugerowała, że gdzieś w pobliżu musi znajdować się mnóstwo ludzi.

Wsiedliśmy do auta i znowu ruszyliśmy przed siebie, przebijając się przez piaszczyste wydmy i nieprzenikniony mrok. Po godzinie jazdy w oddali ujrzałam migocące światła. W miarę jak się do nich zbliżaliśmy, moim oczom ukazywało się następne namiotowe obozowisko, które tym razem przypominało miniaturowe miasteczko. Przy wjeździe na rozległy teren zatrzymało nas dwóch strażników. Pahlaj długo im coś tłumaczył, zanim zdecydowali się nas wpuścić. Tu wszystko było dobrze zorganizowane i stróże zaraz wzięli od Pahlaja jego pojazd. Na parkingu królowały najdroższe marki samochodów.

– Weź Lalitę i oprowadź ją wkoło! – polecił Pahlaj Vanessie. – Musi ją zobaczyć jak najwięcej mężczyzn! A ty – zwrócił się do dziwki, która przyjechała z nami – od razu bierz się do roboty! Dziś pracujesz dla nich! Późno już, więc idź i się dobrze postaraj, bo drugi raz nas nie zaproszą!

Chodziłyśmy po wyłożonym płytkami podłożu, mijając hałaśliwe gromady Kuwejtek i Kuwejtczyków. Kobiety nosiły eleganckie stroje i buty na wysokich obcasach. Niektóre miały długie suknie z dużymi dekoltami, odkrytymi plecami lub sięgającymi ud rozcięciami. Ich misternie ułożone włosy lśniły brokatem, a krzykliwe makijaże prowokująco przyciągały wzrok. Wzdłuż alejek paliły się stylowe lampy, a w rozrzuconych gdzieniegdzie małych fontannach szemrały kojąco strugi podświetlonej wody. Nad głowami szumiały liście rozłożystych palm. W ogromnym namiocie z drewnianym parkietem bawiło się ponad dwieście osób. Kiedy weszłam do jednej ze znajdujących się tam łazienek, z zaskoczeniem stwierdziłam, że podłogi wyłożone są marmurem, a bogato zdobione urządzenia zrobiono z porcelany. Pomyślałam, że mając pieniądze, można spełnić każdą fantazję.

– Głodna jesteś? – zapytała mnie Vanessa, gdy do niej dołączyłam.

– Tak… chyba tak. – Uświadomiłam sobie, że odkąd uciekłam od moich sponsorów, żyłam wyłącznie na codziennej porcji jednego topionego serka i kawałka chleba.

W dużym kuchennym namiocie kucharze z różnych krajów uwijali się, aby przygotować wyborne potrawy dla gości. Z obfitego bufetu wybrałyśmy indyjskie dania i usiadłyśmy przy rozstawionych w sąsiadujących namiotach stolikach. Delektowałam się ostrym smakiem wspaniale przyprawionego kurczaka w pikantnym sosie curry. Znowu zauważyłam Hindusów zabawiających Kuwejtki. Vanessa podążyła za moim spojrzeniem.

– Ci też wiedzą, jak się dobrze ustawić! – stwierdziła, pochłaniając z apetytem kolejną porcję ryżu z warzywami.

– A co oni robią? – spytałam.

Vanessa szczerze się roześmiała.

– To, co my! Kobiety też mają swoje potrzeby! Albo jeszcze nie mają mężów, albo już nie mają mężów… Albo ci mężowie ich wystarczająco nie zaspokajają…

Przypomniałam sobie moją *madame* z bratem jej męża.

– A słyszałaś historię Radżu? – chciała wiedzieć koleżanka. Pokręciłam przecząco głową. – Radżu pracował kiedyś u znamienitej

rodziny kuwejckiej. Był kierowcą i zajmował się głównie woże-
niem dzieci do szkoły. Chwalił sobie tę pracę, miał przyzwoitą
pensję, dobrze go traktowali i co piątek miał wychodne. – Vanessa
była wyjątkowo rozmowna. Pomyślałam, że to za sprawą drinków, na które naciągnęła paru mężczyzn w podziemnym klubie.
– Pewnego razu, jak co tydzień, szedł poboczem na przystanek
autobusowy. Nagle koło niego zatrzymał się jakiś samochód
i kierująca nim Kuwejtka zaproponowała, że podwiezie Radżu
do Kuwait City. Skorzystał z okazji, ciesząc się, że zaoszczędzi
czas i nie będzie musiał tłuc się komunikacją miejską. Po krótkiej chwili zdał sobie sprawę z tego, że jadą w zupełnie innym
kierunku. Ale było już za późno! – Vanessa nachyliła się w moją
stronę. – I potem… Wywiozła go na pustynię! Otumaniła jaki-
miś miksturami i narkotykami! Trzymała go tam podobno parę
tygodni, wykorzystując na wszystkie możliwe sposoby, a nawet
dzieląc się nim ze swoimi koleżankami! – Miałam wrażenie, że
Vanessie sprawia przyjemność opowiadanie o tym, że Radżu,
którego rozkazy musiałyśmy bezwzględnie wykonywać, kiedyś
znajdował się w takiej samej sytuacji jak my. – A później…

– Jazda! Do roboty! – zagrzmiał nagle nad nami Pahlaj. – Nie
przyjechałyście tu na ploty!

Przestraszona Vanessa zerwała się w popłochu.

– Już, już… Chodź! – zwróciła się do mnie. – Jeszcze mamy
parę namiotów do obejścia!

Pahlaj zgromił Vanessę wzrokiem i dodał:

– Zostało nam pół godziny! Nie traćcie czasu!

Poszłyśmy do pozostałych namiotów. Część z nich wyposażona była tak jak eleganckie salony z obitymi bogatą, tłoczoną
w fantazyjne wzory tkaniną sofami i fotelami oraz marmurowymi
stolikami. Liczna służba serwowała alkohol i przekąski. W pozostałych znajdowały się wygodne podwójne łoża w oddzielonych

misternymi przegrodami zakątkach. W każdym namiocie było parę komfortowych łazienek.

Party trwało w najlepsze. Zaczepiało nas sporo klientów.

– Lalita, Lalita… – powtarzali nadane mi imię, pożerając wzrokiem ubrane w białe pończoszki nogi i kusą, dopasowaną sukienkę baletnicy, która przy najmniejszym ruchu odsłaniała koronkowe majteczki z wyciętym z tyłu serduszkiem. – Co wy tak, dziewczyny, same chodzicie? Chodźcie się zabawić! Szkoda życia!

Skorzystałyśmy z zaproszeń na parę drinków i przy okazji Vanessa informowała wszystkich o zbliżającej się licytacji, podając kontakt do Radżu. Pahlaj obserwował nas z daleka i widać było, że jest zadowolony z zainteresowania, które wzbudzałyśmy. Jednak już wkrótce zauważyłam, że do Pahlaja podszedł ktoś z ochrony. Wskazywał na zegarek i pewnie przypominał mu, że nasz czas się skończył. Po krótkich negocjacjach Pahlaj z daleka pokazał nam na palcach, że mamy jeszcze dziesięć minut.

– I co było dalej z Radżu? – pytałam zaciekawiona, kiedy przechodziłyśmy z miejsca na miejsce. – Jak udało mu się stamtąd wydostać?

– Tego nikt do końca nie wie… – Vanessa z obawą spoglądała w stronę Pahlaja. – Na pewno ze względu na długą nieobecność stracił swoją atrakcyjną pracę i reputację wśród ważnych pracodawców. Nie chciał wracać do Indii, więc powoli zaczął sam stawać na nogi. Zauważył, że w tym kraju pod przykrywką restrykcyjnych zakazów buzuje nocne życie, które stanowi niezmiernie chłonny rynek na różnego rodzaju usługi. Widziałaś ten pełen przepychu namiot, w którym tańczą goście?

– Ten z marmurowymi łazienkami?

– No właśnie! Wyobrażasz sobie?! Marmurowe łazienki w namiocie na środku pustyni! Wszędzie zasilanie z własnego generatora! Ty wiesz, ile kosztuje ten namiot? Pięćdziesiąt tysięcy dolarów! Tyle pieniędzy za jeden namiot! Pewien DJ, sprowadzając, sprzedając i wypożyczając tego typu namioty z Maroka, w krótkim czasie został milionerem! Za samo wynajęcie namiotu na jedną noc brał ponad pięć tysięcy dolarów. Pomyśl, ile odbywa się tu imprez, jeżeli jest to tak rentowny biznes!

Sumy, które wymieniała Vanessa, zupełnie nie mieściły mi się w głowie.

– A Radżu? Na czym się dorobił? – pytałam zaintrygowana.

– Z tego, co wiem, na początku zaczął dostarczać po dwie, trzy dziewczyny do apartamentów, gdzie odbywały się nocne imprezy. Wiesz, niższa klasa tak się bawi. Mieszkania mają specjalne, dźwiękoszczelne zabezpieczenia na ścianach i sufitach, więc na zewnątrz nic nie słychać. Potem Radżu, kiedy trochę otrząsnął się ze swojej traumy, zaczął podsyłać Kuwejtkom przystojnych Hindusów. Tu potrzeba dużo większej dyskrecji i wyczucia. Ale Radżu ma nosa do takich rzeczy. Kiedy zorientował się, że pewne kobiety, najczęściej mężatki, które nie zawsze mogą bywać na nocnych imprezach, są zainteresowane również Kuwejtczykami, zaczął im organizować schadzki.

– Ale gdzie? Ja u nas nie widziałam żadnych Kuwejtek!

– Wiesz, to wszystko jest ściśle tajne. Ale one czasem przyjmują facetów tuż pod bokiem swoich mężów!

– Jak to?!

– Przychodzi do takiej dużej willi „koleżanka", od stóp do głów zakryta czarną abają, tak że nie widać nawet koniuszka palca, nie mówiąc już o twarzy. Tej „koleżanki", rozumiesz – Vanessa wymownie mrugnęła okiem – mąż nie może zobaczyć, bo przecież się cała zakrywa! Nawet jeśli chce wejść do pokoju, w którym przebywają „kobiety" – Vanessa znacząco chrząknęła – to musi przedtem zapukać albo dać znać przez służącą, że się tam pojawi.

Żeby „koleżanka" miała czas się ubrać... to znaczy zakryć! – Vanessa nie mogła opanować chichotu. – Bo przecież oni tak dbają o swoją reputację! Mężczyzna nie może nalegać na zobaczenie zakrytej kobiety, bo miałby problem z jej męskimi krewnymi! – Vanessę opanował gromki, szczery śmiech. Gdybym na własne oczy nie widziała mojej *madame* zabawiającej się we własnej sypialni, nigdy nie uwierzyłabym w opowieści Vanessy. – A Radżu to chwyci każdą okazję, żeby zarobić pieniądze! – mówiła dalej wyjątkowo rozgadana Vanessa. – Jakiś czas temu podsłuchał rozmowę tych młodych mężczyzn, którzy do nas przychodzą, że mają ochotę na dojrzałe kobiety. Znudziły im się te tanie dziwki, które zaliczają sportowo, i pragną kogoś wyjątkowego. Sama słyszałam, jak jeden mówił do drugiego, że tylko rozkwitła kobiecość może dać im pełną satysfakcję i zadowolenie. „Ty nie wiesz, jaki sekret te kobiety w sobie kryją..." – tak dokładnie powiedział ten przystojniak do swojego kumpla. Więc teraz Radżu wozi ich do kuwejckich mężatek. A czasami to kobiety mają szczególne życzenia. Na przykład żądają czarnoskórych mężczyzn... Radżu potrafi spełnić również te pragnienia. Tak, ten facet ma głowę do interesów! – zakończyła z uznaniem Vanessa.

– Dość na dzisiaj! Wracamy do domu! – zawołał nas z daleka Pahlaj.

Opuściliśmy to szczególne miejsce i po jakimś czasie znowu ogarnęła nas ciemność. Podążaliśmy przed siebie, a ja przez całą drogę nie mogłam wyjść ze zdumienia, jakie niezwykłe tajemnice skrywa kuwejcka pustynia.

Przez następne dni kiedy się budziłam, długo nie otwierałam oczu. Miałam złudną nadzieję, że kiedy to zrobię, znów znajdę się w biało-różowym pokoju Basmy. Państwo pójdą do pracy, a ja w przestronnym, czystym apartamencie zajmę się swoimi obowiązkami. Jednak tak się nie działo. Zamiast kolorowych zabawek Basmy widziałam zapijaczone i naćpane prostytutki oraz wiecznie zanieczyszczoną łazienkę i pełen śmieci teren wokół basenu. Sprzątanie tych brudów zajmowało mi cały dzień. Wiedziałam też, że nieuchronnie zbliża się licytacja. Z całego serca żałowałam, że uciekłam od swojej *madame*.

Pewnego dnia po południu jak zwykle poszłam z dwoma wielkimi worami odpadków do nieco oddalonego śmietnika.

– Bibi! Bibi! – Pomyślałam, że mam jakieś omamy po *kacie*, który codziennie wpychała mi Lata, bo przecież wszyscy nazywali mnie tu Lalita. – Bibi! – Rama wyłoniła się zza wielkiego, oblepionego nieczystościami kontenera.

– Rama!!! – Nie wierzyłam własnym oczom. – To naprawdę ty?! Co ty tu robisz?!

– Ciiii – uciszyła mnie koleżanka. – Bo jeszcze ktoś usłyszy...

– Rama! Jak mnie tu znalazłaś? – Byłam tak szczęśliwa, że ją widzę, jak wtedy, gdy otrzymałam wiadomość o powrocie mamy z Kuwejtu.

– Co ci odbiło, żeby uciekać z największym alfonsem w kraju? – zrugała mnie od razu. – W co ty się wpakowałaś? Dziecko, co oni ci zrobili? – Objęła mnie z troską.

– Nic, nic, jeszcze nic... – Z moich oczu popłynęły łzy. – Ale już niedługo... lada dzień ta licytacja. – Rozpłakałam się na dobre. – Ja nie chciałam! Ja myślałam... Proszę, zabierz mnie stąd! – Mocno się do niej przytuliłam.

– Słuchaj, tu nie ma czasu na sentymenty! – Koleżanka odsunęła mnie od siebie. – Trzeba pomyśleć, jak się stąd wydostać.

– Ale jak ci się udało mnie znaleźć? – powtórzyłam pytanie.

– Większość ludzi wie, czym zajmuje się Radżu. Parę osób widziało, jak wsiadałaś z nim do samochodu. – Na samo wspomnienie tej chwili zrobiło mi się wstyd. Jak mogłam być tak naiwna i głupia?! – Najtrudniej było zlokalizować, gdzie tak naprawdę cię wywieziono. W końcu udało mi się przekupić jednego z kierowców, którzy przywożą tu dziewczyny. Przekonałam go tym, że jesteś taka młoda. Sam ma córkę prawie w twoim wieku. Pomógł mi się tu prześlizgnąć, ale dalej mam radzić sobie sama. Nie chce stracić intratnej pracy u Radżu.

Nagle usłyszałyśmy, że ktoś zbliża się do śmietnika.

– Widziałam przez okno, że szła tu ze śmieciami – mówiła Vanessa do swojej towarzyszki. – Musi gdzieś tu być. Lalita! Jesteś tam?

– Rama! Proszę, schowaj mnie gdzieś! – błagałam w panice.

– Jak już cię szukają, to teraz lepiej idź! Ja zostanę i spróbuję coś wymyślić! – Rama w pośpiechu chowała się za kontener.

– Lalita! Gdzie ty się podziewasz? – Vanessa weszła do śmietnika. – Lata potrzebuje cię na górze. Dzisiaj licytacja! – Na tę wiadomość odruchowo się skurczyłam, jak gdybym już teraz broniła się przed tym, co czeka mnie za parę godzin. Nie chciałam, żeby dotykał mnie żaden z tych mężczyzn, którzy pojawiali się tu codziennie, by zaspokajać swoje żądze. Zrozumiałam, dlaczego moja siostra uciekała w góry przed swoim mężem. Poczułam ucisk w gardle i pełzający lęk, który paraliżował powoli wszystkie moje członki do tego stopnia, że nie mogłam się ruszyć. – Chodź szybko, bo Lata się wścieka! – ponaglała mnie Vanessa. – Radżu kazał cię dobrze przygotować!

Vanessa widząc, że stoję, jakbym wrosła w ziemię, wzięła mnie pod jedno ramię, po czym wzrokiem nakazała swojej koleżance zrobić to samo z drugiej strony. Podtrzymywana przez dziewczyny, na nogach jak z waty dotarłam do mieszkania.

– Co jej się stało?! – zawołała na mój widok Lata. – Za taką zapłakaną i smutną nikt nie da nawet dinara! A Radżu mówił, że dziś mają przyjechać ważni goście! Trzeba natychmiast coś z tym zrobić! – Wyciągnęła z szafki butelkę i nalała mi pełną

szklankę mętnego płynu. – Masz! – Podała mi cuchnący alkohol.
– Pij! – Z ociąganiem sączyłam łyk po łyku. – Pij! Pij! – poganiała
mnie Lata. – Pij do dna!

Pędzony na lewo alkohol miał obrzydliwy smak i w niczym
nie przypominał drinka z ekskluzywnego podziemnego klubu
na pustyni. Nie mogłam się przemóc, aby go wypić. Widząc mój
opór, Lata wzięła ode mnie szklankę i trzymała ją przy moich
ustach, zmuszając mnie do picia, dopóki nie pojawiło się dno.
Ciecz paliła mi trzewia. Zakrztusiłam się przy ostatnim hauście.
Dopadł mnie intensywny napad kaszlu.

Lata zakipiała ze złości.

– Ta mała doprowadzi mnie dzisiaj do szału! – Miotała się
po pokoju. – Najważniejszy dzień, a ona wygląda koszmarnie!
Dziewczyny! Natychmiast coś z nią zróbcie! Tu są jej ciuchy!
Za godzinę ma wyglądać jak mała, seksowna laleczka! – Zdenerwowana Lata wypiła resztę zawartości butelki.

Wlany na siłę alkohol zamroczył mnie na tyle, że wydarzenia,
które potem nastąpiły, pamiętam jak przez mgłę. Na początku
znalazłam się w rękach dziwek, które mnie myły, nacierały olej-
kami, układały włosy, robiły makijaż i ubierały, przekazując mnie
sobie kolejno, jakbym była szmacianą lalką do zabawy. Później
wyglądałam przez okno razem z dziewczynami, które ekscytowały
się parkującymi coraz droższymi samochodami i wysiadającymi
z nich ważniakami.

– Ten! Ten będzie mój! – przekrzykiwały się.

Wiedziały, że mnie weźmie tylko jeden mężczyzna, więc miały
nadzieję na dobry zarobek, a nawet na złapanie na stałe jakiegoś
bogatego klienta.

– Zobacz, ten psychopata też przyjechał! – Pokazywały sobie
kuśtykającego o lasce starucha.

– Żeby tylko Lalita do niego nie trafiła…

– Dosyć tego gadania! – Lata jak zwykle kontrolowała sytuację.
– Już! Wszystkie na dół i zadbajcie dobrze o gości! A ty jeszcze zostajesz! – zwróciła się do mnie. – Kiedy szejkowie trochę się rozbawią i popiją, to dopiero będzie licytacja!

Przez okno widziałam, jak mężczyźni w diszdaszach rozsiadają się nad basenem, a ich służący donoszą przywiezione przez nich jedzenie i wyborowe alkohole. Ożywione dziewczyny nadskakiwały im ze wszystkich stron, starając się zwrócić na siebie uwagę. Czekałam na znak Laty, aby w odpowiednim momencie pojawić się na scenie. Chwilami, w przebłyskach świadomości, myślałam o schowanej w śmietniku Ramie. Dlaczego akurat dzisiaj tu dotarła, a nie dzień czy dwa wcześniej?! Radżu postawił w gotowości wszystkich swoich pracowników, aby jak najlepiej dogodzić przybyłym klientom. Nie istniała możliwość, żeby prześlizgnęła się nawet mysz! To mógł być dzień mojej ucieczki z tego ohydnego miejsca, a zamiast tego stanie się dniem mojego potwornego upokorzenia i bólu!

Do mieszkania wszedł Pahlaj.

– Jak tam Lalita? – zapytał.

– Jest jakaś spięta – odpowiedziała Lata.

– Trudno się dziwić – mruknął Pahlaj. – Nawet ten zbok tu się przywlókł!

– To ten, od którego nie wróciły nasze dwie najlepsze dziewczyny?

– Ten sam.

Lata wyciągnęła następną butelkę i rozlała bimber do trzech szklanek. Podała mi jedną.

– Masz, wypij! Na pewno ci się to przyda!

Pahlaj i Lata stuknęli się szklankami i potężnymi łykami opróżnili je do połowy. Ja też sączyłam alkohol, chociaż powoli. Wolałam to od nachalnej interwencji Laty.

– Ciekawe, jaka stawka padnie. – Lata zapaliła papierosa.

– No wiesz, tu nie Dubaj czy Londyn... – Pahlaj dobrze orientował się w tym biznesie. – Tam to dopiero są prawdziwe pieniądze! Londyn! – Pahlaj się rozmarzył. – Tam cena za młodocianą dziewicę oferowaną bogatym Arabom może wynosić nawet sto pięćdziesiąt tysięcy funtów! Sto pięćdziesiąt tysięcy funtów!!! – powtórzył, dokładnie akcentując każde słowo. – A jeszcze dochodzą zyski z dodatkowych atrakcji...

– Jakich atrakcji?

– Na przykład trzynastolatki wykonujące specjalny taniec... Ale tam kręcą te lody Irańczycy. Werbują dziewczynki z Iranu, Polski, a nawet Anglii.

– To może my też przeniesiemy się do Londynu?

– Marzenie! Ale zapomnij o tym! Jeśli przy takiej kasie gangi handlujące seksem dorwą się już do kawałka tortu, to nie wpuszczą nikogo na swoje terytorium. Zwłaszcza że arabscy szejkowie to żyła złota! Niektóre dziewczyny same wystawiają się na sprzedaż. Słyszałaś, jakie rekordy padały?!

– Nie.

– Pewna osiemnastoletnia Peruwianka wystawiła swoją cnotę na aukcję i sprzedała ją za milion trzysta tysięcy dolarów jakiemuś Saudyjczykowi. On miał pięćdziesiąt trzy lata.

– Takie pieniądze za jedną noc?! Wierzyć się nie chce!

– Prawda? A szejk z Kataru zapłacił Amerykance za jej dziewictwo trzy miliony siedemset tysięcy dolarów!

Oszołomiona cyframi Lata wychyliła swoją szklankę do końca.

– Tak, szczególnie małoletnie dziewice to chodliwy towar – stwierdziła z przekonaniem. – Od kogoś, kto ostatnio przyjechał z Indii, słyszałam, że znowu porwano dwie dziesięcioletnie, ładne dziewczynki, kiedy wracały ze szkoły. Jeżeli trafią nad Zatokę Perską, to rodzice nie mają szans, by kiedykolwiek zobaczyć swoje córki.

– To ostatnio zdarza się nagminnie. Te dzieci na ogół trafiają do Dubaju. Czasami to sami ojcowie, a jeszcze częściej matki, w Indiach czy Pakistanie sprzedają szejkom swoje córki. – Pahlaj też dokończył drinka. – Wolą poświęcić jednego członka rodziny po to, aby pozostali mieli zapewnione wygodne życie... No, zbieram się. – Pahlaj wstał. – Pora zobaczyć, co tam się dzieje na dole. Muszę się zorientować, kiedy wystawimy Lalitę. Radżu powiedział, że trzeba wyczuć dobry moment. Klienci muszą być rozbawieni, ale też nie mogą być zanadto pijani, bo wtedy będzie im już wszystko jedno, z kim idą.

Pahlaj, zanim opuścił mieszkanie, spojrzał na mnie z dziwnym wyrazem twarzy, po czym wyjął z kieszeni małą torebeczkę z tabletkami.

– Lepiej niech ta mała ją weźmie – podał jedną pastylkę Lacie – bo jak wylicytuje ją ten zboczeniec...

– Co, świeża dostawa? – zapytała Lata, biorąc do ręki tabletkę.

– Tak, tym razem się udało. Na szczęście... Bo tydzień temu straż przybrzeżna zgarnęła łódź płynącą z Iranu. Zatrzymali dwunastu Irańczyków i dwóch Afgańczyków, nie mówiąc o zarekwirowanym towarze! A podobno było tam wszystko! Heroina, haszysz, kokaina, opium i tysiące narkotykowych pigułek! Tyle dobra przepadło – narzekał Pahlaj, zamykając drzwi.

Od wypitego alkoholu kręciło mi się już w głowie. Lata wsunęła mi do buzi tabletkę i przypilnowała, żebym ją połknęła. Po krótkim czasie ogarnęło mnie przyjemne odprężenie. Wyjrzałam przez okno. Tym razem odbywające się nad oświetlonym barwnymi lampionami basenem party wydało mi się całkiem zabawne. Widziałam ożywione, wesołe towarzystwo, imprezujące w przyjemną, ciepłą noc. Pracownicy Radżu i prywatni służący ważnych gości uwijali się jak w ukropie, żeby nikomu niczego nie zabrakło. Panienki przysiadły się do szejków i kokietowały głębokimi dekoltami, wysoko odsłoniętymi nogami i kaskadami wabiącego śmiechu. W pobliżu robotnicy wznosili z gotowych elementów małą altanę na podwyższeniu. Dziewczyny, które w tym momencie nie zajmowały się klientami, przyczepiały do konstrukcji girlandy kolorowych kwiatów. Robotnicy układali wokół worki suchego lodu i żelazne naczynia.

– Radżu przygotował ci niezłą scenerię! – Lata stanęła koło mnie. – Ten to ma głowę do interesów!

– To wszystko dla mnie?! Naprawdę dla mnie?! – Poczułam przypływ jakiejś niezdrowej euforii.

– Dla Lality! – wyjaśniła Lata. – Lalita musi się dobrze prezentować na licytacji!

– Dla Lality! Dla Lality! – podśpiewywałam, pełna nienaturalnych emocji.

Nagle zauważyłam, że staruch zmusza dwie zabawiające go prostytutki do chodzenia na czworakach. Dźgał je w wypięte tyłki swoją długą laską i wykrzywiając bezzębne usta, z których leciała żółta ślina, w perwersyjnym uśmiechu pokrzykiwał: „Owce, moje owce!!!".

Lata szybko odciągnęła mnie od okna.

– Słuchaj uważnie! Ktokolwiek cię wylicytuje, musisz robić wszystko, o co cię poprosi! Jeżeli klient będzie zadowolony, to dostaniesz pieniądze! Rozumiesz, co do ciebie mówię?! Dostaniesz pieniądze! I nowe ubrania! Pamiętaj! Każde życzenie klienta musi być spełnione!

W tym momencie do mieszkania wszedł Radżu.

– Gotowa?! – Rzucił mi krytyczne spojrzenie właściciela, którego towar zaraz pójdzie na sprzedaż. – Lata! Umaluj jej usta mocniej na czerwono! I popraw tę białą kokardę we włosach! – Podał mi plastikowy kubek z płynem w kolorze herbaty. – Daję ci najlepszą whisky, którą poczęstowali mnie szejkowie! Dzisiaj jest twój dzień! Musisz dać z siebie wszystko! – Wypiłam alkohol jednym haustem. Radżu poprawił mi króciutką spódniczkę i protekcjonalnie klepnął w pośladki. – No, mała, ruszaj! – Popchnął mnie w stronę drzwi. – Nareszcie się odkujemy! – rzucił przy wyjściu do Laty.

Na dole Radżu osobiście zaprezentował mnie zebranym gościom. Przy dźwiękach arabskiej muzyki, wśród nawoływań napalonych klientów i pisków dziewczyn, przeszliśmy parę razy wzdłuż basenu, aby zainteresowani mogli dokładnie obejrzeć mnie ze wszystkich stron. Podniecony staruch w neurotycznych, nieskoordynowanych ruchach co jakiś czas podrywał się z krzesła i wymachując z przejęciem swoją laską, obracał się wokół własnej osi, wykonując ruchy sugerujące kopulację. Służący, wykorzystując suchy lód i wrzątek, tworzyli wokół altany opary kłębiącej się sztucznej mgły.

– Oto Lalita! Prawdziwa dziewica! – zachwalał Radżu. – Już wkrótce może należeć do tego, kto zaoferuje najwyższą stawkę! Ostatnie spojrzenie na Lalitę! – Dumnie krążył ze mną wokół siedzących szejków, aby ostatecznie wprowadzić mnie do altany, gdzie zniknęłam w oparach gęstego dymu.

– Zaczynamy! – Radżu był w swoim żywiole. – Tysiąc dinarów! Kto pierwszy! Kto da więcej! Dwa tysiące! Kto następny! Dwa i pół! Trzy! Trzy i pół! Pięć tysięcy! Brawo!

Wtedy po raz pierwszy usłyszałam odgłos kilkakrotnego uderzenia laski o stół i charakterystyczny, złowieszczy rechot, którego dźwięk przyprawił mnie o dreszcze. Niczym podstępny, obślizgły gad z pokładów podświadomości wypełzło usłyszane wcześniej zdanie „Żeby jej tylko czymś innym nie przebił!". Wstrząsnął mną odruch wymiotny, a przed oczami pojawiły mi się mroczki. Mamo! Mamusiu! Proszę, weź mnie stąd! Mamo!!! – wołałam przerażona w myślach.

Padały kolejne liczby. Co pewien czas słyszałam obmierzły śmiech i towarzyszący mu upiorny stukot laski. Zaczęły mną wstrząsać zimne dreszcze. Licytacja rozkręcała się błyskawicznie i klienci, pokrzykując, podbijali stawkę.

– Czternaście tysięcy dinarów! Czternaście tysięcy i pół! Kto da więcej?! Piętnaście tysięcy! – grzmiał donośnie podekscytowany Radżu. – Piętnaście tysięcy po raz pierwszy! – Miarowe walenie laską. – Piętnaście tysięcy po raz drugi! Piętnaście tysięcy... – zawiesił głos Radżu. – Po raz trzeci! Sprzedana!!! – Świdrujące dudnienie laski wyraźnie przyspieszyło.

Spazmatyczny skurcz przebiegł przez moje podbrzusze, jakby ktoś puknął mnie znienacka metalowym prętem. W tym samym momencie usłyszałam szatański chichot starucha, który polecił swoim służącym, żeby mnie do niego przyprowadzili. Ekscytacja wywołana licytacją sięgnęła zenitu i szejkowie w rozpasanym szaleństwie kłócili się o najlepsze dziwki i ostatnie butelki whisky. Do mnie podeszli dwaj hinduscy służący i ze współczuciem w oczach kazali iść do zdegenerowanego dziadygi.

Ledwo włócząc nogami ze strachu, wyszłam z altany. Szejkowie z zazdrością patrzyli, jak zbliżam się do zwycięzcy licytacji. Starzec przyglądał mi się z lubieżną satysfakcją pomieszaną z okrucieństwem. Długą laską wskazał, żeby służący zabrali mnie do jego samochodu. Powoli ruszyliśmy w kierunku parkingu.

Nagle ze wszystkich stron rozległ się twardy tupot podkutych butów. Na teren wokół basenu wpadli umundurowani mężczyźni.

– Policja! Policja! – wrzeszczeli, siejąc popłoch wśród zgromadzonych. Na pierwszy ogień poszły prostytutki, które łapano i od razu ładowano do radiowozów. Paru gości wykorzystało pozostały w opakowaniach suchy lód, żeby zrobić gęstą zasłonę dymną i pod jej przykryciem szybko się ulotnić. Powstał chaos, przez chwilę nic nie było widać, słyszałam krzyki i plusk wody, bo niektórzy powpadali do basenu. Ja stałam zdezorientowana, kiedy poczułam, że ktoś gwałtownie zakłada mi na głowę płachtę czarnego materiału i zmusza do szybkiego biegu.

Kiedy się obudziłam, potworny ból rozdzierał całe moje ciało. Głowa mi pękała i ogromnie mi się chciało pić. Nie pamiętałam, co się działo ze mną przez ostatnie godziny. Wokół panowała cisza i w pierwszym momencie pomyślałam, że znajduję się w piwnicy w jednej z willi starucha. Nie chciałam otwierać oczu, bo obawiałam się, że to, co mnie teraz czeka, będzie jeszcze większym koszmarem niż dni spędzone w przybytku Radżu. Leżałam bez ruchu, jakby ta bezwładność mogła uwolnić mnie od cierpień, które być może staną się moim udziałem.

– Bibi! Bibi! – Myślałam, że we śnie słyszę swoją mamę. – Bibi! Obudź się!

To była Rama!

– Rama! To ty?! To naprawdę ty?! – Otworzyłam oczy i z niedowierzaniem patrzyłam na moją koleżankę.

– Bibi! Całe szczęście, że pojawiła się ta policja! – Rama z ulgą mnie przytuliła.

– Gdzie ja jestem? – Dopiero teraz zauważyłam, że mam na sobie czarną abaję. – I co to za ubranie?

– Jesteś w domu Abu Badara! Przecież nie mogłam cię tu przyprowadzić w tych twoich dziwacznych ciuchach! Ledwo udało mi się zmyć twój makijaż! – Spostrzegłam, że pod abają nadal mam na sobie strój Lality.

– Ale skąd ten nagły nalot służb? – dziwiłam się. – Przecież ci policjanci sami codziennie przychodzili na dziwki.

– Chyba naczelnik to zlecił. Tak zrozumiałam ze słów policjantów, którzy też przyczaili się w śmietniku przed akcją. Dostali od naczelnika szczegółowe instrukcje. Mieli wkroczyć tuż po zakończeniu licytacji. To była jego zemsta na Radżu. Podobno chodziło o jakieś ich osobiste porachunki. Szef dał wyraźne polecenie, żeby zacząć działać, kiedy pieniądze już prawie trafią do kieszeni Radżu. Mówili też, że mają przykaz dostarczenia Lality do naczelnika. Dopiero po pewnym czasie zorientowałam się, że to chodzi o ciebie.

– A ten staruch? Podobno to jakiś ważniak.

– Kuwejtczykom policja i tak nic nie zrobi. Wszyscy klienci na pewno bezkarnie odjechali, a ci, którzy pierwsi opuścili to miejsce, zrobili to przede wszystkim w trosce o swoją reputację, a nie z obawy przed policją.

– To jak mnie stamtąd wyprowadziłaś? Z jednej strony policja, a z drugiej ten staruch, który uważał, że już mnie kupił? – To wszystko było dla mnie zbyt skomplikowane.

– Kiedy zorientowałam się, że naczelnikowi również szczególnie na tobie zależy, musiałam ich wszystkich uprzedzić. Znalazłam w śmietniku jakąś starą abaję i kiedy powstało to straszne zamieszanie, od razu skorzystałam z okazji. Kto mógł, to uciekał, więc zabrałyśmy się z jednym z kierowców Radżu. – Od tych rewelacji moja głowa zrobiła się jeszcze cięższa. – Dobrze się czujesz? – zapytała Rama.

– Wszystko mnie boli – poskarżyłam się. – I bardzo chce mi się pić.

Po chwili koleżanka przyniosła mi dwie tabletki i szklankę wody.

– Odpocznij trochę, ale później się ogarnij. Wieczorem przyjedzie po ciebie twoja *madame*.

– No właśnie, *madame*! Co ona powiedziała, gdy tak nagle zniknęłam?

– Tak naprawdę to niezmiernie się o ciebie martwiła. Kiedy nie wróciłaś o wyznaczonej porze, myślała, że coś ci się stało. Miałaś wypadek albo coś takiego... Nawet dzwoniła po szpitalach!

Poczułam nieopisany wstyd, że tak zawiodłam moich pracodawców. W końcu nie byli dla mnie tacy źli!

– A Basma? Co z nią? – Mimo wszystko przywiązałam się do tej dziewczynki, która trafiła pod moją opiekę jeszcze jako niemowlę.

– Cały czas płakała i wołała: „Bibi! Bibi!". Dlatego *madame* od razu następnego dnia poleciła mi, żeby cię szukać.

– Ale co ja jej teraz powiem?

– Ja już wymyśliłam dla nich bajeczkę. Powiedziałam, że przyjechała tu do pracy twoja ciocia z Indii i ty, szczęśliwa, że po tylu latach zobaczyłaś kogoś ze swojej rodziny, zostałaś z nią na parę dni. Chciałaś dokładnie dowiedzieć się, co słychać u mamy i siostry.

– I co? Uwierzyli?

– Nie wiem, chyba nie... Ale dla nich najważniejsze jest to, że się odnalazłaś. W końcu mąż *madame* jest twoim sponsorem, a uciekinierka to zawsze problem dla pracodawcy. Przede wszystkim Basma cię uwielbia!

– Rama! Dziękuję ci! Za wszystko! – Otarłam łzy wzruszenia.

– Najważniejsze, że ten staruch cię nie dopadł! Nigdy więcej nie rób takich głupstw! Nie daj się nikomu nabrać na ładne słówka! – Rama wstała. – Idę! Muszę wrócić do swojej roboty.

Koleżanka wyszła, a ja myślałam o tym, co się wydarzyło w ciągu ostatniego tygodnia. Wciąż miałam na sobie białe pończoszki i krótką sukienkę z gorsetem Lality. Wydawało mi się, że minęły całe wieki od momentu, kiedy budziłam się w dziecinnym pokoju Basmy. Poczułam, jak gdybym nagle, w ciągu kilku nocy, przeżyła całą dekadę swojego życia.

Wróciłam do apartamentu moich państwa i codziennych obowiązków. *Madame* już mi nie ufała i codziennie zamykała drzwi wejściowe na klucz, kiedy wychodziła do pracy. Czasem zastanawiałam się, co by się stało ze mną i dzieckiem, gdyby kiedyś na przykład wybuchł pożar. Nie pozwolono mi też wychodzić z domu w piątki. Opuszczałam mieszkanie wyłącznie wtedy, kiedy musiałam pilnować Basmy, i to też w towarzystwie jednego lub obojga jej rodziców.

W weekendy *madame* nadal przyjmowała różnych mężczyzn. Ja zaś, po poznaniu nocnego kuwejckiego życia, inaczej patrzyłam na otaczającą mnie rzeczywistość i dużo więcej dostrzegałam. Czasami miałam wrażenie, że widzę dziwki niemal na każdym kroku. Spacerujące poboczem w obcisłych dżinsach i dopasowanych bluzeczkach Filipinki, które trzymały chroniące je przed silnym słońcem parasolki. Czekały na to, że zatrzyma się obok nich samochód z Kuwejtczykiem, chętnym do skorzystania z ich usług. Ubrane wyzywająco Chinki w supermarketach udawały, że robią zakupy, a tak naprawdę rozglądały się za klientami. Kręcąc prowokująco biodrami, Azjatki z różnych krajów przechadzały się koło kawiarni wypełnionych mężczyznami. A Kuwejtki, całe zakryte, łącznie z założoną na twarz zasłoną, która odsłaniała jedynie obwiedzione długimi rzęsami i uczernione kohlem duże czarne oczy, rzucały wkoło rozognione, zachęcające spojrzenia i rozdawały numery telefonów. Panny, mężatki, rozwódki i wdowy przyjeżdżały do Kuwait City w poszukiwaniu przystojnych Hindusów lub wykorzystywały zatrudnionych w swoich rezydencjach kierowców. Nawet pęto długiej, mięsistej i grubej kiełbasy w supermarkecie przywodziło seksualne skojarzenia i potrafiło rozbudzić ich zmysły, co wiele razy osobiście słyszałam. Kuwejtczycy i Kuwejtki często nawiązywali kontakty przez okna prowadzonych przez siebie pojazdów. Później udawali się razem do dzielnic odległych od swoich miejsc zamieszkania, aby tam, na parkingach lub w pokrytych piaskiem niezabudowanych miejscach, uprawiać seks w samochodach. Kiedy wynosiłam śmieci, sama niejednokrotnie widziałam rozbujane auta na tyłach naszego apartamentowca.

Miałam wrażenie, że w kraju, w którym za stosunki poza-małżeńskie grozi kara trzech lat więzienia lub chłosta do stu batów, co druga kobieta jest prostytutką. I to nie tylko na ulicy, ale również w domu.

# Rozdział V

# Dalaja

Szokujące sceny, których byłam świadkiem podczas mojej ucieczki, spowodowały, że w nocy często dręczyły mnie koszmary. Szczególnie nękało mnie odliczanie, które rozlegało się ze wszystkich stron. Padały coraz wyższe i wyższe kwoty, a ich początkowy zniekształcony trzask przekształcał się w odmierzające minuty tykanie wskazówek zegara lub regularny stukot spadających kolejno banknotów w plikach. Te nieznośne dźwięki budziły mnie i potem długo leżałam, nie mogąc zasnąć. Myślałam wtedy o Indiach, o mamie i siostrze, za którymi tęskniłam, oraz o radosnych, dziecięcych zabawach w mojej wiosce.

W Kuwejcie od początku listopada do końca marca trwał sezon kempingowy, co oznaczało, że całe wielkie, wielopokoleniowe rodziny jechały na pustynię i spędzały tam weekendy lub wolne dni. Jak opowiadał ojciec *madame*, przodkowie Kuwejtczyków przywędrowali z samego centrum Półwyspu Arabskiego, którego prawie całe terytorium pokrywały pustynie lub półpustynie. To powodowało, że związki Kuwejtczyków z pustynią były wyjątkowo silne. Mimo posiadania niezwykle luksusowych, ekskluzywnie wyposażonych willi Kuwejtczycy odnajdywali spokój i odpoczynek w rozrzuconych na piasku namiotach pod pustynnym niebem.

Budowali tam obozy, których wielkość i urządzenie zależały od zamożności właścicieli. Do standardowego wyposażenia należały: generator prądu, dzięki któremu cały teren i namioty były dobrze oświetlone, olbrzymie baniaki z zapasami wody oraz parę innych namiotów pełniących rozmaite funkcje. Nie mogło więc zabraknąć łazienek, namiotu kuchennego, gdzie znajdowały się zapasy jedzenia, kuchenka i butle z gazem, namiotów odgrywających rolę sypialni oraz dużego namiotu, w którym, jak w salonie, spotykała się cała rodzina. Z zewnątrz namioty miały barwę białą lub beżową, wewnątrz zaś dominowały kolory czerwony i bordowy. Wyposażenie tych przenośnych domów było niezwykle komfortowe. Podłogę pokrywało parę warstw bordowych dywanów, często zdobionych złotymi ornamentami. Miękkie, ułożone wzdłuż ścian czerwone siedziska zostały pokryte wywodzącymi się z beduińskiej tradycji pionowymi, biało-czarnymi pasami, na których można było dostrzec geometryczne wzory. W obozowiskach, tak jak w całym Kuwejcie, krzątała się i obsługiwała rdzennych mieszkańców liczna służba.

Kiedy letnie, męczące, dochodzące do pięćdziesięciu stopni temperatury nieco spadły, Kuwejtczycy korzystali z dobrodziejstw tego pustynnego wypoczynku, traktując go jako terapię przeciw stresowi oraz oderwanie się od codziennych obowiązków i problemów. Ojciec *madame* też posiadał na pustyni swój prywatny obóz, z którego cała rodzina mogła do woli korzystać. Niekiedy *baba* rezygnował z wypraw na ryby i zabierał nas na pustynię. Początkowo nie lubiłam tam jeździć, bo kojarzyło mi się to z Radżu i jego działalnością. Zwłaszcza że dowiedziałam się od Ramy, iż po nalocie policji i tak nic się nie zmieniło. Radżu nie aresztowano, bo poparli go szejkowie, którym nawet naczelnik policji nie mógł się przeciwstawić. Dobrze zorganizowane usługi Radżu cieszyły się dużą popularnością, więc Kuwejtczycy nie chcieli z nich tak łatwo rezygnować. Poza tym zawsze mogła się trafić jakaś następna dziewica na sprzedaż.

Musiało minąć trochę czasu, zanim przestałam kojarzyć pustynię z nielegalnym nocnym życiem. Dopiero częsty widok przebywających w obozowiskach rodzin, które wraz z gromadą dzieci znajdowały tam beztroskie wytchnienie, przekonał mnie, że pustynia to też miejsce przyzwoitych, rodzinnych rozrywek, a nie jedynie podziemne party i prostytucja.

W domu ojca *madame* po wyrzuceniu Czandry zjawiła się jej następczyni, Dalaja – śliczna, dwudziestopięcioletnia Hinduska, urodą przypominająca gwiazdy Bollywood. Zajęła się gotowaniem i trzeba przyznać, że była w tym mistrzynią. Już wcześniej pracowała w Kuwejcie i umiała przyrządzać wszystkie lokalne przysmaki. Ze względu na jej niezwykle łagodny charakter nawet srogi brat *madame*, Badar, miał do niej słabość i nie krzyczał na nią tak jak na inne służące. Cieszyłam się, że Dalaja dołączyła do grona pracownic rodziców *madame*, bo miałam koleżankę, z którą mogłam porozmawiać w swoim języku i wspominać Indie. Było to dla mnie szczególnie ważne, ponieważ ze względu na swoją ucieczkę nie mogłam w ogóle nigdzie sama wychodzić, więc prawie nie widziałam swoich rodaków.

Kiedy obsługiwałyśmy dużą rodzinę na pustynnym kempingu, wolne chwile znajdowałyśmy tylko późną nocą. Zmęczona trwającymi cały dzień zabawami na świeżym powietrzu Basma spała kamiennym snem, a Dalaja po całodniowym gotowaniu wreszcie mogła usiąść. Zmywaniem, sprzątaniem oraz serwowaniem posiłków i napojów siedzącym w dużym namiocie członkom rodziny zajmowały się pozostałe służące. Ja i Dalaja brałyśmy swoje talerze z jedzeniem, siadałyśmy w oddalonym kącie obozowiska i przy tej późnej kolacji gawędziłyśmy nieraz do białego rana.

Dalaja pochodziła z ubogiej rodziny, w której na nieszczęście – według zwyczajów panujących w Indiach – urodziło się sześć dziewczynek. W tym czasie pracowała wyłącznie ona, więc jej rodzice i pięć sióstr żyli z pensji, którą Dalaja przesyłała im w całości.

– I tak dobrze, że moja rodzina nie mieszka w Radżastanie[1]! – Jej delikatną twarz przesłaniał cień żalu na samo wspomnienie tej nazwy. – Pewnie żadna z nas by już nie żyła! Jestem najstarsza i dobrze pamiętam zgryzotę ojca za każdym razem, kiedy po porodzie kobiety obwieszczały, że to znowu dziewczynka!

– Tam naprawdę zabijają dziewczynki?! – Radżastan leżał daleko od mojej prowincji i chociaż wcześniej słyszałam coś o tym zwyczaju, trudno mi było uwierzyć w jego istnienie.

– Tak! I to jak strasznymi sposobami! – Zawsze odnosiłam wrażenie, że opowiadanie o okrucieństwie nie pasuje do delikatnego piękna i osobowości Dalai. – Nie wyobrażasz sobie nawet, ile wymyślili tam metod, aby pozbawić życia noworodka płci żeńskiej!

Nie byłam pewna, czy chcę tego słuchać. Zwłaszcza że znajdowałyśmy się na półwyspie, na którym przed wiekami też panowała taka praktyka. Abu Badar, dumny ojciec pięciu córek, wspominał kiedyś, że przed nastaniem islamu Arabowie uznawali narodziny dziewczynki za wielkie nieszczęście. W wielu plemionach, aby uchronić się przed złem i wstydem, zakopywano żywcem nowo narodzone dziewczynki.

– W indyjskich wioskach wkładają na przykład nagiego noworodka do pudełka i na noc przysypują ziemią – mówiła Dalaja. – Dzieci duszą się z braku powietrza i przed świtem są odkopywane, a następnie grzebane.

---

[1] Radżastan – stan w północno-zachodnich Indiach, przy granicy z Pakistanem; znany z okrutnej, rozpowszechnionej do dziś tradycji zabijania noworodków płci żeńskiej.

– Dalaja, przestań! To okrutne!

– To jeszcze nie wszystko! Sposobów jest mnóstwo! Matka, która własnoręcznie zabiła osiem córek zaraz po ich narodzeniu, przyznała, że niektórym z nich nakładała na twarz mokrą szmatę, a inne truła roztworem siarkowodoru.

– Jak matka może dopuścić się takich okropnych czynów?!

– Przypomniałam sobie moją kochaną mamę, która tak ciężko pracowała, aby wyżywić mnie i moją siostrę. – To po to kobieta nosi maleństwo pod sercem dziewięć miesięcy, aby się go pozbyć zaraz po przyjściu na świat?!

– A nie znasz naszego starego przysłowia? „Wychować córkę to jak podlewać drzewa sąsiada". Córka zwyczajowo przechodzi do domu rodziny męża, gdzie wykonuje wszystkie domowe prace i opiekuje się teściami. Rodzice więc nie mają z niej żadnej pociechy na stare lata. Jeszcze muszą dać jej posag dla przyszłego męża!

– Tak, to rzeczywiście jest problem... – westchnęłam. Wychodząc wcześniej do Kuwait City, widziałam, jak Hindusi się chwalą i cieszą z każdego nowo zakupionego wyrobu ze złota, który ma zapewnić lepszą przyszłość ich córkom. Wtedy czasami myślałam, że ponieważ mama jest chora, to ja sama zgromadzę odpowiednie środki, które będą niezbędne do mojego zamążpójścia. Ale koszty leczenia mamy były tak wysokie, że do tego czasu jeszcze nie zdołałyśmy spłacić długu wziętego pod zastaw naszego domu.

– Wiesz, że wartość posagu dziewczyny może sięgać wartości pięciokrotnych rocznych zarobków jej ojca?! Dla mężczyzny, który ma kilka córek, to ruina! Należy dać narzeczonemu ciężką złotą biżuterię, pieniądze, czasami motocykl, a w bogatych rodzinach nawet samochód i całkowicie wyposażone mieszkanie. Niekiedy rodzice młodych dogadują się, że część posagu może być spłacona po ślubie. Ale jeśli kobieta nie zdoła się z tego wywiązać, to co ją czeka? Śmierć! – Wzdrygnęłam się na to słowo. Zawodzący jękliwie pustynny wiatr jakby potwierdzał przerażającą prawdę o losie kobiet w Indiach. – Na pewno sama znasz takie przypadki. Zazwyczaj zabija teściowa, ale robi to tak sprytnie, że śmierć uznaje się za nieszczęśliwy wypadek. Nagle przypadkowo zapala się sari synowej... Albo kobieta umiera, bo odkręcony był gaz.

– Tak, rzeczywiście coś podobnego zdarzyło się w mojej wiosce... – To był jeden z widoków, które zepchnęłam gdzieś w najgłębsze pokłady pamięci, w nadziei, że nie będzie mnie prześladował. – Topielica... – szepnęłam i znowu przed oczami pojawiło mi się wyciągnięte z rzeki szare ciało naszej sąsiadki, nienaturalnej wielkości i rozdęte do granic możliwości. Szczególnie przerażająca była jej twarz z czerwonymi otworami po oczach wyjedzonych przez ryby. – Rodzina mówiła, że poślizgnęła się na brzegu i wpadła do wody, ale nikt temu nie wierzył. Krążyły plotki, że ukatrupił ją własny mąż razem ze swoją matką. Bo niedługo potem znów się ożenił, i to z kobietą, która wniosła duży posag.

– Sama widzisz, jak to u nas wygląda... – Kiedy Dalaja się smuciła, wydawała się jeszcze bardziej krucha. – Niektóre matki, które uśmiercają własne córki tuż po porodzie, uważają, że w ten sposób uwalniają je od przyszłych cierpień. Biedy, przemocy i poniżania... Niektóre z kolei zabijają pod naciskiem męża lub jego rodziny. Nawet jeśli dziewczynka nie zostanie zamordowana zaraz po swoich narodzinach, to nie znaczy, że jest już bezpieczna. Ojcowie pozbywają się niemowląt płci żeńskiej, bo uważają, że nie zdołają zapłacić za wesele. Tuż przed moim wyjazdem do Kuwejtu w sąsiedniej wsi znaleziono martwą trzymiesięczną dziewczynkę z licznymi poważnymi obrażeniami, między innymi śladami pogryzień, przypalania papierosami i skręconymi kręgami szyjnymi...

Poczułam nagle dotkliwy chłód. Nie wiem, czy to spowodował poruszany przez Dalaję temat, czy fakt, że noce na pustyni, mimo jeszcze całkiem ciepłych dni, mogły być naprawdę zimne.

– Chodźmy już – powiedziałam.

Wstałyśmy, przytuliłyśmy się do siebie i poszłyśmy spać do małego namiotu przeznaczonego dla służby.

Następnego dnia jak zwykle zajmowałam się Basmą. Jedną z jej ulubionych rozrywek na pustynnym kempingu było puszczanie latawców. Miała ich kilka, każdy duży i różnokolorowy. Brała do ręki długi sznurek i podążała roześmiana przed siebie, wpatrując się w latawiec szybujący na tle prawie zawsze bezchmurnego nieba. Czasami, zmęczona bieganiem, prosiła mnie, abym to ja się tak bawiła, a ona, siedząc, obserwowała latającą zabawkę. Lubiłam te momenty, bo na chwilę zapominałam, że jestem służącą, i stawałam się małą, bawiącą się dziewczynką. Przecież niebo jest wszędzie to samo.

Pewnego razu rozradowana Basma, zapatrzona w swój latawiec w kształcie wielkiego żółtego misia, popędziła poza teren obozu. Mówiłam jej, żeby tego nie robiła, ale oczywiście mnie nie słuchała. Biegła i biegła przed siebie, nie zważając na moje nawoływania.

– Nie mogę! – wołała zdyszana. – Jak stanę, to misio spadnie!

Kiedy wreszcie, wyczerpana, zatrzymała się, byłyśmy już daleko od naszych namiotów.

– Chodźmy szybko! – Chwyciłam ją za ramię. – Jak mama zauważy, że nas nie ma, to będzie się gniewała!

Basma ociągała się i marudziła, więc wzięłam ją na ręce, aby jak najszybciej wrócić do obozu. Nagle usłyszałam świdrujący, terkoczący dźwięk silników quadów. Spoza pobliskiej wydmy wyłoniło się parę pojazdów prowadzonych przez młodych Kuwejtczyków. Popisy związane z wyczynami na quadach należały do najpopularniejszych form spędzania czasu na pustyni. Mężczyźni zaczęli jeździć wokół nas, wzniecając tumany piasku przy zakrętach. Widziałam ich wyćwiczone na siłowni mięśnie i znów stanęła mi przed oczami scena seksualnych zawodów nad brzegiem basenu. Przycisnęłam dziewczynkę mocniej do siebie i zaczęłam prędko iść w stronę naszego obozu.

Quady wciąż krążyły dookoła nas i zajeżdżały nam drogę, robiąc coraz większy hałas. Przestraszona Basma zaczęła płakać, rozdrażniona wypuściła z rąk latawiec, co spowodowało u niej wybuch niekontrolowanych serii spazmów. Ledwo mogłam ją utrzymać na rękach, ale w oddali widziałam namioty, więc pospiesznie starałam się tam dotrzeć. W tym czasie jeden z Kuwejtczyków podjeżdżał szczególnie blisko mnie i krzyczał:

– Hej! Jak masz na imię? Ładna jesteś! – Rozpryskujące się spod kół drobinki piasku wciskały mi się w oczy. – Stań na chwilę! Porozmawiajmy! Dokąd się tak spieszysz?!

Po doświadczeniach z Radżu nawet nie patrzyłam w stronę zaczepiającego mnie mężczyzny. Myślałam wyłącznie o tym, aby znaleźć się wraz z dzieckiem na bezpiecznym terenie obozowiska. Nagle zobaczyłam biegnącą w naszą stronę postać.

– Bibi! Bibi! Gdzie ty się podziewasz?! – krzyczała Dalaja. – *Madame* wpadła w furię, jak zobaczyła, że nie ma ciebie i Basmy!

Dalaja, aby móc sprawniej się poruszać, podwinęła do góry diszdaszę, pokazując swoje niezwykle zgrabne nogi. Wiatr rozwiewał jej długie kasztanowe włosy, a kształtne piersi falowały w rytm płynnych ruchów. Jej wyróżniająca się urodą twarz jaśniała coraz mocniejszym, urokliwym blaskiem, w miarę jak się do nas zbliżała. Usłyszałam ryk podkręconych obrotów silnika quada, który z hukiem pojechał w stronę biegnącej kobiety. Kuwejtczyk raz po raz skręcał pojazdem to w prawo, to w lewo, demonstrując swoje wysokie umiejętności kierowania maszyną. Widziałam, że w końcu zajechał drogę Dalai i zamienił z nią kilka słów.

Po paru minutach spotkałyśmy się z Dalają i co sił w nogach pognałyśmy do obozu. Fajsal od razu zabrał ode mnie Basmę, a *madame* zaczęła robić mi piekielną awanturę.

– Gdzieś ty poszła z tym dzieckiem?! Jak śmiałaś oddalić się bez pozwolenia?! – Zaczęła mnie mocno okładać pięściami po głowie. To był pierwszy raz, kiedy *madame* mnie uderzyła. – Czy ty się nigdy niczego nie nauczysz? – Ciosy stawały się coraz silniejsze. – Nie wolno ci nigdzie samej wychodzić! Rozumiesz to czy nie?! – Biła mnie naprawdę mocno, a zgromadzona nieopodal jej rodzina jedynie się temu przyglądała.

Potem kazała mi iść do namiotu kuchennego, abym tam razem z innymi służącymi zmywała stertę naczyń. Wszyscy zjedli już obiad, więc całe pomieszczenie zawalone było brudnymi garnkami i talerzami. Zaczęłam pomagać Ramie, ale już po kwadransie *madame* mnie wezwała, żebym zajmowała się Basmą. Po obiedzie rodzina ucinała sobie krótką drzemkę i nikt nie miał zamiaru opiekować się upartą dziewczynką, która cały czas się dąsała i zamęczała wszystkich, żeby koniecznie znaleźć jej zgubiony latawiec. Wzięłam Basmę i obiecałam jej, że spróbujemy go później poszukać. Dziewczynka pogrymasiła trochę, ale była tak zmęczona wcześniejszą intensywną zabawą, a potem płaczem, że szybko zmorzył ją sen.

Jeszcze nie skończyła się popołudniowa sjesta, kiedy za ogrodzeniem obozu zobaczyłam kołyszącego się na niedużej wysokości misia. Kiedy podeszłam bliżej, ujrzałam młodego, niezwykle przystojnego mężczyznę trzymającego sznurek latawca.

– Proszę, daj mi to! – powiedziałam.

– Powiedz Dalai, żeby tu przyszła! – Po głosie poznałam, że to ten Kuwejtczyk, który podjeżdżał najbliżej mnie quadem.

– Tylko jej go oddam!

Wiedziałam, że jako służąca nawet nie mogę z nim dyskutować, bo i tak postawi na swoim. Wolałam więc szybko zawołać koleżankę i odebrać ulubioną zabawkę Basmy. Miałam nadzieję, że to uspokoi dziewczynkę i przestanie marudzić. Chciałam to załatwić jak najszybciej, zanim wszyscy się pobudzą i zobaczą, że rozmawiam z obcym mężczyzną.

– Dalaja! Ten Kuwejtczyk, który cię dziś zagadywał, przyniósł latawiec Basmy! – zwróciłam się do Dalai, która już kroiła warzywa na wieczorny posiłek. – Ale chce, żebyś to ty go odebrała. Idź, bo inaczej nie poradzę sobie z tą małą!

Dalaja od razu wszystko odłożyła, umyła ręce, poprawiła włosy i szybkim krokiem podeszła do ogrodzenia. Minął prawie kwadrans, zanim wróciła z latawcem w ręce.

– Dziękuję ci! – ucieszyłam się. – Znasz Basmę! Jak się uprze... – Miałam wrażenie, że koleżanka w ogóle mnie nie słucha. Patrzyła przed siebie zamglonym wzrokiem i widać było, że jej myśli błądzą gdzie indziej. – Dalaja! – krzyknęłam, ale koleżanka nie zareagowała. – Dalaja! Słyszysz mnie?! – Lekko ją szturchnęłam.

– Co? – Spojrzała na mnie nieprzytomnie.

– Co ci jest? Wróć na ziemię!

– Co? Tak, tak... – Nadal była nieobecna duchem.

Usłyszałam płacz Basmy, więc wzięłam latawiec i poszłam zająć się dzieckiem.

Późnym wieczorem, kiedy wszyscy w dużym namiocie jedli kolację, chciałam jak zwykle porozmawiać z Dalają. Jednak nigdzie jej nie było. Zaglądałam do wszystkich namiotów, ale nie mogłam jej znaleźć. Przyszło mi do głowy, że może ten poznany przez nią dzisiaj Kuwejtczyk namówił ją na ucieczkę. Czy moja wrażliwa Dalaja uległa czułym słówkom i tak szybko dała się zwieść nieznajomemu? Przypomniałam sobie wszystkie mroczne sekrety, które skrywa nieogarniona pustynia. Dalaja była tak piękna, że z pewnością stanowiłaby atrakcję dla każdego z ukrytych na niej miejsc. Urodą dorównywała Marokance tańczącej w podziemnym klubie nocnym. Miałam nadzieję, że moja koleżanka nie była tak łatwowierna jak ja!

Jeszcze raz obeszłam cały obóz. Wtedy ich zobaczyłam. Odgrodzeni wzniesionym wokół namiotów parkanem, pochylali się ku sobie, a ich idealne sylwetki wyraźnie odcinały się w świetle pełni księżyca. Ich zwrócone ku sobie twarze prawie się dotykały, a splecione ręce sprawiały, że tworzyli jedność. Tego wieczoru nie było wiatru i wszechogarniająca cisza wzmacniała wrażenie, że tych dwoje jest sobie przeznaczonych. Jakby mieli tak trwać wiecznie, wpatrzeni w siebie, zastygli pod pustynnym niebem w swoim uczuciu. Stałam, zauroczona bijącą od nich magiczną harmonią, łączącą się z potęgą otaczającej nas wszystkich pustyni.

Nie wiem, ile to trwało. Może parę minut, godzin, a może wieczność całą. W końcu kobieta zaczęła odsuwać się od ogrodzenia, a mężczyzna jeszcze gładził jej wyciągniętą dłoń. Kiedy Dalaja się odwróciła i zmierzała w moją stronę, Kuwejtczyk nadal stał bez ruchu, zapatrzony w jej doskonałą sylwetkę.

Dalaja ruszyła w moim kierunku i przeszła tuż obok, wcale mnie nie zauważając. Stąpała lekko, jakby wracała z innego świata. Oszołomiona niezwykłością całej sytuacji, cicho podążyłam jej śladami.

Kiedy weszłam do namiotu dla służących, Dalaja leżała z szeroko otwartymi, rozmarzonymi oczami.

– Dalaja! Kto to jest?! Opowiadaj! – Byłam ciekawa, kto tak bez reszty zachwycił koleżankę.

– Omar… – ledwo słyszalnie wyszeptały imię mężczyzny jej zmysłowe, doskonale zarysowane usta.

– Omar – powtórzyłam.

– Omar... On jest niesamowity! – mówiła zafascynowana.

– Widziałaś, jak jest zbudowany?

Chwilowy czar, który mnie przez moment ogarnął, prysnął i widząc, że Dalaja jest pod tak wielkim urokiem nowo poznanego mężczyzny, zaczęłam się o nią martwić.

– Dalaja! Opamiętaj się! Przecież ty go dopiero dziś poznałaś! Co ty o nim wiesz?! – Próbowałam przemówić jej do rozsądku.

– Ty nic nie rozumiesz! – Nigdy wcześniej nie zdarzyło się, żeby Dalaja podniosła głos. – To trzeba czuć, a nie wiedzieć! Czy ty kiedyś kochałaś mężczyznę?! – Milczałam, więc Dalaja mówiła dalej: – No właśnie! Jesteś za mała na takie rzeczy!

Pomyślałam, że przez parę dni pobytu w przybytku Radżu tyle się napatrzyłam, że jednak mogę mieć własne zdanie na ten temat.

– Ale to Kuwejtczyk! Im zależy tylko na jednym! – tłumaczyłam.

– A właśnie że nie! Nie wszyscy są tacy! – przekonywała mnie żarliwie Dalaja. – Powiem ci, co się stało w mojej byłej pracy, to sama się przekonasz, że mam rację. – Dalaja usiadła i zaczęła opowiadać: – Moja poprzednia *madame* od początku mnie nie znosiła. Kiedy trochę poduczyłam się arabskiego, usłyszałam, jak skarży się swojej przyjaciółce, że nie może mnie znieść w swoim domu, bo jestem za ładna. Obawiała się, że jej mąż się mną zainteresuje. A on w ogóle nie zwracał na mnie uwagi! Nawet nie patrzył w moją stronę! Był głęboko religijny, więc modlił się regularnie pięć razy dziennie i w piątek chodził do meczetu. Traktował mnie jak siostrę. Naprawdę! Uwierz mi! – mówiła z pasją Dalaja. – I co zrobiła *madame*?! Nie pozwoliła, żeby przedłużył mi wizę po dwóch latach! Chociaż ciężko pracowałam i opiekowałam się trójką ich małych dzieci. Dom był duży, a ja wszystko robiłam sama, łącznie z gotowaniem, i nigdy na nic nie narzekali. Ale na koniec *madame* nie pozwoliła mi dłużej pracować! Dlaczego?! Bo podejrzewała swojego męża o rzeczy, o których ten nawet nie pomyślał! Czyli nie wszyscy Kuwejtczycy są źli i zakłamani! Czasem to ich kobiety są sto razy gorsze od nich!

Tu akurat musiałam zgodzić się z Dalają. Wciąż czułam na głowie ciężkie ciosy mojej *madame*. A jak potrafiła łgać w żywe oczy, kiedy jej mąż wrócił wcześniej z połowu! Ledwie zaścieliłam łóżko po jego bracie, a ona już udawała stęsknioną małżonkę!

– Jeśli ta twoja dawna *madame* była taka zazdrosna, to dziwne, że pozwoliła ci zostać aż dwa lata! – zauważyłam.

– Od początku chciała mnie odesłać do domu. Ale jej mąż nie chciał o tym słyszeć. To był niezwykle prawy człowiek i wiedział, że mam na utrzymaniu rodziców i pięć sióstr. Uważał, że jeśli dobrze wywiązuję się ze swoich obowiązków, to nie ma powodu, aby mnie zwalniać. Zwłaszcza że zarzuty *madame* w stosunku do niego były wyssane z palca. Powiedział, że jeżeli ja wyjadę, to nie zatrudni już żadnej służącej. A Kuwejtki, wiadomo... Wolą mieć nawet duże kłopoty ze służbą, niż same ruszyć ręką.

– Więc jak ta *madame* przekonała męża, żeby się ciebie pozbył po dwóch latach?

– To cała historia... Schowała gdzieś mój paszport i powiedziała, że go odda wyłącznie wtedy, kiedy ja będę jechała na lotnisko. Wyobrażasz sobie?! Nie chciała dopuścić nawet do tego, żebym została w Kuwejcie!

– A jej mąż? Nie wybronił cię?

– Miał już pewnie dosyć jej ciągłego gderania, awantur i podejrzeń. Poza tym przepracowałam dwa lata, więc nie wyrzucał mnie z pracy, lecz jej nie przedłużał. Z tego, co wiem, chyba próbował mnie zatrzymać, ale jego żona urządziła istny cyrk! Krzyczała, że ona tego nie przeżyje... W tym czasie trafiła nawet do szpitala, więc on na wszystko się zgodził, byle mieć spokój.

Najgorzej, że nie podpisał mi transferu wizy, bo jego żona stanowczo zażądała, żebym opuściła Kuwejt i wyjechała do Indii. Dlatego później, żeby znowu przyjechać tu do pracy, od nowa musiałam się zapożyczać, aby zapłacić pośrednikom... – Dalaja zamyśliła się na chwilę, ale zaraz wróciła do głównego tematu. – Sama widzisz, że nie wszyscy Kuwejtczycy na nas czyhają. A Omar... jest wspaniały! Powiedział, że od momentu kiedy mnie zobaczył, nie mógł przestać o mnie myśleć! Zresztą mnie też spodobał się od pierwszego wejrzenia. Kiedy tak nagle pojawił się przede mną na swoim quadzie na tej pustyni: atrakcyjny, muskularny, z błyszczącymi, czarnymi, wpatrzonymi we mnie oczami... Och, Bibi, Bibi! – Chwyciła mnie za ręce. – Chyba się zakochałam! – Z twarzy Dalai biła taka światłość, jakby dostała najcenniejszą rzecz w życiu.

W mojej głowie wciąż tkwiły brudne przeżycia, których niedawno doświadczyłam. Trudno mi było uwierzyć w uczciwe intencje Omara. Ale Dalaja była tak przekonana o swojej racji i tak entuzjastyczna, że nie chciałam psuć jej dobrego nastroju. Przynajmniej nie tego wyjątkowego dla niej wieczoru.

Przez następne parę dni, które spędziłam z rodziną *madame* na pustyni, Dalaja co noc potajemnie spotykała się z Omarem. Koleżanka nigdy nie wychodziła poza teren obozu i zakochani, trzymając się za ręce ponad ogrodzeniem, spędzali czas na tkliwych rozmowach. Dalaja wracała z randek promienna, z dnia na dzień coraz bardziej zakochana i przekonana, że Omar jest jej jedyną i prawdziwą miłością.

– Bo wiesz, ja nigdy nic takiego do nikogo nie czułam – zwierzyła mi się kiedyś przed świtem. – I też jeszcze nigdy... Rozumiesz... – Przytuliła mnie do siebie, jakby jej rozbudzone ciało już teraz potrzebowało bliskości drogiej sercu osoby. – Wielu się o mnie starało, ale wiadomo, jak jest w Indiach. Dziewczyna musi być dziewicą aż do ślubu. Widziałam cierpienie mojego taty za każdym razem, kiedy rodziła mu się dziewczynka. Ale mimo wszystko nigdy nie był dla nas zły. Za żadne skarby świata bym go nie zawiodła i nie przysporzyła mu wstydu! – Dalaja w swej dobroci zawsze myślała o innych. – Nawet powiedziałam o swoich zasadach Omarowi. I wiesz co? On naprawdę niezmiernie się ucieszył i powiedział, że dzięki temu jeszcze bardziej mnie kocha!

Mimowolnie znowu usłyszałam głosy Kuwejtczyków podbijających stawkę podczas mojej licytacji, odbijające się w mojej głowie jak echo.

– Dalaja! Proszę cię! Bądź ostrożna! – Musiałam ją ostrzec. – Przecież widziałaś tego mężczyznę zaledwie parę razy!

Zirytowana koleżanka odsunęła mnie od siebie.

– Nie będę już więcej rozmawiać z tobą na ten temat! Jesteś na to za mała! Jeśli kiedyś się naprawdę zakochasz, to dopiero się dowiesz, co to znaczy głębokie, absolutne uczucie do mężczyzny! Takie, które przenika cię całą i nie zostawia miejsca na żadne wątpliwości! Cóż warte jest życie bez czystej, bezwarunkowej miłości?!

Odwróciła się do mnie plecami, a ja, poruszona jej słowami, zastanawiałam się nad tym, czy już na zawsze zostanę skażona moimi ostatnimi drastycznymi przeżyciami. Czy jeszcze kiedykolwiek komuś zaufam? – myślałam. – A może to Dalaja ma rację? Może należy zamknąć oczy i poddać się bez pytania porywowi serca?

Następnego dnia razem z *madame*, jej mężem i Basmą opuściliśmy pustynię i wróciliśmy do apartamentu. Zaczęły się przygotowania do hucznych trzecich urodzin Basmy. W salonie *madame* zamówiła dla córki szytą na miarę suknię, prawdziwe arcydzieło sztuki krawieckiej. Wykonana była z satyny, koronki i tiulu w kolorze kości słoniowej. Górę ozdabiały wykonane ręcznie delikatne wzory kwiatów, a mocno rozkloszowany, wielowarstwowy dół, sięgający Basmie do połowy łydki, udekorowano maleńkimi kwiatuszkami z cieniutkiego jedwabiu. Dużo czasu upłynęło, zanim w luksusowych sklepach *madame* znalazła odpowiednie do tej sukni pantofelki. Błyszczące, w nieco ciemniejszym kolorze perłowym, znakomicie uzupełniały kreację.

Ja wtedy miałam wyłącznie stare ubrania, które dała mi Rama po mojej ucieczce. Wszystkie moje rzeczy zostały w mieszkaniu Radżu. Zresztą były już tak zdarte i sprane, że nie nadawały się do noszenia. Ponieważ uroczystość Basmy odbywała się w eksluzywnym hotelu, *madame* postarała się, żebym także prezentowała się stosownie do okoliczności. W sklepie z ubraniami dla służby kupiła mi odpowiedni uniform, składający się z granatowych spodni i tuniki obszytej białymi lamówkami. Dostałam też nowe buty, bo jedyna para, którą miałam, już się całkiem rozlatywała.

W dniu przyjęcia *madame* zabrała ze sobą córkę do salonu piękności. Basma miała długie, gęste włosy, które trudno się układały. Mnie zajmowało ponad godzinę, zanim za pomocą prostownicy oraz odżywki nawilżającej zdołałam je odpowiednio uczesać. Korzystając z tego, że nie muszę opiekować się Basmą, zadbałam też o swój schludny wygląd. Ponieważ byłam sama, mogłam pozwolić sobie na dłuższą kąpiel. Następnie umyłam i uczesałam do góry włosy oraz dokładnie wyprasowałam swój uniform. Kiedy po południu *madame* wróciła z córką do domu, spojrzała na mnie z aprobatą.

Wieczorem pomogłam Basmie założyć nową sukienkę i buciki. Dziewczynka prezentowała się prześlicznie. Jej błyszczące włosy lekko falowały na końcach, a bajkowa kreacja znakomicie na niej leżała. Zauważyłam, że ma pociągnięte tuszem rzęsy, upudrowane i podkreślone kolorami policzki oraz szminkę na ustach.

Do pokoju weszła wystrojona w wieczorową suknię *madame* z mężem.

– Gotowa nasza królewna? – zapytała. – Bo zaraz wychodzimy. Ojciec Basmy przykucnął i pocałował córkę w czoło.

– Wszystkiego najlepszego z okazji urodzin! – Podał jej czerwone welurowe pudełeczko. – To dla ciebie! – Pomógł jej otworzyć prezent.

W środku był komplet złotej biżuterii. Basma wyciągnęła rączkę i *madame* wsunęła na nią bransoletkę, a następnie założyła córce łańcuszek z grubą przywieszką.

– A kolczyki? – zapytała. – Zostawiamy te, które masz, czy zakładamy nowe?

W Kuwejcie zwyczajowo przekłuwano małym dziewczynkom uszy. Czasem robiono to nawet tygodniowym noworodkom. Basma była przywiązana do swoich pierwszych kolczyków i nigdy nie chciała założyć innej pary, chociaż miała ich już kilka. Znając krnąbrność córki, *madame* wolała ją zapytać, które chce, aby uniknąć dziecięcych fochów i dąsów.

– Nie wiem – odpowiedziała dziewczynka.

– Powiedz szybko, bo już musimy iść. – Matka ją popędzała. Basma stała bez słowa, więc *madame* zaczęła wyjmować jej z uszu małe złote kuleczki. – Założymy te nowe – zdecydowała.

– Nie, nie chcę. – Buzia dziewczynki wykrzywiła się w grymasie.

– Dobrze, to chodź już, bo musimy na czas dojechać do hotelu. Przyjdzie mnóstwo gości. – Matka wzięła córkę za rękę.

– Chcę te! – Basma wyrwała się i wskazała na świecidełka w pudełeczku.

*Madame* znowu pochyliła się nad dzieckiem.

– Ale nie wyjmuj tych starych! – krzyknęła stanowczo dziewczynka.

Zirytowana *madame* odsunęła się od córki.

– Bibi! Zrób coś z tym! Ja już nie mam do niej siły! – zawołała, po czym opuściła pokój.

– Bibi! Za pięć minut przyprowadź Basmę, bo wyjeżdżamy! – dodał jej mąż i też wyszedł.

Basma stała naburmuszona. Delikatnie odwróciłam ją w stronę lustra jej białej toaletki.

– Basma, *habibti*! – powiedziałam łagodnie. – Musimy sprawdzić, która para kolczyków będzie bardziej pasować do twojej niezwykłej sukni. – Wzięłam do ręki nową biżuterię. – Włożymy ten kolczyk do jednego ucha i zobaczymy, czy będzie ładnie, dobrze? – Basma nieznacznie skinęła głową. – Teraz muszę wyjąć ten stary, bo inaczej nie będzie widać, który jest ładniejszy. Zgadzasz się? – Dziewczynka milczała, więc zaczęłam odpinać jej kolczyk. – Zobacz, ten nowy ma taki sam wzór jak twoja bransoletka i naszyjnik. Ładnie będzie... – Cały czas próbowałam ją zagadywać. Basma wpatrywała się w swoje odbicie w lustrze w balowej sukni i na chwilę zapomniała, co robię. Udało mi się założyć jej jeden kolczyk.

– Ślicznie jest! A teraz drugi i chodźmy na przyjęcie! Ciekawe, jakie prezenty dostaniesz. – Basma wydymała umalowane usteczka i robiła dziwne miny do lustra. Nawet nie zwracała uwagi na to, co robię. – Gotowe!

Dziewczynka miała na sobie cały komplet nowej biżuterii, kiedy pojawiła się *madame* w czarnej abai i hidżabie na głowie. Z zadowoleniem spojrzała na córkę.

– Idziemy! Już najwyższy czas! Nie możemy pozwolić, żeby goście czekali.

Pierwszy raz byłam w tak dużym i pełnym przepychu hotelu. Zachwyciły mnie marmurowe posadzki i schody, ogromne kryształowe żyrandole, wielkie lustra w złoconych ramach oraz niezwykle eleganckie meble. Imponującym holem przeszłyśmy do zamkniętej sali, gdzie liczna żeńska obsługa już czekała na dyspozycje *madame*. Przyjęcie było wyłącznie dla kobiet, które w swoim towarzystwie mogły pozdejmować abaje i hidżaby oraz pokazać się w odważnych kreacjach. Na sali oprócz kelnerek znajdowały się też animatorki, z którymi *madame* zaczęła omawiać szczegóły wieczoru.

Wkrótce zaczęli przybywać goście. Wchodziły matki z małymi córkami, które wystrojone były w balowe suknie i obwieszone złotymi precjozami. Szczęśliwa *madame* witała się z kobietami z rodziny oraz znajomymi ze szkoły i studiów. Nie wszystkie zaproszone przychodziły z dziećmi, w przyjęciu uczestniczyły również niektóre niezamężne koleżanki *madame*, żeby świętować razem z nią ten ważny dzień. *Madame* zajmowała się swoimi gośćmi, a ja i inne służące pilnowałyśmy dzieci. Panowała ogólnie atmosfera wielkiej radości, bo nawet służące były całe w skowronkach, gdyż mogły spotkać swoje rodaczki i porozmawiać z nimi w ojczystych językach. Ja też czekałam, kiedy przyjdzie matka *madame*, bo miałam nadzieję, że zobaczę Dalaję. Starsza kobieta, wychodząc z domu, zawsze brała ze sobą jedną ze służących. Ciekawa byłam, jak potoczyła się znajomość Dalai z Omarem.

W kącie sali stał duży stół, na którym układałam zapakowane w różnobarwny papier prezenty. Basma dostawała też małe błyszczące torebeczki, w których znajdowały się pudełka ze złotą biżuterią. Od razu oddawałam je *madame*. Grała wesoła muzyka, animatorki zaś nadmuchiwały mnóstwo kolorowych balonów. Dziewczynki, śmiejąc się i piszcząc, próbowały je złapać, więc z zapałem biegały za nimi, falując swoimi rozkloszowanymi sukniami. Pilnujące ich służące korzystały z każdej wolnej minuty, aby zamienić ze sobą choć parę słów. Większość z nich nigdy nie wychodziła sama z domu i była to jedyna okazja, by porozmawiać z kimś o swoich sprawach.

W drzwiach zobaczyłam babcię Basmy i niosącą za nią prezenty Dalaję. Moja koleżanka wyglądała piękniej niż zwykle. Jakby otaczała ją jakaś poświata, której tajemnicę znała jedynie ona sama. Pomachałam do Dalai, ale nie mogłam do niej podejść, bo musiałam zajmować się Basmą. Przyszły siostry *madame*, więc Dalaja też była zajęta odbieraniem, a następnie układaniem ich abaj i hidżabów.

Kiedy do sali weszła następna osoba, od razu przykuła uwagę wszystkich zgromadzonych. *Madame* wraz z kilkoma koleżankami szybko podążyła, aby ją przywitać i godnie poprowadzić do najważniejszego stolika. Była to dystyngowana, młoda kobieta w białej, niezwykle eleganckiej, klasycznej garsonce i ze spiętymi do góry, zaczesanymi na gładko włosami. Głowę nosiła wysoko i czuło się bijące od niej dostojeństwo, które powodowało, że zebrane kobiety traktowały ją z wyraźnym szacunkiem.

– Księżniczka! Księżniczka! – usłyszałam podekscytowane szepty.

*Madame* dała mi znak, żebym przyprowadziła do niej Basmę. Wzięłam dziewczynkę za rękę, a następnie podeszłam do *madame* i jej wyjątkowego gościa. Księżniczka z miłym uśmiechem złożyła Basmie życzenia i podarowała jej torebeczkę z upominkiem. W jej obyciu było coś szlachetnego, a jednocześnie tak łagodnego, że nawet rozbrykana na co dzień Basma zachowywała się grzecznie w jej obecności. Matka powiedziała córce, żeby podziękowała za prezent, a następnie kazała mi ją zabrać do dzieci i powiedzieć obsłudze, że może zaczynać swój program.

Filipińskie kelnerki roznosiły zimne napoje, animatorki zaś nastawiły głośniej muzykę i ustawiły tyłem do siebie dwa rzędy krzeseł. Dziewczynki biegały wokół nich, a kiedy wyłączano muzykę, każda musiała usiąść na jednym z krzeseł. Ponieważ było ich o jedno mniej niż uczestniczek, odpadała ta, która nie znalazła swojego miejsca. Dziewczynki biegały rozbawione w rytm przebojów, a kiedy Filipinka zatrzymywała na chwilę muzykę, z piskiem rzucały się na krzesła. Dopingowały je matki i służące, więc było dużo krzyku i śmiechu. Czasami na policzkach przegranych pojawiały się łzy, więc obsługa próbowała je pocieszyć, wsuwając do rączki kolorową tasiemkę z balonem.

Ponieważ dzieci były zajęte zabawą, a ich matki głośnym wspieraniem swoich pociech lub rozmowami, wykorzystałam wolną chwilę, aby podejść do Dalai, która rozsiewała wokół siebie widoczny blask szczęścia.

– Co słychać? – powiedziałam. – Nadal widujesz się z Omarem? – Zwróciła ku mnie rozanieloną twarz i wyciągnęła dłoń, na której błyszczał niewielki pierścionek. – To prezent od niego? – zapytałam.

– Omar poprosił mnie o rękę – wyznała, a każde słowo wypowiadała z takim namaszczeniem, jakby szlifowała bezcenny diament. Wiadomość była tak niezwykła, że zaniemówiłam. – To była miłość od pierwszego wejrzenia – kontynuowała Dalaja. Tkwił w niej jakiś wewnętrzny spokój, jakby dokonało się coś, co miało się dokonać. – Już niedługo się pobierzemy.

– Przecież to jest tak... – wykrztusiłam – nieprawdopodobne!

– A prawdopodobne jest to, że dziewczyna taka jak ty, z biednej, indyjskiej wioski, siedzi w tej wyłożonej marmurami sali, w pięciogwiazdkowym hotelu, tuż obok prawdziwej kuwejckiej księżniczki? – Spojrzałam na *madame*, która w towarzystwie koleżanek z przejęciem rozprawiała o czymś z księżniczką. Dalaja też popatrzyła w ich stronę. – Widzisz? W życiu wszystko może się zdarzyć. Nie należy ograniczać naszych marzeń. Niezwykłość tego, co może nam ofiarować los, jest nieograniczona – mówiła tonem, jakby powierzała mi największy sekret. – Trzeba tylko dać się ponieść przeznaczeniu... Omar, mój Omar... Na zawsze... – Pogładziła z czułością pierścionek. Siła jej uczucia była tak duża, że siedząc obok, odnosiłam wrażenie, że dotykam jakiejś nieznanej mi mocy, która w mistyczny sposób potrafi dokonać cudów. – Przecież tu są różne małżeństwa – podkreśliła Dalaja. – Kuwejtczycy żenią się czasami z Hinduskami lub Filipinkami... – To akurat była prawda. Chociaż nie zdarzało się to często, ale sama widziałam takie pary i ich dzieci. – A my się kochamy. – Dla Dalai to krótkie zdanie tłumaczyło wszystko.

Nie wiedziałam, co powiedzieć. Przecież nie mogłam ciągle oceniać świata przez pryzmat moich ostatnich złych doświadczeń.

– A skąd *madame* zna księżniczkę? – zmieniłam temat.

– *Madame* razem z nią studiowała. Rama mówiła, że księżniczka nawet dwa razy była w domu rodziców *madame*.

W tym momencie zauważyłam *madame* dającą mi znaki, że mnie potrzebuje. Zbliżyłam się do jej stolika i wydała mi dyspozycje.

– Gdy skończą się zabawy dla dzieci, bądź cały czas blisko Basmy. Wyjdziesz razem z nią z sali, bo zaraz potem będzie miała królewski wjazd z tortem. Może się bać, jeśli wezmą ją same animatorki.

Zwyciężczynią ostatniego konkursu dla dzieci została Basma. Teraz z dumą odbierała nagrodę od jednej z prowadzących gry Filipinek. Następnie animatorka chciała wziąć Basmę za rękę, ale dziewczynka na to nie pozwoliła. Podeszłam do nich i powiedziałam Basmie na ucho:

– Chodź, tam czeka na ciebie wielki tort. Zobaczymy, czy ci się spodoba.

Dziewczynka posłusznie poszła ze mną i prowadzącą atrakcje Filipinką do przylegającego do sali dużego pomieszczenia. Tam czekał na nią wspaniały pojazd – różowa, otwarta kareta wyłożona aksamitem i przystrojona girlandami. Basma aż zapiszczała z zachwytu. Pomogłam jej wejść po schodkach do wnętrza. Potem zadbałam o to, aby jej rozkloszowana suknia ładnie się ułożyła na majestatycznym siedzeniu. Następnie Filipinki postawiły na podłodze karety stolik z wielowarstwowym, kremowym tortem, udekorowanym kwiatuszkami z lukru, idealnie komponującymi się kolorystycznie ze wzorem kreacji dziewczynki. Przyzwyczajona do obsługi Basma doskonale się czuła w tej sytuacji i małą rączką rozkazywała Filipinkom, jak mają ustawić jej urodzinowe ciasto. Na szczycie tortu umieszczone były świeczki oraz trzy fajerwerki, które jedna z animatorek podpaliła. Race wystrzeliły wysoko w górę, trzaskając i rozsypując wkoło iskry jak zimne ognie.

– Bibi! – zawołała przestraszona dziewczynka.

– Jestem! Jestem! Nie bój się! – Dodałam jej otuchy, mocno ściskając za rękę.

– Ale nigdzie nie pójdziesz?! – upewniła się Basma.

– Nie, cały czas będę przy tobie – zapewniłam.

– Wszystko w porządku? – zapytała mnie jedna z obsługujących. – Możemy zaczynać?

– Tak, tak – odpowiedziałam.

Dwie Filipinki pociągnęły karetę, ja zaś biegłam obok, tak aby Basma mogła mnie widzieć. Rozległy się dźwięki amerykańskiej piosenki *Happy Birthday* i otwarto wysokie drzwi do sali, gdzie czekali goście. W środku panowała ciemność i Basma co chwilę zerkała w moją stronę, upewniając się, że jestem w pobliżu. Kiedy przekroczyłyśmy próg, na karetę padł kolorowy snop światła z reflektorów. Usłyszałam okrzyki podziwu i po chwili wszyscy wspólnie głośno śpiewali *Happy Birthday*. Następnie zabrzmiała arabska urodzinowa piosenka *Sana halwa*. Fajerwerki wypaliły się do końca, zapalono światła i Basma zdmuchnęła trzy świeczki na torcie. Zgromadzeni zaczęli bić głośne brawa i do solenizantki podeszła *madame* z księżniczką. Matka mocno ucałowała córkę, a księżniczka złożyła jej życzenia. Koleżanki Basmy obstąpiły karetę i zaczęły wspinać się na jej schodki. Filipinki zdjęły stolik z tortem, robiąc dla nich miejsce. Wkrótce kareta wypełniła się dziewczynkami w rozłożystych, szykownych sukniach, rozsiadających się koło Basmy. Każda choć przez chwilę chciała poczuć się królewną.

Poczęstunek serwowano w formie bufetu otwartego i kobiety brały talerze, po czym kolejno podchodziły do dymiących dań. Obficie nakładały sobie smakowite potrawy i rozgadane, wracały do swoich stolików. Niektóre zgłodniałe dziewczynki też już chciały zjeść, więc służące wypełniały ich talerze wskazanymi przez nie przysmakami. Kilka matek kazało służącym karmić córki, uważając, żeby nie poplamiły przy tym ich wymyślnych sukni. Same służące nic nie jadły.

Pilnowałam więc podekscytowanej Basmy, która szalała z koleżankami w środku i wokół karety. Dziewczynki ścigały się, wskakiwały na schodki, siadały na miękkich siedzeniach i wyrywały sobie przyniesioną przez animatorki koronę do zabawy. Opiekujące się nimi służące uważnie je obserwowały, od czasu do czasu podając spragnionym soki. Wreszcie wyczerpane intensywnymi harcami dzieci udały się do bufetu.

W pewnym momencie *madame* zawołała mnie i kazała przyprowadzić Basmę, aby pożegnać księżniczkę, która najwcześniej opuszczała przyjęcie. Wzięłam małą za rączkę i razem z *madame* odprowadziłyśmy wyjątkowego gościa do drzwi sali. Księżniczka jeszcze raz życzyła Basmie wszystkiego najlepszego, uścisnęła dłoń *madame*, a na końcu życzliwie się do mnie uśmiechnęła. Spostrzegłam, że księżniczka nie założyła na swoją szykowną garsonkę abai ani nie zakryła włosów hidżabem.

Wkrótce pozostali uczestnicy urodzin też zaczęli wychodzić. Każda z dziewczynek dostawała od *madame* mały upominek. Było dużo gwaru, bo kobiety wylewnie dziękowały *madame* za niezwykle udaną imprezę. Po półgodzinie na sali została tylko mama *madame*, jej siostry i dwie koleżanki ze szkoły średniej. Jedna przyszła z córką, która bawiła się z Basmą. Druga była jeszcze panną, bo nie miała obrączki na palcu. Ja z Dalają pakowałyśmy prezenty do dużych worków. Niektóre paczki miały ogromne rozmiary i było ich tak wiele, że ledwie dawałyśmy sobie z tym radę. *Madame* kazała nam się pospieszyć, mówiąc, że zaraz przyjedzie jej mąż, aby nas zabrać do domu. Miał też pojawić się brat *madame*, żeby zabrać swoją mamę. W związku z przybyciem mężczyzn Kuwejtki zarzuciły na siebie abaje, a na głowy hidżaby.

Kiedy układałyśmy podarunki, skorzystałam ze wspólnej chwili, aby zadać koleżance pytanie, które nurtowało mnie przez cały wieczór.

– Dalaja... Czy ty jesteś pewna, że Omar mówi prawdę? To znaczy... Czy ty mu wierzysz?

Dalaja spojrzała na mnie wielkimi, iskrzącymi oczami, w których nosiła swoją niesamowitą tajemnicę, i powiedziała tylko jedno słowo:

– Tak.

Zrozumiałam, że w tym krótkim wyrazie Dalaja zawarła całą swoją ufność, oczekiwanie, bezgraniczne oddanie i wiarę w potęgę miłości.

– Bibi! Bibi! – rozległ się głos *madame*. – Zanoś już prezenty do samochodu!

Wzięłam pierwszy wór, ale okazał się tak ciężki, że nie dałam rady go podnieść z podłogi.

– Dalaja! Pomóż mi! – poprosiłam.

– Nie! – Brat *madame* był już na sali. – Bibi! Musisz poradzić sobie sama! Dalaja! Weź rzeczy mojej mamy i wychodzimy! – Mówiąc to, Badar zerkał na stojącą w pobliżu niezamężną koleżankę swojej siostry.

Widząc, jak zmagam się z workami, Filipinki z obsługi zaczęły mi pomagać w noszeniu prezentów do samochodu. Wkrótce cały bagażnik i wnętrze pojazdu były tak napchane, że musiałam wziąć Basmę na kolana, abyśmy mogły usiąść. Rozemocjonowana dziewczynka kręciła się i wierciła na kolanach, opowiadając swojemu ojcu o urodzinach.

– Jechałam prawdziwą karetą! I na torcie palił się ogień! I wygrałam jeden konkurs! I prawdziwa księżniczka składała mi życzenia! – Wrażeń było tak dużo, że buzia Basmy się nie zamykała.

Mąż *madame* jedynie się uśmiechał, czasami o coś zapytał i był wyraźnie szczęśliwy, że wyprawił córce tak wspaniałe przyjęcie.

Ponieważ Basma piszczała, nie mogąc się doczekać, kiedy otworzy podarunki, jej ojciec wniósł je razem ze mną do jej pokoju.

*Madame* nawet tam nie weszła, tłumacząc się bólem głowy.

– Obejrzyj prezenty z Bibi! – powiedziała do córki i zniknęła w swojej sypialni.

Basma rzuciła się na kolorowe paczki.

– Bibi! To odpakuj! I jeszcze to! A teraz tę dużą! – Po paru minutach cały pokój zarzucony był pudłami, błyszczącymi papierami i mnóstwem zabawek. Wśród prezentów przeważały lalki z ubrankami na wszelkie okazje oraz najróżniejsze zestawy do zabawy. Był cały sklep z ladą, kasą, towarami i pieniędzmi, kuchnia wyposażona w garnki, patelnie, rondle, talerze i sztućce, komplet lekarski ze słuchawkami, strzykawkami, a nawet białym kitlem oraz zakład fryzjerski i krawiecki. Wśród prezentów znalazło się parę lalek wielkości niemowlaków i potrzebne do ich pielęgnacji akcesoria, serwisy do kawy z dzbankami i filiżankami oraz wózki dla lalek. Podekscytowana Basma brała różnobarwne przedmioty do ręki, trzymała chwilę, a zaraz potem odkładała je i sięgała po następne. Siedziała w swojej rozłożonej na wszystkie boki bogatej sukni, a wkoło niej rosła sterta zabawek. Było ich tak dużo, że niektórych nawet nie dotknęła. Ja z następnego wielkiego opakowania wyciągnęłam przepiękny trójpoziomowy domek dla lalek. Kiedy go zobaczyłam, aż westchnęłam z zachwytu. Wszystkie ściany wyłożone były tapetami z materiału, a podłogi ozdobnymi dywanami. Na pierwszej kondygnacji znajdowały się salon i oddzielona ścianką jadalnia. Mebelki wykonano z drewna, a kanapę i fotele obito dodatkowo wzorzystym materiałem. Z sufitu zwisały dwa żyrandole, na ścianach widniały obrazy, a przy kominku siedział ojciec z córką. Na stole ustawiono mały wazon z bukietem kwiatów. Obok jadalni znajdowała się oddzielna kuchnia, którą urządzono z niezwykłą precyzją. Oprócz normalnego wyposażenia, które można znaleźć w każdym tego typu pomieszczeniu, była tam miniaturowa klatka z ptakiem i łaszący się do pani domu śliczny kotek. Z salonu na górę prowadziły kręte schody. Wodziłam oczami po piętrach, nie mogąc się napatrzeć na to kunsztowne cacko. Ciągle odkrywałam nowe szczegóły. Nocne lampki na stoliczkach z artystycznie wygiętymi nóżkami, sekretarzyki w sypialniach, złote krany w łazienkach oraz biały dziecięcy pokoik z pięknym rzeźbionym łóżkiem, toaletką i puszystym dywanem.

– Basma! Zobacz, jaki śliczny prezent dostałaś! – powiedziałam.

Dziewczynka rzuciła okiem na okazały dom, ale w ogóle jej nie zainteresował. Pewnie dlatego, że jej pokój wcale nie był gorszy od wnętrz podziwianych przeze mnie w domku dla lalek. A może nawet był ładniejszy.

– Bibi! Bibi! Jeszcze tam jest duża paczka! Odpakuj ją teraz! – Basma wskazała palcem stojący przy drzwiach pakunek.

Z wielkiego kartonowego pudła wyjęłam różowy kabriolet z fioletowymi siedzeniami.

– Samochód! – krzyknęła uradowana dziewczynka.

Zerwała się szybko i usadowiła w środku. Musiałam przyznać, że w swojej sukni wspaniale prezentowała się w odkrytym pojeździe. Wyglądała tak, jakby został wyprodukowany specjalnie dla niej.

– Jedziemy! Jedziemy! – wołała, kręcąc kierownicą. – Bibi! Chodź tu! Chodź tu szybko! Bibi! Pchaj mnie! Jedziemy! – krzyczała zniecierpliwiona.

W zapełnionym zabawkami i opakowaniami pokoju nie było już dużo miejsca, ale popychałam kabriolet w przód i w tył, aby spełnić żądanie Basmy. Dziewczynka z zapałem używała klaksonu i naciskała liczne guziki, aby zmienić światła.

– Mam najnowszy model! – ogłaszała przejęta. – Mam najnowszy model! Powiem wszystkim, że mam najnowszy model! – powtarzała.

Kuwejtki często wymieniały samochody i chwaliły się nowymi nabytkami. Z pewnością Basma słyszała wiele razy, jak o tym rozmawiały, i teraz naśladowała rozmowy dorosłych. Tego wieczoru musiałam ją wozić w kabriolecie tak długo, aż rozbolały mnie ręce. Kiedy wreszcie zmęczona Basma poszła spać, była już późna noc.

Miałam jeszcze dużo pracy. Cicho, żeby nie zbudzić dziewczynki, zbierałam pudełka, kartony i papiery, a następnie wynosiłam z jej pokoju. Basma musi mieć dużo miejsca do zabawy, kiedy się obudzi. Niektórych zabawek nawet nie odpakowałyśmy do końca. Jeśli Basma zobaczyła, że jest to kolejna lalka, bobas czy komplet kuchenny, z pogardą wydymała usteczka i kierowała palec na następną paczkę, która może kryła coś ciekawszego. Pomyślałam, jaką radość sprawiłaby taka góra zabawek dziewczynkom w Indiach. Pewnie starczyłoby jej na obdarowanie przynajmniej trzech wsi. O ile w ogóle znalazłyby się tam jakieś dziewczynki. Jak mówiła mi Dalaja, w moim kraju znajdowały się wioski, w których ze względu na dzieciobójstwo w ogóle nie było dziewczynek. Układałam kolejne paczki nowiutkich zabawek i zastanawiałam się nad losem mojej córki, jeśli kiedyś będę ją miała.

Na końcu ostrożnie przesunęłam wysoki na ponad metr wyrafinowany domek dla lalek. Kiedy to robiłam, przed moimi oczami pojawiło się błoto, w którym lądowały kolejne rzeczy wyrzucane z naszego prostego domu w Indiach. Znowu poczułam chłód spartańskiego pokoju w domu naczelnika. Popatrzyłam na postaci w domku dla lalek. Wzięłam do ręki maleńką, ubraną w cudną sukieneczkę laleczkę i zaczęłam, początkowo powoli, a później coraz śmielej, przemieszczać ją po różnych piętrach i pomieszczeniach. Do drugiej ręki brałam figurki mamy i taty, tworząc różne sytuacje rodzinne w wysmakowanych wnętrzach. Zabawa wciągnęła mnie do białego rana. Biegałam po schodach, bawiłam się z kotkiem w swojej sypialni i rozmawiałam z rodzicami w salonie. Już nie byłam służącą.

Przez następne miesiące nadal trwał sezon kempingowy i czasami jeździliśmy z rodziną *madame* na pustynię. Dalaja cały czas spotykała się tam potajemnie z Omarem.

– To kiedy ten ślub? – spytałam ją kiedyś po powrocie z jej nocnej randki.

– On teraz musi do tego przekonać swoją rodzinę – tłumaczyła z przejęciem. – Wiedzieliśmy, że to nie będzie łatwe. Ale Omar obiecał, że się ze mną ożeni nawet bez zgody swojej rodziny.

– To na co czekacie?

– Omar woli, żeby jednak rodzina to zaakceptowała. W końcu będziemy tu żyć razem z nimi. I nasze dzieci...

– To wy już zaczęliście? No wiesz...

– No coś ty! – Dalaja się oburzyła. – Przecież znasz moje zasady.

Ceniłam reguły, którymi kierowała się Dalaja. Przynajmniej nie wpakuje się w nieprzewidziane kłopoty. Postanowiłam, że też będę tak postępować.

– A już przedstawił cię swojej rodzinie?

– Nie... – Dalaja stropiła się na moment. – Do tej pory nie... Jego matka jeszcze nie jest na to gotowa. Ale ostatecznie na pewno się zgodzi. – Na twarz Dalai powróciła charakterystyczna dla niej ufność. – W końcu to jest jej pierworodny syn. Niewątpliwie chce dla niego szczęścia. – Tylko czy ślub z hinduską służącą jest tym szczęściem, którego dla niego pragnie? – zabrzmiało mi w głowie. Dalaja, jakby czytając w moich myślach, zaczęła szybko mówić dalej: – A miłość? Prawdziwa miłość pokona każdą przeszkodę! Nic nie może jej zniszczyć! Dlatego trzeba o nią walczyć! Do końca! Wyrzekając się miłości, wyrzekamy się sensu naszego istnienia! – Odnosiłam wrażenie, że słowa Dalai na nowo porządkują mój świat. – Przecież wiesz, jakie są Kuwejtki! – mówiła z przekonaniem Dalaja. – Nieraz słyszałam, jak rozmawiają przede wszystkim o tym, jakim sposobem naciągnąć mężów na kolejne wydatki! Co roku muszą mieć nowy samochód i wyjazd za granicę! I drogą biżuterię! I ciuchy! Wciąż stawiają nowe wymagania! Każda ma co najmniej jedną służącą! Czy to są idealne żony?! No powiedz sama! – Na pewno nie mogłam tego powiedzieć o swojej *madame*. – A ja nic nie chcę! Zupełnie nic! – podkreśliła. – Chcę tylko być ze swoim ukochanym. Tylko tyle. – Pomyślałam, że chciałabym kiedyś tak mocno kogoś pokochać. – A wiesz, że Badar też chce się ożenić? – powiedziała

Dalaja pozornie bez związku. – Z koleżanką swojej siostry... Pamiętasz? Była na urodzinach Basmy. Badar widział ją wtedy jeden raz przez parę minut. Czy to ma według ciebie jakiś sens? Czy można planować życie z zupełnie obcą osobą? Dalaja stawiała mi pytania, które mnie wtedy zupełnie przerastały. Poczułam się znowu małą dziewczynką, której jedynym marzeniem jest zabawa domkiem dla lalek.

Następnego dnia od samego rana Badar pohukiwał na wszystkie służące. Po południu zaprosił kilku swoich kolegów, których pasją było sokolnictwo. Trzeba było dokładnie wysprzątać i przyrządzić namiot przeznaczony wyłącznie dla mężczyzn, przygotować obfity posiłek złożony z całego barana i ryżu oraz pomyć dokładnie wszystkie naczynia, które na pustyni, chociaż nawet nieużywane, pokryły się drobnym pyłkiem. Dalaja miała mnóstwo roboty w kuchni i Rama starała się jej pomóc, ale Badar był ciągle niezadowolony z wyglądu namiotu dla gości, więc wrzeszczał na nią, żeby jeszcze raz wszystko dokładnie wyczyściła i uporządkowała. Ja głównie opiekowałam się Basmą, która bawiła się w namiocie rodzinnym. *Madame* tym razem nie przyjechała z nami na pustynię, wymawiając się złym samopoczuciem. Domyślałam się, dlaczego wolała zostać w domu.

Siedziałam na dywanie z Basmą, kiedy do namiotu wszedł ojciec *madame*.

– Bibi! Zrób mi herbatę! – powiedział Abu Badar.

Przyniosłam mu aromatyczny napój. Mężczyzna od razu wypił parę łyków. Pobawił się trochę z małą, a następnie zaczął snuć swoje opowieści, których tak lubiłam słuchać.

– Dzisiaj zobaczysz polowania z sokołami – zwrócił się do wnuczki. – Sokoły... Piękne, majestatyczne ptaki... – Kiedy opowiadał, czasami popadał w pogodną zadumę, jakby przenosił się w czasy swojej młodości. – Towarzyszyły nam od wieków.

Beduini przemierzali bezkresne pustynie, żywiąc się głównie chlebem, daktylami i mlekiem. To właśnie sokoły, drapieżne ptaki, pomagały im uzupełniać dietę w mięso. Odpowiednio wytrenowane, polowały na zające i dropie[1], po czym przynosiły je swoim właścicielom. Sokoły były cenione za ich wyjątkowe zdolności, inteligencję, szybkość i skuteczność. Niekiedy traktowano te ptaki lepiej niż rodzinę. Jak dla nas są ważne, świadczy fakt, że wizerunek sokoła widnieje w godle naszego kraju... – Abu Badar przerwał na chwilę. – Bibi! Podaj mi wody! – Po ugaszeniu pragnienia ojciec *madame* kontynuował swoją interesującą gawędę: – Posiadanie rzadkiego, dobrze wytrenowanego sokoła to wielka duma i prestiż dla każdego Araba. Ale to ekskluzywna rozrywka i jedynie elita może sobie na nią pozwolić. Ceny tych ptaków mogą wahać się od kilku do kilkuset tysięcy dolarów!

Kilkaset tysięcy dolarów za ptaka! – powtórzyłam w duchu. Sumy pieniędzy, którymi operowali mieszkańcy Zatoki Perskiej, przyprawiały mnie o zawrót głowy.

– Kiedyś nie były takie drogie – wspominał Abu Badar. – To dopiero w ciągu ostatnich dekad ich ceny podskoczyły kilkudziesięciokrotnie. Najwyższe stawki osiągane są na licytacjach... – Wzdrygnęłam się na dźwięk ostatniego wyrazu. – Sprowadzane są z twojego kraju – ojciec *madame* spojrzał na mnie – Pakistanu, Iranu, Maroka... Tak, sokolnictwo to drogie hobby, ale symbolizuje odwagę i siłę. Ciekawe, jakie popisy zgotują nam dzisiaj znajomi Badara oraz ich sokoły. – Po tych słowach dziadek Basmy dokończył herbatę, wstał i wyszedł z namiotu.

Po południu zaczęli się zjeżdżać koledzy Badara. Z fasonem parkowali swoje duże terenowe samochody i wysiadali z nich w długich diszdaszach. Na głowach mieli ghutry, a w ich

---

[1] Dropie – rodzina obejmująca gatunki ptaków żyjących na terenach otwartych.

odblaskowych okularach przeciwsłonecznych można było zobaczyć jak w lustrze, co się dzieje dookoła. Młodzi mężczyźni kolejno wyjmowali ze swoich pojazdów klatki z sokołami i dyskutowali zawzięcie o wartości oraz zaletach swoich ulubieńców. Oczy wyjętych z klatek ptaków zasłonięto specjalnymi kapturkami, a na ich łapy założono szerokie obrączki z łańcuszkami lub sznurami. Właściciele, ochraniając dłonie grubymi rękawicami, sadzali ptaki na trzymanych przez siebie palikach. W osobnych klatkach przywieziono gołębie. Widać było, że przybyli pasjonują się sokolnictwem i z niecierpliwością czekają na moment, w którym będą mogli pochwalić się umiejętnościami swoich pupili.

Kiedy uzgodniono, że można zaczynać rywalizację, pierwszy z mężczyzn zdjął kaptur z głowy swojego sokoła i pozwolił mu wzbić się w powietrze. Zaraz potem wypuścił na wolność gołębia. Ptaki szybowały wysoko nad pustynią i wyraźnie widziałam, jak drapieżca goni swoją ofiarę. Mężczyźni z podniesionymi głowami, zafascynowani widowiskiem toczącym się na tle błękitnego nieba, z zapartym tchem śledzili lot każdego z ptaków. Niektórzy przykładali do oczu lornetki. Sokół z szeroko rozpostartymi skrzydłami krążył wokół gołębia, próbując go pochwycić. Atakowany zniżał lot, uciekając przed szponami wroga. Jednak sokół nie pozwalał mu się oddalić i podążał tuż za nim z szybkością błyskawicy. Ptaki wykonywały w powietrzu zabójczy taniec. Latały tak, zataczając mniejsze i większe kręgi, zniżając lot, aby skryć się za pobliskimi piaskowymi wydmami, a następnie znowu odlecieć daleko w przestworza. W pewnym momencie sokół jakby dotknął ofiary, która zaraz po tym zaczęła spadać, ale drapieżca zdążył ją złapać, zanim ta dotknęła ziemi.

Wśród okrzyków podziwu dla umiejętności ptaków kolejni mężczyźni prezentowali swoich ulubieńców, powtarzając ten sam rytuał. Po zakończonym polowaniu sokoły wracały do swoich właścicieli, którzy w nagrodę z uznaniem gładzili ich stalowoszare, upstrzone białymi cętkami pióra. Uderzyła mnie czułość, z jaką miłośnicy sokolnictwa traktowali swoich ulubieńców. Otwartą dłonią delikatnie głaskali ich pióra. Na koniec mężczyźni pozwolili im na ucztę z upolowanych gołębi. Sokoły mocnymi, haczykowato zakończonymi dziobami rozrywały na strzępy gołębie, które zaledwie przed chwilą szybowały pod kopułą bezchmurnego nieba. Patrzyłam, jak ze wszystkich stron lecą pióra rozszarpywanych ofiar i zakrwawione kawałki ich mięsa. Niektórzy właściciele brali na wpół rozdziobane gołębie, czyścili z resztek pierza, wydłubywali krwistoczerwone strzępy i własnoręcznie karmili nimi swoje sokoły. Wydawało mi się, że serca dopiero co zabitych ofiar jeszcze biją. Pomyślałam, że na szczęście Dalaja jest zajęta w kuchni i nie musi oglądać całego tego widowiska, które moim zdaniem było zbyt brutalne jak na jej wrażliwość.

Kiedy sokoły się najadły, mężczyźni wzięli je ze sobą i udali się do przeznaczonego dla gości namiotu. Cała służba uwijała się, jak mogła, aby dogodzić kolegom Badara, który srogim wzrokiem bacznie wszystkiego pilnował. Gdy mężczyźni dostali wreszcie mocną herbatę po posiłku, mogłyśmy zająć się sprzątaniem i zmywaniem naczyń. Już wcześniej zaniosłam do łóżka Basmę, która padła po pełnym wrażeń dniu. Dalaja, mimo że ciężko pracowała bez przerwy przez kilkanaście godzin, nie wyglądała na zmęczoną. Jak tylko doprowadziłyśmy kuchnię do porządku, szybko pobiegła się wykąpać i umyć włosy.

– A ty gdzie się wybierasz? – spytałam, widząc, że zakłada nową sukienkę, którą na jej prośbę kupiła Rama, gdy miała wychodne.

– Jak to gdzie? Do Omara, przecież co noc się z nim spotykam.

– Może dzisiaj nie idź? Odpocznij trochę po tej całodziennej harówce.

– Nie, muszę iść. Mój kochany na mnie czeka.

– A nie możesz zrezygnować ze spotkania? Jest tu tyle ludzi. A jak ktoś zauważy, że wychodzisz?

– Wszyscy siedzą w namiotach, a poza tym mam swoje tajne ścieżki. – Dalaja nie dała się przekonać do pozostania w obozie.

Wyszła w jasnożółtej, dopasowanej sukience, która podkreślała jej idealną figurę i piękno długich ciemnych włosów. Sama byłam tak wyczerpana, że dość szybko zasnęłam.

Rano po obudzeniu się od razu zauważyłam pusty materac Dalai. Byłam pewna, że Badar kazał jej wcześnie wstać, aby przygotować obfite śniadanie dla gości. Udałam się do kuchni, aby jej pomóc, ale tam też jej nie było. Obeszłam cały obóz, lecz nigdzie nie znalazłam Dalai. Wszyscy jeszcze spali w swoich namiotach, wokół których świszczał pustynny wiatr. Dalaja! – zaczęłam gorączkowo myśleć. – Gdzie ty się podziewasz? Przypomniałam sobie swoją ucieczkę i serce ścisnęło mi się ze strachu. Czyżby uciekła z Omarem?! Czy całkowicie straciła rozsądek i owładnięta bezgraniczną miłością, podążyła za ukochanym, na nic nie zważając?! Ale czy mogła wierzyć Omarowi? – tłukły mi się w głowie pytania. – A może cały czas zwodził Dalaję, aby ją wywabić i umieścić w jednym z rozrzuconych po pustyni burdeli?! Albo wracała, zauważył ją któryś z mężczyzn, wsadził do dżipa i gdzieś wywiózł? Samotna kobieta w nocy na pewno nie była bezpieczna. Dalaja! Dalaja! Gdzie ty jesteś?! – myślałam rozpaczliwie.

Wróciłam do namiotu dla służby i potrząsnęłam ramieniem śpiącej Ramy.

– Rama! Rama! Obudź się! Dalaja jeszcze nie wróciła! Mówiła ci coś wczoraj? – Łudziłam się, że Rama wie coś więcej.

– Co? Co się dzieje?! Daj mi pospać! – Rama odwróciła się na drugi bok.

145

– Rama! Nie ma Dalai! Trzeba przygotować śniadanie, bo zaraz zorientują się, że gdzieś poszła!

Rama przecierała zaspane oczy.

– Co?! Następna?! Z wami, dziewczyny, to zawsze same problemy! Ledwie wyciągnęłam z bagna ciebie, a teraz ta... Ja jej po pustyni nie będę szukać! – zastrzegła się koleżanka.

– Nie o to chodzi! Teraz musimy szybko zrobić śniadanie, to się nie zorientują, że jej nie ma! Dalaja i tak zazwyczaj nie rusza się z kuchni, więc niczego nie zauważą. Wstań już wreszcie! Ja mogę coś zrobić tylko do momentu, jak obudzi się Basma. Później muszę się nią cały czas zajmować!

Rama podniosła się z ociąganiem, psiocząc pod nosem na naiwność dziewczyn. Kiedy zabrałyśmy się do przygotowania posiłku, do kuchni wpadła rozemocjonowana Dalaja.

– Jestem! Już jestem! – Kręciła się bezładnie między półkami, przekładając naczynia z miejsca na miejsce, jakby nadal znajdowała się gdzieś daleko stąd.

– Gdzieś ty była?! – krzyknęła na nią Rama. – Martwiłyśmy się o ciebie! – dodała z wyrzutem.

– Gdzie ja byłam? Gdzie ja byłam? W krainie zapomnienia, szczęścia, rozkoszy... – Dalaja mówiła takim tonem, jakby śpiewała przecudną pieśń. Po chwili przytoczyła stare hinduskie przysłowie: – „W końcu wszystko będzie dobrze".

Wtedy do namiotu kuchennego wszedł Badar.

– Co z tym śniadaniem!? – wrzasnął. – Pospieszcie się! A ty, Bibi, co tu robisz?! – krzyknął na mnie. – Basma już się obudziła i kręci się po obozowisku. Szybko idź i się nią zajmij! Mam powiedzieć siostrze, jak pracujesz?! – Zanim wyszedł, ostrym głosem rozkazał Ramie, żeby jak najszybciej przyniosła śniadanie.

Nim opuściłam kuchnię, Dalaja zdążyła mi tylko powiedzieć:

– Najpóźniej za miesiąc ślub! Za miesiąc ślub!!!

Słowa Dalai zdumiały mnie do tego stopnia, że myślałam o nich przez cały dzień. Czyli ich uczucie było tak silne, że potrafiło pokonać wszystkie przeciwności? Czy Omar przekonał rodzinę do swojego wyboru? Byłam pewna, że Dalaja z całych sił postara się, żeby uszczęśliwić ukochanego mężczyznę, jeżeli Omar kocha ją tak samo żarliwie.

Nie mogłam doczekać się wieczora, żeby porozmawiać z Dalają. Chciałam dowiedzieć się więcej szczegółów. Kiedy pozna rodzinę Omara? Poza tym przecież musi powiedzieć państwu, że już nie będzie u nich pracować. Zrobi to sama czy Omar przyjdzie powiadomić o ich ślubie? A co z jej rodziną w Indiach? Czy już wiedzą o jej planach? Czy w ciągu miesiąca uda im się zorganizować wesele? Gdzie będą mieszkać? O to wszystko chciałam zapytać, ale gdy przyszłam do namiotu po wykonaniu moich codziennych obowiązków, Dalaja już wymknęła się na swoje zwyczajowe spotkanie. Tej nocy mój sen był płytki, więc kiedy nad ranem koleżanka wróciła, od razu się obudziłam.

– Opowiadaj! Gdzie to wesele? Co na to twoi rodzice w Indiach? Jak Omar przekonał swoją mamę?

Spojrzała na mnie, jakby nie rozumiała, o czym mówię.

– Jakie wesele? – zapytała.

– No twoje i Omara. Przecież mówiłaś o ślubie!

– To nie tak. Omar powiedział tylko, że niezależnie od tego, czy jego rodzina się zgodzi, czy nie, w ciągu miesiąca podpiszemy papiery. Tak naprawdę to my już zostaliśmy mężem i żoną. Pustynia była naszym świadkiem... I słońce... Wzeszło dokładnie w tym momencie, kiedy po raz pierwszy staliśmy się jednością. Wychyliło się zza widnokręgu, tworząc różaną poświatę. Bibi! – mówiła w uniesieniu. – Czy ty widziałaś kiedyś różowe niebo? – Po rozpalonych policzkach Dalai płynęły łzy, w których lśniła esencja jej miłości. – Mój najdroższy Omar! – Przycisnęła skrzyżowane ręce do piersi. – Omar! Omar! – Wydawało się, że trzyma skarb, który już na wieki pozostanie jej wyłączną własnością.

Wzruszona nic nie mówiłam, lecz patrzyłam na ekstatyczny wyraz twarzy Dalai.

Przez następny miesiąc co tydzień jeździłam z rodziną *madame* na pustynię. Chociaż już dawno minął czas, kiedy Omar przyrzekł Dalai małżeństwo, nadal nic się nie działo w tej sprawie. Dalaja co noc wymykała się, aby spędzić jak najwięcej czasu z ukochanym. Próbowałyśmy z Ramą przemówić jej do rozsądku, przekonując, że jeżeli Omar myśli o niej poważnie, to już powinien czynić konkretne kroki, aby zalegalizować ich związek. Jednak zakochana Dalaja zawsze znajdowała usprawiedliwienie dla swojego mężczyzny. Pełna empatii tłumaczyła, że jednak lepiej będzie nie brać ślubu w tajemnicy.

– Wiecie, jak ważna tu jest rodzina – mówiła tak, jakby naśladowała słowa Omara. – Nie chcę, żeby przeze mnie Omar pozostawał w konflikcie ze swoimi najbliższymi. Jeszcze trochę i na pewno przekona swoją mamę. „Wtedy w końcu wszystko będzie dobrze" – powtarzała w kółko nasze hinduskie powiedzenie.

Doświadczona Rama pierwsza zorientowała się, co się dzieje. Dostrzegła pewną niezauważoną przeze mnie zmianę w wyglądzie Dalai i powiedziała do mnie poważnie:

– To się dziewczyna wpakowała w kłopoty.

Na początku nie wiedziałam, o co Ramie chodzi, ale kiedy Dalaja dostała pierwszych mdłości, dla mnie też wszystko stało się jasne. Ku naszemu zdumieniu Dalaja nawet się ucieszyła, kiedy już miała pewność, że jest w ciąży.

– Teraz na pewno szybko się pobierzemy – mówiła z przekonaniem. – Matka Omara musi to zaakceptować. Przecież to jej wnuk.

Rama kiwała z niedowierzaniem głową. Kiedy Dalaja wymknęła się z namiotu, żeby przekazać Omarowi wiadomość, Rama z troską w głosie zaczęła mówić:

– Wiesz, Bibi, ja mam wrażenie, że Dalaja nie wie, w jakim świecie żyje.

– To miłość – odpowiedziałam.

– Co? – zapytała Rama. Nie wiedziałam, czy naprawdę nie dosłyszała, czy w ten sposób chciała dać do zrozumienia, że coś takiego nie istnieje.

– Miłość – powtórzyłam – miłość ją zaślepia.

– Oj, dziecko, dziecko… – Rama ciężko westchnęła. – Miłość miłością, a życie życiem. Czy ona pamięta chociażby o tym, że w tym kraju stosunki pozamałżeńskie są nielegalne i karalne?

– Widząc, co się wokół dzieje, trudno o tym pamiętać – zauważyłam.

– W jakimś stopniu masz rację, ale to, co Kuwejtczykom uchodzi bezkarnie, na pewno nie ujdzie na sucho zagranicznej służącej.

– To co mogą jej zrobić?

– A słyszałaś ostatnią historię? Pewna służąca skarżyła się na złe samopoczucie i bóle brzucha, więc jej pracodawca zawiózł ją do szpitala. Tam zrobili jej test ciążowy, który wyszedł pozytywnie.

– Co dalej się z nią stało?

– Ponieważ nie była mężatką, sponsor od razu zawiózł ją na posterunek policji. Tam z miejsca ją zatrzymali i wsadzili do aresztu.

– Nie mów tak nawet! – Przeraziłam się. – Wyobrażasz sobie naszą delikatną Dalaję w ciąży w więziennej celi?!

– Niestety, takie jest tu prawo. Dlatego większość kobiet ukrywa ciąże pochodzące z pozamałżeńskich związków aż do porodu. Ale później dzieją się dużo bardziej makabryczne rzeczy.

– Na przykład jakie?

– Pół roku temu na pustyni znaleźli częściowo zakopane w piasku nagie ciało Azjatki i jej martwego nowo narodzonego dziecka z jeszcze nieodciętą pępowiną. Może miała intymne relacje ze swoim pracodawcą, który w ten sposób pozbył się problemu?

– Ale ten Omar chyba nie jest taki... – Ze względu na Dalaję naprawdę chciałam w to wierzyć. – W końcu cały czas tu do niej przychodzi.

– Dostał, co chciał, to przychodzi – powiedziała twardo Rama.

– Ale do małżeństwa jakoś się nie pali.

– Teraz to będzie musiał – stwierdziłam. – Przecież jej tak nie zostawi. Jeżeli to jest nielegalne, to jego też obejmie kara.

– Karane są przede wszystkim kobiety – stwierdziła smutno Rama. – Mam koleżankę, która sprząta w szpitalu położniczym. Czy wiesz, że tam niezamężne kobiety w ciąży traktowane są jak więźniarki? – Twarz Ramy jeszcze bardziej się zachmurzyła. – Istnieje dla nich specjalny, osobny oddział, na którym sale są zamykane na klucz i pilnowane. Uznaje się je za kryminalistki, bo ich sprawy w sądzie są w toku. Po porodzie kobiety czeka więzienie i deportacja.

– A dzieci?

– Wiem, że kiedyś deportowane matki nie mogły ich ze sobą zabrać i nieślubne dzieci oddawane były do tutejszego sierocińca. Ale podobno to się powoli zmienia.

– Dalaja, nasza Dalaja... – rzekłam, myśląc z niepokojem o koleżance i o reakcji Omara na wieść o ciąży. – Ale Omar przecież może upomnieć się o swoje dziecko?

– Nie. Tu uważa się, że dzieci pochodzące z rozpusty nie należą do ojca. Jedynym wyjściem dla Dalai jest naprawdę szybki ślub... – Rama zamyśliła się na długo, jakby sama nie wierzyła w takie rozwiązanie.

Tej nocy, czekając na Dalaję, nie mogłyśmy zmrużyć oka. Rama opowiadała mi różne historie, które jeszcze bardziej mnie przygnębiały. Opowieści o porzuconych w różnych miejscach noworodkach, próbach nielegalnej aborcji, które kończyły się śmiercią, lub samobójstwach porzuconych i zrozpaczonych kobiet w pozamałżeńskich ciążach. Dopiero co urodzone dzieci znajdowano na ulicach, w pobliżu meczetów lub klubów sportowych.

– Jeżeli były zostawiane w uczęszczanych miejscach, to niektóre z nich zdołano uratować – mówiła Rama. – Ale jeżeli porzucano je na odludnych terenach, to często było już za późno. Małe ciałka odkrywano dopiero wtedy, kiedy już były pogryzione przez psy. Albo natrafiano na nie w śmietnikach lub studzienkach kanalizacyjnych, gdzie leżały przez parę dni.

Kiedy nad ranem wróciła Dalaja, od razu zarzuciłyśmy ją pytaniami:

– I co?! Co na to Omar?! Jak zareagował?!

– Dobrze, niedługo się pobierzemy. Dałam mu adres do państwa, więc przyjdzie do nich i powie, że się ze mną żeni. A teraz dajcie mi się przespać chociaż z godzinę. Wszystko będzie dobrze! – powiedziała jak zwykle Dalaja, naciągając na głowę koc.

Za tydzień znowu znalazłam się z Basmą na pustyni w obozie jej dziadków. Zapytałam Dalaję, czy Omar pojawił się w domu jej pracodawców, żeby ich poinformować o ślubie.

– Nie, jeszcze nie – odpowiedziała. – Ale dzisiaj go zobaczę, więc powie mi, kiedy przyjdzie.

Uderzyło mnie bezgraniczne zaufanie Dalai do jej ukochanego. Nigdy nie podawała w wątpliwość jego słów, jakby cechująca ją wewnętrzna dobroć była tak czysta i absolutna, że nie dopuszczała istnienia żadnego zakłamania lub zła, które może ranić.

Po całym dniu ciężkiej pracy Dalaja, podśpiewując, udała się na randkę. Wróciła nad ranem trochę zgaszona, usiadła na swoim materacu i odrętwiała wpatrywała się w jeden punkt na ścianie namiotu.

– Co się stało? Co powiedział Omar? – Patrzyłam na jej zsiniałe i lekko drżące usta. Noce na pustyni potrafiły być naprawdę zimne. Rama, która w międzyczasie się obudziła, spojrzała na mnie porozumiewawczo, jak gdyby już znała odpowiedź.

– Nic... nic... – Słowa Dalai brzmiały głucho.

– Ale jak to nic? Przecież musiał coś zdecydować. Musiał powiedzieć ci, co zrobicie w tej sytuacji – pytałam.

– Nic nie powiedział. – Dziewczyna siedziała bez ruchu. – Nie przyszedł. – Oczy Dalai się zaszkliły i jedna duża łza spłynęła po jej policzku. – Ja czekałam. Wyglądałam. Chodziłam na piaszczyste wydmy, zza których zwykle się pojawiał. Ale jego nie było. Nie było... – mówiła tak cicho, że ledwie mogłam zrozumieć jej słowa.

Wyznanie Dalai dotknęło mnie tak mocno, jakby dotyczyło mnie samej. Pomyślałam, że muszę jej pomóc. Tak jak pomogła mi Rama. My, służące, w tym kraju, gdzie nie miałyśmy żadnych swoich bliskich, musiałyśmy się wspierać.

– Słuchaj, Dalaja! – zaczęłam mówić z przekonaniem. – Znajdziemy go! Na pewno! Kiedy cię znowu zobaczy, to nie będzie miał serca odrzucić ciebie i waszego dziecka! Jak on się nazywa? Gdzie mieszka? – pytałam, by dowiedzieć się czegoś więcej.

– Nie wiem... – Głos Dalai był nadal ledwo słyszalny.

– Nie znasz nawet jego nazwiska?!

– Omar. Omar z pustyni...

Rama litościwie kiwała głową. Zastanawiałam się, jak mogę pocieszyć Dalaję, kiedy ta nagle, pod wpływem niespodziewanego wewnętrznego impulsu, zerwała się i nienaturalnie wysokim tonem zaczęła mówić:

– Wiem! Już wiem! Omar nie zdążył przyjechać, bo na pewno przekonuje swoją rodzinę do naszego ślubu! Jest weekend, więc ma na to więcej czasu. A w najbliższym tygodniu przyjdzie do państwa i mnie od nich zabierze! Na pewno tak będzie! Przecież powiedziałam mu, gdzie mieszkam, więc mnie znajdzie! – Po tych słowach wyszła pospiesznie z namiotu, jakby się bała, że powiemy coś, co zburzy jej wiarę w szczere intencje ukochanego.

– Co o tym wszystkim myślisz? – zwróciłam się do Ramy.

– A co ja mogę myśleć? – Koleżanka spojrzała na mnie posępnie. – Wy, kobiety, nigdy nie nauczycie się tego, że mężczyznom nigdy do końca nie można ufać. – Rama zapadła w ponurą zadumę.

Tego dnia Dalaja, może pod wpływem emocji, a może swojego odmiennego stanu, często wymiotowała. Wiedząc o sekrecie Dalai, czułyśmy rosnące w powietrzu napięcie. Wolałyśmy nawet nie myśleć o tym, jak zachowaliby się Badar i jego bliscy, gdyby dowiedzieli się, co zrobiła ich służąca. Dobrze pamiętałyśmy, jak zareagowali pracodawcy, kiedy wyszły na jaw występki Czandry. A teraz w ich oczach, gdyby poznali prawdę, przewinienie Dalai byłoby po stokroć gorsze! Dopiero wtedy dotarła do mnie groza całej sytuacji. W Kuwejcie za nielegalną ciążę Dalai groziło więzienie, a do Indii nie miała za co ani po co wracać! U nas w kraju pozamałżeńska ciąża była ogromnym wstydem dla całej rodziny. Uważano, że kobietę, która dopuściła się tak strasznego czynu, najlepiej oblać benzyną i podpalić! Niektórzy winili również rodziców zhańbionej i sądzili, że im należy się taka sama kara, bo nie umieli odpowiednio wychować córki! Moja biedna Dalaja! Co ona teraz zrobi?

Cały dzień martwiłam się o Dalaję, a na dodatek irytowała mnie wymagająca i ciągle marudząca Basma. Czekałam na wieczór, kiedy wreszcie będę mogła iść do namiotu dla służących i porozmawiać z koleżankami. Kiedy mi się to wreszcie udało, w środku zastałam jedynie Ramę.

– Gdzie jest Dalaja? – zapytałam.

– Jak to gdzie? – Rama również była rozdrażniona. – Poszła na pustynię wypatrywać swojego Omara.

– Boję się o nią – rzekłam. – Cały czas źle się czuła. Ledwo zdołała coś ugotować, bo jak tylko poczuła zapach jedzenia, to od razu gnała do łazienki.

– Widziałam – stwierdziła Rama.

– Rama, jak my możemy jej pomóc? Udało ci się wyrwać mnie z rąk Radżu. Więc dla Dalai też musi być jakieś rozwiązanie. Proszę cię, wymyśl coś! – W Ramie widziałam jedyny ratunek.

– Może jest sposób... – powiedziała powoli Rama, ważąc słowa. – Ale to ogromnie niebezpieczne.

– A ta sytuacja, w której aktualnie jest Dalaja, nie jest niebezpieczna? – zapytałam wprost. – Już chyba gorzej być nie może! Mów szybko, co wymyśliłaś!

– Kiedy służące mają tu tego rodzaju problem, próbują się go pozbyć. I to dosłownie... – Przeraziłam się. Czy Rama mówiła o aborcji? Trudno mi było sobie wyobrazić Dalaję, która w ten sposób pozbywa się własnego dziecka! – Różnie to robią – mówiła dalej Rama. – Czasami piją gorący napój przygotowany z dużej ilości cynamonu. Albo jedzą owoce papai. Ale to rzadko pomaga. Jest pewniejsza metoda, ale może być groźna dla zdrowia, a nawet życia. – Teraz już wiedziałam, że im większą miłością kobieta darzy mężczyznę, tym wyższą cenę przychodzi jej za to zapłacić. – Jest taki rodzaj krzewu u was, w Indiach. – Rama była nadzwyczaj poważna. – I tę samą roślinę można znaleźć tu, na pustyni. Jej świeżo zerwane gałązki wydzielają biały sok, który może być zabójczy. Jeśli taką gałązkę włoży się głęboko w miejsce intymne, może dojść do naturalnego poronienia. Jest to drastyczny i groźny sposób, ale najskuteczniejszy.

Czy Dalaja będzie musiała się aż do tego posunąć? – pomyślałam ze zgrozą. – Ale jeżeli Omar ostatecznie ją zostawił, to nie pozostanie jej żadne inne wyjście.

– Wiele służących uniknęło w ten sposób przykrych konsekwencji swojej naiwności... – oznajmiła Rama z ponurą miną.

– Bibi! Późno już! Chodźmy spać! Jutro wspólnie z Dalają jeszcze raz nad wszystkim się zastanowimy.

Nie mogłam zasnąć. Miałam nadzieję, że Dalaja szybko wróci do namiotu, ale tak się nie stało. Po rozmowie z Ramą nie łudziłam się, że Omar się pojawi. Było już dobrze po północy, kiedy postanowiłam, że pójdę poszukać Dalai. Wiedziałam, że cały dzień nic nie jadła, więc mogła gdzieś sama zasłabnąć na tym zimnym pustkowiu. Bardzo się o nią martwiłam.

Wyszłam z namiotu i od razu poczułam powiew przejmującego, pustynnego wiatru. Włączyłam małą ręczną latarkę i wyszłam z obozu. Wokół panowała ciemność, jedynie w oddali tliły się światełka obozowisk rozrzuconych po pustyni. Nogi zapadały mi się w piasku i trudno mi było iść. Nie wiedziałam nawet, w którą stronę powinnam się udać, ale miałam nadzieję, że Dalaja nie oddaliła się zanadto od naszego miejsca pobytu. Obchodziłam wkoło kemping, zataczając coraz szersze kręgi. Kiedy ją znalazłam, siedziała w swojej żółtej sukience z głową uniesioną do góry. Podeszłam i usiadłam obok. Dalaja nawet się nie zdziwiła na mój widok, lecz powiedziała:

– Spójrz, jakie piękne gwiazdy! Zawsze nam świeciły! Patrzyliśmy na nie z Omarem, nadając im imiona. A teraz nadamy imię naszemu dziecku.

Jej piękna twarz była pełna melancholii, a ona sama, na granicy snu i jawy, trwała nieruchomo, zespolona z majestatem otaczającej ją pustyni. Wzięłam ją za lodowato zimną rękę.

– Dalaja! Chodź już! Tak nie można! Przeziębisz się!

– A Omar? Powinnam tu na niego czekać! On zaraz przyjdzie!

– Chodź! On przyjdzie do domu! – Musiałam dać jej nadzieję.

– Tak? Masz rację, przyjdzie do domu. – Podniosła się.

Objęłam ją i w milczeniu zaprowadziłam do namiotu.

Następny raz zobaczyłam Dalaję dopiero po trzech tygodniach. Moi państwo wybrali się na parę dni do Dubaju, a mnie i Basmę zawieźli na ten czas do willi rodziców *madame*.

Dalaja nie wyglądała dobrze. Miała podkrążone oczy, schudła, a na jej twarzy zagościł cień rezygnacji. Nie musiałam pytać o Omara, bo wystarczyło spojrzeć na koleżankę, by wiedzieć, że jej ukochany zniknął.

– Co z nią będzie? – spytałam Ramę.

– Nie wiem – odpowiedziała. – Udało mi się zdobyć dla niej te gałązki. Pamiętasz, mówiłam ci… Dałam jej, ale ona się waha. Nie wiem, co w końcu zrobi.

Gdy Basma bawiła się z dziadkiem, chciałam porozmawiać z Dalają, ale ona, pogrążona w widocznej rozpaczy, wymawiała się nawałem pracy. Później ja z kolei byłam zajęta, bo rozhukana Basma szalała po wszystkich piętrach i pokojach, więc musiałam za nią biegać. Dopiero wieczorem udało mi się zamienić parę słów z Ramą.

– Jak ona to wszystko znosi?

– Fatalnie – odparła Rama. – Zadręcza się… Myśli o swoich bliskich w Indiach.

– Może rzeczywiście ta aborcja… Może to jedyne rozwiązanie?

– Ja nie widzę innego. Żeby tylko się udało. To nie zawsze wychodzi.

Następnego dnia, kiedy obudziłam się w pokoju służących, od razu zauważyłam, że z Dalają dzieje się coś niedobrego. Leżała na materacu, na którym wcześniej spała Czandra, była rozpalona i ciężko oddychała, a na czoło wystąpiły jej krople zimnego potu.

– Rama! Rama! Zobacz! Coś się stało Dalai! – zawołałam.

Rama spojrzała na koleżankę.

– Pewnie użyła tej rośliny, która wywołuje poronienie. To normalna reakcja organizmu. Odchoruje trzy dni i jak dobrze pójdzie, pozbędzie się kłopotu – tłumaczyła zatroskana Rama. – Byle nikt z pracodawców nie zobaczył, że jest w tak ciężkim stanie. Kiedy zawiozą ją do szpitala i tam zrobią badania, to od razu wsadzą ją do więzienia za nielegalną ciążę.

Zmoczyłam chusteczkę, a następnie otarłam czoło i twarz Dalai. Okrążone ciemnymi obwódkami oczy miała wpółprzymknięte, a jej spierzchnięte, popękane usta bezgłośnie powtarzały „Omar, Omar". Postanowiłyśmy z Ramą, że podzielimy się kuchennymi zadaniami koleżanki, tak aby domownicy nie mogli się zorientować, że jest chora. Cały dzień, z pomocą dwóch pozostałych służących, wykonywałyśmy wszystkie prace, które normalnie należały do obowiązków Dalai. W międzyczasie zaglądałyśmy do niej, donosząc wodę i okrywając jej coraz bardziej wyczerpane ciało kocami. Na szczęście w dużej willi, gdzie wszyscy domownicy byli zawsze obsługiwani i rzadko który pojawiał się w kuchni, udało nam się utrzymać sprawę w tajemnicy do wieczora.

W nocy Dalaja dostała silnych dreszczy. W malignie powtarzała bez końca: „Omar, kochany... nasze dziecko, kochany mój... Omar...". Czuwałyśmy przy niej na zmianę z Ramą, która tłumaczyła, że przy tak ostrym kryzysie powinno wkrótce dojść do poronienia. Przygotowałyśmy czyste ręczniki, duże naczynie z wodą i parę koszul na zmianę dla Dalai, aby ją należycie pielęgnować. Nad ranem Dalaja zaczęła zwijać się z bólu spowodowanego przez silne skurcze brzucha. Jęczała w boleściach, rzucając głową na wszystkie strony i wzywając imię swojego najdroższego. Przecierpiała tak wiele godzin, ale do rana nie doszło do żadnego krwawienia. Mimo to jej stan uległ pogorszeniu. Chwilami zupełnie traciła przytomność i już chciałyśmy poinformować państwa, co się dzieje, lecz świadomość, że Dalaja zostanie oddana w ręce policji, powstrzymywała nas przed tym krokiem.

Kolejne kilkanaście godzin nie przyniosło żadnej poprawy. Temperatura stale była bardzo wysoka, a Dalaja pozostawała półprzytomna. Na domiar złego Badar zaczął narzekać na podawane mu jedzenie. Dalaja była mistrzynią w kuchni i żadna z nas nie mogła jej dorównać. W pewnym momencie Badar, krzywiąc się z niesmakiem, polecił mi:

– Zawołaj do mnie Dalaję! Te potrawy... Nie smakują nam!

– Bo ona... – Czułam się postawiona pod murem. – Dalaja... Ona... ona jest chora. To znaczy... przeziębiona.

– Bardzo? Ma gorączkę?

– Nie... To znaczy tak... Trochę.

– To niech się lepiej wyleczy, żeby nas tu wszystkich nie pozarażała! Idź do którejś z moich sióstr i powiedz jej, że ja kazałem dać ci jakieś środki zbijające gorączkę dla Dalai!

Z tabletkami w rękach poszłam do pokoju dla służących i od razu dałam koleżance lekarstwa. Dalaja cała trzęsła się w drgawkach. Rama poważnie się o nią bała.

– Żeby tylko to przeżyła... – mówiła ze strachem. – To jest silna trucizna. Jeżeli rozleje się po całym organizmie... Niektóre służące straciły już tu życie z tego powodu.

Przez całą noc siedziałyśmy przy Dalai. Nad ranem dzięki lekarstwom temperatura zaczęła spadać i miałyśmy wrażenie, że kryzys powoli przechodzi. Ale do poronienia nie doszło. Dalaja, wykończona rozdzierającym jej ciało wielogodzinnym bólem i otumaniona proszkami, zasnęła.

Kiedy nazajutrz wstałam, podeszłam do śpiącej Dalai i położyłam rękę na jej czole. Było dużo zimniejsze i ucieszyłam się, że koleżanka wraca do sił. Czując mój dotyk, Dalaja otworzyła oczy i cicho zapytała:

– Udało się? Usunęłam ciążę?

– Nie – odpowiedziałam. – Ale nie myśl teraz o tym. Już było z tobą naprawdę źle... Najważniejsze, że minął najgorszy kryzys! Spróbuj jeszcze pospać, a ja za ciebie przygotuję dla wszystkich śniadanie. Pójdę już teraz, bo jak Basma się obudzi, to nie da mi spokoju.

Okryłam Dalaję kocem i poszłam do kuchni. Chciałam wszystko skończyć, zanim wstanie Basma, ale jak to zazwyczaj bywa, kiedy ktoś się spieszy, wszystko leciało mi z rąk. Na początku stłukłam szklankę, później rozsypałam sól, a na końcu potrąciłam stojącą na blacie otwartą butelkę z oliwą, która rozlała się, tworząc wielką tłustą plamę na posadzce. Na dodatek skończył się płyn do mycia podłóg i musiałam iść do składziku z detergentami po nowy. Małe pomieszczenie, w którym Czandra osiwiała w ciągu jednej nocy, było ciemne. Nie mogłam znaleźć przełącznika, żeby zapalić światło. Po omacku starałam się wyszukać butelkę z jakimś detergentem, kiedy coś lodowato zimnego musnęło mi policzek. Krzyknęłam przerażona i zaczęłam całymi dłońmi przesuwać po ścianach w poszukiwaniu przełącznika. Wreszcie go znalazłam. Nacisnęłam i spojrzałam do góry. Dalaja wokół szyi miała zwinięte w rulon prześcieradło, którego koniec zawiązany był na kracie osłaniającej okno. Jej twarz była piękna jak zwykle, może jedynie nieco bledsza i wpadająca w lekko fioletowy odcień. Ręce bezwładnie zwisały wzdłuż żółtej sukienki. Wspaniałe, długie włosy Dalai tworzyły okalającą ją aureolę. Wyglądała jak anioł, który zstępuje z nieba.

W tym momencie w mojej głowie zaczęły rozlegać się, jakby płynęły z przestworzy, słowa Dalai: „Widziałam cierpienie mojego taty za każdym razem, kiedy rodziła mu się dziewczynka. Za żadne skarby świata bym go nie zawiodła i nie przysporzyła mu wstydu". Następnego dnia po zabraniu ciała Dalai ktoś zadzwonił do willi.

– Bibi! Idź otwórz drzwi! – polecił mi ojciec *madame*.

Zrobiłam to, co mi kazano, i zobaczyłam w progu Omara.

– Ja do Dalai – oznajmił. – To znaczy powiedz jej, żeby na chwilę wyszła. Nie chcę wchodzić... Przekaż jej, że mam dla niej pieniądze. – Widząc moją zmienioną twarz, Omar zaczął wyjaśniać: – Ja wiem, nie odzywałem się tyle czasu, ale teraz się nią zajmę. Niech jedzie do Indii, nie do swojej wioski, ale do jakiegoś dużego miasta, Bombaju lub Madrasu, a ja będę ją utrzymywał. Ją i dziecko. Może kiedyś ich odwiedzę. Idź i jej to wszystko powiedz. Niech szybko tu przyjdzie.

– Jej tu nie ma.

– To gdzie mogę ją znaleźć? – zapytał.

Nie wiem, skąd wzięłam siły, żeby to powiedzieć:

– Dalaja odeszła na zawsze. Powiesiła się wczoraj.

Minęło parę chwil, zanim dotarła do niego upiorna prawda.

– Ja próbowałem... – Słowa ledwo przechodziły mu przez gardło. – Ale matka nawet nie chciała o tym słyszeć.

– Przecież mogliście wziąć ślub w tajemnicy! – powiedziałam, patrząc na niego oskarżycielsko.

– To nie takie proste. Ta presja, rodzina, konwenanse... – W jego głębokich, ciemnych oczach ujrzałam zbierające się łzy. – To było dla niej – powiedział drżącym głosem, podając mi paczuszkę z pieniędzmi. – Prześlij to jej rodzinie.

Wzięłam pakunek ze ściśniętym sercem, mając przed oczami wniebowziętą twarz Dalai, kiedy mówiła o pierwszej nocy z ukochanym Omarem. Tak wyglądał koniec pustynnej miłości, której byłam świadkiem, od jej zalanego różanym blaskiem świtu aż do ogarniętego zatrważającym mrokiem zmierzchu.

# Rozdział VI

# Groźna choroba

Samobójstwo ciężarnej Dalai zupełnie mnie rozbiło. Cały czas dręczyłam się poczuciem, że to moja wina. Po nocach prześladowało mnie nienawistne spojrzenie wyglądającej jak wiedźma Czandry i jej skrzeczący głos: „Przeklinam ciebie i twoje dzieci! Przeklinam cię!". Dalaja spała na materacu Czandry i odebrała sobie życie w składziku, w którym ta ostatnia, zwolniona z dnia na dzień z pracy i wściekła, spędziła noc przed wylotem do swojego kraju. Byłam przekonana, że siła złego oka upokorzonej służącej przeszła na Dalaję. Oprócz tego wyrzucałam sobie, że tamtego pierwszego dnia, kiedy Dalaja i Omar się spotkali, nie upilnowałam Basmy i koleżanka musiała mnie szukać na pustyni. Ciągle myślałam o tym, jak niewinna zabawa dziecka latawcem mogła wywołać ciąg zdarzeń, które doprowadziły do tak makabrycznego finału. Wypominałam też sobie, że nie zostałam z Dalają, kiedy ta dowiedziała się o nieudanej próbie wywołania poronienia. Powinnam wtedy przy niej siedzieć i ją wspierać. Bezustannie, dniami i nocami, oskarżałam się o tragiczną śmierć Dalai.

Przez tę dręczącą mnie zgryzotę w ogóle nie mogłam jeść. Dosłownie nic nie chciało mi przejść przez gardło. Na sam widok jedzenia zbierało mi się na mdłości. Po paru tygodniach czułam się już bardzo słabo, ale nadal wykonywałam wszystkie swoje domowe obowiązki. Czasami zmuszałam się do spożycia jakiegoś posiłku, ale nawet najmniejszy, z trudem przełknięty kawałek chleba czy parę łyków soku sprawiały, że od razu wymiotowałam. Poza tym nękały mnie zawroty głowy, suchy kaszel i ból w całym ciele.

Pewnego razu, kiedy jak zwykle przygotowywałam obiad dla moich państwa, tuż przed ich przyjściem do domu, zemdlałam. Kiedy się ocknęłam i z trudem otworzyłam oczy, zobaczyłam pochyloną nade mną przestraszoną twarz Basmy i *madame* wołającą z irytacją:

– Bibi! Bibi! Co ci jest? Wstań szybko! – Nie zdołałam sama się podnieść, więc *madame* musiała mi w tym pomóc. Posadziła mnie na krześle, dała wody i zapytała: – Co się dzieje? Źle się czujesz?

– Tak.

– A co cię boli?

– Nie wiem. Wszystko.

– Dobrze, idź, odpocznij, a jutro zobaczymy – powiedziała z kwaśną miną *madame*.

Dobrze znałam ten jej niezadowolony ton, którym mówiła zawsze, kiedy musiała cokolwiek zrobić w domu własnymi rękami. Kuwejtki uważały, że służące muszą być do ich dyspozycji przez cały czas, i nie lubiły, kiedy któraś z nas chorowała. W tym momencie moja *madame* też patrzyła na mnie z dezaprobatą, jakby miała do mnie pretensje, że ośmieliłam się poczuć gorzej.

W nocy było mi potwornie zimno. Rano *madame* wyszła do pracy, a ja słaniając się na nogach, próbowałam zabrać się do codziennego sprzątania i gotowania. Ale nie zdołałam wykonać żadnych prac. Wyczerpana położyłam się w pokoju Basmy i poprosiłam ją, żeby się trochę sama pobawiła. Dziewczynka jak zwykle była marudna i przychodziła do mnie co chwilę, żądając, żebym się nią zajęła, bo jej się nudzi. Musiałam robić to, co kazała, w obawie, że poskarży na mnie *madame*. Ból we wszystkich członkach mojego ciała był już tak duży, że ledwo mogłam się ruszać.

*Madame* wróciła i poleciła mi podać obiad. Powiedziałam, że źle się czułam i nie mogłam nic ugotować. Wtedy uniosła się gniewem.

– To jak ty pracujesz?! – wrzeszczała. – Za co ci płacę pensję? – Rozdrażniona fukała i rzucała się po całym mieszkaniu, jak gdyby brak sprawnej służącej pod ręką zupełnie wyprowadził ją z równowagi.

Basma zaczęła głośno płakać.

– Mamo! Mamo! Jestem głodna!

– To nawet dziecku nie dałaś jeść?! – *Madame* była na mnie naprawdę zła.

W tym czasie do domu wszedł *baba*.

– Co to za krzyki?! Co tu się dzieje?! – zapytał.

– Bibi nie ugotowała obiadu! – odpowiedziała *madame*, patrząc na mnie krytycznym wzrokiem.

– Bibi! Dlaczego nie wykonujesz swoich obowiązków?! – Głos męża *madame* też nie brzmiał przyjemnie. Po chwili wziął Basmę na ręce i powiedział do niej ciepło: – Dlaczego, córeczko, płaczesz? – Przytulił ją czule do siebie i pocałował.

– Bo jestem głodna! – wychlipała Basma.

Mąż *madame* spojrzał na mnie groźnie.

– To my cię przyjęliśmy z powrotem po twojej ucieczce, a tobie nawet nie chce się pracować?! – huknął. Chciałam się wytłumaczyć, ale w tym momencie wstrząsnął mną gwałtowny napad kaszlu. Kasłałam tak mocno, że zabrakło mi oddechu i myślałam, że się uduszę. – Może naprawdę coś jej dolega? – powiedział do żony. – Weź ją do doktora, a ja zamówię dla nas i Basmy coś do jedzenia.

*Madame* założyła abaję z kwaśnym wyrazem twarzy, demonstrując swoje niezadowolenie, że musi wyjść teraz z domu i zabrać mnie do lekarza. W samochodzie przez całą drogę do kliniki w ogóle się do mnie nie odzywała. Doktor zbadał mnie pobieżnie i stwierdził, że to nic poważnego. Przepisał mi jedynie paracetamol na obniżenie lekko podwyższonej temperatury, a także jako środek przeciwbólowy.

– Widzisz, nic ci nie jest! Pracować ci się nie chce! – narzekała *madame* w drodze powrotnej. – Masz robić wszystko to, co do ciebie należy, bo inaczej wylecisz tak jak Czandra! – zagroziła.

Chociaż tęskniłam za mamą, nie chciałam tracić pracy i wracać do Indii. Wiedziałam, że tam nie będziemy mieć pieniędzy na jedzenie i możemy znowu zostać bezdomne.

Cały następny dzień starałam się skrupulatnie wypełniać swoje obowiązki. Wiedziałam, że tu pracodawcy mało przejmują się losem ludzi, których zatrudniają. Na dobre traktowanie można było liczyć jedynie wtedy, kiedy bez szemrania spełniało się wszystkie zachcianki państwa i pozostawało do ich całkowitej dyspozycji dwadzieścia cztery godziny na dobę. Jednak tego dnia mimo wysiłków nie udało mi się dokładnie posprzątać całego apartamentu i wyprasować sterty ubrań. Szczególną trudność sprawiało mi prasowanie. Ze względu na silne bolesci nie mogłam ustać przy desce do prasowania ani długo posługiwać się żelazkiem. Zostawiłam pomięte diszdasze, sukienki, bluzki oraz ubranka Basmy, martwiąc się, że państwo znowu na mnie nakrzyczą.

Ponieważ moje wyjątkowo złe samopoczucie trwało już kilka tygodni i przez ten czas poważnie schudłam, zaczęłam się martwić o swoje zdrowie. Nie chciałam być chora. Zdawałam sobie sprawę, że kiedy miałam wstrząs mózgu, państwo byli dla mnie dobrzy wyłącznie dlatego, że uwolniłam ich od nielojalnej służącej, która na dodatek okazała się złodziejką i pluła im do jedzenia. Nie łudziłam się, że tym razem zostanę potraktowana tak jak poprzednio. Słyszałam nieraz, jak Kuwejtki narzekały na swoje służące, zarzucając im, że symulują chorobę, aby wykręcić się od pracy. Nagłe przypadki, które mogły dotknąć służbę, również były traktowane podejrzliwie. Było powszechnie wiadomo, że pracownicy nie dostawali wolnego i zgody nawet na krótki wyjazd do swojego ojczystego kraju w tak ważnych okolicznościach jak choroba dziecka czy śmierć kogoś z rodziny. Zazwyczaj sponsorzy uważali, że jeśli z jakiegokolwiek powodu opuszcza się pracę, to już nie ma do niej powrotu.

Tego dnia, tak jak myślałam, *madame* na widok niewyprasowanych ubrań od razu zaczęła się na mnie wydzierać:

– Co ty sobie wyobrażasz?! Jak długo jeszcze masz zamiar udawać?! Pewnie kiedy cię nie było przez parę dni, inne służące już cię wyszkoliły! Powiedziały ci, co robić, żeby jak najmniej pracować! Ale mnie tak łatwo nie oszukasz! Przecież lekarz powiedział, że nic ci nie dolega! Szybko podaj nam obiad, a później dokończ prasowanie! – Rozsierdzona, poszła do swojej sypialni.

Mimo że bolały mnie wszystkie mięśnie, chciałam dobrze wykonać polecenia *madame*. Zaniosłam na stół posiłek, a następnie rozłożyłam deskę do prasowania. Trudno mi było ustać na nogach, a żelazko wydawało mi się dziesięciokrotnie cięższe niż zazwyczaj. Znowu zaczęły mną wstrząsać napady głuchego kaszlu.

– Dlaczego Bibi tak ciągle kaszle? – usłyszałam głos męża *madame*.

– Nie wiem – odpowiedziała *madame*. – Ale lekarz nie zauważył nic szczególnego.

Po paru minutach *baba* znów podjął wątek:

– Nie mogę słuchać, jak ona tak ciągle kaszle! To odbiera mi apetyt!

– Przecież zawiozłam ją wczoraj do lekarza! – stwierdziła *madame*. – Co mogę jeszcze więcej zrobić?

– Weź ją do jakiegoś innego lekarza! Przecież nie sposób jeść w takich warunkach! Może ma jakąś infekcję i jeszcze zarazi Basmę! – Głos męża *madame* był podniesiony.

– Nie zamierzam codziennie jeździć ze służącą do kliniki! – *Madame* się oburzyła. – Jeśli jest chora, to niech wraca do Indii! Przyjechała tu do pracy! Ma nam służyć, a nie chorować!

Ostatnie słowa *madame* niezmiernie mnie przestraszyły. Co się stanie ze mną i mamą, jeżeli zostanę zmuszona do wyjazdu z Kuwejtu? Gdzie będziemy mieszkać? Co jeść? Za co się leczyć? Poczułam, że znowu mam napad kaszlu, ale starałam się go stłumić. Ból w klatce piersiowej stał się jeszcze intensywniejszy. Próbowałam przezwyciężyć nękające mnie dolegliwości, ale to nie było proste. Ręce mdlały mi z wysiłku, a tłumienie kaszlu przychodziło z coraz większym trudem.

– Co się tak guzdrzesz? – Nagle tuż obok mnie stanęła zniecierpliwiona *madame*. – Mówiłam ci, że masz się pospieszyć! Jesteśmy dla ciebie za dobrzy! Mają rację moje koleżanki, które mówią, że nie należy się cackać ze służbą, bo zaraz zacznie to wykorzystywać! Teraz dopiero pokażę ci, jak powinno się traktować służące! – krzyczała rozjuszona i zamachnęła się, żeby mnie uderzyć. Odruchowo zasłoniłam się ręką i rozgrzane żelazko dotknęło mojej twarzy.

– Au! – krzyknęłam z bólu i odrzuciłam żelazko, łapiąc się za policzek.

Żelazko odbiło się od marmurowego stolika, rozbijając ulubione bibeloty *madame*, która na ten widok wpadła w furię.

– Co ty sobie wyobrażasz? – Zaczęła mnie okładać. – Nie dość, że źle pracujesz, to jeszcze niszczysz moje rzeczy?! Nie dostaniesz pensji przez następne dwa miesiące!

Uderzenia były silne, a ja tak osłabiona, że upadłam na podłogę. *Madame* nadal biła mnie po głowie. Przybiegła Basma i przyglądała się z zaciekawieniem całej sytuacji. Pod wpływem razów długo tłumiony kaszel pojawił się z podwójną mocą. Zwinięta na luksusowym dywanie zaczęłam odkrztuszać gęstą wydzielinę.

– Wynoś się szybko do łazienki! Zabrudziłaś cały dywan! Zobacz, co narobiłaś! Idź, umyj się, a potem to wszystko dokładnie posprzątaj! – Rozwścieczona *madame* udała się do swojej sypialni. Kiedy obolała szłam do łazienki, słyszałam, jak skarży się mężowi na trudne i ciężkie życie przez ciągłe kłopoty ze służbą.

Ponieważ przez następne dni ciągle kaszlałam, znowu zabrano mnie do lekarza. Tym razem zrobił to mąż *madame*. Doktor nawet mnie nie zbadał, lecz wypytał mojego sponsora o objawy i przepisał mi tabletki antyalergiczne. Jednak lekarstwa niewiele mi pomogły i za parę dni dostałam wysokiej gorączki. Następna wizyta w klinice zakończyła się przepisaniem mi antybiotyków. Mimo że brałam je regularnie, temperatura nie spadała, a ja czułam się coraz gorzej. Pewnego ranka byłam tak wycieńczona, że nie mogłam wstać z łóżka i *madame* musiała znowu zawieźć mnie do lekarza. Okazało się, że moja temperatura sięga około czterdziestu stopni. Lekarz osłuchał mnie i skierował do szpitala na prześwietlenie płuc. Zdjęcie nie wypadło chyba najlepiej, bo lekarz długo mu się przyglądał, po czym poinformował *madame*, że muszę zostać na parę godzin w sali, gdzie leżeli pacjenci do obserwacji.

– Ile to potrwa, doktorze? – spytała niezadowolona *madame*. – Ona ma mnóstwo pracy w domu!

168

– Trudno powiedzieć – odpowiedział lekarz. – Musimy zbadać jej mocz, krew oraz wydzielinę z płuc. Proszę przyjechać za parę godzin i dowiedzieć się, czy pacjentka musi zostać w szpitalu, czy może wracać do domu.

*Madame* spojrzała na mnie pełnym nagany wzrokiem, jakbym dopuściła się wysoce niestosownego czynu. Jej oczy mówiły: „Jak śmiałaś zachorować?! Służące nie mają prawa chorować!". Opuściła szpital, nie czekając nawet, aż znajdę się na wyznaczonym mi łóżku.

W dużym, wielopiętrowym państwowym szpitalu, gdzie było parę specjalistycznych oddziałów, na parterze znajdowały się dwie rozległe sale, oddzielnie dla kobiet i mężczyzn. Umieszczano w nich na parę godzin chorych, którzy wymagali szybkich dodatkowych analiz i badań. Pielęgniarki zazwyczaj pochodziły z Filipin lub Indii, więc słyszałam wokół siebie swój ojczysty język. Hinduska w białym uniformie zaprowadziła mnie do wolnego łóżka, po czym zmierzyła mi temperaturę, pobrała krew i próbkę mojej plwociny. Wokół każdego łóżka umieszczono rozsuwany parawan, dzięki czemu w razie potrzeby można było odseparować pacjenta od innych. Leżałam odgrodzona i słyszałam, jak pielęgniarki uwijają się przy chorych kobietach. Pacjentkami były w większości Kuwejtki, które przyzwyczajone do obsługi, nawet szpitalny personel uznawały za służbę: ciągle poganiały pielęgniarki lub czegoś od nich natychmiast wymagały. Bojąc się o utratę pracy, obsługa szpitala posłusznie znosiła uwłaczające traktowanie. Dość długo czekałam na wyniki badań i od czasu do czasu do moich uszu docierały strzępy rozmów hinduskich sióstr.

– Myślisz, że dojdzie do tego masowego samobójstwa? – pytała jedna z obawą w głosie.

– Przecież ta sprawa dotyczy trzystu pięćdziesięciu pielęgniarek! – odpowiedziała ze zgrozą inna. – Ktoś to musi jakoś rozwiązać!

– Ale jak?! – wtrąciła się jeszcze inna. – Przecież to już trwa tyle czasu i nic się nie polepsza! Dlatego te Hinduski zagroziły, że jeśli nic się nie zmieni, to się jednocześnie zabiją!

– A skąd one są?

– Z Kerali i ze stanu Tamil Nadu.

– Ale co je skłania do myślenia o tak desperackim kroku? – dopytywała się któraś z kobiet.

Pielęgniarki oddaliły się i nie słyszałam dalszego ciągu rozmowy. Jednak wspomnienie o samobójstwie sprawiło, że przed oczami znowu pojawiła mi się piękna Dalaja. Oddychanie przychodziło mi z coraz większym trudem, w dodatku dręczyło mnie rosnące pragnienie, lecz wstydziłam się zawołać siostrę i poprosić o wodę. Innymi pacjentkami opiekowali się członkowie ich rodzin i prywatne służące. Ja byłam zupełnie sama.

Po kilku kwadransach zajrzała do mnie pielęgniarka. Znowu zmierzyła mi gorączkę.

– Wciąż bardzo wysoka! – powiedziała. – Muszę zawołać lekarza.

Doktor przyszedł dopiero po godzinie. Na sali obserwacyjnej chorymi zajmował się niższy personel medyczny, a lekarze, którzy schodzili z wyższych pięter, pojawiali się co pewien czas. Po zbadaniu mnie w obecności pielęgniarki lekarz stwierdził:

– Nadal musi przyjmować leki na obniżenie gorączki. Trzeba również podać jej kroplówkę. Proszę poinformować mnie, jak będą wyniki badań – polecił na koniec.

Skorzystałam z okazji i poprosiłam pielęgniarkę o wodę. Kiedy mi ją przyniosła, zapytałam, o co chodzi z tym masowym samobójstwem. Hinduska szczelniej zasunęła kotarę, żeby nikt nie widział, że na chwilę usiadła, i szeptem zaczęła mówić:

– Wszystkie tu mocno przeżywamy tę całą sytuację. Tam też są nasze koleżanki.

– Ale gdzie one są? – zapytałam.

– W hostelu firmy, która je rekrutowała.

– To w czym jest problem?

– Wszystko zaczęło się od tego, że ta prywatna firma przez wiele miesięcy nie wypłacała im całej pensji. Podobno dostawały ledwie trzydzieści procent zarobków. Postanowiły więc upomnieć się o swoje wynagrodzenie i zastrajkowały. Wtedy firma została umieszczona przez tutejsze władze na czarnej liście, co oznacza, że nikt już jej nie przedłuży dotychczasowego kontraktu ani nie da nowego. W związku z tym te kobiety automatycznie też nie mają pracy. A firma, obwiniając je o zaistniałą sytuację, nie chce im podpisać transferu wizy do innego miejsca zatrudnienia.

– Przecież początkowo ta firma im nie płaciła i dlatego strajkowały! – zauważyłam.

– Właśnie tak było! Ale właściciele firmy nie chcą o tym pamiętać! Choć kobiety mają kwalifikacje pielęgniarek z dużą praktyką, są gotowe pracować nawet jako służące! Ale wiesz, jakie tu jest prawo! Poprzedni sponsor musi podpisać zgodę na przeniesienie wizy! I tak trzysta pięćdziesiąt kobiet, niektóre z nich w ciąży, znalazło się w potrzasku! Nie mogą wracać do Indii, bo mają ogromne długi zaciągnięte na wyjazd do Kuwejtu. Pośrednicy, zarówno w naszym kraju, jak i tu, biorą od nas bajońskie sumy!

– Wiem coś o tym – potwierdziłam, przypominając sobie nasz zastawiony i jeszcze niespłacony dom.

– Za załatwienie pracy płacimy agentom nawet do dziesięciu tysięcy dolarów! – poskarżyła się pielęgniarka i widząc, że ktoś chce odchylić zasłonę, szybko zerwała się i zaczęła mi sprawdzać wenflon.

– Siostro! – krzyknęła niecierpliwie Kuwejtka. – Chodź szybko do mojej mamy! Znowu wymiotuje!

Pielęgniarka bezzwłocznie posłuchała polecenia pacjentki, a ja myślałam nad losem kobiet pozbawionych pracy i możliwości spłaty wysokich długów. W Indiach sytuacje tego rodzaju często kończyły się samobójstwami. Pamiętam jednego z mieszkańców naszej wioski. Przyjechał z Kuwejtu i nawet nie pojawił się w domu rodzinnym ani u nikogo ze znajomych. Poszedł do miejsca, gdzie przebiegały tory kolejowe, i rzucił się pod pociąg. Pamiętam, że to była wtedy głośna sprawa, bo powiadomioną o nieszczęściu rodzinę przeraził fakt, że głowa była zupełnie odcięta od ciała. Cała wioska przekazywała sobie tę makabryczną wiadomość. Powracający z Kuwejtu dłużnicy, nie mogąc poradzić sobie ze wstydem porażki, często kończyli ze sobą, wieszając się, topiąc w rzece lub spożywając dużą ilość lekarstw czy trucizny. Miałam nadzieję, że dla tych kilkuset zrozpaczonych kobiet znajdzie się jakieś rozwiązanie i nie dojdzie do następnej przerażającej tragedii.

Po pewnym czasie przynieśli moje wyniki. Kiedy przyszedł lekarz, tylko na nie spojrzał i od razu kazał mnie położyć w szpitalu w izolatce, dodając krótko: „prawdopodobnie TB[1]". Nie wiedziałam, co to znaczy TB. Pielęgniarki powiedziały mi, że to ciężka choroba płuc, i kazały mi przejść na inne łóżko na kółkach, żeby zawieźć mnie na wyższe piętro. Wszystkie założyły na twarz maseczki. Kiedy czekałyśmy w holu na windę, zauważyłam, że jakaś elegancka kobieta, która akurat tamtędy przechodziła, zatrzymała się i uważnie mi się przyglądała. Po chwili zbliżyła się do mojego łóżka.

– Ty jesteś służącą *madame* Amber? – zapytała. Skinęłam twierdząco głową. – Co ci jest? – Chciała podejść do mnie bliżej, ale zanim to zrobiła, drogę zagrodził jej jeden z lekarzy.

– Proszę do niej nie podchodzić! To może być niebezpieczne!

---

[1] TB – *tuberculosis* (łac.) – gruźlica.

Kobieta rzuciła do pielęgniarek „dobrze się nią opiekujcie!"
i oddaliła się wraz z lekarzem. Zaskoczone siostry wymieniły się
zdziwionymi spojrzeniami.

– Ty znasz księżniczkę?! – Nie mogły wyjść ze zdumienia.

– To koleżanka mojej *madame* – odpowiedziałam.

Jeszcze w windzie pielęgniarki patrzyły na mnie z niedowierzaniem. Mówiły, że zdarza się im czasami widywać księżniczkę,
która tu przychodzi, aby omawiać z dyrektorem szpitala sprawy
związane z jej działalnością charytatywną. Kiedy winda zatrzymała się na odpowiednim piętrze, tuż przed jej drzwiami czekał
już na nas doktor, który polecił pielęgniarkom zawieźć mnie
do izolatki na końcu korytarza.

– Ale to tylko służąca! – wykrzyknęła jedna z sióstr.

– Nie szkodzi – odparł lekarz. – To polecenie dyrektora. Mamy
się nią dobrze zajmować.

Izolatka okazała się dość dużym pokojem z przylegającą łazienką, kanapą i stolikiem dla gości, telefonem oraz telewizorem. Wokół łóżka pacjenta rozmieszczono nowoczesny sprzęt
medyczny. Była już późna noc i chyba wkrótce zasnęłam. Jak
przez mgłę pamiętam, że podłączali mnie do jakiejś aparatury.

Przez następne dni dużo się wokół mnie działo. Przychodzili
kolejni specjaliści na konsultację i zastanawiali się, jak dalej
mnie leczyć. Wkrótce zaczęli mi podawać mnóstwo leków, w tym
pomarańczowe tabletki. Prawie cały czas byłam podłączona
do kroplówki, a na twarzy miałam maskę tlenową. Gorączka
wciąż nie spadała. Trzeciego czy czwartego dnia do pokoju weszło jednocześnie sześciu lekarzy i dwie pielęgniarki. Zdjęli mi
szpitalną koszulę i przykryli cienkim prześcieradłem. Następnie
na całym ciele pozakładali mi mnóstwo czujników. Wtedy najstarszy z doktorów przebiegł uważnym wzrokiem po gąszczu
kabli i paru monitorach, po czym zapytał kolegów:

– Gotowi?

Obecni kiwnęli potakująco głowami.

– To zaczynamy! – polecił lekarz. Do mnie zaś powiedział:

– Nie bój się! Wszystko jest pod kontrolą!

Wtedy część lekarzy chwyciła mnie mocno za ręce i nogi, podczas gdy pozostali próbowali wepchnąć mi do gardła cienki przewód. Było to niezmiernie nieprzyjemne uczucie, a kiedy starano się na siłę wcisnąć mi do krtani obcy przedmiot, odruch wymiotny sprawił, że zwróciłam zabarwioną na pomarańczowo wodę, która obryzgała fartuchy lekarzy i sprzęt.

– Nic się nie martw! To normalne! – uspokajał mnie doktor.

W końcu lekarzom udało się wykonać wszystkie czynności i na dużym monitorze mogli zanalizować stan moich dróg oddechowych widzianych od środka. Uważnie się im przyglądali, wymieniali między sobą jakieś uwagi i opinie, kiedy nagle rozległy się sygnały alarmowe podłączonych do mnie urządzeń.

– Ucieka nam! Kończymy! Szybko, bo ją stracimy! – usłyszałam, po czym ogarnęła mnie jakaś nienaturalna błogość i spłynęła na mnie niesamowita jasność. W oddali pojawiły się zmierzające w moim kierunku postacie, które nawoływały mnie do siebie. Bez żadnych słów i gestów wysyłały jednoznaczny przekaz: „Chodź do nas! Chodź do nas!". Wśród nich znajdowała się Dalaja. „Chodź do nas! Chodź do nas!". Siła ich przyciągania była ogromna. Świetliste postacie podchodziły coraz bliżej i bliżej, a po chwili ujrzałam moje podłączone do skomplikowanej aparatury ciało i lekarzy w pośpiechu zakładających mi maskę tlenową na twarz. Ogarnął mnie nieziemski spokój i wrażenie, że zaraz połączę się z Dalają i podążymy razem ku nieskończoności. Ale równocześnie ujrzałam odmienny obraz. Do mojego leżącego na łóżku i otoczonego lekarzami ciała podeszły trzy kobiety. Zobaczyłam mamę, siostrę i księżniczkę, która zdecydowanym gestem zaczęła mnie budzić. Jej dłoń trzy razy klepnęła mnie w ramię.

– Mamy ją! Wróciła! – zawołał jeden z lekarzy.

Otworzyłam na chwilę oczy i zapadłam w sen.

Przez następne trzy tygodnie przebywałam w tym samym szpitalu, chociaż ze względu na moją chorobę powinnam zostać przewieziona do specjalistycznego szpitala dla gruźlików. Jednak mój poważny stan zdrowia nie pozwalał na natychmiastowy transport. Temperatura cały czas oscylowała wokół czterdziestu stopni i bez przerwy musiałam mieć założoną maskę tlenową oraz podłączoną kroplówkę.

W szpitalu miałam doskonałą opiekę. Lekarze i pielęgniarki często do mnie zachodzili, sprawdzając, jak się czuję. Mój stan cały czas był poważny. Mimo wysokiej gorączki dygotałam z zimna, a moim ciałem raz po raz wstrząsały trudne do przezwyciężenia drgawki. Pielęgniarki okrywały mnie stertą koców, ale to niewiele pomagało. Wtedy jedna z sióstr z Indii, chrześcijanka, poprosiła znajomego księdza, aby mnie odwiedził. Przyszedł do mnie parę razy i zawsze się za mnie intensywnie modlił. Dawał mi do picia parę łyków święconej wody, kładł na głowie Biblię i modlił się, trzymając w ręku różaniec. Pielęgniarce zostawił buteleczkę z olejkiem, aby codziennie mnie nim namaszczała. Od tej pory zawsze rano siostra brała parę kropel olejku, po czym nacierała moją krtań i klatkę piersiową. Miałam wrażenie, że po tych zabiegach poczułam się lepiej. Wcześniej w ogóle nie mogłam zdejmować maski tlenowej z twarzy, ponieważ bez niej od razu się dusiłam. Po wizytach i modlitwach księdza udawało mi się samodzielnie oddychać przez pięć lub dziesięć minut. Mogłam też zamienić parę zdań z którąś z hinduskich pielęgniarek. Kiedyś opowiedziałam jednej z nich o moim niezwykłym przeżyciu przy inwazyjnym badaniu, którego omal nie przypłaciłam życiem.

Hinduska wyjaśniła mi, że trzy kobiety, które do mnie przybyły, to trzy wyjątkowe boginie. Mogą one niekiedy objawiać się, przyjmując różne ludzkie postacie. Jedną z nich była Lakszmi, żona Wisznu, w hinduizmie bogini szczęścia, bogactwa i piękna. Zrodzona z piany oceanu mlecznego, przedstawiana jest jako uśmiechnięta, spokojna kobieta siedząca na kwiecie lotosu. Lotos to kwiat tej bogini. Trzyma go w dłoni, jej oczy są z lotosu, a skóra ma barwę tego kwiatu. Nazywana jest także Mahalakszmi, a jej imię w pełnym brzmieniu oznacza „Ta, Której Celem Jest Pocieszanie Ludzkości".

Następna to Padmavati, nazywana w moim języku Alamelu Manga. Jest ona wyłonioną z lotosu formą Lakszmi. Alamelu Manga jest głównym bóstwem w hinduizmie, czczonym jako aspekt bogini Lakszmi. Uważa się, że jej wstawiennictwo jest niezbędne do uzyskania łaski Najwyższego. Trzecią z bogiń była Ganga, której ucieleśnieniem jest święta rzeka Ganges. Ganga symbolizuje rzekę duchowej inspiracji, jaka ciągle spływa z Najwyższej Istoty do ludzkości w postaci duchowej wiedzy i mądrości. Ganga jest drugą małżonką boga Sziwy, który nazywany jest między innymi Dobroczyńcą. Pielęgniarka tłumaczyła mi, że to właśnie te trzy potężne boginie nie pozwoliły mi na opuszczenie ziemskiego życia. Osobiście wierzę, że w dniach mojej ciężkiej choroby przyszedł mi z pomocą wszechogarniający absolut. Możemy go nazywać bogiem lub boginią, ale jest to jedna siła, niezależnie od tego, jaką formę przybiera.

Po paru tygodniach balansowania na granicy życia i śmierci doszłam do kondycji fizycznej, która według lekarzy pozwalała na transport do szpitala dla gruźlików. Jednak zanim to nastąpiło, minęło jeszcze parę dni, podczas których kolejni specjaliści dodatkowo mnie badali. Przyjechało nawet paru lekarzy ze szpitala dla gruźlików, aby przekonać się osobiście, czy zdołają mi tam zapewnić odpowiednie warunki do dalszego leczenia. Dopiero wtedy konsylium zdecydowało, że mogą mnie tam przenieść. Pielęgniarki powiedziały mi, że mój długi pobyt w tym szpitalu należał do sytuacji wyjątkowych. Chociaż leżałam w izolatce, lekarze obawiali się, że groźne bakterie mogą roznieść się poprzez system klimatyzacji. Dopiero rozmawiając z innymi pacjentkami w szpitalu gruźliczym, przekonałam się, jak nadzwyczajnie zostałam potraktowana w tak ostrej fazie mojej choroby.

Z samego rana pojechałam ambulansem do szpitala specjalistycznego. Przedtem podziękowałam lekarzom i siostrom za niezwykłą opiekę. Zapytałam też, czy problem grożący masowym samobójstwem pielęgniarek został rozwiązany. Na szczęście dzięki interwencji oficjalnych instytucji kobiety dostały zgody na transfer wiz do innych pracodawców.

Kiedy karetka podjechała do szpitala dla gruźlików, sanitariusze przewieźli mnie do dużej izolatki, położonej obok gabinetu dyrektora szpitala. Przez trzy pierwsze tygodnie nadal byłam tak osłabiona, że sama nie mogłam dojść nawet do toalety. Wyjątkowo pozwolono mi korzystać z łazienki przeznaczonej dla Kuwejtek, gdyż znajdowała się bliżej mojej izolatki. W szpitalu przebywało zaledwie kilka Kuwejtek, które zajmowały osobne sale. Większość pacjentek stanowiły pochodzące z różnych krajów służące. Były tam kobiety z Nepalu, Sri Lanki, Indii, Filipin, Indonezji, Etiopii i Bangladeszu. Poznałam je wszystkie dopiero po trzech tygodniach, kiedy przeniesiono mnie do jednej z ogólnych sal, w której znajdowało się sześć łóżek. Był to szpital wyłącznie dla kobiet, bo ze względu na obowiązującą w Kuwejcie separację płci chorych na gruźlicę mężczyzn kierowano do oddzielnej placówki.

Kiedy wreszcie spadła mi gorączka i znalazłam się w sali z innymi chorymi, zaczęłam poznawać codzienny rytm szpitala. Budzono nas wcześnie: już o czwartej trzydzieści rano. Co parę dni pobierano nam próbki krwi i plwocin do analizy. Następnie, około piątej, podawano nam porcję leków, w skład której wchodziło kilkanaście różnokolorowych tabletek. Zdziwiło mnie to, że niektóre pacjentki oszukiwały i nie zażywały przepisanych leków. Kiedy pielęgniarki dawały im lekarstwa, wkładały je do ust, aby potem wszystkie wypluć i ukryć w osobistych rzeczach. W którymś momencie personel medyczny zorientował się w tym procederze i próbował przekonać pacjentki do jego zaprzestania. Jednak to nie przyniosło rezultatu i niektóre kobiety nadal używały wszystkich możliwych trików, byle nie połykać pastylek. Zastanawiałam się, dlaczego tak robiły. Pomyślałam, że może przewlekłe trwanie w chorobie i pobyt w szpitalu, gdzie się nimi zajmowano, wydawały im się lepsze od powrotu do bezustannej służby w kuwejckich domach.

Śniadanie przywoziła i roznosiła firma cateringowa o szóstej rano. Na dużych plastikowych tacach znajdowałyśmy mnóstwo przysmaków. Były chleb, masło, jajka, różnego rodzaju sery, wędliny, dżemy, oliwki, ogórki, pomidory i sałata. Do tego za każdym razem dostawałyśmy mleko, soki owocowe, herbatę i kawę. Lekarze zawsze nam powtarzali, że musimy często i różnorodnie się odżywiać. Gruźlica wyniszczyła nas wszystkie, więc każda z nas jeszcze przed diagnozą oraz rozpoczęciem leczenia dużo straciła na wadze. Moja najniższa waga wynosiła wówczas trzydzieści siedem kilogramów i długo utrzymywała się na tym samym poziomie. Mimo regularnie stawianych przede mną smacznych posiłków nie mogłam zmusić się do jedzenia. Nie potrafiłam się skusić ani na podawane na drugie śniadanie ciasta i jogurty, ani na zróżnicowane menu obiadowe. Sam zapach zupy, ryżu, kurczaka, ryb czy mięsa odpychał mnie od talerzy. Czasem udało mi się przełknąć parę kawałków podawanych na podwieczorek owoców, ale już kolację zazwyczaj pozostawiałam nietkniętą.

W szpitalu pracowali lekarze, którzy pochodzili z Indii. Jeden z nich upodobał mnie sobie szczególnie i starannie się mną opiekował. Cierpliwie tłumaczył, że bez odpowiedniej diety trudno mi będzie wrócić do zdrowia i odzyskać siły. Pod jego wpływem powoli zaczęłam trochę więcej jeść.

Chociaż przebywałyśmy w szpitalu, nadal formalnie byłyśmy zależne od naszych sponsorów. Wyłącznie oficjalny pracodawca miał prawo odebrać nas z placówki. Wiązało się z tym wiele problemów. Po dwóch, trzech miesiącach leczenia najczęściej wyniki analiz pacjentek były na tyle dobre, że mogły opuścić szpital. Zdarzało się jednak, że sponsorzy nie przyjeżdżali, żeby odebrać swoje służące. Wtedy szpital odsyłał służącą na posterunek policji, który następnie kontaktował się z ambasadą jej kraju. Jeżeli po długim czekaniu w ambasadzie znalazły się odpowiednie środki na bilet lotniczy, kobietę odprawiano do jej ojczystego kraju. Niemniej żadna z nas nie chciała się znaleźć w takiej sytuacji. Perspektywa utraty pracy i wcześniejszego powrotu z Kuwejtu bez żadnych pieniędzy wiele z nas napawała strachem. Niektóre z pacjentek nie musiały się tego obawiać, bo ich pracodawcy interesowali się ich losem i pozostawali w stałym kontakcie ze szpitalem. Sponsorzy deklarowali, że po skończonej kuracji ich służące mogą wrócić do swoich obowiązków. Ale te pacjentki, które nie miały tyle szczęścia, poważnie martwiły się o swoją przyszłość. Wiele z nich zostawiło w swoich krajach dzieci i rodziny, które żyły tylko z funduszy przesyłanych z Kuwejtu. Prawie zawsze było tak, że brak tych dochodów oznaczał pozostawianie całych dużych rodzin bez żadnych środków do życia.

Moja *madame* też mnie nie odwiedzała. Wiedziałam, że szpital gruźliczy ją poinformował, że tu leżę, ale nie wiedziałam, czy po skończonym leczeniu mogę wrócić do pracy. Jedyną osobą, która czasami do mnie przychodziła, był znany mi już z poprzedniego szpitala katolicki ksiądz. Nadal się za mnie modlił i podarował mi nawet egzemplarz Biblii w moim języku telugu. Czytanie wskazanych przez niego fragmentów Pisma Świętego przynosiło mi ulgę w trudnych momentach mojej choroby. Ponieważ wśród pacjentek były chrześcijanki, w szpitalu pojawiali się także inni księża. Wspierali duchowo nie tylko wyznawczynie swojej wiary, ale nas wszystkie. Służącym, których nikt nie odwiedzał, przynosili ubrania, żywność i niezbędne drobiazgi.

Pewnego dnia do szpitala w bardzo ciężkim stanie trafiła kobieta z Indii, Anisza. Jej gorączka była tak wysoka, że nie wiedziała, co się z nią dzieje, i napadały ją koszmarne majaki. W nocy całym szpitalem wstrząsały jej przeraźliwe wrzaski i zawodzenia. Czasami zrywała się przerażona ze swojego łóżka, aby biec z rozwianymi włosami przez korytarz, po czym wpadać do sal i rzucać się na najbliższą pacjentkę. Atmosfera stała się niezwykle nerwowa, bo wszyscy mieli wrażenie, że chora zdolna jest do najstraszniejszych czynów. Kiedy zapadał zmrok, a oknami targały mocne, pochodzące z pustyni podmuchy wiatru, zastygałyśmy w oczekiwaniu na jej przerażające krzyki. Bałyśmy się zmrużyć oczy, aby nie napadła na nas chora Hinduska, która nie panowała nad sobą.

Podobno, jak opowiadała mi jedna z hinduskich pielęgniarek, w poprzednim szpitalu miałam identyczne ataki. Czasami podbiegałam do okna i otwierałam je w szale, aby wyskoczyć. Ale tam, gdzie leżałam, zerwane kable od razu uruchamiały cały system sygnałów alarmowych. Wtedy momentalnie zbiegał się personel medyczny, aby się mną właściwie zająć. Dyżurujący w nocy lekarze podawali mi odpowiednie środki, a jedna z pielęgniarek czuwała przy mnie, dopóki nie zasnęłam. W szpitalu gruźliczym nie było ani tak dobrego sprzętu, ani należytej liczby personelu, żeby zapewnić mojej rodaczce tego rodzaju warunki. W nocy zostawały z nami pielęgniarki, a lekarze wzywani byli wyłącznie w nagłych wypadkach. Zdane byłyśmy jedynie na siostry, wśród których znajdowała się wyjątkowo dla nas nieprzyjemna Egipcjanka. Właśnie ją Anisza szczególnie irytowała. Pewnej nocy sama widziałam, jak egipska pielęgniarka bije bez opamiętania cierpiącą Hinduskę, drąc się, że jej jęki i napady szału nie pozwalają jej spać. Sytuacja ta powtarzała się parokrotnie. Raz odważyłam się i zwróciłam Egipcjance uwagę, że nie można w ten sposób traktować bezbronnej, obłożnie chorej kobiety. Wtedy złość pielęgniarki przeniosła się na mnie.

– Ty i tak już niedługo wrócisz do Indii! – zaczęła na mnie wrzeszczeć. – Zawiozą cię na posterunek policji, a później od razu na lotnisko! Twoja *madame* w ogóle się tobą nie interesuje! Ani razu jeszcze nie zadzwoniła! A ty już wkrótce będziesz musiała opuścić szpital! I nikt po ciebie nie przyjedzie! Jeszcze trochę i wylądujesz w Indiach! – krzyczała z dziką satysfakcją.

Przygnębiona wróciłam do swojego łóżka. Leżałam i znowu zastanawiałam się, za co ja i moja schorowana mama kupimy jedzenie, jeżeli zostanę wydalona z Kuwejtu.

Po krótkim czasie Anisza znalazła się w stanie krytycznym. Wezwano dodatkowych lekarzy i niezwłocznie zrobiono jej operację. Zabieg chirurgiczny trwał parę godzin. Anisza go nie przeżyła. Ogarnięta smutkiem, wraz z innymi pacjentkami, obserwowałam, jak wywożą ją z sali zabiegowej. Patrzyłam na jej przykryte cieniutką materią wychudzone, przypominające szkielet ciało i myślałam, że śmierć ciągle odprawia wokół mnie swój złowieszczy taniec. Znowu zabrzmiało w mojej głowie nurtujące mnie od dawna pytanie: Czy kiedykolwiek zdołam uwolnić się od złego oka Czandry?

Pewnego dnia lekarz poinformował mnie, że moje wyniki analiz wskazują, że już wkrótce będę mogła opuścić szpital. Wtedy zaczęłam się naprawdę bać. Nie chciałam jechać na posterunek policji. A tym bardziej wracać do Indii. Nie wiedziałam, czy ktoś powiadomił mamę o mojej chorobie. Od kiedy byłam w szpitalu, nie wysyłałam jej mojej pensji, więc na pewno nasze zadłużenie zamiast się zmniejszać, wciąż rosło. Zrozumiałam, dlaczego ludzie, którym nie powiodło się w Kuwejcie, wstydzą się wracać do swoich wiosek i wybierają ostateczne rozwiązanie. Samobójstwo było dla nich mniej przerażające niż przybycie po wielu latach nieobecności do swoich rodzin z pustymi rękami. Ja też się wtedy wstydziłam.

Ponieważ parę z nas było na tyle podleczonych, że planowano nasz wypis ze szpitala, postanowiłyśmy urządzić party. Nazwałyśmy je TB party. Jedna z moich chorych koleżanek, którą czasami odwiedzał jej brat, poprosiła go, aby kupił nam kolorowy papier, duży karton, kolorowe pisaki i kredki. Większość z nas nie miała żadnych pieniędzy, ale parę dinarów, które udało nam się wspólnie uzbierać, wystarczyło na zakupy. Zwróciłyśmy się też do księdza z prośbą o klej, a od pielęgniarek pożyczyłyśmy nożyczki. Wieczorem wśród żartów i śmiechów kleiłyśmy różnobarwne łańcuchy, które później miały posłużyć nam do udekorowania sali. Początkowo pielęgniarki chciały zgasić światło i zagonić nas do łóżek, ale zabronił im tego schodzący z dyżuru lekarz. Stwierdził, że dobry nastrój jest równie ważny w procesie naszego leczenia i rekonwalescencji, jak leki, więc należy nam pozwolić na odrobinę radości. Całą noc siedziałyśmy więc na łóżkach i wycinałyśmy kolorowe paski, a następnie, zaczepiając jeden o drugi i odpowiednio je sklejając, tworzyłyśmy z nich łańcuchy. Konkurowałyśmy między sobą, który z nich jest dłuższy i ładniejszy. Zaśmiewałyśmy się przy tym do rozpuku, opowiadając sobie najpiękniejsze wspomnienia z dzieciństwa. Kiedy łańcuchy były już gotowe, z czerwonego kartonu wycięłyśmy olbrzymie serce i wielkimi kolorowymi literami napisałyśmy TB PARTY. Potem każda z nas miała złożyć na sercu swój podpis. Okazało się, że nie wszystkie pacjentki potrafią pisać: niektóre z nich umiały z trudem nagryzmolić swoje imię. Umieszczałyśmy za koleżanki ich imiona, pilnując, aby imię każdej z nas znalazło się na sercu. Analfabetki rysowały kwiatki, lalki, szlaczki, słoneczka i gwiazdy, bo chciały zostawić po sobie jakiś osobisty ślad. Spodobało nam się to malowanie, więc już do rana wszystkie ozdabiałyśmy nasze serce własnoręcznie wykonywanymi rysunkami. Chociaż niektóre z nas były już mężatkami i miały pozostawione w swoich krajach dzieci, to tej nocy wszystkie czułyśmy się jak beztroskie dziewczynki w internacie.

Chociaż nie przespałyśmy całej nocy, byłyśmy tak podekscytowane zbliżającą się imprezą, że krótkie drzemki w ciągu następnego dnia zupełnie nam wystarczyły. Między dawaniem próbek do analizy, przyjmowaniem leków i posiłkami z zapałem rozwieszałyśmy zrobione przez nas kolorowe łańcuchy. Na ścianie, na centralnym miejscu, powiesiłyśmy czerwone serce z naszymi imionami i rysunkami. Lekarzom podobała się nasza praca. Cieszyłyśmy się, kiedy nas tak wszyscy chwalili. Jedna z pielęgniarek przyniosła magnetofon, a inne kasety z muzyką. Ksiądz, wiedząc o naszej zabawie, przysłał nam cukierki, herbatniki, ciastka i napoje gazowane. Już nie mogłyśmy doczekać się naszego TB party.

Wieczorem założyłyśmy najlepsze ubrania, jakie miałyśmy, i zaczęłyśmy zabawę. Z magnetofonu popłynęła indyjska, filipińska i arabska muzyka. Tańczyłyśmy do upadłego, tworząc korowody, wężyki i kółeczka. Skakałyśmy, klaskałyśmy, śpiewałyśmy i pokładałyśmy się ze śmiechu. Na końcu, już nad ranem, zrobiłyśmy sobie pamiątkowe zdjęcie. Do tej pory je posiadam.

Stoimy razem, kilkanaście gruźliczek w różnych pozach, a nad naszymi głowami zwisają kolorowe łańcuchy. Nasze kreacje to zniszczone piżamy, diszdasze, tanie spódnice, spodnie i bluzki, które czasem zupełnie do siebie nie pasują. Mamy blade twarze, zapadnięte policzki, wystające kości policzkowe i wychudzone ręce. Ale z oczu bije radość, choć czasem można w nich dostrzec jakąś przebijającą nutkę strachu albo niepewności. Niektóre z nas trzymają się za ręce lub obejmują. Tamte dwie doby, które poprzedzały zrobienie tej fotografii, spędzone na zabawie z moimi chorymi koleżankami w szpitalu gruźliczym, to były najszczęśliwsze chwile, które przeżyłam podczas mojego pierwszego kilkuletniego pobytu w Kuwejcie.

Nadszedł czas naszych wypisów. Każda marzyła, żeby przyjechała po nią jej *madame* i zabrała do pracy w swoim domu. W większości przypadków tak się działo, lecz parę z nas, w tym również ja sama, nie miało pewności co do swojego losu. Szpital wydzwaniał do sponsorów, którzy albo wykręcali się brakiem czasu, albo wprost mówili, że nie przyjadą po swoją służącą. W takim niekorzystnym położeniu znalazła się moja najlepsza koleżanka, Alicja z Indonezji. Przebywała w szpitalu ponad cztery miesiące i już dawno powinna go opuścić. Jej sponsorzy początkowo mówili, że ją odbiorą, lecz cały czas coś stawało im na przeszkodzie, aby po nią przyjechać i podpisać stosowne dokumenty zezwalające jej na opuszczenie placówki. Po paru tygodniach stało się jasne, że pracodawcy Alicji zwodzili i ją samą, i szpital, gdyż tak naprawdę nigdy nie zamierzali się tu pojawić. W efekcie Alicja musiała zostać odesłana do swojego kraju. Widziałam, jak często płacze z tego powodu. Głęboko jej współczułam, a jednocześnie strach ściskał mi serce, gdyż mnie mogła czekać taka sama przyszłość.

Wreszcie nadszedł dzień, w którym lekarz oznajmił Alicji, że musi zadzwonić do ambasady Indonezji. Jeżeli któryś z przedstawicieli jej kraju przybędzie w miarę szybko, to kobieta uniknie odstawienia na posterunek policji. Alicja po otrzymaniu tej informacji usiadła na swoim łóżku, objęła rękami kolana, schowała głowę w ramionach i skurczyła się tak, jakby chciała zniknąć na zawsze. Patrzyłam, jak jej ciałem wstrząsają spazmy tłumionego płaczu. Usiadłam obok niej, objęłam ją i tak zastygłyśmy, obie pogrążone w coraz większym żalu.

– No, Alicja, nareszcie stąd wyjdziesz! – usłyszałam głos nielubianej przez nas pielęgniarki. – Już dawno powinni cię stąd wyrzucić! Siedzisz tu już tyle miesięcy i jesz za darmo!

Nie pierwszy raz Egipcjanka perfidnie dokuczała mojej koleżance. Od paru tygodni prawie codziennie jej wytykała, że czas przeznaczony na jej leczenie dawno się skończył i musi się stąd jak najszybciej wynieść. Na kolejne obraźliwe słowa pielęgniarki Alicja zareagowała wzmożonym, rozpaczliwym łkaniem. Mocno przytuliłam ją do siebie. Tylko tyle mogłam dla niej zrobić.

Na szczęście pracownik ambasady Indonezji przyjechał już następnego dnia i obiecał zająć się sprawą Alicji. Poprosił o parę dni zwłoki, aby mógł w tym czasie załatwić potrzebne dokumenty i fundusze związane z kupnem dla niej powrotnego biletu do kraju. Kiedy został ustalony termin wypisu ze szpitala, okazało się, że Alicja nie ma żadnych odpowiednich ubrań, w których mogłaby wsiąść do samolotu. Wtedy przedstawiciele Kościoła zorganizowali potrzebną jej na podróż stosowną odzież.

Jedną z osób, które nadzorowały funkcjonowanie szpitala gruźliczego, była Kuwejtka o niezwykle dobrym sercu. Przychodziła do placówki codziennie na godzinę lub dwie, sprawdzała dokumenty i kontrolowała pracę całego personelu. Zawsze też znalazła parę minut, żeby z nami porozmawiać. Szczególnie interesowała się pacjentkami, których nikt nie odwiedzał i nie wspierał. Kiedy usłyszała o zbliżającym się wyjeździe Alicji, również obdarowała ją nowymi ubraniami i dała jej nieco pieniędzy na drogę. Dowiedziałam się wtedy, że ta sama Kuwejtka kilka miesięcy wcześniej zebrała od organizacji charytatywnych i prywatnych dobroczyńców zawrotną dla nas kwotę dziesięciu tysięcy dolarów, którą podarowała opuszczającej szpital gruźliczy chorej na raka Hindusce. Przekazane pieniądze miały zapewnić byt dzieciom i rodzinie kobiety, która z powodu ciężkich chorób nie mogła już dłużej pracować w Kuwejcie i musiała wrócić do Indii. Kuwejtka wymogła też na Hindusce obietnicę, że z ofiarowanych jej funduszy będzie kontynuować leczenie w Indiach.

Kiedy nadszedł czas wypisu Alicji ze szpitala i musiałam się z nią pożegnać, płakałyśmy razem długo i głośno. Alicja rozpaczała, że z powodu swojej choroby straciła pracę i jej rodzinie grozi skrajne ubóstwo. Wiedziała, że prosto ze szpitala pojedzie na lotnisko. Alicja, podobnie jak my wszystkie, przyjechała do Kuwejtu, aby zapewnić swoim bliskim lepsze życie, i z pewnością nie tak miał wyglądać jej powrót do domu. Ostatni raz uściskałyśmy się w drzwiach szpitala. Od tamtej pory już jej nie widziałam. Na pamiątkę zostało mi grupowe zdjęcie z naszego TB party, na którym Alicja stoi tuż obok mnie i swoją wychudłą ręką serdecznie ściska moją dłoń.

Podczas następnych dni wypisywano ze szpitala kolejne pacjentki, aby zrobić miejsce nowo przyjmowanym chorym. Wiedziałam, że nieuchronnie zbliża się moment, w którym rozstrzygnie się również moja przyszłość. Ogromnie się denerwowałam, bo zdawałam sobie sprawę, że jeżeli moja *madame* nie pojawi się, żeby mnie odebrać, będę musiała wracać do Indii. Co rano pytałam lekarza, kiedy przyjedzie po mnie *madame*, ale odpowiadał wymijająco, że jeszcze nie wie. Z zazdrością patrzyłam na koleżanki, które ze swoimi sponsorami opuszczały szpital i wracały do pracy. W nocy marzyłam, że kiedy następnego ranka się obudzę, doktor powie mi, że mam się pakować, bo zaraz zjawi się tu moja *madame*. Ale tak się nie stało i z dnia na dzień traciłam nadzieję na pozostanie w Kuwejcie.

Pewnym wczesnym popołudniem leżałam zrezygnowana na swoim łóżku, kiedy zobaczyłam kogoś w masce na twarzy, idącego w moją stronę. To była normalna procedura, że wszyscy odwiedzający musieli założyć ochronne, jednorazowe maseczki.

– Bibi! – powiedziała zamaskowana osoba. Nie miałam pojęcia, kto do mnie przyszedł. – Bibi! To ja, Rama! – Dopiero teraz rozpoznałam głos koleżanki.

– Rama! – Ucieszyłam się, że ją widzę, lecz momentalnie ogarnął mnie paniczny strach. Pomyślałam, że skoro Rama przybyła, żeby się ze mną pożegnać, to *madame* po mnie nie przyjedzie i muszę wracać do Indii!

– Bibi! Co się stało?! – wykrzyknęła Rama, widząc przerażenie na mojej twarzy. – Źle się czujesz?! Wezwać lekarza?! – Rozpłakałam się na głos, wyobrażając sobie, jak wracam bez pieniędzy do Indii, do mojej schorowanej mamy, i wyrzucają nas z zastawionego domu na ulicę. – Bibi! Bibi! Przestań! Co ci jest?! – wołała Rama, widząc, że całe moje ciało wpada w niekontrolowane drgawki. – Siostro! Proszę zawołać lekarza!

Przyszła egipska pielęgniarka, która od razu zaczęła na mnie wrzeszczeć:

– Czemu udajesz?! Przecież już możesz dostać wypis! Co, nie chce ci się wracać do pracy?! Chcesz jeszcze dłużej obijać się w szpitalu jak te oszustki, co nie biorą leków?! Ja tu muszę codziennie przychodzić i ciężko pracować, a wy jesteście tak leniwe, że jedynie leżałybyście w łóżkach i jadły za darmo! – Egipcjanka wylewała na mnie całą swoją złość i frustrację.

Widząc, że skuliłam się pod wpływem gorzkich słów pielęgniarki, Rama powiedziała do mnie szybko:

– Weź to. – Podała mi wypełnioną rzeczami reklamówkę.

– *Madame* powiedziała, że masz się dokładnie wykąpać i założyć te nowe ubrania, które ci kupiła. Nie chce, żebyś cokolwiek brała z tego szpitala.

– *Madame*?! – Nie rozumiałam.

– Tak, przyjechała po ciebie. Jest teraz w pokoju lekarskim i zatwierdza dokumenty związane z twoim wypisem.

Kiedy to usłyszałam, oczy wypełniły mi się łzami ze szczęścia! Zostawałam w Kuwejcie! Szybko pobiegłam pod prysznic, przebrałam się w nową, ładną diszdaszę, pożegnałam się z koleżankami, podziękowałam lekarzom i pielęgniarkom, po czym udałam się z Ramą do samochodu *madame*. Po raz pierwszy od paru miesięcy z okien pojazdu patrzyłam na kuwejckie ulice i domy. Wymizerowana po wyczerpującej chorobie, znowu wracałam na służbę.

# Rozdział VII

# Inwazja

Po powrocie do domu od razu musiałam zabrać się do pracy. Z mojej obecności ucieszyła się zwłaszcza Basma, która podarowała mi nawet jednego ze swoich ulubionych misiów. Jak na tak rozpieszczoną i egoistyczną dziewczynkę to był wyjątkowy gest. Dowiedziałam się, że w czasie mojego pobytu w szpitalu przez dom przewinęły się trzy służące, które nie mogły sobie dać rady z rozkapryszonym dzieckiem, więc czym prędzej odeszły. Kiedy nagle zostałam w szpitalu, *madame* z dnia na dzień potrzebowała kogoś do opieki nad Basmą, dlatego musiała zatrudniać służące, które już przebywały w Kuwejcie na kupionych przez siebie wizach. W związku z tym nie miała nad nimi żadnej formalnej kontroli i mogły odejść z pracy, kiedy chciały.

Przez następne miesiące regularnie jeździłam do kliniki gruźliczej na rutynowe badania. Zawsze robili mi tam prześwietlenie płuc, brali krew i plwocinę do analizy oraz zaopatrywali mnie w potrzebne lekarstwa. Opieką i kontrolnymi badaniami była też objęta cała rodzina *madame*, łącznie z jej rodzicami, rodzeństwem i służącymi, ponieważ w związku z wyjazdami na pustynię miałam z nimi częsty kontakt. Basma jako dziecko, które jak zakładano, jest mniej odporne, przez pół roku musiała brać zapobiegawczo odpowiednie tabletki.

Szacuje się, że około jednej trzeciej populacji ludzkiej zakażone jest prątkiem gruźlicy, ale choroba rozwija się najwyżej u dziesięciu procent z nich. Niestety, w Indiach, Bangladeszu i Indonezji, czyli krajach, skąd pochodzi większość kuwejckich służących, choroba ta co roku zbiera zastraszające żniwo. Gruźlica jest najczęstszą przyczyną zgonu spośród wszystkich chorób zakaźnych, a w samych Indiach co roku z jej powodu umiera prawie trzysta tysięcy osób. Czasem zastanawiam się, co by się stało, gdybym nie przyjechała do Kuwejtu i moja choroba rozwinęła się w Indiach. Myślę, że jeżeli mój stan okazałby się tak ciężki jak wtedy, gdy byłam na służbie, prawdopodobnie zabrałaby mnie śmierć. Jestem pewna, że bez wysokiej klasy sprzętu medycznego, sztabu specjalistów, najwyższej jakości leków i protekcji księżniczki nie udałoby mi się przeżyć. Od tej pory zawsze, nawet kiedy wydaje mi się, że znajduję się w beznadziejnym położeniu, myślę sobie, że może jest w nim ukryty jakiś doniosły cel, którego ja w tym momencie jeszcze nie potrafię dostrzec. Uważam, że człowiek nigdy do końca nie wie, czy sytuacja, w jakiej przyszło mu żyć, jest dla niego bezsprzecznie dobra czy zła.

To było moje następne bardzo upalne lato w Kuwejcie. Ani ja, ani nikt z kładących się spać pierwszego sierpnia tysiąc dziewięćset dziewięćdziesiątego roku mieszkańców tego kraju nie przewidywał, że nazajutrz obudzi się w zupełnie innej rzeczywistości. Później krążyły plotki, że w nocy Saddam Husajn[1] zadzwonił do ówczesnego emira Kuwejtu[2] i powiedział mu, że następnego dnia nie zje śniadania. A może to był jedynie żart.

---

[1] Saddam Husajn, wł. Saddam Husajn Abd al-Madżid at-Tikriti (1937, stracony w 2006) – iracki polityk, dyktator Iraku w latach 1979–2003; 2 sierpnia 1991 roku jego armia zaatakowała Kuwejt, co zapoczątkowało konflikt znany jako I wojna w Zatoce Perskiej.
[2] Dżabir III al-Ahmad al-Dżabir as-Sabah (1926–2006) – emir Kuwejtu w latach 1977–2006.

W czwartek rano *baba* jak zwykle pierwszy wyszedł do pracy. Jednak już mniej więcej po godzinie usłyszałam, jak zdenerwowana *madame* rozmawia z kimś przez telefon.

– Nie, nie, to niemożliwe – szlochała. – Irakijczycy? Gdzie? Jak? – Połączenie zostało przerwane, ale *madame* wciąż stała ze słuchawką przy uchu, powtarzając bez przerwy: – Weszli tu, naprawdę tu weszli, Bibi. Mamy wojnę. – Spojrzała na mnie z rozpaczą przez łzy wciąż napływające jej do oczu.

Pierwszy raz miałam wrażenie, że nie widzi we mnie służącej, lecz towarzyszkę niedoli. W obliczu katastrof wszyscy stajemy się równi, bez względu na majątek, narodowość czy status społeczny.

– Jaką wojnę? – zapytałam.

– Saddam Husajn zagarnął Kuwejt! – wykrzyknęła i wybuchnęła donośnym płaczem.

Jak dowiedziałam się później, jako oficjalną przyczynę irackiej inwazji podano zarzut bezprawnego wykorzystywania przez Kuwejt spornego, przygranicznego pola naftowego Ar-Rumajla. Saddam Husajn oskarżył sąsiedni kraj o kradzież cennego surowca ze złóż irackich. Sam Irak pozostawał wtedy mocno zadłużony po kosztownej, zakończonej zaledwie dwa lata wcześniej wojnie z Iranem[1], a Kuwejtowi był winien dziesięć miliardów dolarów. Saddam oskarżał też Kuwejt o naruszanie limitu określonego przez OPEC w wydobywaniu ropy naftowej, co przyczyniało się do obniżania jej ceny. Dyktator uważał również, że ze względów historycznych Kuwejt należy do Iraku. Aneksja sąsiedniego bogatego państwa miała na celu rozwiązanie wszystkich tych problemów.

Niemniej o ostatecznej aneksji Kuwejtu – wielu ludzi mówiło o tym już w pierwszych dniach inwazji i później potwierdził to

---

[1] Chodzi o wojnę między Irakiem i Iranem w okresie od 22 września 1980 do 20 sierpnia 1988 roku.

Saddam Husajn – zdecydowało zupełnie coś innego. Niedługo przed atakiem iracki minister spraw zagranicznych spotkał się z emirem Kuwejtu, żeby negocjować i dojść do porozumienia w spornych sprawach. Wtedy emir Kuwejtu powiedział do irackiego ministra: „Nie przestanę robić tego, co robię, dopóki nie zmienię każdej irackiej kobiety w prostytutkę za dziesięć dolarów". Saddam Husajn uznał to za osobistą obelgę i wysłał swoją armię do Kuwejtu.

Z moich późniejszych rozmów z wieloma służącymi i kierowcami, którzy mieszkali w różnych częściach Kuwejtu, wyłonił się obraz pierwszych ciężkich dla wszystkich dni inwazji. Wojsko irackie, wtedy czwarte pod względem liczebności na świecie, przekroczyło północną granicę Kuwejtu około pierwszej w nocy. Ponad sto tysięcy żołnierzy, siedemset czołgów, ciężarówki i wozy opancerzone pewnie parły do przodu, nie napotykając na prawie żaden opór. Sama inwazja była dla mieszkańców Kuwejtu ogromnym zaskoczeniem. Nikt się jej nie spodziewał. Poza tym panował środek gorącego lata i mnóstwo Kuwejtczyków, jak zwykle o tej porze roku, znajdowało się poza granicami swojego kraju. Pozostałych obudziły odgłosy wystrzałów oraz turkoczący dźwięk latających śmigłowców. W pierwszym momencie nikomu nie przyszło do głowy, że oto zaczyna się wojna. Niektórzy mieszkańcy budzili się rozespani, myśląc, że ich klimatyzacja szwankuje i wydaje tak dziwny hałas. Jak opowiadała jedna z moich koleżanek, kiedy jej *madame* wyjrzała przez okno i zobaczyła helikoptery, była pewna, że są to maszyny kuwejckie. Dopiero gdy spostrzegła trzy gwiazdy na fladze irackiej, która została namalowana na śmigłowcach, zrozumiała, że dla jej ojczyzny zaczął się horror.

Niektórzy ludzie mieszkali w spokojniejszych dzielnicach, tak jak moi państwo. Kiedy, tak jak *baba*, wyszli do pracy, ze zdziwieniem zobaczyli, że na wielu ulicach są blokady zrobione przez żołnierzy, którzy zatrzymywali i sprawdzali wszystkich przejeżdżających. Na początku mało kto w ogóle zdawał sobie sprawę z tego, że to są wrogie wojska. Ale już wkrótce po kraju zaczęła krążyć przerażająca wiadomość o agresji Saddama Husajna. Część mieszkańców, bojąc się o życie swoje i swoich bliskich oraz znając brutalność najeżdżającego kraj dyktatora, samochodami kierowała się do granicy z Arabią Saudyjską. Ale nie wszystkim udało się szczęśliwie znaleźć schronienie. Irakijczycy wyciągali przerażonych uciekinierów z samochodów, po czym zabierali im kluczyki oraz blokowali drogi wiodące do oddalonej zaledwie o godzinę jazdy samochodem Arabii Saudyjskiej. Wielu Kuwejtczyków, którzy tego dnia opuścili swoje domy, zostało zabitych lub wziętych do niewoli przez Irakijczyków.

Dużo słabsza armia kuwejcka praktycznie nie miała szans w konfrontacji z tysiącami żołnierzy doborowej Gwardii Republikańskiej Saddama Husajna. Z irackich helikopterów szturmowych nastąpił desant komandosów, którzy błyskawicznie opanowali strategiczne punkty. Życie emira i istnienie państwa zostały poważnie zagrożone. Myśląc o przyszłości swojego kraju, władca Kuwejtu, emir Dżabir as-Sabah, wezwał kuwejckie śmigłowce do swojego pałacu, skąd wraz z kosztownościami i następcą tronu, księciem Saadem as-Sabahem, ewakuował się na lotnisko międzynarodowe. Tam nastąpiło szybkie przeładowanie klejnotów do prywatnego odrzutowca. Tuż po starcie maszyny lotnisko zostało zbombardowane przez myśliwce Mirage, którymi dysponowała iracka armia.

W przyszłości dowiedziałam się, że samolotowi emira udało się dolecieć do Bahrajnu. Po krótkim postoju emir z bajecznymi skarbami udał się do Dammamu w Arabii Saudyjskiej. Bezpieczny władca zaczął starania o pomoc międzynarodowych sojuszników w wyzwoleniu kraju z rąk tyrana. Już o ósmej rano czasu kuwejckiego Waszyngton potępił agresję. Po niecałej półgodzinie uczynił to rząd brytyjski. Po paru godzinach Rada Bezpieczeństwa ONZ potępiła napaść Iraku i zażądała natychmiastowego wycofania wojsk. Co ciekawe, w czasie, kiedy pierwsze czołgi pędziły przez kuwejcką pustynię, prezydent George Bush analizował raporty CIA wykluczające możliwość konfliktu zbrojnego między Irakiem a Kuwejtem. Może amerykańscy agenci nie wiedzieli o słowach emira obrażających irackie kobiety i o zranionej dumie Saddama Husajna.

Pierwszego dnia inwazji iraccy komandosi wspierani przez czołgi zajęli gmach telewizji i bank centralny. Zaciekle broniły się ministerstwa oraz dwie siedziby emira. Położony nad morzem pałac Dasman został zaatakowany już nad ranem, ale główna bitwa została stoczona koło południa. Celem Irakijczyków było schwytanie emira i jego doradców. Na szczęście emir zdążył opuścić pałac jeszcze przed rozpoczęciem natarcia. Na miejscu został jego młodszy brat, szejk Fahad al-Ahmed al-Jaber as-Sabah, który tego dnia wrócił ostatnim rejsowym samolotem British Airways z Londynu. Razem z armią kuwejcką dzielnie stawiał opór przeważającym siłom najeźdźcy. Niestety, po wkroczeniu do akcji irackich komandosów Kuwejtczycy zostali pokonani. Brat emira zginął, a jego ciało, według naocznego świadka, zostało rozjechane czołgami. Drugiego pałacu emira bronił wyszkolony przez SAS, elitarną jednostkę brytyjską, batalion gwardii narodowej. Po ciężkim, ponad dwugodzinnym ostrzeliwaniu rezydencji przez iracką artylerię i ostatecznym szturmie komandosów, wspieranych przez pięćdziesiąt czołgów, obrońcy musieli skapitulować. W ciągu kilkunastu godzin kluczowe punkty kraju znalazły się w irackich rękach.

Z *madame* i Basmą siedziałyśmy przerażone w salonie, wsłuchując się w turkot krążących nad budynkiem helikopterów i odgłosy walki. Z okna widziałyśmy, że cała plaża nad Zatoką Perską wypełniona jest irackimi żołnierzami. Najgorsze było oczekiwanie na powrót męża *madame* i przeraźliwy strach przed wrogami. Wiedziałyśmy, że armia Saddama jest bezwzględna, a jej mrożąca krew w żyłach sława miała źródło również w powszechnym stosowaniu przez nią najwymyślniejszych tortur: wydłubywania oczu, rażenia prądem czy oblewania kwasem i brutalnego bicia.

Dużo później, już po wyzwoleniu Kuwejtu przez siły koalicyjne, w lutym tysiąc dziewięćset dziewięćdziesiątego pierwszego roku, od swoich koleżanek służących dowiadywałam się o ogromie cierpień, które dotknęły ich pracodawców. W prawie każdym domu brakowało przynajmniej jednego członka rodziny, który został zabity lub wywieziony jako więzień do Iraku. Matki rozpaczały po swoich kilkunastoletnich synach, trzymając w ręku zdjęcia, na których widniały zmasakrowane przez tortury ciała ich dzieci. *Madame* jednej z moich koleżanek wciąż nie mogła pogodzić się ze stratą swojego dziewiętnastoletniego syna, którego Irakijczycy dorwali już w pierwszym dniu inwazji i zabili na miejscu. Jego pokój wyglądał dokładnie tak samo jak w chwili, w której go opuścił, aby już nigdy tam nie wrócić. *Madame* przykazywała mojej koleżance, aby przy ścieraniu kurzu wszystko stawiała z powrotem dokładnie w to samo miejsce, tak jak zostawił swoje rzeczy jej syn, kiedy ostatni raz był w domu. *Madame* przesiadywała w tym pokoju godzinami i płacząc, wpatrywała się w poukładane w szafach ubrania syna, stojące na półkach jego książki, przedmioty osobiste, puchary z zawodów sportowych, a nawet buteleczki z męskimi perfumami. Wspominała w cierpieniu najbliższą jej osobę, powtarzając, jak odpowiedzialnym i dobrym był człowiekiem. Jej syn miał wiele planów, ale odszedł na zawsze, zanim jeszcze zaczął prawdziwe, dorosłe życie. Takich ofiar były setki.

Inna moja koleżanka służyła w rodzinie kuwejckiego pilota, wziętego do niewoli pierwszego dnia operacji „Pustynna Burza", która miała doprowadzić do wyzwolenia Kuwejtu. Świetnie znała przeżycia tego pilota, ponieważ wielokrotnie je słyszała, kiedy mówił o nich odwiedzającym go licznie członkom rodziny i znajomym, a ona ich w tym czasie obsługiwała. Ponieważ jest to świadectwo naocznego świadka historii, przekażę tę opowieść tak, jak opowiadał ją sam pilot:

Siedemnastego stycznia tysiąc dziewięćset dziewięćdziesiątego pierwszego roku stacjonowałem w bazie wojskowej King Abdul Aziz Airbase w Arabii Saudyjskiej. Na naszym wyposażeniu były samoloty szturmowe Skyhawk, których używała amerykańska armia. Do Iraku mieli latać głównie Amerykanie, Brytyjczycy i Włosi, zaś krótkodystansowe loty do Kuwejtu przypadły w udziale przede wszystkim mi i moim rodakom ze względu na dobrą znajomość topografii naszego kraju. Było nas około trzydziestu pilotów wyszkolonych w Stanach Zjednoczonych. Najmłodszy z nas miał zaledwie dwadzieścia kilka lat. Około trzeciej nad ranem usłyszeliśmy syreny alarmujące, że nasza baza może być zaatakowana przez rakiety typu scud. Zaczęły się nasze loty bojowe, mające na celu bombardowanie stanowisk wroga. W każdej akcji brało udział jednocześnie od czterech do sześciu samolotów. Ja wystartowałem o drugiej trzydzieści po południu, a około trzeciej byłem już nad swoim celem – bazami wojsk irackich w Kuwejcie. Niestety, tego dnia panowała fatalna pogoda i całe niebo było zachmurzone, w związku z czym wykonanie naszego zadania się skomplikowało. Dysponowaliśmy sprzętem, który wymagał tego, że musieliśmy widzieć cel na własne oczy, aby zrzucić bombę. Tego dnia widoczność była mocno ograniczona, dlatego parokrotnie podchodziłem do celu. To sprawiło, że wróg mnie namierzył. Samolot dostał w lewe skrzydło. Zaraz potem przekręcił się i skierowany dziobem w dół, zaczął z niesamowitą szybkością pędzić w stronę ziemi. Musiałem się katapultować. Kiedy mały spadochron się otworzył, starałem się tak manewrować, żeby wybrać najdogodniejsze miejsce do lądowania. Ale kiedy dotknąłem gruntu, otoczyli mnie Irakijczycy, krzycząc: „Nie ruszaj się!". Od razu skonfiskowali mi pistolet, który miałem przy sobie. Następnie wrzucili mnie twarzą w dół do dżipa, po czym zabrali do jednego z wykopanych w piasku schronów na pustyni. Wiedziałem, że jestem na terenie południowego Kuwejtu, dokładnie między Wafrą a Ahmed al-Jaber Airbase. Tam zerwali ze mnie mundur, zawiązali oczy i zaczęli mnie przewozić z jednego do drugiego punktu wojskowego. W każdym z nich zadawali mi po parę pytań, a jednocześnie drwili ze mnie, obrażali, kopali i bili. Dla mnie było oczywiste, że wyrażają w ten sposób całą swoją nienawiść do Kuwejtczyków. W pewnym momencie zdałem sobie sprawę, że prawdopodobnie jestem już poza granicami mojego kraju. Znowu siedziałem w dżipie, cały czas miałem opaskę na oczach, a ręce skute z tyłu kajdankami. Jechało ze mną dwóch wojskowych. Pamiętam, że jeden z nich miał na imię Dżafar, a drugi, porucznik wywiadu irackiego, Ahmed. Żądali ode mnie, żebym ciągle siedział prosto, co było niemożliwe ze skutymi rękami na plecach. Domyślałem się, że jedziemy do Nasirii w Iraku, gdyż tam znajdowało się jedno z głównych irackich stanowisk dowodzenia. Nie wiem nawet, ile trwała ta cała operacja, bo czasem ze zmęczenia zasypiałem na chwilę, ale wtedy żołnierze od razu mnie bezlitośnie budzili. Kiedy wreszcie dotarliśmy do jednostki i weszliśmy do biura, zostałem brutalnie rzucony na kolana. Wojskowi zdjęli mi z oczu opaskę. Zobaczyłem wokół mnie wielu oficerów. Jeden z nich zaczął mnie przesłuchiwać, pytał o moją tożsamość, a następnie starał się wyciągnąć ode mnie jak najwięcej informacji na temat naszej bazy lotniczej. W pewnym momencie zapytał mnie: „Poznajesz kogoś w tym pokoju?". „Tak" – odpowiedziałem. „Kogo?" – drążył. „Jego" – wskazałem na jednego z obecnych. To był syn Saddama Husajna, Udajj[1]. Po chwili sam Udajj kontynuował moje przesłuchanie. Pytał mnie przede wszystkim o relacje kuwejckiej rodziny panującej z saudyjską rodziną królewską oraz o inne kwestie natury politycznej. Po twardych, dociekliwych pytaniach ze strony Udajja zakończyła się pierwsza tura śledztwa. Potem znowu zakryli mi oczy i zaprowadzili do innego pokoju. Po krótkiej przerwie przesłuchanie rozpoczęło się na nowo. Zadawali mi techniczne pytania na temat mojego samolotu, eskadr w mojej bazie lotniczej i związanych z tym kwestii. Następnie znowu zawieźli mnie w inne miejsce, które było biurem wywiadu, o czym przekonałem się później. Tam jeszcze raz dokładnie zarejestrowali wszystkie moje dane. Zdjęli mi z oczu opaskę, ale ręce nadal miałem zakute w kajdanki. W pierwszym momencie w oczy rzuciły mi się buty noszone przez pilotów. To byli dwaj oficerowie irackich sił powietrznych. Pomyślałem, że nie będą mnie torturować, bo mogę zobaczyć ich twarze. Zadawali mi pytania związane z lotnictwem sił koalicyjnych, jego strategią i planami. Jednak jako zwykły pilot nie posiadałem żadnej istotnej wiedzy na ten temat. Poza tym byłem pewien, że dowództwo po otrzymaniu wiadomości o moim pojmaniu podejmie odpowiednie kroki, które spowodują, że nawet wydobyte ode mnie siłą informacje nie będą miały już żadnego znaczenia dla działań wojennych koalicji.

[1] Udajj Saddam Husajn at-Tikriti (1964–2003) – najstarszy syn prezydenta Iraku, Saddama Husajna.

Noc spędziłem w tym samym pokoju, a rano usłyszałem jakieś głosy. Domyśliłem się, że to są inni jeńcy wojenni, prawdopodobnie dwóch brytyjskich pilotów samolotu Tornado, o którego zestrzeleniu dowiedziałem się jeszcze przed wylotem. Tamtego dnia, dziewiętnastego stycznia, zaczęła się następna runda intensywnych przesłuchań. Byliśmy bici różnymi przedmiotami. Oczy miałem zawiązane, ale czasami czułem, że jest to trzcina, a innym razem, że gumowa rurka wypełniona czymś w środku. Uderzenia były niezwykle bolesne. Zdarzało się, że Irakijczycy uderzali gołymi rękami. Ciosy wymierzano nieoczekiwanie i mogły dosięgnąć każdej części ciała. Niezwykle okrutne zarówno pod względem fizycznym, jak i psychicznym, miały na celu złamanie więźniów. Torturowano nas tak do dwudziestego drugiego stycznia, kiedy przewieziono nas do bazy wojskowej, gdzie znajdowało się więzienie. Trafiłem do celi, w której wcześniej już przebywali kuwejccy więźniowie. Dowiedziałem się tego z wyskrobanych na ścianach napisów. Tam dostałem też swoje więzienne żółte ubranie. Zostaliśmy umieszczeni z amerykańskimi pilotami i jednym pilotem z Włoch, ale każdy z nas miał osobną celę. Więzienie to podlegało zarządowi wywiadu wojskowego i traktowano nas tam całkiem znośnie.

Trzydziestego pierwszego stycznia znowu przetransportowano mnie do innego miejsca odosobnienia. Tym razem trafiłem do celi wyłożonej ceramicznymi płytkami w kolorze ciemnoczerwonym. Nie było w niej okien ani wentylacji. Nie wiedziałem, kiedy wschodzi i zachodzi słońce. W drzwiach znajdowała się klapa, przez którą podawano mi miskę zupy: wodnistą pastę pomidorową z kilkoma kawałkami ziemniaków. To był jedyny posiłek i musiał mi wystarczyć na cały dzień. Wyobraź sobie, że ktoś budzi cię wcześnie rano, obrzuca obelgami, pluje ci w twarz, a potem z pogardą podaje miskę obrzydliwej cieczy. A ty nie możesz się w żaden sposób bronić i nie możesz odmówić oprawcy, bo to jest twoja jedyna dzienna porcja jedzenia.

Z sufitu mojej celi ciągle kapała woda. To powodowało, że pomieszczenie było jeszcze chłodniejsze. Miałem tylko jeden koc, którym się owijałem, i chodziłem wkoło, żeby choć trochę się ogrzać. Najgorsza dla mnie okazała się całkowita izolacja i brak komunikacji z kimkolwiek. Grube ściany nie pozwalały na jakąkolwiek łączność z innymi więźniami poprzez wystukiwanie alfabetu Morse'a. Strażnicy byli pełni niechęci do mnie i często się zmieniali, zresztą z nimi nie dało się gadać. Cisza była torturą, a przerywający ją odgłos kapiących kropel wody bębnił w moich uszach jak gong, wywołując ataki szaleństwa. Czasami, doprowadzony do ostateczności, waliłem w drzwi i wołałem o pomoc. Łudziłem się, że przyjdzie jakiś strażnik i zamieni ze mną kilka słów. Ale tak nigdy się nie stało. Byłem całkowicie sam, niepewny swojego losu, z nasilającym się rwącym bólem kolan, spowodowanym zimnem i wilgocią. Kap, kap, kap... Irytujący dźwięk wdzierał się w przestrzeń jak kłujące igiełki, potęgując moją udrękę. Nie było dnia ani nocy, lecz nieprzerwane trwanie w warunkach urągających godności człowieka.

Kiedyś raz czy dwa mignęły mi zachmurzone twarze strażników. Pomyślałem, że zdobywamy przewagę nad wrogiem. Kiedy pewnego razu cały budynek zadrżał w posadach, wiedziałem, że koalicja zaczęła naloty. Byłem na terenie siedziby wywiadu, więc naloty były intensywne, a koalicjanci nie wiedzieli, że znajdują się tam więźniowie wojenni. Raz po raz budynek drżał pod wpływem potężnych wstrząsów. Schowałem się w kącie celi, mając nadzieję, że to zapewni mi chociaż minimalną ochronę. Między eksplozjami panowała absolutna cisza. Słyszałem świst bomb lecących w stronę więzienia, zanim eksplodowały z ogłuszającym dźwiękiem. Bałem się, ponieważ wiedziałem, że koalicja może również używać bomb z opóźnionym zapłonem. Na szczęście w pewnym momencie wszystko ucichło i miałem wrażenie, że atak został przerwany. Pod wpływem bombardowań drzwi jednej z cel zostały wysadzone. Kiedy skończył się nalot, usłyszałem duży harmider: to spanikowani Irakijczycy wyganiali nas z cel i zapędzali do zdemolowanego autobusu, straszącego powybijanymi szybami i resztkami stłuczonego szkła. W drodze do następnego punktu zostaliśmy dotkliwie pobici przez wściekłych żołnierzy Saddama. Zawieźli nas do więzienia w Abu Ghraib. Tam dostałem celę razem z innymi jeńcami wojennymi. Usiedliśmy skuleni blisko siebie, aby utrzymać ciepło. To wszystko zdarzyło się dwudziestego trzeciego lutego.

Następnego dnia włączono nam radio z płomienną przemową Saddama Husajna, który zagrzewał rodaków do ciężkiej walki. Wojska lądowe koalicji ruszyły na Irak. Potem rozproszono nas po różnych celach. Ale Abu Ghraib było starym cywilnym więzieniem, więc w ścianach znajdowały się otwory, przez które mogliśmy się porozumiewać. Cały czas słyszeliśmy toczącą się na zewnątrz wojnę. Pewnego dnia znowu nas gdzieś przewieziono, ale czuliśmy, że przegrana Saddama jest już blisko, bo zapytano nas, czy chcemy być umieszczeni w oddzielnych celach, czy razem. Woleliśmy trzymać się razem. Wtedy przyszedł starszy rangą oficer i zwrócił się do nas nieprzyjemnym tonem: „Nienawidzę tego, że jeszcze wszyscy żyjecie. Gdybym to ja tu decydował, rozkazałbym wybić was wszystkich! Przetłumacz im dokładnie moje słowa!" – polecił mi. Ponieważ mówił po arabsku, Amerykanie i Brytyjczycy go nie rozumieli. Zrobiłem to, co kazał, bo wiedziałem, że nasze wyzwolenie jest już blisko. Było to drugiego marca. Czwartego marca, po ogłoszeniu przez siły koalicyjne zawieszenia broni, wydano niektórych rannych jeńców wojennych jako gest dobrej woli ze strony armii irackiej. Mnie zwolniono po dwóch następnych dniach.

Tę historię moja koleżanka wiele razy słyszała w domu swojego pracodawcy, a później opowiadała ją innym służącym, kiedy rozmawiałyśmy o inwazji. Dlatego potrafiłam przytoczyć relację pilota niemal słowo w słowo. Koleżanka dodawała, że pilot do tej pory ma kłopoty z kolanami i jest wrażliwy na chłód. W zimie musi mu ciągle donosić nowe koce do okrycia, bo bez przerwy ma wrażenie przeraźliwego zimna.

Po wyzwoleniu niektórzy jeńcy wojenni nie wrócili, zostawiając swoje rodziny w niepewności. Kobiety nie wiedziały, czy ich mężowie żyją, czy zostali zabici. Dzieci tęskniły za swoimi ojcami. Jedna ze służących opowiadała, że trzyletnia córeczka jej *madame* cały czas pytała o tatę, a jej mama zupełnie nie wiedziała, co ma odpowiadać. Dziecko dopytywało się, czy tata wróci, a matka nawet nie miała pewności, czy mężczyzna żyje. Do traumy *madame*, związanej z nieobecnością męża, dochodziła rozpacz jej córeczki, zazdroszczącej wszystkim dzieciom: widziała, jak chodzą i bawią się ze swoimi ojcami.

Jednak największe wrażenie robiły na mnie wyznania pewnej Hinduski, która była służącą młodej Kuwejtki i jej dwuletniego synka. „Mój syn jest moim wrogiem" – te słowa często słyszała z ust swojej *madame*. Na początku nie mogła zrozumieć, jak matka może mówić tak o swoim dziecku. Jednak później z różnych podsłuchanych rozmów dowiedziała się o koszmarze, który rozegrał się podczas irackiej okupacji. Pewnego dnia do domu *madame* wtargnęło dwóch irackich żołnierzy. Byli agresywni i zachowywali się niewłaściwie w stosunku do przebywających w domu kobiet. W obronie rodziny stanął brat *madame*. Wtedy Irakijczycy, na oczach jego siostry, zastrzelili go z zimną krwią.

Następnie we dwóch wielokrotnie zgwałcili *madame*. Wynikiem tego ohydnego czynu był jej synek. Moja koleżanka często słyszała, jak *madame* skarżyła się bliskim, jak trudno przychodzi jej opieka nad dzieckiem. Bywały dni, że matka tak nienawidziła swojego synka, że przez parę dni nie mogła w ogóle na niego patrzeć. Wtedy dziecko przebywało wyłącznie ze służącą, czyli moją koleżanką. Kiedy ta próbowała zanieść chłopca do matki, *madame* wrzeszczała, że ma go jej nie pokazywać na oczy. Mojej koleżance serce krajało się z żalu, kiedy musiała uspokajać płaczącego i tęskniącego za matką chłopca. Niekiedy matka nosiła synka na rękach, przytulała i całowała go, żeby po paru minutach z obrzydzeniem oddać go służącej. Widać było, że *madame* nie może sobie poradzić z targającymi nią sprzecznymi emocjami. W dodatku podczas inwazji oprócz brata straciła także narzeczonego i matkę. Planowała ślub i wesele, kiedy Irakijczycy wtargnęli do kraju i zabili jej przyszłego męża. Matka zmarła na atak serca.

Podobne traumatyczne przeżycia stały się udziałem prawie każdej kuwejckiej rodziny. Mówiono, że w czasie siedmiomiesięcznej inwazji żołnierze iraccy dopuścili się ponad pięciu tysięcy gwałtów, z czego urodziło się około trzystu dzieci. Możliwe, że liczby te są znacznie wyższe. Ze względu na związany z tym wstyd temat fizycznego wykorzystania i idącego za tym zniesławienia kobiet był w Kuwejcie swego rodzaju tabu, o którym wszyscy wiedzieli, ale rzadko albo wcale publicznie nie mówili. Niewiele ciężarnych kobiet zdecydowało się na nielegalną aborcję. Dużo matek, które urodziły poczęte w ten sposób dzieci, oddało je do sierocińca. Te, które jak *madame* mojej koleżanki, postanowiły same je wychować, borykały się z wieloma problemami, a zwłaszcza z niestabilnością emocjonalną i trudnościami w pełnieniu stałej opieki nad dziećmi, których ojcowie byli wrogami i zabójcami ich bliskich. Po wojnie powstał specjalny sierociniec, w którym państwo zapewniło oddanym dzieciom doskonałe warunki. Personel i pracujące tam służące mieli przykazane, aby mówić sierotom, że ich rodzice zginęli w wypadkach samochodowych. Religijne i konserwatywne społeczeństwo kuwejckie wolało oficjalnie zaprzeczać wielkiej hańbie, która spotkała ich kobiety. Mówiło się, że część sierot wojennych, jak niektórzy określali dzieci zrodzone z gwałtów popełnionych przez irackich żołnierzy, została wzięta na wychowanie przez bogate i wpływowe rodziny kuwejckie. Prawdopodobnie były to dzieci zgwałconych kobiet z tych rodzin, które nie chciały publicznie się do tego przyznać.

Propaganda Saddama Husajna wywołała dużą nienawiść Irakijczyków do Kuwejtczyków. Dyktator przekonywał swoich rodaków, że ich sąsiedzi żyją w bajońskim bogactwie dzięki kradzieży złóż ropy naftowej, która należy do Iraku. To działało na wyobraźnię prostych i często biednych żołnierzy irackich. Niektórzy tępi wojskowi, którzy dopiero w Kuwejcie pierwszy raz zobaczyli bankomaty, przekazywali sobie z ust do ust, że w tym przebogatym kraju nawet ściany wydają ludziom pieniądze. Zdarzało się, że Irakijczycy trafiali do szpitala, bo smarowali chleb kremem Nivea, uważając, że jest to biały serek. Mówili przy tym, że w zamożnym Kuwejcie nawet ser pięknie pachnie.

Dowództwo irackiego wojska nie tylko zezwalało, ale wręcz zachęcało podwładnych do wszelkich aktów kradzieży i wandalizmu. Łupiono supermarkety, centra handlowe, salony samochodowe, sklepy ze złotem i sprzętem elektronicznym. Plądrowano prywatne wille i mieszkania. Pełni chciwości Irakijczycy rabowali wszystko, co wpadło im w ręce. Następnie skradzione rzeczy, pod okiem paru oficerów i grubych biznesmenów z partii Baas, były ładowane na ciężarówki i wywożone do Iraku. Biznesmeni mieli długie listy, gdzie skrupulatnie odhaczali każdy pakowany przedmiot. Z przykrością muszę przyznać, że paru moich rodaków, wykorzystując chaos i brak prawa, również brało udział w rabunkach. Pewien Hindus, który zresztą pochodził z sąsiedniej wioski, okradłszy sklepy ze złotem, stał się w jednym dniu milionerem. Inni Hindusi także przywłaszczali sobie ubrania, zegarki i sprzęty domowe.

Pierwszego dnia inwazji nikt nie wiedział, jak przebiegnie dalszy rozwój wypadków. Każdy ze strachem w sercu czekał na powrót bliskich, którzy nieświadomi zagrożenia, udali się rano do pracy. Kiedy po paru godzinach niecierpliwego wyczekiwania w drzwiach stanął *baba*, ucieszyłyśmy się tak, jak gdyby wrócił z dalekiej podróży. *Madame* zaczęła na przemian śmiać się i płakać, zasypując go niekończącymi się pytaniami: „Dlaczego? Dlaczego tak się stało? Co teraz z nami będzie? Co będzie z naszym krajem?". Mąż *madame* smutno spuścił głowę. Nie znał odpowiedzi na żadne z tych pytań.

Ósmego sierpnia Saddam Husajn ogłosił, że znosi granicę i włącza część Kuwejtu do irackiej prowincji Basra, a z pozostałej części okupowanego kraju tworzy dziewiętnastą prowincję Iraku o nazwie Kuwejt. Na urząd militarnego gubernatora prowincji Kuwejt wybrał swojego kuzyna Alego Hassana al-Madżida, znanego jako „Chemiczny Ali"[1]. Wszyscy mówili o tym, że armia iracka jest w posiadaniu gazu musztardowego[2] oraz tabunu i sarinu[3] i że już wcześniej stosował je „Chemiczny Ali". Mieszkańcy Kuwejtu zaczęli się bać jeszcze bardziej. Mąż *madame* stwierdził, że musi znaleźć dla swojej rodziny bezpieczniejsze miejsce. Jego znajomy miał pod swoją willą wybudowany schron, więc *baba* kazał nam wziąć najpotrzebniejsze rzeczy i zawiózł mnie,

[1]  Ali Hassan al-Madżid (1941–2010) – iracki wojskowy, nazywany „Chemicznym Alim" i „Rzeźnikiem Kurdystanu" ze względu na wydanie rozkazu ataku gazowego na Kurdów w Halabdży w 1988 roku. Po II wojnie w Zatoce Perskiej skazany na śmierć i stracony.
[2]  Iperyt siarkowy – gaz bojowy o działaniu parzącym.
[3]  Tabun, sarin – gazy bojowe o działaniu paralityczno-drgawkowym.

swoją żonę oraz Basmę do domu kolegi. Sam krążył między willą znajomego a swoim apartamentem, którego nie chciał całkowicie opuszczać, aby nie narazić go na złupienie przez szabrowników. My mieszkałyśmy na górze willi, ale wiedziałyśmy, że w przypadku użycia przez Irak broni chemicznej możemy szybko zejść do schronu. Widziałam go parę razy, kiedy zanosiłam tam wraz z innymi służącymi zapasy jedzenia. Trzeba było zgromadzić najważniejsze artykuły spożywcze: ryż, mąkę, olej, makaron, wodę i puszki z żywnością. Schron był dużym pomieszczeniem, w którym mogło zmieścić się wielu ludzi, dlatego jego właściciel oferował schronienie swoim znajomym, przede wszystkim kobietom i dzieciom. To stało się znamienne dla tego okresu: zaskoczeni iracką agresją mieszkańcy Kuwejtu jednoczyli się i pomagali sobie nawzajem, jak tylko mogli. Czas spędzony w willi kolegi męża *madame* był smutny, bo wisiała nad nami realna groźba użycia straszliwej broni przez „Chemicznego Alego".

Po paru dniach, kiedy wydawało się, że strach przed atakiem chemicznym nieco osłabł, pojechaliśmy do domu rodziców *madame*, żeby tam zamieszkać. Już wtedy krążyły pogłoski o strasznych gwałtach, których dopuszczali się iraccy żołnierze, więc *baba* uważał, że u jego teściów będziemy bezpieczniejsze, ponieważ w domu zawsze znajdował się jakiś mężczyzna. Mnie również było tam przyjemniej, bo mieszkałam w pokoju z Ramą i innymi służącymi, z którymi mogłam rozmawiać.

W trakcie naszej przeprowadzki widziałam, jak drastycznie zmienił się Kuwejt w ciągu tak krótkiego czasu. Wiele budynków było zrujnowanych lub podziurawionych po ciężkich ostrzałach. Na poboczach stały wraki spalonych samochodów. Inne pojazdy straszyły wybitymi szybami i śladami po kulach. Z ocalałych aut wyrwano radia i głośniki. Powiedziano nam, że lotnisko też jest zdewastowane i splądrowane. Nie latały żadne samoloty cywilne.

Drogi zostały uszkodzone przez ciężkie wozy bojowe, dlatego jeżdżenie po nich nie należało do czynności łatwych ani bezpiecznych. Na ulicach rzadko było widać cywilów. Niektórym udało się uciec, inni chowali się w domach. Większość robiła tak, jak rodzina *madame*, to znaczy starała się spędzać czas, szczególnie noce, z rodziną lub znajomymi, bo w większym gronie czuli się bezpieczniejsi. Dowiedzieliśmy się, że część najniżej opłacanej siły roboczej uciekała kursującym co tydzień autobusem, lecz wiązało się to z dużym ryzykiem. Słyszeliśmy okropne historie o żołnierzach napadających na autobusy i ludziach zaginionych na pustyni.

Kiedy dotarliśmy do domu rodziców *madame*, cieszyliśmy się, że jeszcze nikt z najbliższej rodziny nie został zastrzelony ani wzięty do niewoli. Już wtedy zaczęły się brutalne gwałty popełniane przez irackich żołnierzy, w związku z czym Badar zabronił kobietom z rodziny wychodzić z domu. To samo przykazał nam, służącym. Muszę przyznać, że podczas inwazji moi pracodawcy troszczyli się o mnie tak samo jak o członków swojej rodziny. Dotyczyło to zarówno mojego bezpieczeństwa, jak i zapewnienia mi odpowiedniego wyżywienia. Chociaż istniała obawa, że ze względu na wojnę w pewnym momencie może zabraknąć jedzenia, w domu rodziców *madame* zawsze dbano o to, żeby służba nie chodziła głodna.

Rama powiedziała mi, że brutalnej agresji ze strony irackiej armii muszą obawiać się przede wszystkim Kuwejtczycy oraz cudzoziemcy z państw zachodnich, głównie Brytyjczycy i Amerykanie. Służące i robotnicy z biednych państw nie byli tak okrutnie traktowani. Rama mówiła, że kiedy czasem wynosiła śmieci, uśmiechali się do niej patrolujący ulice żołnierze iraccy, pewnie kroczący z przewieszonymi przez ramię długimi karabinami. Raz spotkała znajomego kierowcę, Hindusa, który przyjechał do tej dzielnicy w poszukiwaniu chleba. Już na początku napaści zaczęły się problemy z chlebem. Jeżeli gdzieś się pojawił, przed sklepami ustawiały się długie kolejki. Ludzie informowali się nawzajem, gdzie mogą kupić chleb, i ściągali w to miejsce ze wszystkich stron. Hindus ten również potwierdził, że Irakijczycy zazwyczaj byli do niego przyjaźnie nastawieni. Raz pewien żołnierz zaczepił go, mówiąc, że lubi filmy Bollywood. Wymienił nawet nazwisko znanego aktora z Indii. Przy okazji zapytał kierowcę, czy nie ma jakiegoś jedzenia, bo Saddam źle karmi swoją armię. Było to dla mnie dziwne.

Pewnego dnia do domu rodziców *madame* przyszła kobieta cała zakryta czarną abają. Towarzyszyła jej służąca, która niosła niewielką walizeczkę. W willi zapanowało poruszenie. Od razu kazano nam szybko posprzątać i przygotować najlepszą gościnną sypialnię, która miała być oddana do dyspozycji kobiety. Jednocześnie Badar zakazał nam wchodzić do tej sypialni, a nawet kręcić się niepotrzebnie pod jej drzwiami, kiedy gość już w niej zamieszka. Powiedział, że obsługą kobiety i sprzątaniem jej pokoju oraz przylegającej do niej łazienki zajmie się wyłącznie jej osobista służąca.

– Kto to może być? – pytałam z zaciekawieniem Ramę.

– Nie interesuj się tym za bardzo! – Koleżanka mnie zganiła.

– Zapamiętaj sobie, że w tych czasach im mniej wiesz, tym lepiej dla ciebie i innych!

Tajemnicza kobieta cały czas przebywała w gościnnej sypialni, do której czasami wchodziła tylko moja *madame*. Największy kłopot miałam z pilnowaniem Basmy, która chcąc zobaczyć nową ciocię, bez przerwy rwała się na piętro, gdzie znajdował się pokój przybyłej do nas kobiety. Ciągle marudziła, że chce iść do cioci i się z nią pobawić. Pewnego razu uparta Basma wyrwała mi się i szybko pobiegła na górę. Zanim ją dogoniłam, jej rączka już prawie dotykała klamki drzwi prowadzących do gościnnej sypialni.

– Basma, wracaj, nie można tam wchodzić – tłumaczyłam jej szeptem.

– Ale ja chcę! – powtarzała.

– Chodź na dół, pobawimy się tam – przekonywałam.

– Ale tu nie ma wszystkich moich zabawek! Ja chcę iść do nowej cioci! Albo do domu!

Po odgłosie kroków zorientowałam się, że kobieta, zwabiona hałasem na korytarzu, zbliżyła się do drzwi. Jednak ich nie otworzyła. Słyszałam, że rozmawia przez telefon.

– Dobrze, Asrar, będę gotowa. A dzieci wujka? – Chwila ciszy. – To dobrze. Tak, zrozumiałam, jutro.

W spokojnym i opanowanym głosie gościa dało się wyczuć wielki smutek. Wtedy odgadłam. To była księżniczka! Od razu zrozumiałam, dlaczego jej pobyt w domu owiewała tak wielka tajemnica. Członkowie rodziny panującej byli szczególnie narażeni na ogromne niebezpieczeństwo ze strony Irakijczyków. Ponieważ agresor ogłosił, że Kuwejt jest częścią Iraku, nawet za posiadanie kuwejckiej flagi lub zdjęcia emira groziła kara śmierci.

– Basma, chodź na dół! – Odciągnęłam dziewczynkę od drzwi. – W nocy twój tata przywiózł z waszego domu twój różowy kabriolet. Chodź, powożę cię.

– Naprawdę?! – Ucieszona dziewczynka klasnęła w dłonie i zbiegła po schodach.

Księżniczka wspomniała imię Asrar, które po arabsku znaczy „tajemnice". Później wielokrotnie słyszałam to imię, kiedy rozmawiano o inwazji. Tragiczną historię wyjątkowej i bohaterskiej Kuwejtki Asrar poznałam dopiero wiele lat później, ale jest tak wstrząsająca i poruszająca, że pragnę opowiedzieć ją teraz w całości.

Asrar była szóstym dzieckiem z dziesięciorga potomstwa swojego ojca Muhammada. Urodzona w tysiąc dziewięćset pięćdziesiątym dziewiątym roku poglądami i działalnością wyprzedzała kobiety w swoim kraju o całe pokolenie. Była najenergiczniejsza ze wszystkich swoich braci i sióstr, a po matce odziedziczyła ognisty temperament. Szkołę średnią skończyła w Kuwejcie, ale na studia, pod opieką jednego z męskich członków rodziny, poleciała do Stanów Zjednoczonych. Tytuł magistra z dziedziny informatyki zdobyła na uniwersytecie w Kolorado. W połowie lat osiemdziesiątych objęła stanowisko eksperta do przetwarzania danych w Ministerstwie Spraw Zagranicznych. Jako dwudziestokilkulatka była typową przedstawicielką młodej generacji tamtych czasów: kobietą wychowaną tradycyjnie, ale wykształconą na Zachodzie. Jednak w przeciwieństwie do swoich rówieśniczek, które zwykle w tym wieku wychodziły za mąż, Asrar nie myślała o założeniu rodziny. Kiedy jej koledzy i koleżanki zajmowali się swoim życiem i zarabianiem pieniędzy, Asrar swój czas i środki finansowe przeznaczała na rzecz pomocy innym ludziom.

Jej działalność skupiała się przede wszystkim wokół dzieci specjalnej troski. Była właścicielką przedszkola. Przyjmowała do niego dzieci z poważnym stopniem niepełnosprawności. Pod koniec lat osiemdziesiątych utworzyła organizację, której główny cel stanowiło stworzenie odpowiedniego systemu edukacyjnego dla dzieci niepełnosprawnych. Następnie, wraz z innymi zaangażowanymi w jej ideę kobietami, założyła prywatną Khalifa School, jedyną w kraju szkołę dla dzieci dotkniętych autyzmem i zespołem Downa. Asrar swoją pensję z ministerstwa, zarobki z prywatnego przedszkola i fundusze z działalności charytatywnej przeznaczała na rozwój szkoły specjalnej. Kiedy to nie wystarczało, zapożyczała się u rodziny i znajomych, a nawet sprzedała swój samochód.

Asrar energicznie zajmowała się problemami niepełnosprawnych oraz prawami kobiet. Prywatnie lubiła uprawiać różne sporty oraz podróżować. Odwiedziła między innymi Islandię i Nepal, a latem często spędzała czas w Indiach. Podobno tak zakochała się w Kaszmirze, że zamierzała tam się przenieść po przejściu na emeryturę.

Inwazja Iraku na Kuwejt zaskoczyła ją tak samo jak każdego innego mieszkańca tego kraju. Asrar już od pierwszych dni zaangażowała się w aktywną walkę przeciw wrogowi. Jej pierwsza misja, której się podjęła, polegała na zapewnieniu bezpiecznego schronienia członkom rodziny panującej. Wykorzystując szeroki krąg znajomych, dokonała tego. Następnym niezwykle ważnym zadaniem, w którym aktywnie uczestniczyła, było przywrócenie łączności satelitarnej z rządem na uchodźstwie, rezydującym w Taif w Arabii Saudyjskiej. Irakijczycy zniszczyli i odcięli cały system komunikacji międzynarodowej. Już czwartego sierpnia jeden z członków rodziny panującej, szejk Ali, przedarł się przez irackie linie wojskowe na granicy saudyjsko-kuwejckiej, powrócił do kraju i organizował sprzęt potrzebny do odzyskania kluczowej dla kraju komunikacji. Przy wydatnej pomocy Asrar i jej przyjaciół utworzono bezpieczną bazę, z której można było na bieżąco komunikować się z rządem emigracyjnym i ambasadą Kuwejtu w Waszyngtonie. Osiągnięto to już pod koniec pierwszego tygodnia inwazji.

Wówczas w kraju zostało około piętnaściorga dzieci z rodziny panującej. Rodzice niektórych z nich, w związku ze swoją aktywnością zawodową, w momencie inwazji przebywali poza granicami Kuwejtu. Inni członkowie rodziny As-Sabah nie zamierzali wyjeżdżać z okupowanej ojczyzny, ale pragnęli zapewnić bezpieczeństwo swoim dzieciom, które mogły stać się łatwym celem Irakijczyków. Agresor próbował w międzyczasie utworzyć marionetkowy rząd, więc istniała w pełni uzasadniona obawa, że dzieci wpadną w ręce żołnierzy Saddama. Wtedy mogłyby zostać użyte przez Irakijczyków jako zakładnicy i karta przetargowa w nakłanianiu ich rodziców do współpracy z okupantem. Najlepszym i jedynym wyjściem było wywiezienie ich z kraju. Asrar już w dziesięć dni po inwazji zorganizowała odpowiedni transport samochodami terenowymi oraz przewodnika. Dzieci, kobiety z rodziny As-Sabah oraz ich służące po przekroczeniu granicy z Arabią Saudyjską i przebyciu wielu kilometrów przez pustynię szczęśliwie dotarły w bezpieczne miejsce.

Pozostali w kraju członkowie rodziny panującej, w tym syn zabitego w pierwszym dniu inwazji brata emira, oraz oficerowie wojska i policji, zorganizowali siatkę ruchu oporu, w której Asrar grała ważną rolę. Zmobilizowano wielu obywateli Kuwejtu, mężczyzn i kobiety, członków klasy średniej i arystokracji, aby ponad podziałami politycznymi i religijnymi nękać agresora i pomóc mieszkańcom przetrwać trudne dni okupacji. W późniejszych miesiącach rząd na uchodźstwie gromadził i dostarczał do Kuwejtu miliony irackich dinarów. Asrar wraz z innymi działaczami grupy rozprowadzała je wśród ludności.

Głównymi celami aktywności organizacji była ochrona życia Kuwejtczyków i obywateli państw zachodnich, na których szczególnie polowali Irakijczycy, oraz informowanie światowej opinii publicznej o zniszczeniach i okrucieństwach irackiej armii na terenie okupowanego kraju. Ruch oporu nie miał szans w bezpośredniej konfrontacji z wyspecjalizowaną maszyną wojenną Saddama Husajna, ale jego nękające nocne akcje „uderzyć i uciekać" na pojedyncze stanowiska irackie dały się wrogowi we znaki. Pokazał przy tym ogromną odwagę, determinację i pomysłowość Kuwejtczyków.

Asrar ściśle współpracowała z Hussą as-Sabah, żoną szejka i córką jednego z poprzednich emirów Kuwejtu, i jej mężem, Nasserem as-Sabahem, synem ówczesnego emira, oraz innymi członkami rodziny panującej. Na początku Asrar przeznaczyła na potrzeby organizacji położony nad morzem prywatny budynek swojej szkoły, ale wkrótce miejsce to zrobiło się zbyt niebezpieczne. Wtedy Asrar, wykorzystując swoją sieć kontaktów, znalazła inną bazę dla opozycji. Była to willa jednego z członków prominentnych rodzin kraju. Po pewnym czasie jej szkoła została przejęta przez Irakijczyków i ostatecznie zniszczona.

Niezwykle aktywna Kuwejtka pozostawała też w stałym kontakcie z innymi organizacjami opozycji, kierowanymi przez generałów, pułkowników oraz władze Kuwait Oil Company. Niezłomnie wierzyła, że jej ojczyzna wkrótce zostanie wyzwolona. Jej dewizą, a jednocześnie hasłem całego ruchu oporu stało się motto „Bóg, Ojczyzna, Emir". Pomagała Kuwejtczykom, Amerykanom i Brytyjczykom w uzyskaniu nowych dokumentów: paszportów, dowodów rejestracyjnych samochodów i praw jazdy, które pozwalały ukryć im prawdziwą tożsamość przed nienawidzącymi ich Irakijczykami. Asystowała ambasadorowi Bahrajnu w wystawianiu paszportów dla Kuwejtczyków. Uczęstniczyła też w akcjach szykanujących okupanta. Jej przyjaciele posiadają film wideo, na którym Asrar maluje sprayem na ścianach antyirackie hasła. Pewnego razu, wykorzystując swoją ciemną karnację, przebrana za Hinduskę w sari, wkradła się do ministerstwa i wyniosła stamtąd niezwykle cenne, kluczowe dane zapisane na komputerowych dyskach.

Jednocześnie Asrar była oburzona na Kuwejtczyków, którzy opuścili zagrożony kraj bez ważnego powodu. Wiedziała, że część najwyższych władz i dowództwa wojskowego musiała wyjechać, aby organizować koalicję, która w przyszłości miała wyzwolić

Kuwejt. Rozumiała, że dla ludzi starszych, kobiet i dzieci opuszczenie zaanektowanego kraju mogło być jedynym rozwiązaniem. Jednak często powtarzała: „Jeżeli przeżyję, mam zamiar stanąć na granicy saudyjsko-kuwejckiej z pudłem abaj i wręczyć jedną abaję każdemu mężczyźnie, który opuścił ojczyznę bez wyraźnego powodu!".

Kiedy sprawa kuwejcka zaczęła schodzić z czołówek światowych mediów, Asrar za radą bliskiego współpracownika, doktora nauk politycznych, zorganizowała cykl programów, nadanych w głównych amerykańskich, brytyjskich i francuskich stacjach telewizyjnych. Za pomocą telefonu satelitarnego czterej Amerykanie, którym Asrar pomagała przetrwać trudne dni okupacji, w rozmowie z amerykańską stacją ABC mówili o brutalności wojsk Saddama i tragicznej sytuacji setek tysięcy ludzi, których życie ciągle było zagrożone. W ten sposób do amerykańskiej opinii publicznej dotarła bezpośrednia wiadomość o prawdziwym obliczu dyktatora. Ta wyjątkowo przekonująca akcja propagandowa wyraźnie uzmysłowiła społeczeństwu amerykańskiemu, że ogromne cierpienia dotykają Kuwejtczyków, ale również obywateli ich kraju. Przy okazji Amerykanie, wykorzystując ten sam system łączności, mogli porozmawiać ze swoimi rodzinami w Stanach, a weteran wojny w Wietnamie nauczył członków kuwejckiego ruchu oporu, jak mogą sami konstruować bomby.

Asrar pozostawała w codziennym kontakcie telefonicznym z przebywającymi w Taifie premierem, szejkiem Saadem as-Sabahem, który był jednocześnie następcą tronu, oraz jej przełożonym, ministrem spraw zagranicznych, szejkiem Sabahem al-Ahmedem. Kuwejtka również telefonowała i faksowała do swojego starszego brata Adnana, który pracował dla rządu emigracyjnego w Taifie. Tą drogą przekazywała dokładne i wyczerpujące informacje na temat aktualnej sytuacji w Kuwejcie. Pliki zachowanych faksów stanowią swoisty dziennik zawierający informacje na temat problemów, obaw i lęków targających rozdzieloną rodziną królewską.

Pod koniec października Asrar udała się do Arabii Saudyjskiej. Opuściła Kuwejt otwartym we wrześniu przez Irakijczyków przejściem granicznym Nuwajsab. Otwierając granicę, „Chemiczny Ali" dążył do wyludnienia Kuwejtu. W saudyjskim mieście Chafdżi Asrar spotkała się ze swoim bratem Bassamem. Miała zamiar udać się do Taifu, gdzie rezydował emigracyjny rząd, a następnie polecieć do Stanów Zjednoczonych, aby tam wystąpić na zgromadzeniu Kongresu. Jej amerykańska edukacja i akcent, intensywna walka z agresorem oraz wcześniejsze, zorganizowane przez nią tajne, ale autentyczne relacje Amerykanów w popularnych stacjach telewizyjnych czyniły z niej wiarygodnego świadka aktualnych zdarzeń. Wtedy amerykańska opinia publiczna nie była do końca przekonana o konieczności interwencji zbrojnej przeciw Saddamowi w celu oswobodzenia Kuwejtu. Świadectwo Asrar mogło okazać się ważnym głosem w tej sprawie.

Jednak stojąc na balkonie w saudyjskim mieście i widząc przez granicę łunę świateł w Kuwejcie, nie mogła zdobyć się na daleką podróż. Uważała, że jest bardziej potrzebna swojej ojczyźnie i ludziom tu, na miejscu. Tęskniła do swojego kraju i zdecydowała się do niego wrócić. Brat przekonywał ją, żeby tego nie robiła. Wiadomo było, że Irakijczycy depczą jej po piętach. Znali już jej prawdziwe imię oraz pseudonim „Sara", którym się posługiwała. Brat błagał ją, żeby nie wracała do Kuwejtu, tłumacząc, że zrobiła już wystarczająco dużo dla swojego kraju. Ale nie chciała nawet tego słuchać. Kiedy opuszczała Arabię Saudyjską, brat widział ją po raz ostatni.

Asrar postanowiła zabrać się z kierowcą przemycającym pieniądze dla ludzi. Miały im pomóc przetrwać ciężki czas okupacji.

Środki te przeznaczone były dla Kuwejtczyków, którym Irakijczycy odmówili kartek żywnościowych, dla ukrywających się cudzoziemców z państw zachodnich oraz na łapówki, które miały pomóc w uwolnieniu kuwejckich więźniów. Kierowca doskonale znał pustynię i szybko przekroczył granicę, przechytrzając irackie wojska rozstawione wzdłuż granicy. Asrar zadzwoniła do brata i powiedziała: „Zgadnij, gdzie jestem". „W Rijadzie? W Waszyngtonie?" – zapytał. „Nie! – roześmiała się. – Już w Kuwejcie".

W pierwszym tygodniu listopada Asrar zaczęło opuszczać szczęście. Niektórzy z jej opozycyjnych współpracowników zostali schwytani przez Irakijczyków. Asrar postanowiła postarać się o nowe dokumenty tożsamości i w tym celu udała się do swojego wujka, który miał córkę w podobnym wieku. Wtedy ostatni raz wujek widział ją żywą.

Asrar została złapana w blokadzie drogowej, a następnie aresztowana. Minęły dwa tygodnie, zanim jej koledzy zdołali zlokalizować miejsce, w którym ją przetrzymywano. Wielokrotne próby wykupienia kobiety z niewoli nie przyniosły rezultatu. Wyglądało na to, że Al-Muchabarat, iracka służba bezpieczeństwa i wywiadu, główne narzędzie represji w reżimie Saddama Husajna, doskonale orientowała się w skali działalności Asrar. Prawdopodobnie jej telefon satelitarny był od jakiegoś czasu na podsłuchu, a nawet podejrzewano, że w jej otoczeniu działał informator. Na pewno też ciężko torturowano jej towarzyszy z opozycji, od których wydobyto obciążające ją zeznania.

W nocy, zaraz po godzinie policyjnej, dwudziestu mężczyzn ze służby Al-Muchabarat wpadło do rodzinnego domu Asrar. Aresztowano jej ojca Muhammada, który był już wtedy w podeszłym wieku, oraz jej wuja i brata. Kobiety i dzieci zostawiono w domu, lecz przykazano im, że nie mogą go opuszczać. Starsza siostra Asrar nie zamierzała dostosowywać się do zaleceń wroga i już o świcie rozlokowała rodzinę w różnych domach.

Ojciec Asrar został przesłuchany w obecności córki. Niezmiennie powtarzał, że przez dwa lata nie miał z nią kontaktu. Wtedy Irakijczycy puścili mu taśmy podsłuchanych rozmów między nim a córką. Stary człowiek zdał sobie sprawę z tego, że jego córka najprawdopodobniej zostanie stracona przez Irakijczyków. Wuja i brata Asrar przesłuchiwano oddzielnie, lecz nie posiadali żadnych istotnych informacji. Asrar była ciężko bita na oczach swojego ojca. W ten sposób wprawieni w torturowaniu więźniów funkcjonariusze Al-Muchabarat chcieli uzyskać od niego istotne informacje. Asrar jednak nie rozmawiała z ojcem o kluczowych akcjach, więc on sam niewiele wiedział. Nie mogąc nic wydobyć od starego mężczyzny, oprawcy zagrozili, że jeśli ojciec nie opowie o opozycyjnej działalności swojej córki, zgwałcą ją w jego obecności. Dwóch postawnych funkcjonariuszy zaczęło z szyderczym śmiechem przerzucać między sobą uwięzioną Asrar. Wtedy dzielna kobieta wyrwała im się, plując im w twarze i krzycząc, że nie są w wystarczającym stopniu mężczyznami, aby to zrobić. Po pewnym czasie funkcjonariusze zorientowali się, że ojciec Asrar rzeczywiście nie posiada żadnej cennej wiedzy. Wtedy dali mu spokój.

Pod koniec grudnia ojciec, wuj i brat Asrar zostali wykupieni z więzienia. Kiedy starsi rangą oficerowie to spostrzegli, wysłali za nimi żołnierzy, aby znowu ich aresztować. Jednak już było za późno. Wykupieni mężczyźni znaleźli schronienie w zaprzyjaźnionych domach.

Nie są znane wszystkie szczegóły losu znajdującej się w rękach irackich Asrar. Ale wiadomo, że przynajmniej przez pierwsze siedemnaście dni przetrzymywano ją przykutą kajdankami do biurka w siedzibie Al-Muchabarat. Nie mogła nawet korzystać z toalety.

Irakijczycy byli przekonani, że posiadała telefon satelitarny, przez który kontaktowała się z amerykańskimi stacjami CNN i ABC. Kiedy temu zaprzeczała, pokazywano jej wysyłane do niej faksy przez inny system satelitarny, które zostały przechwycone przez Irakijczyków. Nie ulegało wątpliwości, że wróg już od dawna jej poszukiwał, wykorzystując cały szereg środków. Asrar była notorycznie bita i brutalnie przesłuchiwana, ale nigdy nie wydała swoich kolegów.

Po paru tygodniach Asrar znalazła się w celi razem z innymi trzema więzionymi kobietami. Przetrzymywano ją tam aż do końca grudnia. Liczba więźniarek czasem zwiększała się, a czasem zmniejszała, bo część z nich wypuszczano po kilku czy kilkunastu dniach. W więzieniu kobiety spały na podłodze na cienkich kocach. Bicie więźniarek nieco ustało, kiedy funkcjonariusze zaczęli wykorzystywać kobiety do prania ich odzieży i gotowania. Po północy rozlegały się rozdzierające krzyki więźniów torturowanych w sąsiednich celach. To była ulubiona rozrywka Irakijczyków, którzy późnym wieczorem notorycznie się upijali.

Ta zima w Kuwejcie należała do najchłodniejszych i najbardziej mokrych od lat. Wielu więźniów cierpiało, bo nie mieli na sobie nic więcej oprócz letnich ubrań, w których zostali aresztowani. Po pewnym czasie Irakijczycy nabrali szacunku do niezłomnej Asrar, która nawet w niewoli zachowywała wielki hart ducha. Kuwejtka wykorzystała również swoje umiejętności, rozmawiając ze strażnikami więziennymi i prosząc o dostarczenie ciepłej odzieży dla więźniów. W zamian przekazała im sprzęt elektroniczny. Zrobiła to, wskazując im dokładne miejsce jego ukrycia w jednej z opuszczonych willi.

Niewiele wiadomo o ostatnich dniach życia bohaterskiej Asrar. Mówiono, że została zabrana do Bagdadu, osądzona i skazana na karę śmierci, po czym przywieziona z powrotem do Kuwejtu i stracona. Wersja ta jednak uchodzi za mało prawdopodobną. Pewne natomiast jest to, że została zamordowana przez Irakijczyków trzynastego lub czternastego stycznia, na krótko przed upływem postawionego Saddamowi przez ONZ ultimatum dotyczącego wycofania wojsk z okupowanego terytorium.

Irakijczycy zastrzelili Asrar, kierując cztery kule w jej klatkę piersiową oraz jedną w głowę. Potem siekierą przecięli jej głowę na pół, uderzając z prawej strony. Następnie podrzucili sprofanowane ciało na skąpany w deszczu chodnik przed jej rodzinnym domem. Asrar nadal miała na sobie te same dżinsy i koszulę, w których kilka miesięcy wcześniej została złapana. Jej zmasakrowana twarz była w zasadzie nie do rozpoznania. Zachowało się jedynie prawe oko. Lewego brakowało, tak samo jak części mózgu. Jej ręce zostały skrępowane z przodu giętką plastikową rurką. W kieszeni spodni znajdowała się poplamiona krwią ofiary karteczka z odręcznie zapisanymi wersetami Koranu.

W tym czasie w domu Asrar nie było nikogo. Rano czternastego stycznia jej ojciec został zaalarmowany przez sąsiadów, że coś leży przed jego domem. Od razu przyszła mu do głowy przerażająca myśl, że jest to ciało jego uwięzionej córki. Tak też było. Stary mężczyzna przyjechał, zabrał zwłoki, sfotografował je, aby mieć dowód makabrycznej zbrodni, po czym oddał w ręce trzech lekarzy w celu przeprowadzenia autopsji. Doktorzy stwierdzili, że Asrar została ciężko pobita przed śmiercią, ale jej nie zgwałcono. Po dokładnym badaniu ciało przewieziono do szpitala, aby przygotować je do pochówku.

To nie był koniec upokorzeń, które spotkały rodzinę Asrar ze strony Irakijczyków. Jej ojciec, aby pochować córkę, na posterunku policji musiał prosić o wystawienie aktu zgonu. Ta formalność była niezbędna do wydania przez okupanta oficjalnej zgody na pochówek. W ogłoszonym przez Irakijczyków dokumencie jako przyczyna zgonu widniały wprawdzie „śmiertelne strzały”, ale jako miejsce śmierci wpisano „szpital” zamiast „więzienie”. Piętnastego stycznia, ciemnym, ponurym popołudniem Asrar została pochowana przez pogrążonych w rozpaczy ojca, wujów, rodzinę i przyjaciół.

Wyjątkowa postawa i działalność Asrar nie zostały zapomniane przez jej rodzinę i znajomych. Założoną przez nią wcześniej fundację nazwano jej imieniem w hołdzie dla jej szczególnej służby na rzecz ojczyzny i innych ludzi oraz przez pamięć o tym, że była gotowa poświęcić własne życie dla idei, w które nieprzerwanie wierzyła. Fundacja ta intensywnie działa na rzecz dzieci specjalnej troski i wspiera utworzoną dla nich szkołę.

Opowiedziałam tę historię w przekonaniu, że Asrar jest przykładem niezwykle silnej kobiety, która potrafiła poradzić sobie nawet w najbardziej nieoczekiwanych i trudnych okolicznościach.

Po opuszczeniu przez księżniczkę domu rodziców *madame* nastały dla nas ciężkie dni. Zaczęliśmy odczuwać typowe trudności codziennego życia związane z okupacją. Coraz częściej wyłączano nam prąd, czasami w kranach nie było wody. Wiedziałam, że nasi pracodawcy mają coraz większe trudności ze zdobyciem żywności. Nie wypłacano nam również naszych pensji. Poza tym wróciła groźba zastosowania broni masowego rażenia przez „Chemicznego Alego”. Baliśmy się więc, że broń biologiczna lub chemiczna zostanie wkrótce użyta i zbierze niewyobrażalne śmiertelne żniwo. Słyszałam, jak domownicy rozmawiali o tragedii Kurdów, kiedy trzy lata wcześniej „Chemiczny Ali” rozkazał zrzucić najpierw napalm, a później bomby z bronią chemiczną na irackie miasto Halabdża. Ojciec *madame* mówił, że ci, którzy przeżyli, widzieli wędrującą nad miastem chmurę dymu o białych i żółtych barwach. W powietrzu roznosił się zapach słodkich jabłek. Na skutek działania mieszaniny gazów bojowych ludzie tracili wzrok, dostawali ślinotoku, wymiotów, a także wysypki i drgawek. Jeśli nie znaleźli odpowiedniego schronienia, błyskawicznie tracili życie. Bomba chemiczna zabiła pięć tysięcy ludzi, a kilka tysięcy innych okaleczyła na całe życie. Mieszkańcy, którzy przeżyli masakrę, zmagali się z rakiem lub chorobami psychicznymi. Myślałam wtedy, że chyba wolałabym od razu umrzeć, niż oszpecona cierpieć w bólu do końca mojego życia. Chodziły pogłoski, że jeżeli Stany Zjednoczone rozpoczną akcję militarną, wtedy ten tyran Saddam, nie mając nic do stracenia, w odwecie użyje straszliwej, wyniszczającej broni. Badar przyniósł do domu kilkanaście masek przeciwgazowych i powiedział, że jeśli dojdzie do ataku tego rodzaju, musimy je założyć. Mimo realnego zagrożenia zostaliśmy w willi rodziców *madame*, bo schron przyjaciela jej męża był już pełen starców, kobiet i dzieci. Ta niepewność jutra okazywała się szczególnie dotkliwa. Do tego dochodził jeszcze towarzyszący jej strach, który złowieszczym cieniem zakradał się do wszystkich naszych rozmów.

Kiedy pewnego dnia wynosiłam śmieci, zagadnął mnie znany mi z widzenia Hindus. Mieszkał niedaleko nas wraz z dwiema żonami, które były siostrami. Wiem, że chociaż w islamie dopuszczalne jest wielożeństwo, to istnieje zakaz poślubiania dwóch sióstr w tym samym czasie. Niemniej u nas w Indiach jest to niekiedy praktykowane.

– Nie boisz się tak sama chodzić? – zapytał mężczyzna.

– Ja tylko wynoszę śmieci. Nie mogę iść nigdzie dalej – odpowiedziałam.

– To dobrze. Ta wojna... przyszła tak nagle... A kiedy wyjeżdżasz?

– Słucham? – Nie zrozumiałam.

– No kiedy wyjeżdżasz? Przecież trwa ewakuacja. – Zorientował się, że nie mam pojęcia, o czym mówi, i spojrzał na mnie zdziwiony.

– Ewakuacja?

– Tak, nasz rząd robi wszystko, aby nas wydostać z tego piekła. Przecież nie wiadomo, ile to jeszcze potrwa. Jeszcze ten „Chemiczny Ali" jako gubernator... Macie już maski?

– Tak, brat *madame* przyniósł, rozdawali je w szpitalach.

– My też mamy, ale powiem ci, że jeśli zrzucą gaz, to niewiele nam pomogą. Trzeba jak najszybciej wracać do Indii! Powiedz *madame*, że wyjeżdżasz, i jedź z nami! Za parę dni wyjeżdżają autobusy! Zabierają nas przez Irak do Jordanii, a następnie z Ammanu samolotem lecimy do Bombaju. Tylko trzeba się wcześniej zarejestrować. Musisz się pospieszyć! Jest bardzo dużo chętnych! Przynieś paszport, pomogę ci w załatwieniu formalności.

– Ale ja nie mam paszportu! Jest w rękach moich sponsorów.

– To powiedz im, żeby ci go oddali, bo wyjeżdżasz!

Przez kilka ostatnich lat, oprócz ucieczki, której później żałowałam, i pobytu w szpitalu gruźliczym, w każdej godzinie i minucie robiłam dokładnie to, co kazała mi *madame* i jej mąż. Parę dni, które spędziłam poza domem pracodawców, byłam podporządkowana Radżu. W szpitalu musiałam stosować się do obowiązujących tam reguł. Do Kuwejtu też przyjechałam, bo wysłała mnie tu mama. Fakt, że w tym momencie mogłam sama podjąć tak ważną decyzję dotyczącą mojego losu, był dla mnie czymś zupełnie nowym.

– A jak *madame* nie będzie chciała, żebym wyjechała?

– To jest twoje prawo! W końcu jest wojna! – zapewnił Hindus.

Wiedziałam, że Kuwejtczycy uciekający do Arabii Saudyjskiej kazali swoim służącym jechać z nimi. To znaczyło, że nawet inwazja nie zmieniła ich przekonania, że służba musi być im całkowicie podległa i wykonywać wszystkie ich dyspozycje. Widząc rozterkę malującą się na mojej twarzy, Hindus powiedział:

– Mam na imię Suraj. Mieszkam w tamtym bloku – wskazał stojący nieopodal budynek – pod numerem trzecim. Nie obawiaj się mnie, mam dwie żony, które mi w zupełności wystarczą. – Zaśmiał się. – Chcę cię tylko stąd wyrwać, bo nie wiadomo, jakie piekło zgotuje tu nam Saddam. To tyran zdolny do największych zbrodni.

Kiedy wróciłam do domu, od razu poszłam do Ramy.

– Słyszałaś o ewakuacji?

– Jakiej ewakuacji?

– Organizowanej przez rząd Indii. To może Sri Lanka też wywozi stąd swoich obywateli?

– Może... Ale ja chyba tu zostanę...

– Co?! Przecież to jest niebezpieczne!

– Pracuję tu już tyle lat. Nie chcę stracić tej pracy.

– Ale teraz jest wojna! Nawet nie płacą nam pensji!

– Wszystko, co złe, kiedyś musi mieć swój kres – stwierdziła poważnie Rama. – Jeżeli teraz wyjadę, to nie wiem, czy będę miała możliwość ponownego przyjazdu.

– A jeśli „Chemiczny Ali" użyje swojej broni? I wszyscy umrzemy?

– To znaczy, że tak miało być. Że tak mi było pisane. Idę... – powiedziała Rama. – Muszę posprzątać piętro.

Dopiero wtedy uświadomiłam sobie, że Rama cały czas się krząta, jakby chciała odpędzić koszmar wojny i związany z nią lęk wykonywaniem codziennych czynności. W nocy przewracałam się z boku na bok i zastanawiałam się, co robić. Czy lepiej wrócić do mojej biedy w Indiach, czy lepiej tu zostać i przeczekać tę zawieruchę? – Przewalające się przez moją głowę myśli nie dawały mi spać. – A jak stracę pracę i już nigdy tu nie wrócę? Za co będziemy żyć w Indiach? Mama jest chora, dom ciągle zastawiony.

Następnego dnia mąż *madame* i jej brat przynieśli kilkadziesiąt zgrzewek wody mineralnej.

– Do picia i gotowania używajcie tylko wody z butelek – przykazał nam Badar. – Rozeszła się wiadomość, że woda w kranach może być skażona biologicznie.

Wtedy naprawdę zaczęłam się przeraźliwie bać. Każdy dzień rozpoczynał się coraz gorszymi wiadomościami. Broń chemiczna, gwałty, a teraz broń biologiczna. Poczułam, że dłużej nie wytrzymam tego ciągłego napięcia. Wtedy zdecydowałam. Wracam do Indii! Z miejsca udałam się do *madame*, aby poprosić ją o wydanie mi mojego paszportu.

– Proszę pani... – zaczęłam niepewnie – ja... – Nie wiedziałam, jak to wyrazić. – Ja chcę stąd wyjechać do Indii! – wyrzuciłam z siebie jednym tchem.

*Madame* spojrzała na mnie zdziwionym wzrokiem.

– Bibi! Co ty mówisz? Jak stąd wyjedziesz? Przecież lotnisko jest zbombardowane i nie ma żadnych lotów! W głowie ci się zupełnie pomieszało?!

– Bo mówią, że jest ewakuacja. To znaczy Suraj mówił...

– Jaki Suraj?! – podniosła głos zirytowana *madame*. – Czy ty sama gdzieś się wymykasz?! Mówiliśmy ci, że nie wolno ci nigdzie wychodzić!

– Ja wyniosłam śmieci – tłumaczyłam się.

– Nie, nigdzie nie wyjedziesz! – zdecydowała *madame*. – A teraz idź i zajmij się Basmą!

Stałam przybita, nie mogąc się ruszyć. Wyobraziłam sobie zrzucane na polecenie „Chemicznego Alego” trujące gazy, które wciskają się do moich płuc, parzą skórę i wywołują śmiertelne drgawki. Nagle zabrakło mi powietrza i dopadł mnie silny atak kaszlu. Zaczęłam się dusić tak jak wtedy, kiedy miałam najgorsze stadium gruźlicy. W tym momencie do salonu wszedł mąż *madame*.

– Co się dzieje? Bibi, źle się czujesz? Co jej jest? – zapytał żonę. – Mam nadzieję, że to nic poważnego, bo jak nam się teraz znowu rozchoruje... – Usiadł przygnębiony na kanapie. – Irakijczycy rozkradli większość sprzętu medycznego...

W szpitalu ostrzegali mnie, że zawsze istnieje możliwość powrotu mojej choroby.

– Bibi chce nas opuścić – oznajmiła *madame*.

– Chcesz odejść z pracy? – zwrócił się do mnie *baba*.

– Tak – odpowiedziałam, z trudem opanowując atak kaszlu.

– Ale teraz? Tak nagle? – Na twarzy mężczyzny widać było zmęczenie. – I gdzie ty pójdziesz?

– Chcę wrócić do Indii. Trwa ewakuacja obywateli z mojego kraju. Dlatego proszę o wydanie mojego paszportu.

Zapadła cisza. *Madame* i jej mąż spojrzeli po sobie, wyraźnie zaskoczeni moją prośbą. Po chwili *madame* szybko rzuciła:

– Już jej powiedziałam, że się nie zgadzamy.

Po policzkach spłynęły mi łzy.

– Ja muszę się zarejestrować. Bardzo proszę o ten paszport. Bo później nie będzie już miejsc...

– Nie, nie możesz teraz nigdzie jechać – rzekła stanowczo *madame*. – No idź już do Basmy, nie słyszysz, jak szaleje na schodach?! Pewnie znowu zjeżdża po poręczy! Zajmij się nią, bo jak spadnie i sobie coś rozbije, to będzie duży problem! Przecież żaden szpital nie funkcjonuje normalnie!

Widząc rozczarowanie na mojej twarzy, mąż *madame* dodał:

– Chcemy, żebyś tu została dla twojego własnego dobra. Nie możemy cię wypuścić samej. To zbyt duże ryzyko.

Moje oczy znowu wypełniły się łzami.

– Ale ja nie będę sama. To ewakuacja. Suraj powiedział, że wszyscy Hindusi wyjeżdżają...

– Kto to jest Suraj? – zapytał mąż *madame*.

– Suraj też jest z Indii. Mieszka niedaleko, znam go z widzenia. Powiedział mi, że jak się zarejestruję, to pojadę autobusem do Jordanii. A stamtąd polecę samolotem do Bombaju. Właśnie dlatego potrzebny jest mi paszport – tłumaczyłam. – Ale trzeba się szybko zgłosić, bo później może zabraknąć miejsc.

Ze zdenerwowania znowu dopadł mnie kaszel. Stałam ze spuszczoną głową, czekając na decyzję państwa. Nagle rozległ się głośny krzyk, a zaraz potem płacz Basmy.

– Mówiłam ci, żebyś się nią zajęła! – zganiła mnie *madame*.
– Biegnij do niej, ale już!

Szybko poszłam do holu, gdzie na dole schodów leżała płacząca Basma. Podniosłam ją i dokładnie obejrzałam. Na szczęście nic jej się nie stało. Wzięłam dziewczynkę za rękę i zaprowadziłam do kącika, gdzie zgromadziła przywożone stopniowo z jej domu zabawki. Basma szybko się uspokoiła i we dwie zajęłyśmy się wyprawą misiów na piknik.

Rano okazało się, że nie ma prądu. Państwo przykazali nam również, żebyśmy oszczędzały wodę z butelek, bo nie wiadomo, kiedy znowu będzie można ją kupić. Od czasu do czasu kaszlałam. Zaczęłam się martwić, że gruźlica wróciła. Zauważyłam, że mąż *madame* przy każdym moim kaszlnięciu patrzy na mnie z niepokojem. Po południu podsłuchałam rozmowę państwa w salonie:

– Bibi znowu mocno kaszle – mówił mąż *madame*. – Może rzeczywiście lepiej ją wysłać do Indii. To ciebie doktor uczulał na to, że przy braku odpowiedniej diety i dużym stresie jej choroba może powrócić. A teraz nie ma ani lekarzy, ani lekarstw. W dodatku coraz trudniej zdobyć jedzenie. Jak Saddam nas nie zamorduje, to wykończy nas gruźlica. Tyle ludzi w domu... Twoi rodzice są starsi, mniej odporni...

Zamilkł, a ja pomyślałam, jak w ciągu tak krótkiego czasu życie ludzi mogło rozpaść się w gruzy. Jeszcze parę tygodni temu żaden z przyzwyczajonych do luksusu domowników nawet nie przypuszczał, że wkrótce problemem mogą okazać się podstawowe sprawy: woda, jedzenie czy dostęp do lekarza. Przypomniałam sobie ukrywającą się u nas wcześniej księżniczkę. Ona na pewno też się nie spodziewała, że na jej własnej ziemi, gdzie rządziła jej rodzina, ja, zwykła służąca, będę mogła z większą pewnością siebie i z mniejszą obawą wychodzić z odkrytą twarzą na ulicę. Do mnie żołnierze się uśmiechali. Księżniczkę, gdyby dowiedzieli się, kim jest, na pewno by zabili. Niespodziewane huragany historii sprawiają, że ludzie mogą znaleźć się w miejscach i zaułkach, gdzie ich dotychczasowa pozycja lub wyznawane wartości, które przez lata wydawały się niewzruszone, ulegają nieoczekiwanej przemianie. Dlatego zawsze powinniśmy pamiętać o tym, że nigdy nie wiadomo, kim będziemy jutro. Za sprawą jednego silnego podmuchu wiatru historii możemy zyskać lub stracić wszystko.

– A Basma? – rozległ się głos *madame*. – Kto będzie się nią zajmował? Wiesz, jaka ona jest... Tylko Bibi daje sobie z nią radę.

– To wolisz mieć tu epidemię gruźlicy?! – rzekł podniesionym głosem *baba*. – I bez tego jest nam z Badarem coraz trudniej wszystko dla was organizować. Jak Bibi chce wyjechać, to niech jedzie. Tylko muszę sprawdzić, jak ma wyglądać ta ewakuacja. Chcę, żeby Bibi bezpiecznie dojechała do domu. W końcu służyła u nas tyle lat. I dobrze zajmowała się Basmą. Bibi! Chodź tu do nas! – zawołał mnie mężczyzna. Posłusznie poszłam do salonu. – Jesteś pewna, że chcesz teraz wrócić do Indii? – zapytał mąż *madame*.

– Tak, chcę. – Znowu zaczęłam kaszleć. – Ja się boję. I chcę zobaczyć moją mamę...

– Dobrze, jeśli w okolicy będzie spokojnie, to po obiedzie pójdziemy do tego Suraja. Zobaczymy, czy mówi prawdę.

Od razu pobiegłam z wiadomością do Ramy.

– Rama! Zgodzili się! Jadę do Indii! Do domu! – Ściskałam koleżankę z radości.

– I z tego tak się cieszysz? – spytała sceptycznie Rama.

– No pewnie, że tak! – Naprawdę już miałam dość wojny i wiecznego zagrożenia.

– A twoja praca? A pensja? Na pewno ci nic nie wypłacą!

– Ale pojadę do mamy! I nie będę się bała, że spadnie na mnie jakaś bomba! – Tak naprawdę myślałam przede wszystkim o tym, że już niedługo zobaczę swoich bliskich. I będę daleko od „Chemicznego Alego".

Po południu w towarzystwie męża *madame* poszłam do domu Suraja. Tam mój sponsor wypytał go o detale związane z moją rejestracją oraz miejscem i datą odjazdu autobusów. Przy okazji przekonał się, że Hindus rzeczywiście ma dwie żony, które będą podróżować razem z nami. *Baba* kilkakrotnie zaznaczał, że cała trójka ma się mną dobrze opiekować w czasie całej drogi. W zamian za to Suraj poprosił o przechowanie części swojego dobytku w piwnicy willi rodziców *madame*. Mój pracodawca się na to zgodził.

Parę dni potem nadszedł czas ewakuacji. Dopiero kiedy do niewielkiej walizki zapakowałam trochę swoich rzeczy, uświadomiłam sobie, że nie tak wyobrażałam sobie swój powrót z Kuwejtu do domu po kilku latach pracy. Nie miałam prawie żadnych pieniędzy. Jedynymi prezentami było kilka buteleczek tanich perfum, które kiedyś kupiłam za dodatkowe pieniądze otrzymane z okazji świąt. Plus parę drobnych rzeczy do domu, w tym komplet filiżanek do herbaty. Kiedy się żegnałam ze wszystkimi, łzy płynęły mi ciurkiem po policzkach. Przemknęło mi przez myśl, że już nikogo z nich mogę nigdy w życiu nie zobaczyć. W końcu wojna dopiero się zaczęła. Zresztą nie wiadomo, czy jeszcze kiedykolwiek wrócę do Kuwejtu. Najtrudniej było mi rozstać się z Basmą. Mimo wszystko przywiązałam się do tej dziewczynki, którą zajmowałam się od lat. Basma chyba nie do końca zdawała sobie sprawę, gdzie wyjeżdżam, bo ciągle pytała, czy niedługo wrócę. Najdłużej żegnałam się z Ramą. Prosiłam ją, żeby jeszcze raz wszystko przemyślała i skorzystała z oferowanej przez rząd jej kraju ewakuacji.

– Podejmij rozsądną decyzję, dopóki nie będzie za późno – mówiłam, mocno ją ściskając.

W drodze do miejsca, gdzie miały czekać na nas autobusy, patrzyłam przez szybę na doszczętnie zrujnowany i pełen wrogich wojsk Kuwejt. Przez moment miałam dziwne wrażenie, że to jest jedynie jakaś nocna mara i za chwilę obudzę się w wygodnym, przepięknie urządzonym biało-różowym pokoiku Basmy. Ale za oknem nieubłaganie przesuwały się obrazy okopconych okien, rozwalających się ruder ostrzelanych willi i spalonych wraków samochodów.

Kiedy dotarliśmy na miejsce zbiórki, stało już tam kilkanaście autobusów. Wokół roiło się od Hindusów, którzy nerwowo szukali numeru swojego pojazdu. Wcześniej, przy rejestracji i spisywaniu danych z naszych paszportów, od razu przydzielano nas do odpowiedniego autobusu, aby uniknąć chaosu w dniu wyjazdu. Znaleźliśmy nasz numer i ustawiliśmy się w kolejce, aby dopełnić formalności. Po dokładnym obejrzeniu przez hinduskich urzędników naszych dokumentów i sprawdzeniu danych widniejących na listach mogliśmy wraz z innymi uchodźcami wsiąść do autobusu. Zauważyłam, że z placu za każdym razem wyjeżdżają trzy lub cztery pojazdy. Domyśliłam się, że to ze względów bezpieczeństwa, w końcu mieliśmy do pokonania ponad tysiąc kilometrów drogami przez Irak. Kiedy razem z naszym zapełniły się trzy inne autobusy, dostaliśmy sygnał, że możemy jechać. Ruszyliśmy. Zdałam sobie sprawę, że naprawdę opuszczam Kuwejt. Wyjeżdżałam, uciekając przed wojną.

W stronę Iraku poruszaliśmy się dość wolno, bo na drodze stało dużo blokad zrobionych przez żołnierzy Saddama. Wielokrotnie kontrolowano nam dokumenty i skrupulatnie przeszukiwano autobus. Dokładnie sprawdzano, czy gdzieś nie ukrywa się jakiś Kuwejtczyk, Amerykanin czy Brytyjczyk. Kiedy wreszcie dotarliśmy do granicy, byłam przerażona. Obok ciężkiego sprzętu wojskowego i żołnierzy wzdłuż granicy rozstawiono setki namiotów, w których koczowali moi rodacy. Dowiedziałam się, że większość z nich przebywa tu od kilku tygodni. Nie dostali pozwolenia na dalszą podróż. Niektórzy nie mieli paszportów, bo kiedy zaczęła się inwazja, nie zdążyli ich odebrać od swoich sponsorów. Iracka machina biurokratyczna była niezmiernie surowa, więc uzyskanie pozwolenia na kontynuowanie podróży wymagało wielu oficjalnych dokumentów.

Pasażerów z naszego autobusu też umieszczono w namiotach, bo nie było wiadomo, ile potrwa załatwianie wszystkich papierów potrzebnych do dalszej jazdy. Wojsko z ciężarówek wydawało koczującym racje żywnościowe. Ustawiały się po nie długie kolejki. Ja nawet nie miałam siły stać. Czułam się osłabiona i czasami dostawałam ataków kaszlu. Kiedy iraccy żołnierze zauważyli, że nic nie jem, zaczęli mi przynosić jedzenie poza kolejnością. Byli dla mnie mili i chcieli ze mną rozmawiać. Wtedy Suraj stanowczo zabronił mi nawiązywania z nimi bliższych kontaktów. Powiedział, że nie można im ufać i nikt nie wie, czego tak naprawdę ode mnie chcą. Byłam znużona, więc posłuchałam Suraja. Ale nie miałam siły stać w kolejkach po jedzenie. Wtedy żony Suraja zaczęły oddawać mi trochę pokarmu ze swoich skromnych racji.

W naszym autobusie jechało dwóch młodych Hindusów, którzy dobrze mówili po angielsku. Wzięli na siebie ciężar formalności związanych z odprawieniem naszego autokaru. Jakoś udało im się dogadać z oficerami irackimi, bo już po dwóch dniach zezwolono nam na podróż do Ammanu. Koczujący ludzie z rezygnacją na twarzach, zgaszonym wzrokiem odprowadzali nasz odjeżdżający autobus.

Irak zaskoczył nas wszystkich swoim ogromnym ubóstwem. Dziwiło nas, że kraj, który ma tak wielkie zasoby ropy naftowej, może być tak biedny. Podczas jazdy widziałam nędzę tak dużą, jaką znałam z Indii. Nikt z pasażerów nie mógł tego zrozumieć. Przed inwazją oglądałam czasami w telewizji kuwejckiej migawki z Iraku, który wydawał mi się dostatnim państwem. Niemniej wtedy, podczas ewakuacji, patrząc przez szybę, miałam wrażenie, że jestem w zupełnie innym kraju. Wszyscy w autobusie zastanawiali się, co Saddam robi z pieniędzmi ze sprzedaży ropy. Rozmawiali o tym, dlaczego mijane po drodze miasteczka i wioski w większym stopniu przypominają Indie niż Kuwejt.

Przy drodze z Kuwejtu do Ammanu rozstawiono mnóstwo posterunków wojskowych i policyjnych, na których Irakijczycy nas zatrzymywali i po raz kolejny sprawdzali dokładnie wszystkich oraz nasze bagaże. Ilekroć zauważyli coś, czym byli zainteresowani – zegarek, radio, mydło czy ubrania – pytali właściciela, czy mogą to zabrać. Hindusi odpowiadali, że tak, traktując to jako łapówkę wręczaną w celu szybkiego przepuszczenia przez blokady. Ten proceder powtarzał się za każdym razem, kiedy zatrzymywali nas mundurowi. Po pewnym czasie prawie wszystkie torby zostały ogołocone z cenniejszych rzeczy. Straciłam jedyne prezenty, jakie wiozłam do domu: parę buteleczek tanich perfum i serwis do herbaty. Kiedy dojeżdżaliśmy do lotniska w Ammanie, w autobusie panowała grobowa atmosfera. Po wielu latach niewolniczej pracy wracaliśmy do naszych rodzin bez pieniędzy i z pustymi rękami. Nawet kilka tak trudno zdobytych drobiazgów, którymi chcieliśmy obdarować naszych bliskich, rozkradło nam irackie wojsko.

Na lotnisku przedstawiciele indyjskiej ambasady w Ammanie oraz jordańscy urzędnicy dwoili się i troili, aby zachować płynność przepływu pasażerów. Codziennie do Bombaju odprawiano około piętnastu samolotów Air India i International Movement Organization. Zabierało się nimi od trzech do czterech tysięcy moich ewakuowanych rodaków. W tamtym czasie w samym Kuwejcie pracowało sto osiemdziesiąt tysięcy Hindusów, a w Iraku około dziesięciu tysięcy. Znakomita większość z nich chciała bezpiecznie wrócić do domu.

Po odprawie zmęczeni i przygnębieni ludzie usiedli na swoich miejscach na pokładzie samolotu. Kiedy po paru kwadransach stewardesy zaczęły roznosić posiłki, pasażerowie próbowali odreagować długotrwały stres, zamawiając buteleczki z alkoholem. Siedząca za mną kobieta płakała i ciągle pytała męża, dlaczego tamtego dnia, drugiego sierpnia, kiedy wyjrzała przez okno, nie zobaczyła jak zwykle bezchmurnego, słonecznego, czystego nieba kuwejckiego, ale te terkoczące, terkoczące, bez przerwy powtarzała to słowo, terkoczące helikoptery z wrogą flagą.

Strudzona długą drogą autobusem przymknęłam oczy. Do moich uszu dochodził szum silników samolotu oraz coraz głośniejsze dialogi współpasażerów. Plany, plany, plany. To głównie przewijało się w rozmowach. Plany, które nigdy nie miały być zrealizowane. Plany, które na zawsze pozostały tylko planami. Plany, które zostały rozjechane przez gąsienice irackich czołgów. Niespodziewana inwazja na Kuwejt nauczyła mnie jednego: każdy dzień należy przeżyć godnie i w pełni go wykorzystać, bo nigdy nie wiadomo, co nas spotka, kiedy obudzimy się następnego poranka.

# Rozdział VIII

# Moje dziecko

W Bombaju zatrzymałam się w mieszkaniu Suraja. Przyzwyczajona przez parę lat do dużych kuwejckich apartamentów i willi, od razu poczułam ciasnotę tego lokum. Składało się z dwóch niewielkich pokoi, po jednym dla każdej z żon, małej kuchni i mikroskopijnej łazienki. Chciałam natychmiast z lotniska udać się na dworzec kolejowy i pojechać pociągiem do Madrasu, a stamtąd do mojej wioski. Jednak Suraj, pamiętając o słowie danym mężowi mojej *madame*, nie chciał mnie puścić. Już w samolocie powiedział, że odda mnie wyłącznie w ręce mojej mamy. Dobrze, że w tłumie na lotnisku zauważyłam Hindusa, który pochodził z sąsiedniej wsi. Poprosiłam Suraja, żeby napisał na kartce swój adres, po czym z trudem przeciskając się przez tysiące ewakuowanych ludzi, wysiadających z lądujących kolejno samolotów, poprosiłam znajomego, żeby powiadomił mamę o moim powrocie.

W mieszkaniu Suraja zazwyczaj przebywałam sama, bo on z dwiema żonami często wychodził odwiedzać liczną rodzinę. Chcieli mnie nawet zabierać ze sobą, ale wolałam czekać w domu na mamę. Trzeciego dnia, kiedy brałam prysznic, usłyszałam delikatne pukanie. Mama?!!! – pomyślałam od razu. Owinęłam się

233

szybko ręcznikiem i wybiegłam z łazienki, nie zważając na lecącą mi po nogach krew. Akurat wtedy miałam miesiączkę.

– Mama!!! – zawołałam, kiedy otworzyłam drzwi, i wpadłam jej w ramiona.

– Bibi! Córeczko! Jesteś! – Mama przytulała mnie i całowała, nie zwracając uwagi na moje mokre włosy i krople wody na skórze. Znowu byłam dzieckiem. – Jak dobrze, że wróciłaś! – Oczy mamy były pełne łez. – Bibi! Moja Bibi! – Śmiała się i płakała na przemian, ściskając mnie mocno, jak gdyby nie wierzyła, że to naprawdę ja. – Bibi! Jak ty wyrosłaś! – Odsunęła mnie od siebie. – Niech ci się przyjrzę! – Szczęśliwa patrzyłam na mamę. Zauważyłam, że schudła i postarzała się przez lata mojej nieobecności. Nagle krzyknęła: – Bibi! Jesteś ranna?! Postrzelili cię?! – Mama ze strachem wpatrywała się w powiększającą się plamę krwi na moim ręczniku.

– Nie, mamo, nie... To tylko miesiączka.

– Bibi! Przecież cię uczyłam, co masz robić, kiedy masz okres. Podpaski...

– Wiem, mamo, wiem. Byłam w łazience, gdy przyszłaś, i od razu wybiegłam. Wiedziałam, że to ty. – Przytuliłam się do mamy, a ona przycisnęła mnie mocno do siebie.

– Dobrze, już dobrze... – Mama gładziła mnie po włosach. – A teraz idź się ubierz!

Wróciłam do łazienki. Jak dobrze było znowu słuchać mamy, a nie *madame*! Umyłam się szybko, ubrałam i poszłam do pokoju. Na krześle obok mamy siedział mąż mojej siostry Mowlal.

– Mowlal! Skąd tu się wziąłeś? – krzyknęłam uradowana. Podbiegłam do niego i serdecznie się przywitałam.

– Stałem parę kroków za mamą, ale ty mnie nawet nie zauważyłaś! Bibi! Gdzie ta dziewczynka, z którą bawiłem się w rangoli? Z ciebie to już prawdziwa kobieta! Całe szczęście, że udało ci się stamtąd wyrwać! – Szwagier wyraźnie się cieszył, że widzi mnie całą i zdrową.

– A co z Anisą? Jak się czuje? – Dopiero w tym momencie poczułam, jak bardzo stęskniłam się za siostrą. – A co z waszym synkiem? Udało się go wyleczyć? Zaczął mówić? – Chciałam dowiedzieć się jak najwięcej o swojej rodzinie.

– Anisa czuje się dobrze – odpowiedziała mama. – Niedawno urodziła córeczkę. Na imię ma Sunita. Jest bardzo ładna. I nawet do ciebie podobna. – Popatrzyła na mnie z czułością. – A Nazir… to znaczy Mallikardżuna, nadal nie mówi i chyba tak zostanie. – Na chwilę się zasmuciła. – Ale to kochany chłopiec. Taki mądry, wszystko rozumie… – Rozpogodziła się. – Ale teraz ty opowiadaj! Jak twoi państwo? Czy byli dla ciebie dobrzy? – Spojrzała na mnie z troską.

– Tak, tak, nie mogę narzekać. – Zaczęłam jej opowiadać, jak wyglądało moje życie w Kuwejcie, pomijając wszystkie złe chwile, które mnie tam spotkały. Po paru kwadransach zreflektowałam się: – Mamo! Może ci zrobić herbaty? I tobie, Mowlal. Jesteście głodni? Choć właściwie tu nic nie ma do jedzenia. – Zmartwiłam się. – Nie jestem u siebie…

– Mowlal! – zwróciła się mama do zięcia. – Idź i kup nam jakieś kanapki i napoje. I mleko do herbaty. – Kiedy Mowlal wyszedł, mama spojrzała na mnie poważnie i powiedziała: – To dobrze, że masz miesiączkę. Ale powiedz mi… – na chwilę wstrzymała oddech – czy ci wojskowi nic ci nie zrobili? Kiedy ludzie uciekający z Kuwejtu docierali do Indii, opowiadali straszne rzeczy o armii Saddama. Że ci żołnierze wszystko kradną, niszczą, palą. Gwałcą kobiety. Na pewno wszystko z tobą w porządku? Nadal jesteś dziewicą? – zapytała mnie wprost mama.

– Tak, mamo, jestem. – Spuściłam głowę, bo wstydziłam się z mamą rozmawiać na takie tematy. Przypomniałam sobie Radżu i stukot laski starucha. Gdyby nie było wtedy nagłego nalotu policji...

– To dobrze, bardzo dobrze. – Mama odetchnęła. – Nie ma nic gorszego niż hańba dziewczyny. Ale musisz być przygotowana na jedno... – Nie dokończyła, bo przyszedł Mowlal z zakupami. Dopiero wtedy, kiedy była przy mnie mama, poczułam, jak bardzo jestem głodna. Od wielu dni tak naprawdę nie najadałam się do syta. Łapczywie sięgnęłam po kanapkę, a zaraz potem po następną. – Jedz, córeczko, jedz. – Mama z przyjemnością podsuwała mi jedzenie.

Przypomniałam sobie, jak ona sama ciężko pracowała, żeby nas wykarmić. Jak chowała dla mnie miseczki z białym ryżem...

– Mamo! – rzekłam z pełnymi ustami.

– Tak, córeczko?

Chciałam jej powiedzieć, jak to dobrze znowu mieć przy sobie mamę, która przytula, gładzi po włosach i podaje kanapki. Jak to dobrze nie trwać w ciągłym oczekiwaniu na kolejne polecenie *madame* albo małej Basmy. Ale do domu właśnie wrócił Suraj ze swoimi dwiema żonami.

– O, Bibi, masz gości? – stwierdził raczej, niż zapytał Suraj.

– Tak, to moja mama, a to mąż mojej siostry. Mamo, to jest Suraj. To on powiedział mi o ewakuacji i opiekował się mną podczas podróży – wyjaśniłam.

Mama podziękowała mężczyźnie za wszystko, co dla mnie zrobił, a Suraj kazał żonom zaparzyć herbatę dla gości. Później rozmawialiśmy o wielkim zaskoczeniu, jakim inwazja Saddama okazała się również w Indiach. Mnóstwo ludzi martwiło się o swoich bliskich, którzy pracowali w Kuwejcie. Bali się o zdrowie i życie krewnych, ale też o to, z czego będą żyć, jeżeli przestaną napływać zarobione przez nich pieniądze. Kuwejckie pensje służących, kierowców, ogrodników, sprzątaczy i innych pracowników były źródłem utrzymania milionów Hindusów.

Zbliżała się godzina odjazdu naszego pociągu z Bombaju do Madrasu. Mama zapytała, czy mam duży bagaż. Odpowiedziałam, że nie, bo Irakijczycy wszystko rozkradli, nawet prezenty dla niej. Mama powiedziała, żebym się tym nie przejmowała, bo najważniejsze, że udało mi się bezpiecznie wrócić do Indii. Pożegnaliśmy rodzinę Suraja i udaliśmy się na dworzec.

Na dworcu panował niesamowity tłok. Dziesiątki tysięcy ludzi w tym samym czasie lądowały w Bombaju i chciały się dostać do domów rozrzuconych po całych Indiach. Panowała dosyć niemiła atmosfera, bo ewakuowani ludzie byli przemęczeni i rozżaleni, że zmuszono ich do tak nagłego powrotu i opuszczenia pracy. Poza tym trzeba było uważać na złodziei i rabusiów, ponieważ rozeszła się fama, że mnóstwo pracowników wraca z bogatego Kuwejtu. W rzeczywistości większość z nas nie miała grosza przy duszy. Mnie też państwo nie wypłacili moich ostatnich pensji.

Pociąg z Bombaju do Madrasu musiał pokonać prawie tysiąc trzysta kilometrów, więc przemierzenie całej trasy zajmowało mu więcej niż dobę. Jechał stosunkowo wolno i zatrzymywał się na ponad trzydziestu stacjach. Na każdej z nich koczowali ludzie, którzy tygodniami czekali na krewnych powracających z Kuwejtu. Kiedy pociąg się zatrzymywał, całe rodziny wypatrywały swoich bliskich, a jeżeli ich nie znalazły, pokazywały przybyłym zdjęcia, mając nadzieję, że ktoś coś wie o losie osób uwiecznionych na fotografiach. Często byli to ludzie z małych wiosek, gdzie wszyscy w okolicy się znali, i myśleli, że tak samo jest w Kuwejcie. Każdy dworzec aż tętnił od silnych emocji, łzy szczęścia mieszały się ze łzami rozpaczy, euforia powitań z goryczą rozczarowań. Mama powiedziała mi, że też tak na mnie czekała na naszym dworcu, dopóki nie przyjechał mieszkaniec sąsiedniej wsi, który dał jej kartkę z adresem Suraja.

Kiedy dotarliśmy na nasz dworzec, byłam nieprzytomna z wyczerpania i niewyspania. Mowlal wziął moją opróżnioną prawie w całości przez Irakijczyków walizkę, a ja marzyłam tylko o tym, żeby położyć się na swoim łóżku. Zeszliśmy na peron i znaleźliśmy się w rozpychającym się łokciami i krzyczącym tłumie. Co chwilę ktoś do mnie podchodził, machając przede mną zdjęciem, i pytał, czy nie widziałam tej osoby w Kuwejcie. Mowlal i mama próbowali torować nam drogę, aby jak najszybciej wydostać się z brudnej, falującej masy ludzi. Nagle poczułam, że ktoś ciągnie mnie za rękaw. Odwróciłam się. Starsza kobieta w zniszczonym sari trzymała wyblakłą fotografię. Złapała mnie tak mocno za ramię, że musiałam przystanąć.

– To moja córka, Amala. – Poruszała bezzębnymi ustami, podsuwając mi pod oczy zdjęcie. – Kiedy ona przyjedzie? Co ci powiedziała?

– Nie wiem, nie znam jej. – Chciałam już iść, bo mama i Mowlal zniknęli z mojego pola widzenia.

– Musisz ją znać. – Uścisk kobiety był bardzo silny. – Ona mieszka tam, gdzie ty byłaś. Na pewno ją znasz. Przypomnij sobie. Amala. Moja córka.

– Nie, nie widziałam jej. – Próbowałam oswobodzić się z żelaznych szponów staruchy.

– Moja córka, Amala. – Wpatrywała się we mnie szeroko otwartymi oczami, w których czaił się obłęd. – Ona tam jest. I przyszli źli żołnierze... Powiedz mi, kiedy przyjedzie...

Szarpnęłam się, żeby uwolnić się od natrętnej kobiety, ale wkoło otaczała mnie zbita masa ludzi i nie mogłam zrobić ani jednego kroku. W pewnym momencie inni zdesperowani Hindusi, tygodniami bezskutecznie oczekujący na swoich bliskich, spostrzegli, że stoję w jednym miejscu, a przed oczami mam fotografię trzymaną przez kobietę. Wtedy zaczęli wyciągać do mnie dłonie ze zdjęciami swoich bliskich, wykrzykując jeden przez drugiego ich imiona. Osaczył mnie las rąk, ciżba napierała na mnie i w tłumie zrobił się duży zator. Rozjuszeni pasażerowie, którzy chcieli dostać się do pociągu za chwilę odjeżdżającego do Madrasu, bezpardonowo pchali mnie w jego stronę. Straciłam oddech, a zaraz potem dostałam ataku kaszlu.

Do głowy przyszła mi zupełnie absurdalna myśl, że Saddam najechał na Kuwejt, bo nadal działało przekleństwo Czandry, która chciała, żebym z dnia na dzień wszystko straciła tak jak kiedyś ona. Tłum napierał na mnie, pociąg nabierał prędkości, a ja byłam już coraz bliżej torów. Słyszałam stukot kół i znowu przypomniało mi się miarowe walenie laski starego Kuwejtczyka licytującego dziewicę. Po raz kolejny dopadł mnie kaszel. Od torowiska dzieliło mnie już zaledwie parę metrów. Czy po to uciekłam przed „Chemicznym Alim", żeby teraz, kiedy już prawie byłam w domu, stracić życie pod kołami pociągu? Nagle ktoś gwałtownie mnie szarpnął i uwolnił od trupiego uścisku staruchy. To był Mowlal.

– Chodź, chodź szybko! – zawołał i torując sobie drogę przez stłoczonych ludzi, pociągnął mnie w stronę wyjścia z peronu.

Kiedy znalazłam się obok mamy w budynku dworcowym, ta objęła mnie tak, jakbym dopiero co przyjechała z Kuwejtu.

– Bibi! Córeczko!

Znużeni drogą i nagłymi przeżyciami dotarliśmy do domu, który wydał mi się bardzo ubogi. Kiedy witałyśmy się z Anisą, obie głośno płakałyśmy. Anisa, chociaż była jedynie parę lat starsza ode mnie, wyglądała jak zmęczona życiem kobieta w średnim wieku. W Indiach dziewczynki wychodzące wcześnie za mąż i rodzące dzieci szybko się starzeją. Długo tuliłam do siebie Nazira, który wyglądał na bystrego chłopca. Nie poznał mnie i jako niemowa nie mógł nic wyrazić słowami, ale widać było, że też się cieszy z mojego przyjazdu i świątecznej atmosfery w domu. Wzięłam na ręce czteromiesięczną Sunitę, córeczkę siostry. Przypomniałam sobie Basmę, która była niemal w jej wieku, kiedy zaczęłam się nią opiekować. A teraz, kiedy ja już znalazłam się w bezpiecznym miejscu, ta mała Kuwejtka wraz z całą swoją liczną rodziną nadal była narażona na bomby Saddama. Oczy zaszły mi łzami, bo nie chciałam, żeby państwu, z którymi spędziłam tyle lat, stało się coś złego.

– Bibi! – Mama odebrała ode mnie Sunitę. – Dosyć już na dzisiaj, jesteś bardzo zmęczona! Już ci pościeliłam, idź i połóż się spać!

Umyłam się, poszłam do swojego łóżka i zasnęłam tak szybko jak dziecko.

Przez następne dni prawie nie wychodziłam z domu, bo nie mogłam nacieszyć się tym, że znów jestem z moją rodziną. Mama dogadzała mi, jak mogła, gotowała moje ulubione potrawy i prała moje ubrania. Dziwnie się czułam, bo nie dość, że nie musiałam nikomu usługiwać, to jeszcze ktoś się mną zajmował.

Kiedy zaczęłam opuszczać dom, zauważyłam, że wszyscy na mnie patrzą z wyrazem potępienia w oczach. Gdy szłam do sklepiku albo choćby na spacer, czułam na sobie wrogie, pełne pogardy spojrzenia. Nie wiedziałam, dlaczego tak się dzieje i co złego zrobiłam. Postanowiłam zapytać o to moją siostrę.

– Anisa, dlaczego mieszkańcy wioski wytykają mnie palcami? Nawet mali chłopcy śmieją się drwiąco za moimi plecami, a czasami rzucają obraźliwe słowa.

Siostra spojrzała na mnie z niechętnym wyrazem twarzy.

– Sama powinnaś wiedzieć dlaczego.

– Ja?!

– Wróciłaś przecież z Kuwejtu...

– I co z tego?

– Wszyscy tu wiemy, co iracka armia robiła z kobietami. Żadna służąca nie wróciła czysta...

– Ale to jest nieprawda! – oburzyłam się.

– A co, może nie było gwałtów? – zapytała ironicznie moja siostra.

– No były, ale...

Sunita się obudziła i zaczęła płakać, więc Anisa poszła, żeby się nią zająć. Odniosłam wrażenie, że nawet rodzona siostra jest przeciwko mnie. Wtedy dotarło do mnie z całą ostrością, jak moje społeczeństwo podchodzi do sprawy gwałtów. Przypomniałam sobie sytuację sprzed paru lat, kiedy to ojciec zgwałconej dziewczynki, nie mogąc znieść ciążącej na nim hańby, odebrał sobie życie.

W Indiach dochodzi do kilkudziesięciu gwałtów dziennie. Często zdarzają się szczególnie brutalne gwałty zbiorowe, po których ofiary, bestialsko potraktowane przez oprawców, umierają w męczarniach. Prawdziwą epidemią są gwałty na nieletnich. Najmłodsze zgwałcone dziewczynki, o których słyszałam, miały po pięć lat. Jedna z nich, pochodząca z biednej dzielnicy na przedmieściach Delhi, została porwana przez sąsiada, który w dodatku miał wspólnika. Dwaj mężczyźni gwałcili, a także w okrutny sposób torturowali dziecko. Później uciekli i zostawili mocno poranioną dziewczynkę, myśląc, że już nie żyje. Przez ponad dwie doby dziecko z licznymi obrażeniami leżało samo w niewyobrażalnych cierpieniach w zamkniętym pomieszczeniu. Dopiero wtedy rodzice usłyszeli jego rozpaczliwe krzyki. W stanie krytycznym ich córka została przewieziona do szpitala. Tam z jej narządów płciowych lekarze operacyjnie wyciągali kawałki szklanej butelki i świeczki. Dziecko było też pocięte i miało pogryzioną twarz oraz tułów. W jego organizmie wywiązała się rozległa infekcja, a uszkodzone narządy płciowe w przyszłości będą musiały zostać poddane operacji rekonstrukcji.

Słyszałam mnóstwo takich prawdziwych, makabrycznych historii, które ludzie przekazywali sobie z ust do ust. Dziewięcioletnia dziewczynka została zgwałcona przez dwóch mężczyzn, którzy potem próbowali podciąć jej gardło. Ofiara przeżyła. W innej wiosce trzech mężczyzn, w tym dwóch policjantów, dokonało gwałtu zbiorowego, a następnie udusiło dziewczynki w wieku czternastu i piętnastu lat. Następnie powiesili ich ciała na drzewach. Straszne jest to, że policja, choć rodzice zgłosili zaginięcie dzieci, nie podjęła żadnych działań, żeby je odnaleźć. W rzeczywistości oprawców rzadko spotyka kara, chociaż niejednokrotnie są dobrze znani lokalnej społeczności. Gwałcone są studentki, urzędniczki, fotoreporterki, dziennikarki, pracownice banków, gospodynie domowe, turystki i dzieci. Żadna kobieta ani dziewczynka w Indiach nie może czuć się bezpiecznie, zwłaszcza w środkach komunikacji miejskiej, gdzie często dochodzi do aktów bezczelnego molestowania seksualnego. Przeraża mnie to, że winę za gwałt zawsze przypisuje się kobietom lub dziewczynkom, oskarżając je o prowokacyjne zachowanie. Ofiary oraz ich rodziny, doświadczywszy zwyrodniałej przemocy i traumatycznych przeżyć z tym związanych, spotykają się z potępieniem społecznym w swoich miejscach zamieszkania. Kobieta i jej bliscy okryci są hańbą i wstydem. Nie dość, że dotknęła ich straszna życiowa tragedia, to jeszcze doznają bezwzględnego wykluczenia ze swojego środowiska.

Pogląd, że to zawsze kobieta ponosi winę za gwałt, pokutuje w powszechnej świadomości, a równocześnie jest głoszony przez czołowych indyjskich polityków. „Każda kobieta uprawiająca seks pozamałżeński powinna być powieszona. Niezależnie od tego, czy dzieje się to za jej zgodą, czy nie. A mężczyznom dopuszczającym się gwałtu powinno się wybaczać, bo chłopcy to tylko chłopcy". Tak przedstawiają się przekonania polityków z pierwszych stron gazet. Trudno się zatem dziwić, że zgwałcone ofiary, które postrzega się jako zbrukane i nieczyste, są szykanowane przez swoje środowisko. Zgwałcona kobieta to „napiętnowana suka", którą najlepiej omijać z daleka. Sama też tak się czułam. Po powrocie z Kuwejtu do mojej wioski czułam się jak „napiętnowana suka".

Odciśnięte na mnie piętno z dnia na dzień robiło się coraz boleśniejsze. Kiedy wychodziłam z domu, pod wpływem potępiających spojrzeń i szyderczych uwag palący wstyd potęgował się i przemieniał w otwartą, jątrzącą się ranę. Nie mogłam się nigdzie ruszyć, bo wszyscy uważali, że idę „gdzieś się pieprzyć", jak kiedyś usłyszałam. Po pewnym czasie szydzono już ze mnie zupełnie otwarcie. Mali chłopcy pluli na mnie i szybko podbiegając, łapali mnie za biust lub pośladki, nastolatkowie zagradzali mi drogę i wyjąwszy swoje sterczące członki, onanizowali się na moich oczach, krzycząc, żebym to za nich zrobiła, a mężczyźni w chamski sposób proponowali mi stosunki seksualne. Moja cała rodzina też była szykanowana, przez co atmosfera w domu stawała się coraz bardziej nieprzyjemna. Jedyny nasz mężczyzna, Mowlal, nic nie mógł na to poradzić, bo nie pochodził z naszej wioski i należał do niskiej kasty.

Po paru miesiącach presja społeczności stała się tak duża, że prawie nie wychodziłam z domu. W rezultacie obelgi spotykały głównie moją mamę i siostrę, które zaczęły mieć do mnie o to pretensje. Obie miały też żal, że nie przywiozłam z Kuwejtu żadnych pieniędzy. Skrajna bieda codziennej egzystencji, której obraz zdążył mi się trochę zatrzeć podczas pobytu w Kuwejcie, powracała do mnie ze zdwojoną siłą. Moja rodzina żyła bardzo skromnie, bo kiedy zabrakło przysyłanych przeze mnie co miesiąc pieniędzy, nie miała żadnego stałego dochodu. Mama była chora i nie mogła pracować. Mowlal już dawno stracił pracę w odległym mieście i dlatego z Anisą przenieśli się do mojej mamy. Tak naprawdę przez ostatni czas przed inwazją żyli na mój koszt. Wprawdzie Mowlal imał się różnych prac, ale dorywczych i za minimalną stawkę. A kiedy przyjechałam, jedynym ratunkiem stały się pożyczki. Dom nie został jeszcze do końca spłacony, więc rosły odsetki wynikające z zadłużenia. Mama wymagała comiesięcznych wizyt u lekarza. Potem należało jeszcze wykupić drogie leki. Od momentu mojego powrotu mama nie poszła do doktora, bo chciała, żeby więcej pieniędzy zostawało na jedzenie dla nas wszystkich. W miarę upływu czasu sytuacja robiła się coraz bardziej beznadziejna. W Kuwejcie zaś nadal trwała wojna.

Pozbawiona opieki medycznej i odpowiedniej dawki lekarstw, mama czuła się coraz gorzej. Bolały ją wszystkie kości i z trudnością mogła się poruszać. Niekiedy większość dnia spędzała w łóżku. Pewnego razu, kiedy zaniosłam jej herbatę, powiedziała do mnie:

– Bibi! Zostań chwilę! Musimy porozmawiać! – Poprawiłam jej poduszkę i usiadłam przy niej. – Bibi! Musimy rozwiązać twój… nasz problem.

– Jaki problem?

– Taki, że wszyscy w wiosce traktują cię jak dziwkę – powiedziała wprost mama.

– Ale ja nic nie zrobiłam! I naprawdę jestem dziewicą! – odrzekłam z oburzeniem.

– To nie ma teraz żadnego znaczenia!

– Jak to nie ma znaczenia?! – wykrzyknęłam. – Trzeba to im wszystkim wytłumaczyć! Wrogami Irakijczyków byli Kuwejtczycy i obywatele państw zachodnich, a nie służba i biedni pracownicy!

Owszem, były gwałty, ale na Kuwejtkach! Nie słyszałam, żeby żołnierze gwałcili służące! Poza tym moi państwo o mnie dbali i kiedy rozeszły się pogłoski o gwałtach, nie pozwolili mi wychodzić z domu! Powiedz to wszystko ludziom w wiosce!

– I tak nie uwierzą. – Mama trzeźwo patrzyła na sprawę.

– Wiesz, co ostatnio mówią o każdej młodej, ładnej dziewczynie, która wraca z Kuwejtu? Że spała ze swoim sponsorem albo każdym innym mężczyzną, który dał jej parę groszy. A teraz jeszcze te wieści o armii Saddama... Każdy wie, jak brutalni są jego żołnierze. Nikt nie może się im przeciwstawić.

– Ale ja jestem dziewicą! – powtórzyłam uparcie.

– To nie jest ważne w tym momencie. Ważne jest, żeby rozwiązać tę sytuację. Nie możemy tak dalej żyć. Twoja siostra ma małą córeczkę. A jeśli jej coś zrobią, żeby cię ukarać?

Niestety, dobrze wiedziałam, że wioskowe społeczności rządzą się swoimi specyficznymi prawami. Niedawno zrobiło się głośno o zbiorowym gwałcie na niezamężnej dwudziestolatce, którą przyłapano z żonatym mężczyzną z sąsiedniej wsi. Najpierw kobietę przywiązano do drzewa, a w tym czasie rada wioski debatowała, jaką nałożyć na nią karę. Pełni złości mieszkańcy mówili o niej, że jest „kobietą złego charakteru", która „psuła atmosferę w wiosce", nie przestrzegając lokalnych zwyczajów. Początkowo rada za zakazany związek nałożyła na mężczyznę i kobietę karę pieniężną równoważną kilkuset dolarom. W Indiach jest to wielka suma. Krewni mężczyzny sprzedali złoto i zapłacili nałożoną grzywnę. Ale dla kobiety, która mieszkała z matką, bo ojciec zmarł parę lat temu, była to ogromna, niemożliwa do zdobycia kwota. Wtedy szef rady powiedział mężczyznom, że skoro winna nie może zapłacić kary, to daje im ją „do zabawy". Mężczyźni zaprowadzili ją do prowizorycznej chaty i tam wielokrotnie zgwałcili. Dopiero po dwóch dobach z powodu silnego krwotoku kobieta została zabrana do szpitala. Badania medyczne dowiodły, że zgwałciło ją od pięciu do piętnastu mężczyzn.

– Powiedziałaś jej już? – Anisa weszła do pokoju z malutką Sunitą na rękach.

– Właśnie mówię. Bibi! – zwróciła się do mnie mama. – Musisz wyjść za mąż! To jedyny sposób, żeby mieszkańcy wsi zostawili naszą rodzinę w spokoju! – Stwierdzenie mamy było tak nieoczekiwane, że nie mogłam wydusić z siebie słowa. Sunita cicho kwiliła i Anisa delikatnie ją kołysała. Mama mówiła dalej:

– Wiesz, że u nas dziewczyna musi mieć duży posag, żeby wyjść za mąż. My mamy tylko długi, a ty nie przywiozłaś nic z Kuwejtu... – W jej głosie brzmiał wyrzut. – W związku z tym twoje szanse na zamążpójście są prawie żadne. I jeszcze ta opinia o tobie...

– Nikt cię nie będzie chciał! – wtrąciła Anisa.

– Długo myślałam, co z tym zrobić, i znalazłam jedyne możliwe wyjście z tej sytuacji. – Wyglądało na to, że mama już podjęła decyzję. – Wyjdziesz za mąż za Baszę, syna mojego dalekiego kuzyna Rahmana. Pamiętasz go?

Wujka Rahmana pamiętałam jak przez mgłę, był u nas może parę razy, jeszcze zanim mama wyjechała do Kuwejtu. Z towarzyszącym mu wtedy synem, parę lat starszym ode mnie, bawiłam się przed domem w rangoli.

– Ale ja go w ogóle nie znam! – Sama myśl o tym, że mogę poślubić prawie zupełnie mi obcego mężczyznę, wywoływała u mnie nieprzyjemny ścisk gardła.

– Zrobisz tak i już! – zaczęła na mnie krzyczeć mama. – Trzeba wreszcie skończyć z tym wstydem! Wszystkie przez to cierpimy!

– Tak! Wyjdziesz za mąż, czy tego chcesz, czy nie! – Anisa dołączyła do mamy. – Ja nawet spokojnie nie mogę wyjść do sklepiku, bo wszyscy rzucają mi w twarz, że moja siostra to kurwa! Jeszcze mówią, że Sunita wyrośnie na taką samą dziwkę!

– Trzymana przez Anisę w ramionach malutka córeczka nadal cichutko łkała. – Nie chcę, żeby kiedy Sunita trochę podrośnie, wszyscy obrzucali ją błotem, bo ma ciotkę prostytutkę! To jeszcze niewinne dziecko!

– Ja też jestem niewinna! I nie chcę wychodzić za mąż! – krzyknęłam z rozpaczą, zalewając się łzami.

– Nie możesz myśleć tylko o sobie! – łajała mnie mama. – I ciesz się, że ktoś chce się z tobą ożenić! Przecież w ogóle nie masz posagu!

– Mama jest dla ciebie taka dobra, a ty w ogóle tego nie doceniasz! – Siostra naskoczyła na mnie. – Mama jest mądra i wiedziała, jak postąpić! Przekazała przez kogoś wiadomość Rahmanowi, żeby przyjechał porozmawiać o twoim małżeństwie z jego synem. Zgodził się, bo pewnie skusił się na twoje kuwejckie pieniądze.

– Każdy myśli, że przywiozłaś stamtąd nie wiadomo jaką fortunę! – Mama znowu spojrzała na mnie z wyrzutem, jakby to była moja wina, że Saddam napadł na Kuwejt i nie dostałam pensji. – Dobrze, że Rahman to nasza rodzina i mogłam mu wszystko wyjaśnić. Powiedziałam mu, że pieniądze należne jego synowi wpłacimy później. Zapewniłam też, że jesteś dziewicą. Bo jesteś, prawda? – Mama spojrzała na mnie z małym cieniem wątpliwości w oczach.

– No właśnie! Lepiej powiedz, jak to dokładnie z tobą jest! – Siostra też miała wątpliwości. – Żeby później w dniu wesela nie było jeszcze gorszego wstydu!

Przed oczami stanęła mi piękna Dalaja. Powieszona. Po raz pierwszy pomyślałam, że ją rozumiem. Że może przyjść taka chwila w życiu człowieka, taki moment, że zaciskająca się pętla osaczenia nie pozostawia innego wyboru. A sznur na szyi jest tylko jej fizycznym odpowiednikiem.

– Tak, jestem dziewicą! – Zerwałam się gwałtownie z krzesła i wybiegłam z domu.

Przez parę dni nigdzie nie wychodziłam, więc kiedy wiejskie wyrostki mnie zobaczyły, od razu zaczęły gromadnie iść za mną, rzucając niewybredne obelgi. Chmara nastolatków była tuż za moimi plecami, więc szybko podążyłam w stronę sklepiku, żeby się od nich uwolnić. Kiedy znalazłam się w sklepie, ludzie od razu zamilkli, a następnie ostentacyjnie odwrócili się do mnie plecami. Słyszałam szepty i wyzwiska płynące pod moim adresem. Do środka weszło trzech mężczyzn. Na mój widok na ich twarzach pojawiły się zjadliwe uśmieszki. Jeden z nich podszedł i ordynarnie złapał mnie za pierś. Pozostali zaczęli obleśnie się śmiać.

– Należy jej się! – rzuciła któraś z kobiet.

Upokorzona uciekłam ze sklepu, ale na zewnątrz wpadłam na grupę nastolatków. Zaczęli się o mnie bezczelnie ocierać, czułam ich sterczące, pobudzone penisy. Wyrwałam się im i jak szalona zaczęłam pędzić przed siebie. Nie wiedziałam, dokąd biegnę. Chciałam się znaleźć jak najdalej od wyśmiewających się ze mnie mieszkańców wioski oraz mamy i siostry, które chciały zmusić mnie do małżeństwa. Pragnęłam dotrzeć do miejsca, gdzie nie ma biedy, przemocy i poniżającego traktowania kobiet. Ale gdzie jest to miejsce? Zobaczyłam w oddali skupisko drzew i podążyłam w ich kierunku.

Zanim dotarłam do niewielkiego lasku, dogonił mnie Mowlal.

– Bibi! Gdzie ty jesteś? Mama i Anisa martwią się o ciebie!

– Tak się martwią, że chcą mnie wepchnąć do łóżka komuś, kogo nie kocham?! – krzyczałam zdesperowana. – I chcą, żebym spędziła z nim życie?! Tak się o mnie martwią?!

– Bibi! Musisz pamiętać, że masz rodzinę! A nie koncentrować się tylko na sobie!

– A co ja robiłam przez ostatnie lata? – powiedziałam z goryczą. – Na okrągło służyłam ludziom bez chwili wytchnienia i wysyłałam wam każdego zarobionego dinara! Ja z tego nie miałam nic! Dosłownie nic! To co, wtedy też myślałam o sobie?! No, powiedz mi! – Zatrzymałam się i spojrzałam na Mowlala ze złością. – Nawet ty i twoja rodzina żyliście z moich pieniędzy! A teraz wy wszyscy chcecie mi to zrobić! Wydać mnie za mąż wbrew mojej woli! – Dopadł mnie silny atak kaszlu, jak zawsze kiedy byłam bardzo zdenerwowana.

Na drodze prowadzącej do wioski zobaczyłam zbliżającą się w naszą stronę grupę nastolatków. Mowlal też ich dostrzegł.

– Chodź do domu! – powiedział, pociągając mnie za rękę.

Przez następne dni mama, siostra i Mowlal bez przerwy brzęczeli mi nad głową, że małżeństwo z Baszą to dla mnie najlepsze rozwiązanie. W rzeczywistości nie miałam żadnego innego wyboru, bo i tak wszystko do tego zmierzało. Przyjechał Rahman i zaczął omawiać z mamą szczegóły mojego ślubu. Towarzyszył mu Basza, czyli według domowników mój przyszły mąż. Basza był nawet całkiem przystojnym mężczyzną, ale ja patrzyłam na niego bardziej jak na brata niż na potencjalnego narzeczonego. W pewnym momencie Basza zapytał swojego ojca, czy może zamienić ze mną parę słów na stronie. Rahman spojrzał pytająco na moją mamę, a ta potakująco kiwnęła głową. Może myślała, że rozmowa z atrakcyjnym mężczyzną sprawi, że przyznam jej rację co do jej decyzji dotyczącej mojej przyszłości.

Kiedy znaleźliśmy się na osobności, Basza od razu zaczął mówić:

– Bibi! Mój ojciec i twoja mama zdecydowali, że się pobierzemy. Wiesz, że nie możemy przeciwstawić się ich woli. Ale ja będę z tobą szczery. – Basza miał przyjemny, ciepły głos. – Ja nie chcę tego małżeństwa. To znaczy, nie obraź się... Jesteś bardzo ładną dziewczyną, ale... ale ja już kogoś kocham! – wyznał jednym tchem, jakby chciał jak najszybciej mieć to już za sobą.

W moje serce wstąpiła iskierka nadziei.

– Słuchaj! – mówiłam poruszona. – Ja też nie chcę tego ślubu! To znaczy lubię cię, ale... jak brata! – Spojrzeliśmy na siebie ze zrozumieniem. – To może powiemy im to... że naprawdę tego nie chcemy. Przecież nie mogą nas do niczego zmusić!

Basza spojrzał na mnie smutnym wzrokiem.

– Nie sądzę, żeby to było takie proste. To jest sprawa rodzinna. Wiesz, ty masz tu, w swojej wiosce, kłopoty. – Jego oczy gdzieś umknęły i widać było, że jest mu niezręcznie o tym mówić. – A ja mam siostry. Tu wieści szybko się rozchodzą. Nie można dopuścić do tego, żeby źle mówiono o całej naszej rodzinie.

– Ale ja teraz nie chcę w ogóle wychodzić za mąż! Ja chcę wrócić do pracy, do Kuwejtu! Przecież ta wojna kiedyś się skończy!

– No właśnie, ten Kuwejt! – Basza skrzywił się. – Mój ojciec myślał, że przywiozłaś stamtąd fortunę. Dlatego tak się ucieszył, gdy twoja mama zaproponowała rozmowę o naszym małżeństwie.

– To powiedz mu, że ja nic nie mam! Nic nie mogę ci dać! – Chwytałam się każdego sposobu, byle nie doszło do tego aranżowanego małżeństwa.

– On już o tym wie. Twoja mama wszystko mu wyjaśniła. Powiedziała, że wyjechałaś, bo była ewakuacja, i pracodawcy zalegają ci z pensją.

– No widzisz! To może twój ojciec się rozmyśli! I poślubisz tę, którą kochasz.

– Nie ma na to szans! Ona pochodzi z naszej wioski i jest bardzo biedna. Mój ojciec dobrze wie, że nigdy nie będzie miała odpowiednich pieniędzy.

– Ja też nic nie mam! Ani jednej rupii! Ani żadnego złota!

Nic nie przywiozłam! – Nadal łudziłam się, że jakimś sposobem uniknę tego przymusowego ślubu.

– Ale masz możliwości! Mój ojciec chce, żebym pojechał do pracy do Kuwejtu, a ty, po tylu latach pobytu, na pewno masz już swoje kontakty. Nie stać nas na to, żeby płacić tym wszystkim pośrednikom. Zwłaszcza że jeżeli Kuwejt odzyska wolność i dziesiątki tysięcy ludzi znów zaczną marzyć o pracy nad Zatoką, to wyobrażasz sobie, jakie ceny podyktują pośrednicy za załatwienie wyjazdu? Ojciec już zdecydował, że z wielu względów najlepiej będzie, jeśli pojmę cię za żonę. – Iskierka nadziei, która się we mnie tliła, zgasła z ostatnimi słowami Baszy. Zrozumiałam, że nic nie zdoła odwieść jego ojca i mojej mamy od doprowadzenia do zawarcia naszego małżeństwa. Zrezygnowana spuściłam głowę. – Nie martw się. – Basza starał się być miły. – Lubimy się. Rozumiemy. Może to wystarczy, żeby razem żyć? – To pytanie skierował chyba bardziej do siebie niż do mnie.

Myślałam, jaka czeka mnie przyszłość. Będę musiała przenieść się do rodzinnego domu Baszy i tam wykonywać wszystkie prace domowe dla całej rodziny. Basza mnie nie kochał, a w tej samej wiosce mieszkała dziewczyna, którą darzył gorącym uczuciem. Będę musiała oddawać się mężczyźnie, o którym wiem, że w tym momencie marzy o innej. A ta inna mieszka pewnie parę domów dalej. Na pewno będę ją widywała. I Basza też... Te osady są takie małe... A Kuwejt? Przecież tak naprawdę nikt nie wie, kiedy skończy się wojna.

Basza też siedział zamyślony, kiedy do pokoju weszła moja mama.

– No, wystarczy na dzisiaj. Już niedługo cały czas będziecie razem. – Była wyraźnie zadowolona. – Za miesiąc ślub! Nie ma na co czekać! Im szybciej, tym lepiej!

Wymieniliśmy z Baszą pełne smutku spojrzenia. Zdaliśmy sobie jasno sprawę, że nic nie stanie na przeszkodzie zawarciu tego pozbawionego miłości małżeństwa.

Po wyjeździe wujka Rahmana i Baszy w schorowaną mamę wstąpiła nowa energia. Zaczęła wykorzystywać wszystkie swoje możliwości, żeby znowu pożyczyć większą sumę pieniędzy na mój ślub.

– Musimy podarować Baszy zwyczajowe prezenty. Nie możesz wychodzić za mąż jak nędzarka – mówiła z przejęciem.

Przyszło mi do głowy, że jest taka zadowolona, gdyż po ślubie przeniosę się do domu męża i wyjadę z wioski. Wtedy znów ona i moja siostra będą mogły wychodzić z domu z podniesionymi głowami, bo nikt nie będzie obrażał ich córki i siostry, która jest przykładną mężatką. Poza tym mnie tu nie będzie, więc zniknie przyczyna ich wstydu.

Pewnego dnia przybiegła do mnie zaaferowana Anisa.

– Bibi! Słyszałaś?! Podobno niedługo do sąsiedniej wsi przyjedzie ten znany aktor z Bollywood! Uwielbiam go! Widziałam tyle filmów, w których grał!

– Przyjedzie tutaj?! – Trudno mi było uwierzyć, że jedna z czołowych gwiazd Bollywood pojawi się w biednej indyjskiej wiosce. – A co on tu będzie robił? Kręcą jakiś nowy film?

– Nie! Jego brat żeni się z jedną z dziewcząt z wioski!

– Anisa! Co ty mówisz?! Chyba ci się coś pokręciło! Indyjska śmietanka towarzyska i uboga dziewczyna ze wsi?! Siedzisz ciągle przed telewizorem i myślisz, że zwyczajne życie to film z Bollywood?!

– Ale to prawda! Wszyscy mówią tylko o tym! – zapewniała Anisa. To mają nowy, ekscytujący temat, przemknęło mi przez głowę. Może wreszcie dadzą mi spokój! – Zrób herbatę, to wszystko ci opowiem – powiedziała Anisa. Kiedy usiadłyśmy z filiżankami w rękach, Anisa z przejęciem opowiadała: – Pamiętasz Unesę? Tę niewysoką, ale wyjątkowo śliczną dziewczynkę? Wszyscy zwracali na nią uwagę ze względu na jej niezwykle jasną cerę, kasztanowe włosy w złocistym odcieniu i oczy koloru miodu. Jest mniej więcej w twoim wieku.

– To o nią chodzi? – zapytałam zdumiona. – Przecież mówiono, że ona tak jakoś dziwnie się zachowuje. Nie rozmawia normalnie z ludźmi...

– Nie szkodzi! – krzyknęła Anisa. – Najważniejsze, że jej ojciec wrócił z Kuwejtu jako milioner! Teraz może wydać swoją córkę za mąż, za kogo chce. Nawet za brata aktora Bollywood!

Dopiero teraz skojarzyłam, kim był ojciec Unesy.

– Anisa! On ukradł te pieniądze! Kiedy weszli Irakijczycy i wszystko grabili, niektórzy Hindusi, korzystając z okazji, robili to samo! Z *suku* złota, gdzie były porozbijane i splądrowane przez wojsko sklepy, Hindusi całymi workami wynosili to, czego nie zdołali ukraść żołnierze! To złodziej! Nie wierzę, żeby dało się zbudować szczęście na złych postępkach!

Moja wiadomość nie zrobiła na Anisie zbyt dużego wrażenia.

– To co z tego? Ale przynajmniej przywiózł z Kuwejtu jakieś pieniądze... Duże pieniądze! – poprawiła się. – Nie tak jak ty. – Znowu zrobiła mi aluzję.

– Ale ja jestem uczciwa! Nie będę kradła!

– I co masz z tej swojej uczciwości? – Odnosiłam wrażenie, że Anisa ma do mnie żal, ponieważ nie przyłączyłam się do szabrowników. – Gdybyś myślała o swojej i naszej przyszłości, bylibyśmy teraz bogaci! A ty mogłabyś sobie wybrać męża! – Anisa wiedziała, jak uderzyć w mój najczulszy punkt. Nic nie odpowiedziałam, bo myśl o nieuchronnie zbliżającym się terminie niechcianego przeze mnie ślubu sprawiała mi ogromną przykrość. Uznając moje milczenie za znak, że przyznaję jej rację, dalej ciągnęła swój wywód: – Taka jesteś niby uczciwa... Dziewica! – powiedziała z przekąsem. – A i tak wszyscy uważają cię za dziwkę! – Spojrzała na mnie z nietajoną satysfakcją w oczach. Jej ostatnie słowa zupełnie mnie dobiły. Pomyślałam gorzko, że świat jest niesprawiedliwy.

Następnego dnia w naszym domu pojawił się Basza, żeby ustalić, kiedy wybierzemy się razem na zwyczajowe zakupy. Naszą tradycją jest to, że młodzi razem ze swoimi bliskimi udają się do miasta, aby tam kupić ślubne sari dla panny młodej. Oprócz tego kupowany jest złoty naszyjnik dla kobiety oraz sygnet dla mężczyzny. Te precjoza są dla społeczności symbolem tego, że młodzi do siebie należą i są oficjalnie zaręczeni. Zakupów dokonuje mężczyzna. Jeżeli nie ma wystarczającej sumy, pożycza pieniądze od krewnych i znajomych, aby później oddać pieniądze z daru, który dostanie od przyszłej żony.

Na widok Baszy ucieszyła się za to moja mama.

– Proszę, usiądź! Mam coś dla ciebie! – powiedziała do niego i wyszła z pokoju. Po chwili wróciła z grubą kopertą, którą z satysfakcją wręczyła Baszy. – To należny ci podarunek – mówiła mama dumna, że udało jej się dochować wierności tradycji i jednak zdobyła pieniądze na dar dla przyszłego męża swojej córki. – Wiem, że twój ojciec zgodził się, żebyś dostał wszystkie pieniądze później, ale ja już teraz mogę podarować ci znaczną kwotę.

Domyśliłam się, że mama, aby dostać tak dużą sumę, musiała znowu zastawić spłaconą już część naszego domu. W Indiach pożyczanie pieniędzy na procent jest szeroko rozpowszechnione. Jeżeli choć jeden członek rodziny pracuje w Kuwejcie, tym łatwiej można uzyskać potrzebną kwotę.

– Dziękuję – powiedział uprzejmie Basza. – Przyszedłem ustalić, kiedy pojedziemy do miasta po zakupy dla Bibi.

– To miło z twojej strony. – Widać było, że mama jest zadowolona z mojego zbliżającego się zamążpójścia, a także lubi swojego przyszłego zięcia. – Mnie jest wszystko jedno. Ty wybierz dogodny dla ciebie termin.

Ustalili, że za dwa dni Basza przyjedzie do nas ze swoją rodziną i później wszyscy razem udamy się do miasta. Kiedy Basza wyszedł, mama od razu na mnie naskoczyła:

– Mogłaś się bardziej postarać! Siedzisz z nadąsaną miną i nawet się nie uśmiechniesz! – mówiła wzburzona. – Masz szczęście, że w twojej sytuacji ktoś chce cię za żonę! I to taki atrakcyjny mężczyzna! Jest przystojny i miły... i grzeczny.

– Ale ja go nie kocham! – Podobne scysje między mną a mamą powtarzały się prawie każdego dnia. – I nie chcę wychodzić za mąż!

– Mogłabyś kiedyś docenić to, co ja dla ciebie robię! – Obrażona mama wyszła z pokoju.

Po dwóch dniach poznałam mamę Baszy i jego trzy siostry. Kobiety uważnie mi się przyglądały i szepcząc, wymieniały uwagi, zapewne na mój temat. Wujek Rahman wylewnie przywitał się z mamą, pewnie dlatego, że jego syn niespodziewanie dostał od niej dużą sumę pieniędzy. Mama zadecydowała, że z naszej strony do miasta pojedzie Mowlal i jeszcze dwie nasze sąsiadki. Zwyczajowo na zakupach dla panny młodej wszystkie osoby, które jej towarzyszą, też dostają prezenty. Myślę, że mama wzięła kobiety ze wsi, aby później rozpowiadały, że już wkrótce wychodzę za mąż. Pewnie w ten sposób chciała oczyścić nieprzyjemną atmosferę, która wytworzyła się wokół mnie i naszej rodziny.

W mieście największą radość z zakupów miały moja przyszła teściowa i szwagierki oraz sąsiadki. Przebierały wśród kolorowych sari, trajkocąc bez przerwy. Z trudem powstrzymywałam cisnące mi się do oczu łzy. Basza wykonywał wszystko, co do niego należało, ale widziałam wielki smutek, czający się gdzieś w głębi jego oczu. Przy wybieraniu białego sari nie mogłam już dłużej nad sobą panować i rozpłakałam się na głos. Sprzedawca myślał, że to z radości. Kupiliśmy jeszcze kilka różnobarwnych sari dla mnie, bo uroczystości weselne przewidywane były na trzy dni. Białe sari miałam założyć w ostatnim, najważniejszym momencie ceremonii ślubnych. Oprócz tego dostałam nową bieliznę, buty i po kilkanaście cieniutkich bransoletek. Zamówiliśmy też świeże kwiaty, które mieliśmy odebrać tuż przed weselem. W naszej tradycji panna młoda obwieszana jest girlandami kwiatów. Również miejsce, gdzie siedzą młodzi, oraz sala, w której odbywa się uroczystość, powinny tonąć w koszach kwiatów.

Na koniec poszliśmy kupić złotą biżuterię. Kiedy założyłam naszyjnik, a Basza swój sygnet, staliśmy się oficjalnym narzeczeństwem. Teraz każdy mógł się osobiście przekonać, że jesteśmy już z kimś związani. Twarze mojej mamy i wujka Rahmana zajaśniały szczęściem. Zauważyłam, że cierpienie w oczach Baszy stało się jeszcze większe. Pewnie myślał o swojej ukochanej. Nieuchronność zbliżających się uroczystości, których miałam być główną uczestniczką, a jednocześnie całkowity brak wpływu na to, co się dzieje, sprawiały, że brzemię obowiązujących w Indiach norm obyczajowych stawało się dla mnie coraz cięższe.

Mama pożegnała się z wujkiem Rahmanem i jego krewnymi, po czym każda z rodzin udała się w inną stronę, aby wrócić do swoich wiosek. W pociągu mama tryskała humorem i rozprawiała z sąsiadkami o moim wielkim weselu. Wiedziała, że jak sąsiadki wrócą do wioski, zaczną na prawo i lewo chwalić się swoimi nowymi sari. A przy okazji powiedzą, że Bibi wychodzi za mąż i jest porządną kobietą.

Z torby wystawał biały rąbek mojego ślubnego sari. Odwróciłam głowę, żeby na niego nie patrzeć. Pociąg gnał przed siebie, ale za oknem zamiast przesuwających się krajobrazów widziałam miliony dręczonych kobiet i dziewczynek żyjących w rozsypanych po drodze wsiach i miastach. Czułam ból i wstyd zgwałconych ofiar, których oprawcy nigdy nie zostaną ukarani. Czułam obrzydzenie i strach panien młodych wydawanych za mąż przez ich rodziny za obcych im, a często także dużo starszych mężczyzn. Czułam potworne cierpienie nieodwracalnie i dogłębnie oszpeconych ofiar ataków silnie żrącym kwasem, który zamieniał ich twarze w bezkształtne, często pozbawione oczu maski. To była zemsta za odrzucenie propozycji małżeńskiej lub odmowę uprawiania seksu. Kara za to, że chciały same o sobie stanowić. Czułam swąd palonej skóry i męczarnie oblanych benzyną i podpalonych synowych, które nie wywiązały się z obietnicy zapłacenia mężowi posagu. Czułam mękę matek, które dokonywały aborcji, bo okazywało się, że urodzą dziewczynki. Czułam desperację matek, które własnymi rękami zabijały noworodki płci żeńskiej; gehennę rozwiedzionych, które pogardzane, egzystowały na marginesie społeczeństwa; katorgę żebrzących na ulicach i odrzuconych przez wszystkich wdów, które jeszcze całkiem niedawno płonęły na stosach pogrzebowych razem ze zwłokami swoich mężów, bo tak nakazywał starodawny rytuał samospalenia. Dostałam tak ostrego ataku kaszlu, że prawie się udusiłam. Roześmiane sąsiadki zapytały moją mamę:

– Co, Bibi jest chora?

– Nie – odpowiedziała mama. – To ze szczęścia.

Przygotowania do ślubu mocno wyczerpały moją mamę. Pewnego wieczoru usłyszałam jej głośne jęki. Poszłam sprawdzić, co jej dolega.

– Mamo, co ci jest? Boli cię coś?

– Tak. Wszystkie kości mnie bolą. – Mama leżała zwinięta i głośno stękała.

– Masz jakieś lekarstwa? Powiedz, gdzie są, to ci je podam.

– Nie, nie mam żadnych lekarstw. Już dawno się skończyły.

– Mama przewróciła się na drugi bok, ale to chyba niewiele jej pomogło, bo zaczęła jeszcze bardziej narzekać. – Oooo! Boli! Jak bardzo boli! – Jej twarz wykrzywiła się w cierpieniu.

Uświadomiłam sobie, że od momentu mojego przyjazdu mama ani razu nie była u lekarza ani nie wykupywała leków. Nawet pożyczone pieniądze wydawała wyłącznie na sprawy związane z moim ślubem.

– Mamo! Muszę iść i kupić ci lekarstwa! Tylko powiedz jakie!

– Chyba rzeczywiście musisz – zgodziła się mama. – Obawiam się, że to samo nie przejdzie, a niedługo twoje wesele... Bez lekarstw mogę nie dać rady wstać z łóżka.

– To co mam kupić? – zapytałam.

– Tam, w tej górnej szufladzie, powinno być puste opakowanie po ostatniej dawce leków, które zażyłam. Takie czerwone. Weź je i pokaż dla pewności sklepikarzowi. Może będzie pamiętał, bo sam zamawiał dla mnie te lekarstwa, ale już długo ich nie odbierałam. Mam nadzieję, że ich jeszcze nie zwrócił. A w tej blaszanej puszce po herbacie są pieniądze.

– Dobrze, już szukam.

W naszej wiosce nie było apteki. Podstawowe leki sprzedawano w sklepie. Z kolei o zakup leków specjalistycznych należało poprosić sklepikarza, który częściej bywał w mieście. Znalazłam wszystko, o czym mówiła mama, i w pośpiechu wyszłam z domu, aby jak najszybciej wrócić z lekarstwami do cierpiącej mamy. Na zewnątrz właśnie zapadał zmrok. Po pustych uliczkach wałęsały się bezpańskie psy. Nigdy ich specjalnie nie lubiłam, bo potrafiły nieźle mnie nastraszyć, kiedy tak jazgotały i szczekały tuż przy moich nogach. Szłam żwawym krokiem, bo wiedziałam, że zaraz zrobi się zupełnie ciemno. Żałowałam, że w domu zabrakło Mowlala, który poszedł pracować dorywczo na polu naczelnika. Gdyby był, to on poszedłby po lekarstwa. W nocy nasza nieoświetlona wioska nie należała do przyjemnych miejsc. Kiedy nagle wyszli z mrocznego zaułka, od razu wiedziałam, czego chcą. Było ich sześciu, może siedmiu. Najmłodszy miał kilkanaście lat, a najstarszy może z sześćdziesiąt. Chciałam ich wyminąć, ale zagrodzili mi drogę.

– Bibi! – Otoczyli mnie ciasnym kręgiem. – Podobno wychodzisz za mąż? I opuszczasz wioskę.

– Ale przedtem masz tu do spłacenia pewien dług... – powiedział najstarszy z nich.

– Jeszcze nie poniosłaś kary za swoje zachowanie – dodał największy we wsi zabijaka, którego twarz zdobiły szramy od ciosów nożem, otrzymanych w licznych bójkach.

– Ja nic nie zrobiłam! – Niemal słyszałam swoje serce, bo dudniło jak oszalałe.

– A Irakijczycy? Pokaż, co z tobą robili? My też chcemy.

– Wszyscy naraz zaczęli mnie obmacywać, wpychając swoje obślizgłe, śmierdzące tanim tytoniem łapska za stanik.

– A może wolałaś Kuwejtczyków, co? – Już podnosili do góry sukienkę, w której chodziłam na co dzień. Ten z bliznami na twarzy natychmiast wsadził mi rękę do majtek.

Wzdrygnęłam się z obrzydzenia tak jak wtedy, kiedy nad basenem, na terytorium Radżu, szejkowie swoim brudnym dotykiem chcieli sprawdzić jakość dziewicy wystawionej na sprzedaż. Zaczęłam się wyrywać, ale zaraz dwóch mężczyzn wykręciło mi ręce do tyłu, a trzeci zamknął dłonią usta, uniemożliwiając wezwanie pomocy. Zaczęłam się rzucać i kopać na wszystkie strony, co sprawiło, że pokiereszowany szef bandy nie mógł dosięgnąć moich narządów intymnych. To jeszcze bardziej go rozsierdziło i od razu stał się brutalniejszy. Przewrócił mnie na ziemię, rozkazując pozostałym mocno mnie trzymać. Rozerwał mi majtki i wyciągnął ze spodni nabrzmiały członek. Nadal szarpałam się i energicznie wierzgałam nogami. Wolałam umrzeć, niż dać się zgwałcić tej zgrai zwyrodnialców.

– Trzymajcie jej nogi! – krzyczał przywódca, zbliżając się do mnie ze sterczącym członkiem. – Na bok! Rozchylcie jej nogi na bok! – dyrygował ochrypłym głosem.

Nastolatek, widząc moją obnażoną kobiecość, wyciągnął swój powiększony członek, objął go ręką i wykonując szybkie ruchy w górę i w dół, wytrysnął obficie na moją twarz. W ostatniej chwili zamknęłam oczy. Sperma spłynęła mi po policzkach i włosach. Szef bandy rzucił wyrostkowi mordercze spojrzenie za to, że ośmielił się znaleźć zaspokojenie wcześniej niż on sam. Zaraz potem oparł się nade mną na rękach i zbliżał swój całkowicie gotowy do kopulacji członek do mojego zupełnie bezbronnego dziewictwa. Pomyślałam, że teraz powinna rozstąpić się ziemia i pochłonąć nas wszystkich w swoich czeluściach.

Nagle usłyszałam jakąś kotłowaninę i stek przekleństw. Myślałam, że to podnieceni do granic możliwości napastnicy zaczęli się kłócić o pierwszeństwo zbrukania mnie. Otworzyłam oczy i zobaczyłam skłębione ciała walczących mężczyzn. Nie namyślając się długo, wyczołgałam się spod nich i co sił w nogach popędziłam do domu. Po drodze wycierałam kawałkiem porwanej sukienki kapiącą z mojej twarzy spermę. Wiejskie psy, zwabione awanturą, przybiegły ze wszystkich stron, szczekając zawzięcie. Sfora goniła za mną, wściekle ujadając, szczerząc groźnie zęby i próbując dopaść do moich łydek. Niektórym kundlom to się udało i szarpiąc boleśnie skórę, wbijały ostre zęby w moje ciało. Po chwili po nogach spływała mi krew, psów było coraz więcej, dwa największe, zwabione intymnym zapachem pozbawionych bielizny organów, zaczęły na mnie skakać ze sterczącymi członkami. Nie mogłam się odpędzić od zdziczałych zwierząt. Uwolniłam się od nich dopiero wtedy, kiedy dobiegłam do drzwi mojego domu. Panowała w nim ciemność i zorientowałam się, że znowu wyłączyli prąd.

– Bibi, to ty? – zapytała mama. – Przyniosłaś lekarstwa?

– Nie, nie było – skłamałam i szybko pobiegłam do łazienki, żeby się umyć.

Szorowałam twarz mydłem, ale nie mogłam pozbyć się zapachu spermy, która sklejała mi włosy. Wsadziłam głowę pod kran, żeby je umyć, ale kiedy dotknęłam lepkiej mazi, z krzykiem obrzydzenia cofnęłam ręce. W rozpaczy sięgnęłam po leżące przy lustrze nożyczki i z pasją zaczęłam ścinać włosy, niektóre tuż przy skórze. Ostry, słonawo-kwaśny zapach wciąż tam był, roznosił się wszędzie, maleńkie, zaschnięte krople oblepiały mi szyję i porwaną sukienkę.

– Bibi! Jesteś tam?! – Mama pukała do łazienki. – Podaj mi tę gazową lampkę, bo nie ma światła! Leży na półce!

– Dobrze, zaraz! – odpowiedziałam nieswoim głosem.

Nie mogłam znieść wstrętnego smrodu. Pomyślałam sobie, że to mnie czeka przez całe życie: wdychanie odoru spermy obcego, zupełnie mi obojętnego mężczyzny, który mnie nie chce. Znalazłam lampkę, wyjęłam pojemniczek z gazem, odkręciłam nakrętkę, odchyliłam głowę i przyłożyłam go sobie do ust.

Otworzyłam oczy i zobaczyłam białą szpitalną salę. Niestety przeżyłam. Przy łóżku na krześle siedziała moja mama. Kiedy spostrzegła, że się obudziłam, od razu zaczęła na mnie krzyczeć:

– Bibi! Nie mogłaś bardziej uważać z tą lampką?! Żeby być tak nieostrożną i zatruć się gazem! I coś ty zrobiła z włosami? Powiedziałam Baszy, że jeszcze nie może cię odwiedzać! Jeszcze by odwołał ślub! Tak szkaradnie wyglądasz! I te pogryzione nogi!

Co to za atrakcja na noc poślubną?! Przełożyłam wesele o parę tygodni, żebyś jakoś doszła do siebie! Teraz idę, bo mam ostatni pociąg do naszej wsi! – Wstała niezadowolona, nawet nie pytając mnie, jak się czuję.

Następnego dnia odwiedził mnie Mowlal.

– Bibi! Ledwo cię uratowaliśmy – mówił szeptem. – Wracaliśmy z pola, kiedy to zobaczyliśmy. Chyba dopiero zaczynali, prawda? Prawda? – dopytywał się. Kiwnęłam potakująco głową. – To dobrze, bo mama poręczyła za ciebie. Dała słowo. Musisz jak najszybciej wyjść za mąż, żeby wreszcie skończyły się wszystkie kłopoty!

Nie chciałam wychodzić za mąż. Nie chciałam wychodzić ze szpitala. Nie chciałam w ogóle nigdzie wychodzić. Chciałam rozpłynąć się w jakimś niebycie.

W sali państwowego szpitala znajdowało się jeszcze kilkanaście osób, kobiet i mężczyzn. Na sąsiednim łóżku leżał ponad dziesięć lat ode mnie starszy mieszkaniec mojej wsi, Zakir.

– Bibi! – zagadnął kiedyś. – Pamiętasz mnie? Moja mama nieraz dawała ci słodycze, kiedy wracałaś ze szkoły do domu naczelnika. Pamiętasz? – Nie pamiętałam, ale powiedziałam: – Tak, pamiętam.

– No widzisz! – ucieszył się. – A wiesz, że moja mama zawsze widziała w tobie żonę dla mnie? Zawsze powtarzała: „Ta Bibi to taka ładna dziewczynka! W sam raz dla ciebie!". Jeszcze przed śmiercią, bo zmarła, kiedy byłaś w Kuwejcie, często mówiła do mnie: „Jak Bibi wróci, to się z nią ożeń!". Nawet czekałem na ciebie. Często o tobie myślałem. Ale później miałem ten straszny wypadek...

– Jaki wypadek? – zapytałam.

– Na motorze. Miałem rozległe obrażenia wewnętrzne, parę operacji. Spędziłem tu wiele długich tygodni. Ale teraz jest już dobrze. A ty wyrosłaś na tak piękną kobietę! – Uśmiechnął się do mnie.

– Chyba nie. – Dotknęłam sterczących kosmyków. – Te włosy...

– Ach, to nic, włosy szybko odrosną. – Patrzył na mnie z wyraźną sympatią.

W ciągu następnych paru dni jeszcze nieraz rozmawialiśmy.

– Słyszałem, że twoja mama wspominała zbliżające się wesele. Szkoda... – powiedział kiedyś Zakir. – Jakoś tak... Może dlatego, że moja mama ciągle o tym mówiła, przyzwyczaiłem się do myśli, że będziesz moją żoną. Ale ułożyło się inaczej – westchnął z żalem. – Ja miałem wypadek, ty wróciłaś wcześniej przez inwazję. Szkoda... – powtórzył. – Mieszkam sam, przydałaby mi się żona.

– Mieszkasz sam? – zapytałam z zainteresowaniem.

– Tak. Ojciec już od dawna nie żyje, a mama zmarła rok temu. Siostry powychodziły za mąż i przeprowadziły się do domów teściów.

Przyjrzałam mu się uważnie. Wyglądał przeciętnie. Na pewno Basza był dużo przystojniejszy. Ale do żadnego z nich zupełnie nic nie czułam. Niemniej wtedy najbardziej potrzebowałam spokoju. Nie wyobrażałam sobie powrotu do domu, gdzie mama i siostra ciągle mają do mnie o coś pretensje, ani hałaśliwego, tłumnego wesela, podczas którego wszyscy będą uważnie mi się przyglądać, ani przeprowadzki do obojętnego mi Baszy, gdzie będę musiała wykonywać polecenia jego licznych krewnych. Wzięłam głęboki oddech i powiedziałam do Zakira:

– Jak nadal chcesz, to mogę wyjść za ciebie!

– Co? – Moja propozycja tak go zaskoczyła, że początkowo nie zrozumiał, o co mi chodzi.

– Bo... ja w ogóle nie kocham mojego narzeczonego – wyznałam. – Ale teraz nie mam pieniędzy, więc nie mogę ofiarować ci należnego daru. Nie urządzimy też żadnych uroczystości ślubnych, bo już jedne były zaplanowane, więc nie chcę robić sensacji. Jeszcze ktoś z bliskich Baszy ze złości obleje mnie żrącym kwasem. – Na twarzy Zakira pojawił się niepokój. – A kontrakt ślubny podpiszemy w tajemnicy, od razu po wyjściu ze szpitala. Tu, w mieście, jeszcze przed powrotem do naszej wioski. Jeżeli zgadzasz się na to wszystko, zostanę twoją żoną.

Widać było, że Zakir jest niezwykle zdumiony moimi słowami. Pomyślał chwilę, po czym zapytał:

– A ten dar? To dasz mi go później? Kiedy wrócisz do pracy do Kuwejtu?

Znowu Kuwejt! Dla wielu moich rodaków to była prawie mityczna kraina, w której wystarczyło się znaleźć, aby od razu, jak za dotknięciem czarodziejskiej różdżki, stać się bogaczem. W głowie zabrzmiały mi słowa Mowlala: „Musisz jak najszybciej wyjść za mąż, żeby wreszcie skończyły się wszystkie kłopoty".

– Tak, wrócę tam – odpowiedziałam.

Zakirowi zalśniły oczy, po czym stwierdził:

– Dobrze, zrobimy tak, jak powiedziałaś.

Kiedy dostaliśmy wypisy ze szpitala, pierwsze nasze kroki skierowaliśmy do odpowiedniego urzędu. Zakir poprosił dwóch swoich kolegów, aby zostali naszymi świadkami. Kiedy wsiadałam do pociągu jadącego do naszej wioski, byłam już żoną Zakira.

Początkowo nie mogliśmy skonsumować naszego małżeństwa. Ilekroć Zakir się do mnie zbliżał, przed oczami zawsze stawała mi próba zbiorowego gwałtu i czułam odpychający odór spermy. Po trzech dniach Zakir powiedział:

– Musimy to dzisiaj zrobić. W końcu jesteś moją żoną.

Pomyślałam, że przeżyłam już tyle złych rzeczy, więc z tym też sobie poradzę. Ciężka gruźlica, strach przed „Chemicznym Alim", odrażająca napaść wioskowej bandy. Zamknę oczy, zacisnę zęby i dam sobie radę. Kiedy po raz pierwszy oddawałam się mężczyźnie, czułam wyłącznie przeraźliwy ból i wstręt. Myślałam, że muszę przez to przejść, bo nawet śmierć mnie nie chciała.

Dom Zakira był bardzo skromny i zaniedbany. Od razu zabrałam się do roboty, żeby jako tako doprowadzić go do porządku. Należało jeszcze powiadomić o moim małżeństwie mamę i siostrę, które chyba nawet nie wiedziały, że jestem już w wiosce.

– Idź ty i powiedz im o nas – rzekłam do Zakira. – Nie chcę być przy tym obecna, bo na pewno rozpęta się piekło. – Wiedziałam, że mama i siostra wścieką się, kiedy poznają prawdę, ale to nie miało już żadnego znaczenia. Byłam mężatką i jedynym człowiekiem, który miał nade mną władzę, pozostawał mój mąż. – Powiedz też mamie, żeby Basza zatrzymał pieniądze, które mu dała. Niech przekaże mu wszystkie rzeczy, które kupiliśmy na moje wesele. Zwrócę jej wszystkie koszty, kiedy pojadę do Kuwejtu.

Przez następne dni w ogóle nie wychodziłam z domu. Wiedziałam od Zakira, że w wiosce aż huczało od plotek. Mama i siostra powiedziały, że nie chcą mnie znać. Siedziałam więc w domu, bo bałam się, że na ulicy spotkam moich oprawców, którzy mieszkali tuż obok.

Wkrótce Zakir przyniósł nowe wioskowe wieści.

– Wiesz, że ten milioner z sąsiedniej wsi wydał swoją córkę za mąż, tę „chorą na głowę"? – Niektórzy tak nazywali tę dziewczynę ze względu na jej zachowanie, które chwilami okazywało się dość dziwne. – I to za kogo?! – mówił dalej mój mąż. – Za brata tego znanego aktora z Bollywood! Ojciec dziewczyny podarował mu wszystko, co przywiózł z Kuwejtu! Kupił piękny apartament w mieście, samochody, ziemię... Dał mu również mnóstwo gotówki. Oprócz brata pana młodego na weselu było jeszcze parę czołowych gwiazd Bollywood! I to gdzie?! W sąsiedniej wiosce!

Po raz kolejny zrozumiałam, jaką magiczną moc mają pieniądze, które potrafią urzeczywistnić nawet najbardziej nieprawdopodobny cel. Jednak potępiałam ojca dziewczyny. Dla zdobycia gotówki nie można dopuścić się złodziejstwa. Ani żadnego innego łajdactwa.

Po paru miesiącach nadeszła wiadomość o wyzwoleniu Kuwejtu. W ożywionych mieszkańców mojego regionu znów wstąpiła nadzieja na zdobycie pracy nad Zatoką. Większość pracowników, która wróciła do Indii w czasie ewakuacji, próbowała skontaktować się ze swoimi sponsorami. Ja też od czasu do czasu dzwoniłam do państwa, ale nikt nie odbierał. Zresztą nie miałam pieniędzy, żeby zapłacić pośrednikom za wizę.

W międzyczasie dowiedziałam się, że Basza, korzystając z mojego daru, ożenił się ze swoją ukochaną. Niezmiernie mnie to ucieszyło. Wiedziałam, że nie jest mi dane doznać uniesień i szczęścia w ramionach mężczyzny. Byłam zadowolona, że dzięki mnie doświadczy tego inna kobieta.

Pogodziłam się też z mamą i siostrą. Mowlalowi udało się zdobyć pracę w Arabii Saudyjskiej i wyjechał. W rezultacie mój mąż, Zakir, stał się jedynym mężczyzną w wiosce z najbliższej nam rodziny. Nie było sensu dalej się na siebie gniewać.

Minął ponad rok, zanim udało mi się nawiązać kontakt z moją *madame*. Dowiedziałam się, że nikt z jej bliskich nie ucierpiał. Jednak nie mogła zaoferować mi pracy, bo już miała służącą. Basma chodziła do szkoły, więc *madame* nie zależało zbytnio na moich usługach. Również w domu jej rodziców nie było wolnego miejsca pracy, bo na czas wojny wszystkie służące zostały w Kuwejcie. Teraz miały zapewnioną posadę na długie lata. Ale *madame* słyszała, że jej koleżanka, księżniczka, kompletuje służbę do swojego nowego pałacu i szuka zaufanych osób. Obiecała mi, że mnie poleci i da znać, kiedy się czegoś dowie.

W tym samym momencie, kiedy przyszły dokumenty z pałacu księżniczki oferujące mi zatrudnienie, okazało się, że jestem w ciąży. W jednej ręce trzymałam moją wizę, a w drugiej zaświadczenie od lekarza potwierdzające moją ciążę. Musiałam wybierać między rozwijającym się we mnie życiem a szansą na wyjazd do Kuwejtu, być może jedyny i ostatni. Przypominam sobie wieśniaka, który stał się złodziejem, aby zapewnić szczęście chorej córce. I to, jak surowo go oceniłam. Myślę, że powinniśmy wystrzegać się zbyt pochopnego osądzania czynów innych ludzi. Wyznaję to po raz pierwszy, bo do tej pory jeszcze nikomu o tym nie mówiłam. Zabiłam w swoim łonie własne dziecko, żeby kolejny raz wyruszyć na służbę do Kuwejtu.

# Rozdział IX

# Służba u księżniczki

Kiedy po raz drugi przyleciałam do Kuwejtu, wszyscy opowiadali o apokalipsie, którą zgotowało mieszkańcom pokonane przez siły koalicyjne uciekające wojsko irackie. Gęste chmury czarnego dymu, roznoszący się swąd spalenizny i trujących gazów oraz pokrywająca wszystko ciężka sadza – to były trudne do zniesienia skutki płonących jak pochodnie setek szybów naftowych. Dwudziestego drugiego stycznia tysiąc dziewięćset dziewięćdziesiątego pierwszego roku, pięć dni po rozpoczęciu przez koalicję operacji „Pustynna Burza", armia Saddama podpaliła pierwszy szyb naftowy, udowadniając, że wcześniejsze groźby wywołania katastrofy ekologicznej nie były zastraszającym blefem. W ciągu następnego miesiąca Irakijczycy podpalili ponad sześćset szybów, co okazało się jedną z największych katastrof ekologicznych ubiegłego wieku. Płonęło ponad pięć milionów baryłek ropy dziennie. Gdyby płomienie zostawić bez interwencji człowieka, zajęłoby więcej niż sto lat, zanimby samoistnie wygasły. Trujące i niezwykle groźne dla zdrowia dymy i sadza z gigantycznych pożarów dotarły aż do Indii, a nawet do Chin, Turcji, Egiptu, Etiopii i Sudanu. Przypuszcza się również, że mogły przyczynić się do powstania cyklonu w Bangladeszu.

Wypływająca ropa, w zależności od stopnia zniszczenia szybu, płonęła, a także wyciekała, tworząc strumyki, które później przekształcały się w rzeki i jeziora. Do samej Zatoki dostało się około dwustu czterdziestu milionów baryłek ropy, zatruwając wodę i pięćset pięćdziesiąt kilometrów wybrzeża. Szacuje się, że zginęło ponad trzydzieści tysięcy ptaków morskich. Ropa rozlewała się również w głąb pustyni, gdzie powstało jezioro z ponad pięćdziesięciu milionów baryłek. Trująca ciecz potrafiła wniknąć w podłoże nawet do dwóch metrów, dewastując środowisko naturalne. Płonąca ropa wraz z sadzą i oparami dostawała się też do atmosfery, a przenoszący ją wiatr sprawiał, że całą okolicę pokrywał czarny osad.

Kiedyś księżniczka kazała zawieźć całą służbę na wystawę zdjęć, której patronowała. Fotografie pokazywały płonące szyby naftowe i zniszczenia spowodowane pożarami. Zrobiły na mnie duże wrażenie, bo rzeczywiście przywodziły na myśl wizje apokaliptyczne. Z wnętrza czarnej jak smoła ziemi wydobywały się olbrzymie żółte, pomarańczowe i czerwone języki płomieni. Nad nimi unosiły się groźne, mocno zbite kłęby smolistego dymu. Panowała ciemność, bo cały nieboskłon zasnuła nieprzenikniona powłoka oparów. Towarzysząca mi wtedy na wystawie służąca wspominała, że w Kuwait City, leżącym w sporej odległości od pól naftowych, zdarzało się, że nawet za dnia panował całkowity mrok. Zawsze przedtem mocno świecące w Kuwejcie słońce nie było widoczne dla mieszkańców przez wiele tygodni.

Na innych zdjęciach widziałam skonstruowane przez irackich inżynierów rurociągi, które pompowały ropę naftową z położonych o ponad trzydzieści kilometrów złóż wprost do Zatoki. To było wyjątkowe barbarzyństwo. Spowodowało degradację środowiska naturalnego i zabiło wiele stworzeń morskich. Kolejne fotografie przedstawiały kuwejckie wybrzeże oraz pustynię i przywodziły na myśl martwą planetę po totalnej katastrofie, która doszczętnie zniszczyła wszelkie objawy życia. Najbardziej było mi żal ptaków, zastygłych na zawsze w oblepiającej je śmiercionośnej, gęstej mazi.

Służąca, która nie skorzystała z możliwości ewakuacji i przeżyła całą okupację w Kuwejcie, opowiadała mi, że zaraz po wyzwoleniu trudno jej było sobie wyobrazić, jak da się opanować i ugasić strzelające wysoko w górę, rozbuchane płomienie tak łatwopalnej substancji jak ropa naftowa. Mówiła, że czas gaszenia kilkuset szybów szacowano nawet na dziesięć lat. Obawiano się, że związane z pożarami skażenie będzie coraz bardziej się rozprzestrzeniało. Na szczęście ogień poskromiono już po ośmiu miesiącach. Pytałam ją, jak tego dokonano, ale nie potrafiła mi odpowiedzieć. Ponieważ niezmiernie mnie to ciekawiło, rozpytywałam wszystkich dookoła, jak to się stało. Jeden z kierowców wyjaśnił mi, że cała akcja kosztowała półtora miliarda dolarów, brali w niej udział specjaliści z dziesięciu krajów i zakończyła się tak szybkim sukcesem, bo do gaszenia pożarów użyto ciekłego azotu.

Po raz drugi przyleciałam do Kuwejtu niecałe dwa lata po wyzwoleniu. Z lotniska zabrał mnie jeden z dworskich kierowców i zaraz zawiózł na teren pałacowy. Tam przyjęła mnie Marika, która sprawowała kontrolę nad wszystkimi pracownicami. Marika pochodziła z Filipin i od dawna służyła rodzinie królewskiej. W Kuwejcie zdarzało się, że mądre i godne zaufania służące spędzały prawie całe życie, pracując dla swoich sponsorów. Marika należała do takich osób.

Już od pierwszego dnia Marika zaczęła mnie wprowadzać w tajniki życia dworskiego.

– Z twojego paszportu wynika, że już wcześniej byłaś w Kuwejcie – stwierdziła. – To dobrze, bo pewnie dużo rzeczy już wiesz. Jesteś mężatką? – zapytała.

– Tak.

– Bardzo dobrze. Zajmiesz się pracą, a nie czym innym. Masz dzieci?

Mimo aborcji moje piersi nadal były nabrzmiałe i dokuczało mi niewielkie plamienie. Złapał mnie ostry ból w dole brzucha. Chciałam odpowiedzieć: „Tak, mam. Moje dziecko leży wyrzucone w koszu na odpadki w chacie hinduskiej akuszerki".

– Nie mam. – Poczułam, jak zakłuło mnie serce.

– A wiesz, dlaczego księżniczka wybrała akurat ciebie? – pytała dalej Marika.

– Służyłam pięć lat u jej koleżanki ze studiów. I moja *madame* mnie zarekomendowała.

– Czyli gdy byłaś w Kuwejcie, to pracowałaś tylko u jednego sponsora?

– Tak. – Na twarzy Mariki pojawił się wyraz zadowolenia. Wiadomo, że gdybym często zmieniała pracodawców, nie byłoby to dobrze przyjęte. Marika popatrzyła na mnie życzliwie i mówiła dalej:

– Najważniejszą zasadą, która tu panuje i będzie cię obowiązywać, jest zachowanie daleko posuniętej dyskrecji. Księżniczka mieszka tu ze swoim mężem, który również pochodzi z rodziny królewskiej. W związku z tym nie wolno ci z nikim rozmawiać ani na ich temat, ani na temat tego, co dzieje się w pałacu. Nie możesz nawet nikomu zdradzić imion księżniczki i jej męża. – Marika patrzyła mi prosto w oczy, a jej jasne, ale stanowcze spojrzenie podkreślało wagę jej słów. – Zrozumiałaś to dobrze?

– Tak.

– Następną istotną sprawą jest to, że nie możesz utrzymywać żadnych bliskich relacji z męskimi pracownikami. Są tu kierowcy, ogrodnicy, robotnicy zajmujący się basenem, ochrona. Ale jeżeli pracowałaś już w Kuwejcie, to znasz panującą tu zasadę separacji płci, tak?

– Tak.

– Przejdźmy teraz do twoich obowiązków. – Moja bezpośrednia przełożona wyglądała na zorganizowaną i konkretną osobę, więc pomyślałam, że będzie mi się dobrze z nią pracować. – Twoim zadaniem będzie dbanie o czystość lewego skrzydła pałacu – tłumaczyła. – Znajduje się tam jedna z mniejszych jadalni, kuchnia, dwa salony, sala kinowa i trzy łazienki. Możesz poruszać się tylko w tej części pałacu, gdzie masz do wykonania swoją pracę, i nie wolno ci wchodzić nigdzie indziej. Zapamiętaj to sobie, bo to jest niezwykle istotne. – Marika zawiesiła głos, czekając na moje potwierdzenie tego, że wszystko, co powiedziała, jest dla mnie jasne.

– Dobrze, rozumiem – powiedziałam.

– Dzisiaj pojedziesz z kierowcą i kupisz dwa identyczne uniformy. My wszystkie musimy być tak samo ubrane. Zaczniesz załatwiać też formalności związane z twoją wizą pobytową. Już raz przez to przeszłaś, więc pewnie pamiętasz: musisz dać swoje odciski palców, zrobić badania i prześwietlenie. – Tego ostatniego trochę się bałam. Od czasu do czasu miałam napady kaszlu, a po zabiegu usunięcia ciąży do moich dolegliwości dołączył nieprzyjemny ucisk w klatce piersiowej. – Jeśli chodzi o twoje wychodne, to zadecyduje o tym księżniczka po powrocie z podróży. Aktualnie nie ma jej w kraju, więc lewe skrzydło na parterze sprząta służąca, która normalnie pracuje na piętrze. Ty i tak przez parę najbliższych dni będziesz zajęta jeżdżeniem po urzędach, więc do swojej pracy przystąpisz dopiero od nowego tygodnia. Bądź gotowa za godzinę. Suru, jeden z kierowców, zawiezie cię do sklepu, w którym kupujemy uniformy.

Miałam jeszcze trochę czasu, więc wróciłam do swojego pokoju. Pomieszczenie nie było duże, ale za to przytulne. Stały w nim dwa proste łóżka, szafa, stolik i krzesła. Ściany pomalowano ciepłą żółtą barwą, a w oknie wisiały zasłonki w kolorowe kwiaty. Zaraz po przyjeździe Marika dała mi nową pościel, poduszkę i koc. Oprócz tego dostałam mydło, szampon do włosów, szczoteczkę i pastę do zębów oraz trzy ręczniki. Segment dla służących był połączony z pałacem, ale miał oddzielne boczne wejście i stanowił niezależną część mieszkalną. Miałyśmy tam łazienkę i kuchnię, w której jadłyśmy posiłki. Zadaniem jednej z zatrudnionych kobiet było gotowanie dla całej służby, w tym również dla mężczyzn. Zakupy raz na tydzień robiła Marika z kierowcą. Zajmowała się również dbaniem o to, aby w królewskiej kuchni niczego nie zabrakło. Pracowali w niej profesjonalni kucharze z Libanu i Indii. Marika dostawała od szefa kuchni kartkę z listą zakupów i według niej, razem z kierowcą, zaopatrywała pałac.

Od Mariki dowiedziałam się, że mam się już zbierać, bo Suru jest gotowy do wyjazdu. Do pokojów męskich pracowników prowadziło oddzielne wejście. Mężczyznom nie wolno było wchodzić do naszej części. Kiedy wyszłam, Suru już czekał na mnie w aucie z włączonym silnikiem. Pod całym pałacem znajdował się ogromny podziemny garaż, w którym stało kilkanaście samochodów różnych marek. Wsiadłam do auta i ruszyliśmy w stronę bogato zdobionej bramy wyjazdowej.

Z przyjemnością patrzyłam na odbudowane budynki, naprawione ulice i przemieszczające się po nich nowe pojazdy. Widok za oknem w niczym nie przypominał strasznych wojennych obrazów, które widziałam, kiedy opuszczałam Kuwejt podczas ewakuacji.

– Aż wierzyć się nie chce, że po tej niespodziewanej i potwornej inwazji w tak krótkim czasie usunięto większość zniszczeń! – zwróciłam się do Suru pełna podziwu.

– Samo wyzwolenie też przebiegło błyskawicznie – powiedział Suru. – Po paru tygodniach intensywnych nalotów, dwudziestego drugiego lutego, prezydent Bush postawił Saddamowi ultimatum, które zakładało, że dyktator uniknie ofensywy lądowej, jeżeli wycofa swoje wojska z Kuwejtu w ciągu dwudziestu czterech godzin. Kiedy Saddam nie przystał na ten warunek, z terenu Arabii Saudyjskiej zaczęła się ofensywa lądowa sił koalicjantów. Operacja ta znana jest pod nazwą „Pustynny Miecz". Utrudniała ją wyjątkowo zła pogoda, bo wiał wtedy silny wiatr i zacinał ostry deszcz. Ponadto płonęły już szyby naftowe, więc dym i opary również stanowiły duże wyzwanie dla koalicyjnych samolotów, śmigłowców i żołnierzy piechoty morskiej. – Z zaciekawieniem słuchałam tego, co mówił Suru. Pierwszy dzień inwazji i póź- niejsze życie w ciągłym strachu na zawsze pozostały w mojej pamięci jako przeraźliwie przykre wspomnienia. Cieszyłam się, że nadszedł dzień, w którym wroga armia została wygnana z kraju. A ja i tysiące innych ludzi, dla których kuwejckie pensje stanowiły jedyne źródło utrzymania, mogliśmy z powrotem wrócić do pra- cy. – Te parę dni było niezwykle dramatycznych, bo Irakijczycy jeszcze w ostatniej chwili podpalali szyby naftowe i wysadzali przygotowane wcześniej pułapki bombowe – opowiadał dalej Suru. – Najtragiczniejsza jednak była akcja wycofującego się wojska. Polegała na pojmaniu jak największej liczby jeńców spośród Kuwejtczyków. Z Bagdadu nadszedł rozkaz wzięcia do niewoli wszystkich mężczyzn w wieku od piętnastu do pięćdziesięciu lat i wywiezienia ich do Iraku, gdzie mieli służyć jako żywe tarcze. Zaczęto łapać ich wszędzie: na ulicach, w meczetach, a nawet w domach. – Przypomniałam sobie chwile spędzone z *madame*, kiedy z lękiem oczekiwałyśmy na powrót jej męża. Później przeczytałam, że w pierwszych godzinach wojny, w ciągu całej okupacji i w ostatnich momentach, podczas ucieczki armii Saddama, do Iraku zostało wywiezionych ponad sześć tysię- cy jeńców. Większość wróciła do kraju po zawieszeniu ognia, w marcu tysiąc dziewięćset dziewięćdziesiątego pierwszego roku, ale los ponad sześciuset z nich pozostawał nieznany przez ponad dziesięć lat, kiedy to znaleziono masowe groby w Iraku. Do tej pory nie wiadomo, co stało się z czterystoma ofiarami, ale jest prawdopodobne, że kiedyś zostaną znalezione następne ciała ludzi straconych przez tyrana. – I wiesz co, Bibi? – Niedawna inwazja wciąż wywoływała u Suru silne emocje. – Ciekawe jest to, w jaki sposób zachowują się zwykli ludzie, kiedy nagle stają w obliczu huraganu historii. Czy ty wiesz, że armia iracka nie była wystarczająco karmiona przez Saddama?

– Tak, słyszałam o tym.

– I wiesz, co się zdarzało... – Suru zawiesił głos, by podkreślić, że ma mi do przekazania niezwykłą informację. – Niektórzy Kuwejtczycy karmili żołnierzy okupanta! Tak! Dawali jedzenie swoim wrogom, którzy dopuszczali się okrucieństw na ich ziemi! A jak myślisz, dlaczego tak się działo? – Spojrzał na mnie, po czym sam odpowiedział: – Bo potrafili odnaleźć w sobie czyste człowieczeństwo! – Suru zamilkł, lecz jego poważna mina świadczyła o tym, że nadal zastanawia się nad złożonością natury ludzkiej. – I kiedy pokonana armia Saddama dostała rozkaz pojmania Kuwejtczyków, to ci dokarmiani iraccy żołnierze z wdzięczności pozwalali swoim dobroczyńcom uciec i się ukryć. A wiesz, co groziło w armii irackiej za odmowę wykonania rozkazu?

Tyle słyszałam o reżimie i bezwzględności Saddama, że powiedziałam:

– Śmierć.

– Tak, Bibi, śmierć. Ci żołnierze narażali własne życie, żeby uratować tych, których kazano im uważać za swoich największych wrogów! – Podjechaliśmy pod kompleks handlowy i Suru zaczął parkować, ale zanim wysiedliśmy, dodał: – I musisz wiedzieć jeszcze jedno! Sam słyszałem, jak niektórzy żołnierze iraccy czasami mówili: „Co my tu w ogóle robimy? Dlaczego musimy strzelać do naszych braci Arabów? Muzułmanów?". Otwierali się w ten sposób niezwykle rzadko, bo gdyby ich usłyszał dowódca lub funkcjonariusz partii Baas...

Weszliśmy do sklepu z ubiorami dla służących. Sprzedawczyni dobrze znała kierowcę księżniczki i wiedziała dokładnie, jakie uniformy noszą służące w pałacu. Zmierzyła mnie wzrokiem i podała mi odpowiednie ubranie.

– Przymierz, zobacz, czy będzie dobre – powiedziała.

Kiedy zakładałam uniform, zwróciłam uwagę na miękkość materiału, z którego został uszyty. Przejrzałam się w lustrze. Sięgająca do połowy uda bordowa tunika dobrze się na mnie układała. Podobał mi się zdobiący ją biały, wyszywany kołnierzyk oraz pasujące do niego obszycia rękawów i kieszonek. W skład kompletu wchodziły też wygodne spodnie tego samego koloru co tunika. Całość uzupełniał biały, zakładany na ramiona i pół-okrągły na dole fartuszek, zakończony ozdobnymi falbankami. Wyszłam z przymierzalni i powiedziałam, że uniform jest dobry. Kierowca poprosił o dwa komplety. Zauważyłam, że ubranie, pewnie ze względu na jakość materiału i wykonania, było niezmiernie kosztowne. Za dwa uniformy kierowca zapłacił prawie równowartość mojej pensji u *madame*.

Ponieważ jeszcze nie przystąpiłam do swoich obowiązków, nie miałam wstępu na sale pałacowe. Za to mogłam przyjrzeć się otoczeniu rezydencji. Całość posiadłości otoczona była wysokim białym murem, który zdobiły finezyjne koronkowe wykończenia. Na środku rozległego dziedzińca królowała duża klasyczna fontanna z marmuru koloru kości słoniowej. Z jej górnej części, przypominającej rozkwitły kwiat, spływała kaskada śnieżnobiałej wody. Wzdłuż muru rosły wysokie palmy rzucające kojący cień. Utworzone między nimi niskie rabatki wielobarwnych kwiatów, charakteryzujących się aksamitną fakturą i różnorodnością wzorów na płatkach, układały się w geometryczne kompozycje. Dywany krótko przystrzyżonej trawy o barwie soczystej zieleni tworzyły efekt gęstej murawy. Wszystko łączyło się w harmonijną całość.

Po drugiej stronie pałacu rozciągała się prywatna plaża, obmywana przez spokojne, błękitne wody Zatoki. Widziałam stojące na piasku ogromne łoże z fantazyjnym, kolorowym baldachimem i komplety mebli plażowych. Znajdowały się tam leżaki i fotele oraz kanapy otoczone różnej wielkości stolikami. Wiatr wydymał rozpostarte nad nimi wielkie płachty białego materiału, chroniące od piekącego słońca. Przyglądałam się temu z daleka, bo Marika wyraźnie zaznaczyła, że nie mogę chodzić na plażę.

Kiedy Suru woził mnie, żeby dopełnić wszystkich formalności związanych z otrzymaniem przeze mnie wizy pracy, niejednokrotnie wracał do tematu inwazji. Miałam wrażenie, że wciąż żywe wspomnienia głęboko go dręczą i rozmowa ze mną pomaga mu w uwolnieniu się od wojennych wizji.

– Bibi! Te ostatnie dni... To było straszne! Brak elektryczności, wody, jedzenia. Zatrważające odgłosy eksplozji, które nie wiadomo, czy pochodziły od zrzucanych raz po raz bomb, czy wysadzanych szybów naftowych. Ten potworny strach, kiedy już była pewność, że zaczęła się ofensywa lądowa. Ta przejmująca grozą myśl, że Saddam użyje w odwecie broni masowego rażenia...
– Rozumiałam go doskonale. Ja też się bałam „Chemicznego Alego" i jego straszliwych gazów bojowych. – Ale już dwudziestego szóstego lutego Saddam wydał swojej armii rozkaz opuszczenia Kuwejtu. Żebyś wiedziała, co się wtedy działo! – mówił kierowca z przejęciem w głosie. – Kolumny czołgów, pojazdów opancerzonych i cystern posuwały się w stronę Kuwait City, a następnie w kierunku drogi prowadzącej do Basry. Każdy pojazd zdolny do jazdy był oblepiony żołnierzami. Siedzieli w zrujnowanych

autobusach, ciężarówkach, a nawet w bagażnikach zagrabionych samochodów osobowych. – Słuchałam cierpliwie, bo miałam nadzieję, że jeżeli Suru opowie swoją historię do końca, to na zawsze pozbędzie się dręczących go koszmarów. – Niektórzy Kuwejtczycy wychodzili na dachy swoich domów, żeby to obserwować. Noc była wtedy przejmująco zimna i padał deszcz zmieszany z ciężkimi, tłustymi kroplami oparów z płonących szybów. Kolumna pojazdów z wyłączonymi światłami posuwała się w stronę Iraku. Jedynie czerwone tylne światła świadczyły o ogromie tej ucieczki. Wtedy rozległy się potężne eksplozje. To połączone lotnictwo amerykańsko-kanadyjskie przez wiele godzin bombardowało wycofującą się kolumnę. Później niektórzy ludzie nawet podawali w wątpliwość, czy to było naprawdę konieczne. Rano ukazał się obraz tak wstrząsający, że od tej chwili ta droga, słynna droga numer osiemdziesiąt z Kuwejtu do Basry, nazywana jest „autostradą śmierci". A to, co na niej pozostało, nazwano „cmentarzyskiem stalowych duchów". Ale podobno, wbrew wstrząsającemu pierwszemu wrażeniu, większość żołnierzy irackich uciekła, bez problemu przekroczyła Eufrat i zdołała się uratować. Do samej Basry dotarło ponad siedemdziesiąt tysięcy żołnierzy. Oczywiście nie wszyscy mieli to szczęście, o czym świadczyły porozrywane ciała... I wiesz, Bibi, o czym wtedy myślałem? Ilu z tych zabitych na drodze żołnierzy w ogóle nie wierzyło w to, co robi? Przyszli tu z wojskiem jedynie dlatego, że wysłał ich Saddam. Kiedyś pewien Irakijczyk zwierzył mi się, że chciał się żenić, miał plany, kiedy przyszedł rozkaz...
– Znowu plany. Hindusi mieli swoje plany. Kuwejtczycy mieli swoje plany. Irakijczycy też. Musiałam zadać sobie to pytanie: dlaczego na świecie wybuchają wojny? – A później – kończył swoją opowieść Suru – dwudziestego ósmego lutego siły koalicyjne, na czele z wojskami kuwejckimi, wkroczyły do Kuwait City.

Czternastego marca do kraju powrócił emir. Szóstego listopada emir ceremonialnie ugasił ostatni płonący szyb naftowy. – Suru odetchnął z ulgą. Dla niego życie wróciło do normy.

Jakiś czas później usłyszałam również historię księżniczek, które w dniu inwazji musiały nagle opuścić swój pałac. Potrzebuję o tym opowiedzieć, bo mnie też zupełnie niespodziewanie wygnano z mojego własnego domu. Wciąż mam przed oczami lądujący w błocie cały nasz dobytek i lalkę w niebieskiej sukience. Do tej pory jej żałuję. Była to jedyna lalka, jaką miałam w życiu. Dlatego rozumiem, co czuły księżniczki, kiedy obudzone w nocy, musiały natychmiast opuścić swoje komnaty. Bo nie jest ważne, czy to skromna lepianka w indyjskiej wiosce, czy bajeczny pałac nad Zatoką. Dom to dom. Dla każdego człowieka jest tak samo znaczący i drogi, bez względu na to, czy jest ubogi, czy pełen przepychu. Jest najważniejszy. Dlatego zdecydowałam, że uchylę rąbka tajemnicy.

Wtedy telefon w pałacu w Kuwait City zadzwonił tuż przed godziną czwartą trzydzieści rano. Księżniczka Mariam Saad as-Sabah sięgnęła po stojący na szafce obok jej łóżka aparat.

– Halo? – powiedziała rozespana.

– Musisz opuścić pałac. Idź do domu letniego. – To mówił jej szwagier.

Później księżniczka Mariam wspominała:

– Mój szwagier nie miał nawet czasu powiedzieć, dlaczego mamy tak zrobić. Wiedziałam, że normalnie jest to spokojny mężczyzna, a wtedy w jego głosie wyczułam wyraźne zdenerwowanie. Dlatego od razu opuściłyśmy pałac.

Księżniczka Mariam i jej siostra, księżniczka Sheikha Saad as-Sabah, córki następcy tronu, księcia Saada as-Sabaha, opuściły swoją siedzibę tuż przed szturmem irackich wojsk na dwa królewskie pałace. Po drodze do domu letniego zabrały ze sobą swoją kuzynkę Barah z dwójką dzieci.

Trzy kobiety i dwie malutkie dziewczynki siedziały skulone w królewskim domu na plaży, kiedy armia Saddama zaatakowała bazę wojskową, znajdującą się dosłownie tuż obok ich kryjówki. Cudem udało im się wymknąć i popędzić samochodem w stronę Arabii Saudyjskiej, gdzie zaczęły swoje życie na wygnaniu.

Księżniczka Sheikha zwykła wtedy mówić:

– Moje prawdziwe życie rozpocznie się w dniu, kiedy wrócę do Kuwejtu. Nie mogę myśleć inaczej. Mój kraj jest okupowany.

A jej kuzynka Barah as-Sabah dodawała:

– Żyjemy w stanie zawieszenia. Nie jesteśmy ani na górze, ani na dole. Ja nawet nie wiem, gdzie jest teraz mój mąż.

Żadna z tych trzech kobiet, wychowanych w samym sercu rodziny królewskiej tego maleńkiego, ale bajecznie bogatego emiratu, nie uznawała za zagrożenie gromadzenia się w lipcu na północnej granicy wojsk irackich.

– Kuwejt przez wiele lat udzielał poparcia Irakowi – mówiła Barah. – Pomagał mu finansować ośmioletnią wojnę z Iranem. Traktowaliśmy naszego północnego sąsiada jako sojusznika. Jest takie islamskie powiedzenie: „Moja siostra i ja jesteśmy przeciwko naszemu kuzynowi, ale mój kuzyn i ja jesteśmy przeciwko obcemu". Tak więc my prezydenta Iraku, Saddama Husajna, wspieraliśmy we wszystkim.

Wieczorem przed drugim sierpnia księżniczka Sheikha jadła kolację ze swoim ojcem, następcą tronu, księciem Saadem as--Sabahem, który właśnie wrócił z nieudanych negocjacji z Irakijczykami w mieście Dżidda w Arabii Saudyjskiej.

– Jak przebiegło spotkanie? – zapytała ojca księżniczka. – Widziałam dokumenty mówiące o koncentracji wojsk irackich na granicy. Myślisz, że mogą coś zrobić?

– Nigdy, przenigdy – odpowiedział książę.

Krótko po północy następca tronu zwołał spotkanie w ministerstwie obrony, ale księżniczka Sheikha, przekonana, że nie ma powodu do obaw, położyła się spać. Jej siostra Mariam tej nocy poszła odwiedzić przyjaciół, a po powrocie do pałacu pooglądała przez chwilę telewizję i zasnęła.

Po alarmującym telefonie księżniczka Mariam wciągnęła szybko swoje pozostawione na krześle przy łóżku spodnie, a księżniczka Sheikha zadzwoniła po kuzynkę Barah, mówiąc, że natychmiast po nią przyjeżdżają.

Barah w pośpiechu spakowała butelki z pokarmem dla swoich dwóch córek, jedna z nich miała dwa latka, a druga zaledwie pięć miesięcy, jej mąż zaś wyciągnął z komody pistolet. Kiedy przybyły księżniczki, cała rodzina zabrała się z nimi i wszyscy pojechali po matkę Barah. Były przekonane, że królewski dom na plaży, położony tuż obok morskiej bazy wojskowej, to bezpieczne miejsce.

W chwili kiedy królewska rodzina przybyła do domu letniego, walki już trwały. Rozlegały się odgłosy eksplozji. W pewnym momencie trzy kobiety, kierując wzrok w stronę okna wychodzącego na Zatokę Perską, zobaczyły kuwejcki pocisk, który uderzył w iracki śmigłowiec. Zestrzelony helikopter rozpadł się na płonące kawałki i wpadł do wody.

– Wtedy już wiedziałyśmy, że Irakijczycy nadchodzą. Ale po co? – mówiła Barah o wątpliwościach targających rodziną królewską. – Żeby stoczyć parę potyczek na granicy? Żeby zaatakować pałace, a później puścić nas wolno? Ale gdy zobaczyłyśmy spadający śmigłowiec, spojrzałyśmy po sobie i powiedziałyśmy: „Problem jest większy, niż możemy sobie nawet wyobrazić".

Księżniczki spędziły w letniej rezydencji zaledwie piętnaście minut, bo dostały następny telefon z poleceniem, aby jak najszybciej popędziły w stronę granicy z Arabią Saudyjską. Pod same drzwi domu podjechał minivan i zabrał kobiety z dziećmi. Mąż Barah pozostał na miejscu.

– Byłyśmy tak zszokowane tym, co się stało, że w ciągu całej drogi na południe, która trwała dwie godziny, nie powiedziałyśmy do siebie ani słowa – wspominała Barah. – Ciszę w samochodzie przerywał wyłącznie płacz dzieci. Moja dwuletnia córeczka siedziała mi na kolanach, obejmowała mnie, ocierała moje łzy i płacząc, wołała: „Mamo, proszę cię, nie płacz! Mamusiu, proszę cię, nie płacz!". To złamało mi serce.

Na granicy, bez paszportów i żadnych innych dokumentów identyfikacyjnych, rodzina królewska czekała prawie godzinę, zanim zostały dopełnione wszelkie formalności, by mogła jechać dalej. Początkowo księżniczki zatrzymały się w hotelu w Dammamie. Później przeniosły się do Taif, gdzie saudyjska rodzina królewska oficjalnie udzieliła im schronienia w swojej górskiej rezydencji. Tam księżniczkom pozostało tylko jedno – czekać.

Nie wiem, od czego zależy to, czy rodzimy się nędzarką, czy księżniczką. Ale wiem jedno: księżniczka też może stracić dom.

Zaczął się nowy tydzień i mogłam przystąpić do pełnienia swoich obowiązków. Rano założyłam nowy uniform, spięłam włosy na gładko do góry i poszłam do czekającej na mnie Mariki. Do lewego skrzydła pałacu dochodziło przejście z części przeznaczonej dla służby, ale Marika powiedziała, że ten jedyny raz zaprowadzi mnie tam przez główne wejście. Do wnętrza prowadziły potężne, rzeźbione drewniane drzwi. Kiedy pierwszy raz weszłam do środka pałacu, pomyślałam, że jest bardzo duży i wysoki. Ogromny hol wyłożony był białym marmurem, po bokach widniały kolumny, a na piętro prowadziły rozłożyste schody. Zadarłam głowę i zobaczyłam wielki żyrandol, który przez tysiące kryształów rozsiewał niezwykłe refleksy świetlne. Tak się w niego wpatrzyłam, że Marika musiała mnie ponaglić:

– Nie stój tak! Chodź szybko!

Szerokim korytarzem przeszłyśmy do lewego skrzydła pałacu. Po drodze zauważyłam, że na ścianach wiszą fotografie mężczyzn.

– Kto to jest? – zapytałam.

– Kolejni emirowie Kuwejtu – odpowiedziała Marika.

Ze starszych czarno-białych i nowszych kolorowych zdjęć dumnie patrzyli na mnie ubrani w tradycyjne arabskie stroje kolejni władcy emiratu. Korytarz kończył się wnęką, w której była dyskretnie ukryta winda.

– To winda prowadząca do prywatnych apartamentów księżniczki na piętrze. Ale pamiętasz, że tobie nie wolno swobodnie się poruszać po pałacu? – Marika spojrzała na mnie surowo. – Masz prawo wstępu tylko do pomieszczeń, które sprzątasz.

– Tak, pamiętam.

– Tu jest jeden z salonów – powiedziała Marika, prowadząc mnie dalej.

Zwróciłam uwagę na bogato zdobioną tkaninę. Obito nią liczne kanapy i fotele, przy których stało kilka marmurowych stolików. W oknach wisiały pasujące do niej ciężkie kotary. Bardzo mi się tam podobało.

– A to jest jadalnia na dwanaście osób. W tym skrzydle księżniczka przyjmuje swoich prywatnych gości – objaśniała Marika. – Zazwyczaj są to kolacje. Jeżeli księżniczka chce zjeść śniadanie ze swoimi siostrami, kuzynkami lub koleżankami, to zaprasza je do restauracji w jednym z ekskluzywnych hoteli. Ten komplet mebli jadalnianych został sprowadzony na specjalne zamówienie z Włoch. – Marika wskazała ręką na długi stół z wymyślnie rzeźbionymi nogami i krzesła z wysokimi oparciami. – Wykonany jest z wyjątkowego gatunku drewna. Musisz szczególnie o niego dbać. Będziesz go przecierała specjalnymi środkami. Zaraz ci wszystko objaśnię. – W jadalni stał jeszcze stylowy kredens i masywny bufet. – Tu są szklanki, filiżanki, a na dole talerze – tłumaczyła mi Marika. – Ale uważaj, żebyś niczego nie potłukła. To jest niezmiernie droga zastawa. Jeśli księżniczka zechce tu przyjmować gości, będziesz ich obsługiwać razem z innymi służącymi. Tylko pamiętaj! Najważniejsza jest dyskrecja. Nikomu nie wolno ci mówić, kto tu był ani o czym rozmawiał! Przebywasz przy gościach wyłącznie wtedy, kiedy ich obsługujesz. Jeśli nie jesteś potrzebna, to czekasz tu... – Marika przeszła krótkim korytarzem do średniej wielkości kuchni. – Tu będziesz parzyła kawę i herbatę, przygotowywała do podania słodycze lub owoce.

Sprzęty w kuchni lśniły czystością i wyglądały tak, jakby nikt nigdy ich nie używał.

– To wszystko wygląda jak nowe! – powiedziałam.

– Bo jest nowe – potwierdziła Marika. – Księżniczka nie tak dawno wyszła za mąż. – Następnie poszłyśmy do następnego, przylegającego do jadalni salonu. – Po kolacji księżniczka właśnie tu najbardziej lubi przebywać ze swoimi gośćmi. Tu podaje się kawę i desery. Pamiętaj, że zawsze musisz być czujna i orientować się błyskawicznie, czy nikt niczego nie potrzebuje. Jeżeli księżniczka już kogoś przyjmuje, to zazwyczaj spotkania kończą się późno w nocy. Gdy księżniczka i jej goście już opuszczą to skrzydło, wtedy od razu musisz tu dokładnie posprzątać. Każda pałacowa sala, każdy zakamarek musi być nieskazitelnie czysty o każdej porze dnia i nocy. Nie wolno położyć ci się spać, dopóki nie skończysz swojej pracy. Zrozumiałaś?

– Tak.

Następnie Marika pokazała mi trzy łazienki, które też sprawiały wrażenie, jakby nikt ich nigdy nie używał.

– Twoim obowiązkiem będzie codzienne dokładne ich mycie i sprzątanie. Tak jak całego tego skrzydła. Zapamiętasz?

– Kiwnęłam potakująco głową. – Jest jeszcze sala kinowa…
– Z drugiego salonu wychodził następny korytarz, który kończył
się kilkoma schodkami. Zeszłyśmy na dół i Marika otworzyła
drzwi kolejnego pomieszczenia. Znajdowały się w nim ogromny ekran i kilkanaście skierowanych w jego stronę wygodnych
kinowych foteli. – Ta sala została dopiero niedawno urządzona
– wyjaśniała Marika. – Podobno opóźniła się dostawa sprzętu
z Ameryki, bo mąż księżniczki miał jakieś specjalne życzenia.
Z kina najczęściej korzystają dzieci i młodzież z rodziny królewskiej. Tu też codziennie musisz sprzątać, a szczególnie po
seansie. Te dzieci potrafią nabałaganić. – Ostatnie zdanie Marika
powiedziała dużo ciszej, jakby nie było przeznaczone dla moich
uszu.

Potem pokazała mi schowek, w którym znajdowały się różne
środki czyszczące, szmatki, szczotki i odkurzacze. Dokładnie
tłumaczyła mi, co do czego służy. Na koniec powiedziała, żebym
wzięła się do sprzątania, a ona później wszystko sprawdzi.

Przystąpiłam do swoich obowiązków. W pałacu panowała
cisza. Po ostatnich długich i nieprzyjemnych miesiącach spędzonych w Indiach ta praca była dla mnie wytchnieniem. Brałam
różnokolorowe ściereczki i detergenty, po czym z wielką starannością polerowałam kolejne powierzchnie. Musiałam zachować
niezwykłą ostrożność, żeby się nie pomylić i w danym momencie
użyć odpowiedniego płynu, pianki lub mleczka. Marmur na blatach stolików, w łazienkach i na podłogach, kryształowe szkło
luster i szyb w witrynach, meble z unikalnych gatunków drewna,
pozłacane krany i zdobienia – doprowadzenie elementów wyposażenia pałacu do nieskazitelnego wyglądu wymagało wielkiej
pieczołowitości i uwagi. Przyznam, że gdy Marika wszystko mi
objaśniała, ustawiałam środki czystości i przypisane im szmatki
w kolejności, w której chciałam czyścić pałacowe sprzęty. To

pomogło mi uniknąć błędu podczas ich używania. Miałam nadzieję, że księżniczka będzie ze mnie zadowolona. Nie chciałam wracać do Indii.

Przez następne dni wdrażałam się do swojej pracy. Marika przychodziła co jakiś czas i dawała mi dodatkowe wskazówki. Pokazywała, jak sprzątać, żeby komnaty wyglądały perfekcyjnie. Zwłaszcza że zbliżał się powrót księżniczki. Pilnie słuchałam wszystkich rad Mariki, która w rezultacie wyglądała na bardzo zadowoloną.

Pewnego ranka Marika powiedziała mi, że tego dnia mam się szczególnie postarać, bo po południu księżniczka wraca z Nowego Jorku. Od razu zauważyłam, że wśród służby panuje lekkie podenerwowanie. Każdy zatrudniony chciał, aby ta część pałacu, za którą odpowiadał, wypadła jak najlepiej. Na plaży widziałam parę osób, które chodziły z workami i zbierały najdrobniejsze śmieci. Inne z wielkim zaangażowaniem wycierały plażowe meble. Ogrodnik przycinał krzewy, oglądał niemal każdy kwiatek i wyrywał prawie niewidoczne chwasty z równo przyciętej trawy. Pracownik, do którego obowiązków należało dbanie o fontannę, wyłączył wodę i centymetr po centymetrze czyścił marmur. Jedni robotnicy polewali wodą cały dziedziniec i dokładnie go myli, a inni zajmowali się usuwaniem brudu z zewnętrznych ścian rezydencji. Kierowcy starannie polerowali samochody, nie zapominając o najmniejszych błyszczących detalach. Służące od razu po śniadaniu pospieszyły do pałacu, aby należycie przygotować wszystkie komnaty na przyjazd księżniczki. Marika zaznaczyła, że ja mam się szczególnie postarać, bo w najbliższym czasie księżniczkę może odwiedzać wiele jej krewnych i przyjaciółek, aby ją powitać. Głęboko się przejęłam tą wiadomością i robiłam wszystko, aby lewe skrzydło pałacu wyglądało wyjątkowo pięknie.

Kiedy wyszłam na chwilę na zewnątrz, podbiegł do mnie Suru.

– Bibi, zobacz, dobrze wyprasowałem swoją koszulę? Za chwilę jadę na lotnisko. No, powiedz, dobrze jest? – Widać było, że też chce wypaść jak najlepiej. Kierowcy w pałacu obowiązkowo nosili czarne spodnie i białe koszule. – A spodnie? – dopytywał się Suru. – Też dobrze wyprasowałem?

Obrzuciłam go wzrokiem od góry do dołu.

– Tak, wszystko świetnie.

– To dobrze. – Rozluźnił się. – Bo zaraz wyruszamy.

– Wyruszacie? – zapytałam zdziwiona. – To ktoś jeszcze jedzie oprócz ciebie?

– Tak, jeszcze jedzie dwóch kierowców – odpowiedział Suru. – Ja zabieram księżniczkę jej ulubionym jaguarem, a dwaj moi koledzy jadą minivanami, żeby wziąć jej podróżne walizy. – Suru spojrzał na zegarek. – Na mnie już czas. Za niecałą godzinę ląduje samolot.

Parę minut potem kawalkada samochodów wyjechała z garażu podziemnego.

– Nareszcie znowu zobaczę księżniczkę – powiedziałam do Mariki.

– Wątpię. – Roześmiała się.

– Dlaczego? – Nie rozumiałam.

– Księżniczka wjedzie do garażu, a stamtąd od razu uda się windą na górę do swoich apartamentów. A kierowcy i służące zajmą się jej bagażami.

– To księżniczka nie będzie potrzebowała żadnej z nas do obsługi?

– Nie, księżniczka ma swoją osobistą służącą, która zawsze jest w pobliżu, gotowa na każde jej skinienie. Ta służąca wszędzie z nią podróżuje, teraz też była w Nowym Jorku. Przeżyła z księżniczką całą inwazję, na początku w Kuwejcie, a później w Arabii Saudyjskiej.

Pomyślałam, że pewnie jest to ta sama służąca, która przyszła z księżniczką do domu rodziców *madame*.

– Jutro wstań wcześniej, bo muszę cię czegoś nauczyć – poleciła Marika.

Następnego dnia Marika poszła ze mną do lewego skrzydła pałacu. Na początku obejrzała wszystkie pomieszczenia, dokładnie sprawdzając stan ich czystości. Szczególnie przyglądała się łazienkom i wszelkim zakamarkom. Podnosiła końce dywanów, zaglądała we wszystkie trudno dostępne kąty, oglądała bibeloty i przesuwała palcami po górnych krawędziach luster i obrazów.

– No, dobrze się spisałaś – powiedziała zadowolona. – Teraz pokażę ci, których szklanek, filiżanek i talerzyków używać, kiedy księżniczkę odwiedzą goście. – Podeszła do kredensu i wyjęła małą, białą, porcelanową filiżankę z misternym złotym wzorem przypominającym koronkę. – W tym będziesz podawać kawę arabską. – Delikatnie obracała w rękach gustowne cacko. – Umiesz parzyć kawę? – zapytała.

– Tak – odpowiedziałam.

– Dla samej księżniczki kawę przyrządzi jej osobista służąca. Ona też będzie pytać innych gości, jak parzoną i z jaką ilością cukru kawę sobie życzą. Raina, bo tak ma na imię, służyła przez lata w pałacu matki księżniczki. Ty nie możesz się do nikogo odzywać, chyba że ktoś z gości cię o coś zapyta albo poprosi. Kobiety z rodziny królewskiej będziesz tytułować „Szejka". Dobrze wszystko zrozumiałaś?

– Tak.

– Księżniczkę odwiedzają kobiety z najbogatszych i najbardziej wpływowych rodzin kuwejckich. Jeżeli nie należą do rodziny panującej, będziesz je tytułować *madame*. Słuchaj uważnie, jak się zwraca do gości Raina, bo ona świetnie się w tym wszystkim orientuje. To jest wyjątkowo miła osoba, więc jak będziesz miała jakieś wątpliwości, zawsze możesz zwrócić się do niej o pomoc. Lepiej wcześniej zapytać, niż strzelić jakąś gafę!

– Rozumiem.

– Teraz pokażę ci, do czego służą pozostałe części serwisu. Pamiętaj! Musisz je myć z największą ostrożnością! – pouczyła mnie. – Zdobienia wykonane są z dwudziestoczterokaratowego złota!

– Dobrze, będę bardzo uważała.

– Te talerzyki są do ciasta, a te do owoców – tłumaczyła Marika. – A tu masz szklanki. W tych będziesz podawała wodę, a w tych soki. – Wszystko cierpliwie demonstrowała. – Tu leżą łyżeczki i widelczyki. – Otworzyła drewniane, wyłożone pluszem pudełko. – Też uważaj przy myciu. Te sztućce są inkrustowane złotem. – Pilnie przysłuchiwałam się temu, co mówi Marika, ponieważ pragnęłam, żeby księżniczka była ze mnie zadowolona.

– Na dzisiaj wystarczy – stwierdziła. – Zaraz przyjeżdża następna służąca, która będzie zajmować się garderobą księżniczki. Ulokuję ją w twoim pokoju. Pomoże ci wdrożyć się w służbę na dworze, bo była garderobianą kuzynki księżniczki. Aktualnie ta kuzynka jest z mężem w Waszyngtonie, gdzie pracuje jej mąż. A teraz zabieraj się do swojej codziennej pracy – poleciła Marika i opuściła jadalnię.

Moja nowa współlokatorka, Filipinka Marisa, okazała się naprawdę sympatyczną kobietą. Od razu pierwszego wieczoru długo ze sobą rozmawiałyśmy, dzieląc się swoimi doświadczeniami ze służby w Kuwejcie.

– Jeśli chodzi o pracę na dworze, lubię w niej zwłaszcza to, że wszystko jest tak dobrze zorganizowane – zwierzała mi się Marisa. – Jest dużo personelu i każdy ma przydzielony odcinek pracy, za który odpowiada. Poza tym rodzina panująca zatrudnia sprawdzone, zaufane osoby, które oprócz chęci do ciężkiej pracy

289

wyróżniają się lojalnością. Miło jest pracować z takimi ludźmi. Wiesz, że niektórzy służący mają wyższe wykształcenie?

Nie wiedziałam, ale lubiłam sposób, w jaki rozmawiają ze mną Marika i Suru.

– Naprawdę? – spytałam.

– Tak – potwierdziła Marisa. – Same księżniczki też kończą znakomite uniwersytety, najczęściej w Stanach lub w Anglii. Zwykle prowadzą niebywale intensywny tryb życia. Są aktywne w biznesie, bankowości, polityce, sporcie, ale też kręcą filmy, promują sztukę, piszą wiersze i są związane ze światem wielkich kreatorów mody. Ponadto dużą rolę w ich życiu pełni działalność charytatywna i społeczna. Może dzięki temu, uwierz mi, potrafią docenić dobrą pracę. Wiesz co, Bibi? – Marisa spojrzała na mnie z sympatią. – Powiem ci to, bo od razu cię polubiłam. Rodzina królewska potrafi być hojna. Naprawdę bardzo hojna... – podkreśliła.

– Co masz na myśli? – zapytałam.

– Kiedy są wielkie muzułmańskie święta i wszyscy się nawzajem odwiedzają, to z pieniężnych prezentów, które zwyczajowo rozdają księżniczki i książęta, służąca może zebrać nawet kilkaset dinarów!

– Co? – Otworzyłam oczy ze zdumienia.

– No mówię ci! Tak jest! – Marisa z zadowoleniem patrzyła, jak wielkie wrażenie zrobiła na mnie ta informacja.

– Ale to ogromna suma! Kilka tysięcy dolarów!

– Jeśli cię polubią, to możesz tyle dostać w ciągu trzech świątecznych dni.

Była to dla mnie olbrzymia kwota. Nie mieściło mi się w głowie, że mogę ją zgromadzić w tak krótkim czasie. Ale pomyślałam, że jeszcze bardziej będę przykładała się do swoich obowiązków.

Następnego dnia po południu Marika zawołała mnie i Marisę.

– Chodźcie ze mną! – powiedziała, uważnie lustrując nasze uniformy, wyprasowane fartuszki i gładko ułożone włosy. – Księżniczka chce zobaczyć nowe służące.

Poszłyśmy korytarzem prowadzącym do lewego skrzydła. Chociaż już wcześniej widziałam księżniczkę na urodzinach Basmy i w szpitalu oraz pamiętałam, że przyszła się schronić do domu rodziców mojej dawnej *madame* podczas okupacji, to mocno się denerwowałam, bo teraz miałam dla niej pracować.

A co, jeśli jej się nie spodobam? Albo będzie niezadowolona z mojej pracy? Z każdą minutą ogarniały mnie coraz większe wątpliwości.

Weszłyśmy do jednego z salonów, które rano posprzątałam. Rozejrzałam się wkoło, aby upewnić się, czy niczego nie przeoczyłam. Zauważyłam, że Marika zrobiła to samo.

– Teraz tu poczekamy – powiedziała szeptem Marika. – Księżniczka może pojawić się w każdej chwili.

Stałyśmy w równym rządku, milcząc i nasłuchując kroków księżniczki. Po mniej więcej kwadransie usłyszałyśmy cichy szum wewnętrznej windy, a następnie stuk obcasów na marmurowej posadzce.

Księżniczka weszła do salonu, a zaraz po niej pojawiła się jej osobista służąca, Raina, która stanęła obok nas. Szejka usiadła na kanapie i nieznacznie się uśmiechnęła. Wyglądała tak, jak zapamiętałam ją z urodzin Basmy. W eleganckiej, prostej czarnej sukience była pełna dostojeństwa i spokoju. Jej rozpuszczone, sięgające ramion błyszczące włosy lekko falowały. W uszach miała lśniące diamentowe kolczyki, a całości dopełniał skrzący się na czarnym tle sukienki diamentowy wisior.

– Wy jesteście nowymi służącymi, tak? – zapytała księżniczka.

Ja byłam całkowicie onieśmielona, więc Marisa odpowiedziała pierwsza:

– Tak, szejko.

– A jak masz na imię?

– Marisa.

– To ty zajmowałaś się garderobą mojej kuzynki?

– Tak, szejko.

– Moja kuzynka bardzo cię chwaliła. – Księżniczka siedziała wyprostowana, a jej położone jedna na drugą dłonie spoczywały na kolanach. – Wiesz, na czym będzie polegała twoja praca?

– Tak, szejko.

– Co będziesz robić z ubraniami *haute couture*[1] Diora, Lanvina i Chanel?

– Wysyłać je do punktów wyspecjalizowanych w ich czyszczeniu.

– Dobrze. – Byłam spięta i bałam się, że nie zdołam odpowiedzieć na pytania księżniczki. Poczułam, że mogę znowu dostać ataku kaszlu, i starałam się ze wszystkich sił, aby do tego nie doszło. – Ile lat pracowałaś u mojej kuzynki? – Księżniczka nadal zadawała pytania Marisie.

– Osiem lat, szejko.

– To w piątek dostaniesz wychodne – zadecydowała księżniczka, po czym zwróciła się do mnie:

– A ty jak masz na imię?

– Bibi – odpowiedziałam ze ściśniętym gardłem.

– Dla kogo pracowałaś?

– Dla *madame* Amber.

– Ile lat?

– Pięć lat.

– Jakie są twoje obowiązki w pałacu?

---

[1] *Haute couture* (z fr. dosł. wysokie szycie, także: wysokie krawiectwo, wysoka moda) – luksusowy dział krawiectwa, w którym szyje się ubrania na zamówienie dla konkretnych klientów.

Poczułam w głowie pustkę. Chciałam powiedzieć, że muszę sprzątać łazienki i salony, i jadalnię, i salę kinową i dbać o meble, i podawać kawę i owoce, i słodycze, i zmywać, i uważać... Ale zupełnie nie wiedziałam, jak to wszystko wyrazić. Zapadła chwila krępującego milczenia. Marika, widząc, że nie mogę wydusić słowa, pospieszyła mi z pomocą:

– Bibi zajmuje się lewym skrzydłem pałacu, szejko.

Księżniczka prawie niezauważalnie omiotła wzrokiem salon, po czym znowu mnie zapytała:

– To ty byłaś w szpitalu?

– Tak, szejko – wykrztusiłam z trudem.

– Ale teraz już wszystko dobrze?

Zebrałam wszystkie siły i jednym tchem powiedziałam:

– Tak, wszystkie ostatnie badania wypadły prawidłowo.

Księżniczka zastanowiła się chwilę, a następnie rzekła:

– Ponieważ byłaś już w Kuwejcie, też dostaniesz wychodne. Natomiast jeżeli zdarzy się tak, że w piątek będziesz mi potrzebna, to zostaniesz w pałacu. Ta reguła dotyczy oczywiście was obu. – Księżniczka skierowała spojrzenie w stronę Marisy. – O tym i o wszystkich innych moich specjalnych życzeniach będzie was informować Marika. Teraz pensje. Ty będziesz zarabiać... – Szejka spojrzała na mnie i wymieniła sumę wynoszącą ponad pięćset dolarów. – A ty...

Wynagrodzenie Marisy okazało się o połowę wyższe, ale jak później sama mi powiedziała, musiała dbać o ubrania, których wartość mogła dochodzić nawet do kilkudziesięciu tysięcy dolarów.

– Dziękuję, szejko – powiedziała Marisa.

– Dziękuję, szejko – powtórzyłam za nią.

Księżniczka wstała, a na odchodne powiedziała do Marisy:

– Raina pokaże ci na górze moją garderobę, a później zapozna cię z nadwornym krawcem.

– Dobrze, szejko. – Marisa skinęła głową.

Księżniczka udała się do głównego wejścia, gdzie przed pałacem czekał na nią samochód z kierowcą. My jeszcze stałyśmy chwilę bez słowa, po czym Raina powiedziała do mnie i Marisy:

– Witam was w pałacu. Mam nadzieję, że się przyłożycie do pracy i księżniczka będzie z was zadowolona.

– Zrobimy wszystko, co w naszej mocy, aby tak było – powiedziała z przekonaniem Marisa.

– Na pewno – potwierdziłam.

– Teraz chodź ze mną na górę – poleciła Raina Marisie. – Pokażę ci królewską garderobę. Po podróży jest mnóstwo pracy.

Raina z Marisą skierowały się w stronę windy, a ja chciałam wrócić do swojego pokoju.

– A ty jeszcze nie odchodź! – Marika mnie zatrzymała. – Nauczę cię, jak podawać do stołu, kiedy przyjdą goście na kolację.

Marika wyjmowała kolejne talerze, a ja pilnie słuchałam jej wskazówek i starałam się je dobrze zapamiętać. Wiedziałam na pewno, że księżniczka mnie zaakceptowała i zostaję w pałacu, więc byłam z tego powodu bardzo szczęśliwa.

Wieczorem, kiedy zmęczone leżałyśmy już w łóżkach, zapytałam Marisę o coś, co nurtowało mnie od pewnego momentu:

– Marisa! Po co księżniczce krawiec? Przecież na pewno zrobiła zakupy w Nowym Jorku. Jej wielkie podróżne walizy zostały przywiezione przez dwa minivany!

Marisa roześmiała się.

– Masz rację! Księżniczki zaopatrują się u największych projektantów mody w Nowym Jorku, Paryżu i Londynie. Ale tradycyjne arabskie suknie szyje im nadworny krawiec, który pochodzi z Indii. Z Indii sprowadzane są także wyszukane, przebogate tkaniny, które czasami produkowane są na specjalne zamówienie dworów arabskich. Mogą być przetykane złotą nitką, wyszywane perłami lub innymi drogocennymi kamieniami. Powstają z nich wspaniałe kreacje według najlepszych dawnych arabskich wzorów. Uwierz mi, Bibi, ten krawiec na pewno ma co robić!

– Teraz rozumiem... – Oczy same mi się zamykały, więc szybko zapadłam w sen.

Następne dni były pełne pracy i wrażeń. Wieczorami księżniczkę odwiedzały kobiety z rodziny królewskiej i najbardziej prominentnych rodzin kuwejckich. Przyjmowano je w lewym skrzydle pałacu. Czułam, że spoczywa na mnie wielka odpowiedzialność. Bardzo się starałam, żeby najmniejszy złoty element błyszczał swoim pełnym blaskiem, kryształowe powierzchnie luster perfekcyjnie odbijały pełne przepychu wnętrza, a wypolerowany odpowiednio marmur zachwycał swoją fakturą. Raina, która zawsze była do dyspozycji księżniczki, okazała się przesympatyczną osobą i wydatnie mi pomogła, szczególnie podczas pierwszych wizyt zaproszonych kobiet. Zawsze też mogłam liczyć na Marikę.

Goście podjeżdżali pod główne wejście pałacu. Jeżeli prowadzili sami, to jeden z pałacowych kierowców odbierał od nich samochód i odwoził go do garażu. Jeżeli za kierownicą siedział ich osobisty szofer, po opuszczeniu przez pasażerów pojazdu sam go parkował. Wielkie drzwi pałacu otwierał portier. Następnie Marika prowadziła prominentne kobiety do salonu, gdzie oczekiwały na księżniczkę. Mijało kilkanaście, a czasem nawet kilkadziesiąt minut, zanim księżniczka zjeżdżała windą na dół, aby się z nimi przywitać. Za nią szła Raina, niosąc w ręku torby z podarunkami z podróży. Zwróciłam uwagę na te torby, bo chociaż służyły wyłącznie jako opakowania przywiezionych prezentów, bardzo mi się podobały. Były sztywne, najczęściej białe lub czarne, ozdobione tłoczeniami i czarnymi lub złotymi literami. Upiększały je eleganckie kokardki. Na jednej z takich kokardek przeczytałam napis „Prada".

Na początku w ogóle nie wiedziałam, jak mam się zachować, kiedy przychodzą goście. Wszystkiego nauczyła mnie Marika. Powiedziała, że kiedy kobiety czekają na księżniczkę, mam stać w oddali, ale tak, żebym była dla nich widoczna. Mogły na przykład poprosić mnie o szklankę wody do picia. Po paru minutach od pojawienia się księżniczki, na znak dany przez Rainę, podawałam na tacy szklanki z wodą i sokami. Po dłuższej chwili roznosiłam talerzyki z pokrojonymi owocami lub słodyczami. Później znowu czekałam w odpowiedniej odległości, na wypadek gdyby któraś z kobiet zażyczyła sobie dodatkowej szklanki z wodą lub sokiem. Kiedy goście skończyli jeść, musiałam od razu zabrać brudne szklanki i talerzyki. To był dla mnie najbardziej stresujący moment. Marika precyzyjnie poinstruowała mnie, jak mam to robić.

– Pamiętaj, że gdy zbierasz naczynia, nie możesz odwrócić się tyłem do księżniczki i jej gości. Zwróć uwagę na to, żeby z talerzyków nie pospadały łyżeczki i widelczyki czy resztki ciastek i owoców. Uważaj, żebyś nie potłukła szklanek. Sprzątaj dyskretnie i jak najszybciej, aby nie przeszkadzać kobietom w prowadzonej przez nie konwersacji. Kiedy zaniesiesz wszystko do kuchni, nie zmywaj od razu, żeby nie robić hałasu. Zostań tam i czekaj, aż Raina powie, że czas robić kawę. Już ci mówiłam, że dla księżniczki parzy kawę tylko Raina, a dla pozostałych kobiet robisz to ty według jej wskazówek. Gdy podajesz kawę, zawsze zaczynasz od księżniczki, a dopiero później podchodzisz do pozostałych kobiet. Filiżanki po kawie zbierasz dopiero wtedy, kiedy wszyscy opuszczą salon. Wtedy też zmywasz i dokładnie sprzątasz, zwracając szczególną uwagę na podłogę i łazienki. Zrozumiałaś?

– Tak – powiedziałam do Mariki i w następnych dniach starałam się stosować do wszystkich jej zaleceń.

Ponieważ porządnie przykładałam się do swojej pracy, myślę, że wychodziło mi to całkiem dobrze, bo nie usłyszałam żadnych krytycznych uwag ani od Mariki, ani od Rainy. Pamiętam, że raz spadł mi z brzękiem widelczyk, ale zaraz szybko go podniosłam.

Do moich obowiązków należało również zajmowanie się salą kinową. Korzystały z niej przede wszystkim małe księżniczki i książęta oraz królewska młodzież. Przywozili ich kierowcy, a dzieciom dodatkowo towarzyszyły służące. Widok maluchów przypominał mi, że gdybym nie usunęła ciąży, już niedługo mogłabym poczuć w sobie ruchy mojego własnego dziecka. Przejmujący żal ściskał mi wtedy gardło, więc starałam się o tym nie myśleć.

Przed seansem musiałam zanieść do sali zimne napoje oraz uprażyć kukurydzę. W kuchni stała specjalna maszyna, więc nie było to trudne. Lubiłam ten specyficzny, pykający dźwięk, kiedy pękały prażone ziarna. Uświadomiłam sobie, że jeszcze nigdy nie byłam w kinie. Postanowiłam, że pewnego dnia pójdę do prawdziwego kina. W kuwejckich kinach wyświetlali filmy z Bollywood i służba chodziła je oglądać.

Kiedy przyjeżdżały książęce dzieci, żeby oglądać filmy, było dużo śmiechu i hałasu. Od razu wbiegały do sali i dopadały do szafki, w której znajdowało się ponad sto różnych filmów dla dzieci. Rozlegały się wtedy przekrzykiwania i płacz, bo dzieci kłóciły się, które filmy obejrzą. Najbardziej lubiły amerykańskie kreskówki, ale i tak miały problem z wyborem. Gdy już wreszcie po wielu sporach film został wybrany, brał go pałacowy pracownik techniczny, który zajmował się obsługą kinowego sprzętu. W tym momencie było jeszcze trochę hałasu, bo dzieci walczyły o najlepiej usytuowane fotele i spierały się, kto koło kogo usiądzie. Kiedy wreszcie wszyscy się rozlokowali, roznosiłam puszki z gazowanymi napojami i kartoniki z popcornem. Po chwili gasło światło, książęce dzieci milkły i zaczynał się seans.

Służące książąt zostawały w sali kinowej, bo miały przykazane, żeby nie spuszczać ich z oczu. Mogły wychodzić tylko do toalety. W sali kinowej zostawiałam dla nich butelki z wodą, żeby nie musiały już przychodzić do kuchni. Tragiczne wspomnienia inwazji wciąż tkwiły jak cierń w rodzinie królewskiej, więc jej członkowie byli ogromnie przewrażliwieni na punkcie bezpieczeństwa swoich dzieci. Wyłącznie jedna ze służących, Malaja, zawsze zaglądała do kuchni. Opiekowała się księżniczką Amirą, której przysmakiem był popcorn w karmelu. Ponieważ nie umiałam go odpowiednio przyrządzać, zawsze robiła to Malaja. Przy okazji mogłyśmy chwilę porozmawiać.

Malaja pochodziła z Filipin i od wielu lat służyła na dworze. Zauważyłam, że za jej uśmiechem, który zawsze znajdowała dla małej księżniczki, kryje się głęboko skrywana troska. Kiedyś zapytałam, czy ma jakiś problem. Odpowiedziała, że martwi się o córkę, która poważnie zachorowała. Malaja przesyłała wszystkie zarobione pieniądze na opłacenie jej lekarzy. Niestety, mimo licznych wizyt nie potrafili postawić odpowiedniej diagnozy. To spędzało Malai sen z powiek, bo potrzebowała coraz więcej pieniędzy na kolejnych specjalistów i analizy. Oprócz tego jej córka miała troje małych dzieci, które sama wychowywała. Ponieważ była za słaba, żeby pracować, ciężar utrzymania całej czwórki spoczywał na Malai.

– Najgorsze jest to, że nie wiadomo, ile to jeszcze potrwa ani ile pieniędzy będzie na to potrzebne – powiedziała pewnego razu, zalewając kukurydzę karmelem. – A mnie już kończą się oszczędności... – Na jej twarzy pojawiło się przygnębienie.

W tym momencie do kuchni wpadła księżniczka Amira.

– Gdzie jest moja kukurydza?

Malaja odwróciła głowę i ukradkiem wytarła łzę toczącą się po policzku.

– Już, już... – powiedziała, starając się zachować wesoły ton.

– Jeszcze chwileczkę, niech trochę ostygnie.

Spojrzałam na księżniczkę. Wyglądała na około pięć lat, miała ładną, lekko śniadą buzię, duże brązowe oczy i gęste, ciemne, sięgające pasa falowane włosy. Zwróciłam uwagę na jej jasno-różową sukienkę z kwiatowym nadrukiem.

– Masz śliczną sukienkę. – Przykucnęłam przy niej, żeby trochę ją zabawić, zanim Malaja dojdzie do siebie. – Jakie piękne kwiaty... Ciemnoróżowe, pomarańczowe, białe. To chyba orchidee. A to? Co to jest? Skaczący piesek? Jaki ma puszysty, długi ogon! A tu? Co tu jest napisane?

Księżniczka z zainteresowaniem przyglądała się wzorom na sukience.

– Young – przeczytałam. – Young Versace...

– Versace – powtórzyła za mną księżniczka.

– Kukurydza gotowa! – obwieściła Malaja. – Idziemy, bo księżniczka straci cały film!

Patrzyłam za oddalającą się dziewczynką, zastanawiając się, jak za parę lat wyglądałoby moje dziecko. Znowu przeraźliwy żal ścisnął mi serce. Żal, że nigdy się tego nie dowiem.

Kiedy z pałacowego kina korzystała królewska młodzież, miałam dużo więcej pracy. Cała obsługa spadała tylko na mnie, bo nastolatkowie przyjeżdżali bez służących. Byli rozkrzyczani i bardzo wymagający. Ciągle mieli do mnie pretensje. Albo napoje za ciepłe, albo kukurydza nie tak uprażona. Ponadto kazali kierowcom przywozić sobie jedzenie z różnych restauracji, więc po ich wyjściu sala przypominała pobojowisko. Wszędzie walały się puszki po napojach gazowanych, tacki po jedzeniu, plastikowe sztućce, brudne papiery, a czasami nawet niedopałki papierosów. Ponieważ seanse trwały do późnych godzin nocnych, zdarzało się, że sprzątanie kończyłam nad ranem. Kładłam się wtedy spać na dwie lub trzy godziny, po czym znowu wstawałam do całodziennej pracy.

Niekiedy filmy w sali kinowej oglądała księżniczka z mężem, ale wówczas usługiwała im tylko Raina. Ja wchodziłam dopiero wtedy, kiedy królewska para opuszczała salę. Musiałam doprowadzić wszystko do porządku. Jeżeli mąż księżniczki korzystał z kina ze swoimi kolegami, w tym czasie obsługiwali ich męscy pracownicy pałacu. Do mnie oczywiście należało późniejsze sprzątanie sali.

Przez pierwsze tygodnie od powrotu księżniczki byłam potrzebna w pracy w każdy piątek, więc nie mogłam skorzystać z przysługującego mi wolnego. Zresztą tak wciągnęłam się w pałacowe życie, że zapomniałam o świecie istniejącym poza jego murami.

W moje pierwsze wychodne pojechałam autobusem do Kuwait City. Zatłoczone miejsce roiło się od służby różnej narodowości. Rozmowy jak zwykle zaczynały się od pytania: „Czy państwo są dla ciebie dobrzy?". Później sypały się historyjki o sponsorach i pracy w ich domach. Otrzymałam wyraźne polecenie, aby nie rozmawiać na temat pałacu i rodziny królewskiej. Mimo pokonania Saddama i wypędzenia jego armii z kraju Kuwejtczycy wciąż czuli oddech okrutnego tyrana, który nadal rządził tuż za granicą ich maleńkiego państwa. Rodzina panująca obawiała się aktów zemsty ze strony wroga, który w swojej wściekłości był zdolny do wszystkiego. Suru powiedział, że spowodowana przez Saddama katastrofa ekologiczna przyczyniła się do niewyobrażalnej wręcz dewastacji środowiska naturalnego. Stwierdził, że potrzeba dziesiątków lat, aby wszystkie ekosystemy wróciły do normy, ale tak naprawdę to nigdy nie będą już to te same ekosystemy jak sprzed katastrofy.

Dla ludzi czas podzielił się na „przed i po inwazji". Na podstawie usłyszanych rozmów z przykrością doszłam do wniosku, że stopień opresji służby i aktów przemocy wobec niej wyraźnie się zwiększył. Nie mogłam tego zrozumieć. Wydawało mi się, że Kuwejtczycy, którzy sami ucierpieli w czasie wojny, teraz staną się łagodniejsi i bardziej wyrozumiali dla służących. Niestety, było wręcz przeciwnie.

Gnębione pomoce uciekały od swoich sponsorów, a każda z ich kolejnych opowieści wzbudzała coraz większą grozę. Uciekinierki skarżyły się, że nie dostawały pensji i jedzenia, notorycznie je obrażano, gnębiono i bito. Zdarzały się przypadki wykorzystywania seksualnego lub brutalnych gwałtów. Aż przykro było tego wszystkiego słuchać. W pewnym momencie w gwarze głośnych rozmów wybiło się słowo „księżniczka". Zaciekawiło mnie to i zaczęłam z uwagą przysłuchiwać się toczącej się tuż obok dyskusji.

– Księżniczka ją głodziła!

– Rzadko dawała jej jedzenie i kazała jeść z podłogi!

– Straszyła, że obetnie jej ręce!

– I język!

– Księżniczka powiedziała, że wydłubie jej oczy!

Zastanawiałam się, o jakiej księżniczce oni mówią. Nikt z obecnych nie wiedział, że pracuję w pałacu. Ale jeżeli rozmawiali o księżniczce, to musiało dotyczyć tylko kogoś, kto pochodzi z rodziny królewskiej.

– O czym rozmawiacie? – Przyłączyłam się do rozgadanej grupy służących.

– O jednej księżniczce.

– Już nie żyje!

– Służąca ją zabiła!

– Zadźgała ją nożem kuchennym!

– Zadała jej dziesięć ciosów!

W pierwszej chwili sądziłam, że to są jakieś wyssane z palca bzdury. Żadna z moich koleżanek, ani Marika, ani Raina, nie wspomniała słowem o tym horrorze.

– A kiedy to się zdarzyło? – zapytałam.

– Niecały rok temu – usłyszałam odpowiedź.

– W Egipcie – dodał ktoś.

– I co się stało? – dopytywałam się.

– Służąca z Filipin w desperacji zabiła księżniczkę, która ją gnębiła.

– Którą księżniczkę?

– Byłą żonę brata samego emira, szejkę Latifę Abdulla al-Jaber as-Sabah.

– Ta służąca później zeznawała, że na służbie u niej przeżyła piekło!

– Podobno gdy szejka wróciła z jednej ze swoich podróży z Londynu, oskarżyła tę służącą o niestosowne stosunki ze swoim synem, bratankiem emira. Od tamtej pory tak zaczęła znęcać się nad służącą, że stało się to nie do zniesienia.

– Ta Filipinka chciała nawet zrezygnować z pracy i wrócić do Manili, gdzie miała swojego męża i czworo dzieci. Jednak szejka nie chciała dać jej paszportu, dopóki ta nie zwróci wszystkich poniesionych na nią kosztów.

Służące z wielkim przejęciem jedna przez drugą opowiadały o całym wstrząsającym wydarzeniu.

– Ponoć ta służąca dała księżniczce jakieś pieniądze, ale to nie pomogło. Szejka nadal nie pozwalała jej na wyjazd do domu i odmawiała wydania paszportu.

– Wtedy ta Filipinka skontaktowała się z kuwejcką agencją, która ją zatrudniła, prosząc o pomoc, ale odpowiedzieli, że nie zajmą się jej sprawą, dopóki nie zgłosi się do nich osobiście.

– A to było w jej sytuacji niemożliwe, bo szejka trzymała ją w areszcie domowym i nie pozwoliła nigdzie wychodzić.

– A kiedy księżniczka pojechała na wakacje do Egiptu, sytuacja była napięta do granic możliwości!

Słuchałam tego i trudno mi było w to wszystko uwierzyć, bo miałam przed oczami zawsze opanowaną księżniczkę, dla której pracowałam. Ale przecież ludzie są różni.

– Ale co spowodowało, że doszło aż do zabójstwa? – zapytałam.

– Służąca oddała księżniczce parę dinarów, które znalazła, kiedy prała jej ubranie. A co wtedy zrobiła szejka? – Hinduska, która najwięcej mówiła na temat całego zajścia, zawiesiła głos. Po chwili dodała: – Oskarżyła ją o kradzież! Podobno, jak później zeznawała morderczyni, dziesięć następnych dni było istnym piekłem. Księżniczka ciągle powtarzała służącej: „Lepiej będzie, jak znikniesz". Kiedy Filipinka podsłuchała rozmowę telefoniczną szejki, w której ta mówiła, że zamierza pozbyć się służącej, miarka się przebrała. Służąca wzięła dwa noże kuchenne, aby jednym z nich zabić szejkę, a potem siebie. Później opowiadała: „Kiedy zaczęłam księżniczce zadawać ciosy nożem, ta prosiła mnie o wybaczenie, ale w mojej głowie tkwiła jedna myśl: jeśli księżniczka przeżyje, wszystkie jej obietnice będą bezużyteczne".

– To była głośna sprawa – wtrącił jeden z przysłuchujących się kierowców. – Wszyscy się nią emocjonowali i opinie były podzielone. W apartamencie znaleziono listy adresowane do ambasady filipińskiej z prośbą o pomoc. Ubogie społeczeństwo egipskie sympatyzowało z morderczynią. Adwokaci oferowali jej nawet bezpłatną obronę. Ale nagłówki gazet z Kuwejtu oskarżały służącą o bestialskie morderstwo, jednocześnie oceniając całą służbę jako nielojalną i zakłamaną.

– Tak, rozpisywały się o jej domniemanych relacjach z bratankiem emira i nazywały prostytutkami ją i wszystkie służące – dodała jakaś Filipinka.

– Niech te Kuwejtki lepiej na siebie spojrzą! – zawołał z oburzeniem kierowca, też Filipińczyk. – Kiedy wojska koalicyjne weszły do Kuwejtu, to wiecie, o co od razu pytali saudyjscy żołnierze? Gdzie są *szigig*, czyli apartamenty kuwejckie, same wiecie, z czego słynne! – Mężczyzna nadal wyglądał na wzburzonego. – A kto biegał do irackich żołnierzy? Kuwejtki! Widziałem to na własne oczy! A później, jeżeli któraś zaszła w ciążę, każdy myślał, że to efekt gwałtu! Ale nie zawsze tak było! – Filipińczyk rozejrzał się wkoło, jakby chciał sprawdzić, jakie wrażenie na zebranych zrobiły jego słowa.

– Ale gwałty też się zdarzały! W dodatku zbiorowe! Słyszałam od naocznych świadków! – wtrąciła z przekonaniem któraś ze służących.

– Wiem, że były – przyznał kierowca. – Ja tylko mówię, że niektóre kobiety dobrowolnie przyjmowały irackich żołnierzy.

Oddaliłam się od plotkującej grupy, bo musiałam jeszcze zadzwonić do Indii. Kiedy to zrobiłam, jedynym wątkiem, który poruszali moi bliscy, były pieniądze. Mój mąż Zakir domagał się jak najszybciej swojego zaległego daru małżeńskiego i wizy do Kuwejtu. Mama żądała natychmiastowego zwrotu wydatków związanych z moim weselem, które nigdy nie doszło do skutku. Obiecałam, że będę im wysyłać wszystkie moje zarobione pieniądze.

Po powrocie do pałacu powiedziałam do Mariki:

– Słuchaj, słyszałam dzisiaj przerażającą historię. Ty mi powiedz: czy to prawda, że służąca zabiła księżniczkę Latifę?

Marika spojrzała na mnie z naganą w oczach.

– A skąd ten temat? Chyba nie powiedziałaś nikomu, że pracujesz dla rodziny królewskiej?

– Nie, absolutnie nie! – zaprzeczyłam stanowczo. – Ale wszyscy o tym rozmawiali.

– Te plotki... One są najgorsze – stwierdziła z dezaprobatą Marika. – Ale tak, to prawda. Pogrzeb księżniczki odbył się w lutym, prawie rok po wyzwoleniu. Tylko pamiętaj! Nie poruszaj z nikim tego tematu – ani w pałacu, ani na zewnątrz! Najlepiej, jeśli nikt z personelu nie wypowiada się na temat rodziny panującej. Takie zasady nas obowiązują i jak chcesz zachować tę pracę, to lepiej się ich trzymaj! – Marika oddaliła się szybkim krokiem, a ja zaczęłam żałować, że w ogóle wspomniałam o morderstwie księżniczki.

Płynęły dni, tygodnie i miesiące. Czas mojej pracy okazał się kompletnie nienormowany. Niekiedy spałam zaledwie po trzy, cztery godziny na dobę, bo księżniczka przyjmowała gości na kolacji, a seanse kinowe kończyły się dobrze po północy. Czasami zaś, a zdarzało się to zwykle wtedy, kiedy księżniczka podróżowała i nie było jej w kraju, oprócz codziennego sprzątania nieużywanego przez nikogo lewego skrzydła pałacu nie miałam nic do roboty. Podobało mi się to, że księżniczka zawsze pamiętała o swoich służących i przywoziła im prezenty z wyjazdów. Dostawałam perfumy, a raz podarowała mi przepiękne, bogato zdobione sari, kupione w butiku w Nowym Jorku. Mam je do dzisiaj i zakładam na wyjątkowe okazje.

Ponieważ księżniczka Amira była częstym gościem w pałacu, zaprzyjaźniłam się z Malają, która zwierzała mi się z nieustannych problemów związanych z chorobą jej córki. Okazało się, że cierpi na raka i wymaga intensywnej, niezmiernie kosztownej terapii. Malaja ubolewała nad tym, że nie może jechać na Filipiny, aby wspierać córkę i opiekować się trójką swoich wnucząt. Ale nie mogła porzucić pracy u księżniczki, bo wyłącznie w ten sposób mogła wspomagać finansowo rodzinę. Postępowała tak jak większość służących, które korzystając z tego, że koszty całkowitego utrzymania ponoszą pracodawcy, wysyłały całe swoje zarobki do ojczystego kraju. Ja też tak robiłam, zostawiałam sobie tylko trochę drobnych na bilety autobusowe.

Kiedy Malaja przygotowywała karmel do kukurydzy, księżniczka Amira, nie mogąc doczekać się swojego przysmaku, często wpadała do kuchni. Bardzo ją polubiłam. Była rezolutną i niezwykle sympatyczną dziewczynką. Malaja, tęskniąc za bliskimi, całe swoje opiekuńcze uczucia przelewała na księżniczkę, którą zajmowała się od jej urodzenia. Dziewczynka odwdzięczała się jej przywiązaniem i dziecięcą ufnością. Nie ulegało wątpliwości, że obie są ze sobą mocno zżyte. Radosne oczy dziecka raz po raz zwracały się ku służącej, która robiła wszystko, aby mała księżniczka była zadowolona.

Pewnego razu w wolny dzień odwiedziłam moją dawną *madame*. Basma bardzo wyrosła, ale nie zapomniała o mnie i z chęcią opowiedziała mi o swoich koleżankach ze szkoły. Mąż *madame* pamiętał, że jest mi winien wynagrodzenie za parę miesięcy pracy, i powiedział, kiedy mam się zgłosić po pieniądze. Gdy je otrzymałam, opłaciłam pośredników, którzy kupili kuwejcką wizę dla mojego męża. Tak naprawdę wcale nie chciałam, żeby przyjeżdżał, ale nie miałam wyboru.

W większość piątków mogłam skorzystać z wolnego i udawałam się do Kuwait City. Tam niekiedy spotykałam Ramę i razem spędzałyśmy cały dzień, wspominając czasy, kiedy mieszkałyśmy u rodziców *madame* lub jeździłyśmy na pustynię. Miałam wrażenie, że Rama wie, gdzie pracuję. Może kiedyś podsłuchała jakąś rozmowę o mnie, ale nigdy o tym nie wspominała. Służba gromadząca się w Kuwait City jak zwykle plotkowała. Tak dowiedziałam się o Filipince, którą napadł i zabił lew. Mimo że trzymanie dzikich zwierząt było oficjalnie zabronione, to ich posiadanie jako domowych pupili stało się modne wśród bogatych elit kuwejckich.

Służąca ta wieszała pranie na dachu rezydencji swoich sponsorów, kiedy zaatakował ją lew. W dzikiej furii rozerwał jej lewe ramię i rozszarpał brzuch. Kobietę w ciężkim stanie zawieziono do szpitala, gdzie po dwóch dniach zmarła. Początkowo jej pracodawca mówił, że rany to efekt pogryzienia przez psa, ale personel szpitala nie dawał temu wyjaśnieniu wiary ze względu na charakter i wielkość obrażeń. W śledztwie ujawniono, że zamek klatki, w której trzymano dzikie zwierzę, nie został zablokowany, więc lew z łatwością się z niej wydostał. O śmierć służącej oskarżono Kuwejtczyka, który z kolei obwinił odpowiedzialnego za pacjentkę lekarza, twierdząc, że ten niedostatecznie się nią zajmował. Pochodzący z Egiptu doktor został zwolniony. Służba w Kuwait City wiele mówiła o tym, że pracującym w bogatym kraju obcokrajowcom trudno jest dochodzić swoich praw. Ktoś wspomniał o innym wypadku, kiedy to zajmujący się dwoma lwami pracownik fizyczny został przez nie mocno poraniony. Jego sponsor nie zabrał go nawet do lekarza, nie chcąc się przyznawać, że nielegalnie trzyma w domu dzikie zwierzęta.

Jedną z istotniejszych dla mnie wtedy spraw była możliwość ubiegania się o rekompensatę związaną z inwazją i utratą pracy. Wszyscy, którzy zostali ewakuowani do Indii i mieli odpowiednie papiery, mogli złożyć wniosek o uzyskanie odszkodowania. Byłam zadowolona, że posłuchałam rady Suraja i wyjechałam w jednym ze zorganizowanych transportów. Czas, który spędziliśmy wtedy na granicy kuwejcko-irackiej, zaowocował tym, że posiadałam cały komplet potrzebnych dokumentów uprawniających do uzyskania finansowej rekompensaty za stracone zarobki. Ogromnie się z tego cieszyłam, bo suma, wypłacona w przyszłości przez rząd iracki, mogła sięgać nawet kilku tysięcy dolarów. Miałam nadzieję, że po jej otrzymaniu spłacę wszystkie moje długi i zastawiony w Indiach dom mamy.

Później w Kuwejcie zjawił się mój mąż. Pomyślałam wtedy, że ożenił się ze mną wyłącznie po to, żeby móc przylecieć do tego kraju. Nadal go nie kochałam i dlatego nieuniknione zbliżenia przynosiły mi wiele cierpień. Kiedy dochodził, wstrzymywałam oddech, żeby nie czuć odrażającego zapachu wylewającej się ze mnie po chwili spermy. Natychmiast biegłam do łazienki, aby jak najszybciej ją zmyć. Zdarzało się, że wtedy pojawiał mi się przed oczami obraz gwałcicieli z mojej wioski i znowu czułam tryskającą na moją twarz ciepłą, lepiącą się maź. Wówczas niejednokrotnie wymiotowałam. Kiedy potem próbowałam odzyskać równowagę, nagle atakowało mnie bolesne wspomnienie dnia, w którym z szeroko rozstawionymi nogami leżałam na łóżku w domu akuszerki i słyszałam odgłos wyskrobywania z mojego wnętrza zarodka. Cały zabieg trwał godzinę, ale ten urywany, lekko skrzypiący dźwięk będzie mi towarzyszył do końca życia. To wszystko sprawiało, że każdy stosunek był dla mnie torturą. Dlatego z czasem zaczęłam oszukiwać męża, że w piątek księżniczka potrzebuje mnie w pałacu. Wtedy w ogóle nie wychodziłam, byle go nie spotkać.

Pewnego dnia wielce podekscytowany Suru poprosił mnie, żebym poszła z nim do podziemnego garażu pod pałacem. Początkowo wahałam się, bo pilnie przestrzegałam zasady, żeby przebywać wyłącznie w miejscach, w których sprzątam.

– Nie, Suru, nie mogę – powiedziałam. – Wiesz, jak Marika pilnuje, żebyśmy dostosowywały się do pałacowych reguł.

– Chodź, to tylko na chwilę – namawiał mnie Suru, a jego oczy błyszczały. – Muszę ci coś pokazać. Mariki nie ma, bo pojechała z drugim kierowcą po zakupy, a księżniczka jest z mężem w Nowym Jorku.

– No, nie wiem... – wahałam się.

– To naprawdę zajmie chwilę – przekonywał mnie. – Musisz zobaczyć to cudo!

Z lekkimi oporami poszłam za nim do garażu. Stało tam kilkanaście samochodów, a samo pomieszczenie przypominało bardziej elegancki hol niż garaż. Suru zaprowadził mnie do jednego z pojazdów.

– Tylko na to popatrz! – Wskazał ręką na czerwone auto. – To ferrari! Najnowszy nabytek księżniczki! – Popatrzyłam na niski samochód i nie znalazłam w nim nic szczególnego. Podobał mi się jedynie wizerunek skaczącego konia, umieszczony na małym, prostokątnym, żółtym tle na masce samochodu. Suru krążył wokół samochodu i z zachwytem opowiadał o mocy, przyspieszeniu i maksymalnej prędkości. – Bibi! Zajrzyj przez szybę do środka! – zachęcał mnie podekscytowany. – Widzisz te siedzenia?! – Pokazywał na pokryte ciemnożółtą, wytłaczaną skórą fotele.

Wnętrze samochodu również specjalnie mnie nie zainteresowało. Nadal podobał mi się jedynie wizerunek czarnego konia, usytuowany w żółtym kółku na środku kierownicy oraz na leżących na podłodze dywanikach. Suru rozwodził się nad każdym detalem pojazdu, jego niespotykanym kształtem, wyjątkowymi felgami i niewiarygodnym dźwiękiem, który powstaje dzięki specjalnemu, dużemu tłumikowi. Miałam wrażenie, że mógłby spędzić cały dzień na oglądaniu i podziwianiu auta. Chcąc go od niego odciągnąć, powiedziałam:

– Tamten samochód też jest ciekawy! – Poszłam w stronę srebrnego pojazdu, którym jeździł mąż księżniczki.

– Bibi! Pewnie, że ciekawy! To lamborghini, limitowany egzemplarz! – wykrzyknął z satysfakcją Suru, jakby samochód należał do niego. – A zauważyłaś, jak się otwierają drzwi?

– Tak. – Chciałam jeszcze dodać, że mi się to w ogóle nie podobało. Kiedyś widziałam, jak książę zabierał księżniczkę na przejażdżkę, więc kierowca wyprowadził auto z garażu i podstawił je pod głównym wejściem do pałacu. Otworzył dwoje drzwi, które wysunęły się do góry i sterczały wysoko nad samochodem. Dla mnie był to dziwaczny widok.

– Zobacz, jakie tu mają marki! – wołał podekscytowany Suru.

– Niby widzę je codziennie, ale gdy w garażu pojawi się jakieś nowe auto, wtedy po raz kolejny uzmysławiam sobie, że te wszystkie samochody razem warte są miliony dolarów! Spójrz tylko, co tu stoi! Rolls-royce, bentley, dwa modele porsche, lexusy, mercedesy, bmw...

– Suru! Muszę już iść – przerwałam mu. – Jak wróci Marika i zobaczy, że rozmawiam z tobą w garażu, to będę miała problemy. – Szybko opuściłam podziemia pałacu i poszłam do swojego pokoju.

Wkrótce potem wydarzyła się tragedia, która wstrząsnęła całą rodziną królewską. Pewnego dnia Marika przybiegła do segmentu dla służby z wyrazem rozpaczy na twarzy.

– Księżniczka... – mówiła, ledwo łapiąc oddech. – Księżniczka zginęła!

– Jak to zginęła? – spytała zaaferowana Marisa. – Ktoś ją porwał?

– Nie... – Marika ledwie mogła mówić.

– To co się stało? – dopytywały się służące.

– Nie żyje! – Marika wybuchnęła płaczem. – Księżniczka nie żyje!

Wiadomość była tak szokująca, że stałyśmy bez słowa jak sparaliżowane. Po chwili Marisa szepnęła:

– To niemożliwe. Niemożliwe... Jeszcze dzisiaj rano ją widziałam. – Po jej twarzy popłynęły łzy.

– Nie. Nie nasza księżniczka... – Twarz Mariki wykrzywił ból.

– Księżniczka Amira!

Księżniczka Amira?!!! Ta mała, słodka dziewczynka, której widok sprawiał, że myślałam o własnym nienarodzonym dziecku? Przypomniałam sobie, że księżniczka była w pałacowym kinie niecałe dwa tygodnie temu. Ponieważ nudził ją wyświetlany film, dużo czasu spędziła wtedy ze mną w kuchni. Zajadała się swoją ulubioną prażoną kukurydzą w karmelu i bawiła się z Malają, zaśmiewając się do łez z jakichś jedynie im znajomych żartów.

– Marika! Ale skąd o tym wiesz? Może ci się coś pomyliło? Albo ktoś coś przekręcił? – Wciąż miałam nadzieję, że to nie jest prawda.

– Nie, niestety nie. – Marika z trudem opanowywała łzy. – To oficjalna wiadomość przekazana przez Rainę. Księżniczka kazała powiadomić, że w rodzinie królewskiej panuje żałoba, w związku z czym służba powinna się odpowiednio zachowywać.

Ja też parę razy otarłam się o śmierć. Ale jeszcze nie chciała mnie zabrać.

– Mała księżniczka Amira. Ilekroć ją widziałam, zawsze była taka wesoła – powiedziałam, bo chyba spośród zebranych służących to ja najczęściej widywałam dziewczynkę, która tak niespodziewanie odeszła na zawsze. – Jak to się mogło stać?

Marika rozmawiała z nami na temat rodziny królewskiej wyłącznie w kontekście naszych obowiązków. Ale teraz, widocznie wstrząśnięta tym, co się stało, usiadła niezwykle smutna i powiedziała:

– Nie wiem dokładnie. – Jej wyraz twarzy wskazywał na to, że sama nie może do końca zrozumieć całej sytuacji. – Mówią, że to był jakiś spisek. Może morderstwo. Malaja widziała ją żywą jako ostatnia. – Spojrzała na nas badawczym wzrokiem, jakby nagle zdała sobie sprawę, że nikomu nie można ufać.

– Podejrzewają Malaję?! – krzyknęłam. – To niemożliwe! Ta służąca uwielbiała księżniczkę! Bawiła się z nią, rozmawiała, żartowała... Przyrządzała jej ulubiony sos karmelowy. Doskonale się nią opiekowała! – Nie potrafiłam sobie wyobrazić, żeby Malaja zrobiła krzywdę małej księżniczce.

– Fakty są takie, że to Malaja miała przyprowadzić księżniczkę Amirę do szejki, jej matki. – Głos Mariki był pełen smutku.

– I wtedy... – Nie dokończyła, bo w kuchni dla służby rozległ się dzwonek wewnętrznego pałacowego telefonu. Marika podniosła słuchawkę. – Tak, dobrze. Powiem jej, zaraz tam pójdzie. Marisa! – zwróciła się do garderobianej. – Raina mówi, żebyś natychmiast udała się na górę, do prywatnych apartamentów księżniczki. Musisz pomóc jej się ubrać. Zaraz wychodzi, aby złożyć kondolencje. No idź już, idź! – popędziła Marisę. – A wy też udajcie się do swoich pokojów! – powiedziała do nas już swoim zwykłym, stanowczym tonem. – I żadnych rozmów na temat śmierci księżniczki Amiry! – poleciła, patrząc na nas groźnym wzrokiem.

Posłuchałam Mariki i wróciłam do swojego pokoju. Jednak moje myśli nadal krążyły wokół tragedii, o której przed momentem usłyszałam. Wciąż dźwięczał mi w uszach szybki stukot pantofelków małej księżniczki, kiedy zniecierpliwiona biegła po marmurowej podłodze z kina do kuchni po swój przysmak. Nawet czasami mówiłam Malai, żeby nauczyła mnie przygotowywać karmel i wtedy ja go przyszykuję, a ona niech nie spuszcza z oczu księżniczki, tak jak przykazali to jej pracodawcy. Jednak

Malaja upierała się, że tylko ona potrafi tak przyrządzić karmel, żeby księżniczka była zadowolona. Nie spierałam się z nią, bo pamiętałam swoją służbę u *madame* i opiekę nad Basmą. Wiedziałam, że służąca, która opiekuje się dzieckiem od jego niemowlęctwa, najlepiej wie, jak z nim postępować. Zazwyczaj ma znacznie lepszy kontakt z dzieckiem niż jego rodzona matka i dużo większą wiedzę na temat jego ulubionych potraw, zabaw czy ubrań. Więź łączącą księżniczkę Amirę z Malają widać było gołym okiem.

Siedziałam przy oknie i myślałam, co tak naprawdę mogło się wydarzyć. Przypomniałam sobie opowieści Malai o ciężkiej chorobie jej córki i związanych z tym kłopotach finansowych. Ostatnio Malaja zaczęła od każdego pożyczać pieniądze, ale mówiła, że i tak są wciąż niewystarczające na pokrycie wszystkich wydatków potrzebnych na kosztowne leczenie raka, który zaatakował organizm jej córki, oraz utrzymanie i zapewnienie opieki dla trójki jej małych wnucząt. Pamiętam, że za każdym razem, kiedy ją widziałam, coraz bardziej się tym gryzła. Zastanawiałam się, do czego jest zdolny człowiek, kiedy chce osiągnąć cel, który w danym momencie wydaje mu się najważniejszy. Jakie granice może przekroczyć, jeżeli – ze swojego punktu widzenia – walczy o wartość nadrzędną? Wieśniak ukradł, chcąc zapewnić szczęśliwe życie swojej chorej córce. A ja... usunęłam ciążę tylko dlatego, że chciałam przyjechać do pracy, mimo że położna ostrzegała mnie przed konsekwencjami zabiegu. Nie wykluczała, że już nigdy nie będę mogła mieć dzieci.

Widmo Saddama wciąż wisiało nad Kuwejtem. Lęk przed zemstą pokonanego, ale nieobliczalnego tyrana dawało się odczuć wśród służby i sponsorów. Wiele osób budziło się i pierwsze, co robiło, to z niepokojem wyglądało przez okno. Każdy dźwięk latającego nad krajem kuwejckiego helikoptera, który patrolował wody Zatoki, budził obawę, że wróg powrócił. Wszyscy pamiętali ostatnie dni inwazji i podpalane przez dyktatora szyby naftowe. Ludzi, którzy brali udział w akcji gaśniczej, wciąż budziły piekielne obrazy buchającej i kłębiącej się ropy oraz ryczący dźwięk nieposkromionego żywiołu. Mieszkańców nawiedzały wspomnienia nieprzeniknionej ciemności, poprzecinanej setkami pochodni, które strzelały w górę złowieszczymi płomieniami. Wśród służby krążyły opowieści o funkcjonujących w Kuwejcie irackich tajnych agentach, których zadaniem było uderzenie w rodzinę panującą. Czy Malaja, aby ratować życie swojej córki, dała się wciągnąć w spisek i dla pieniędzy zabiła księżniczkę Amirę? Wydawało mi się to wysoce nieprawdopodobne, ale życie już nauczyło mnie, jak dalece potrafi być nieprzewidywalne.

Przez okno zobaczyłam, że Suru wychodzi z garażu. Pamiętałam o zakazie rozmów na temat śmierci księżniczki Amiry, ale chęć poznania prawdy była silniejsza. Kierowcy na pewno wiedzieli dużo więcej, bo wozili członków rodziny królewskiej. Wyszłam z segmentu dla służby i zawołałam:

– Suru! Suru! Chodź na chwilę!

Suru zatrzymał się i sam jako pierwszy poruszył interesujący mnie temat.

– Słyszałaś już? – powiedział przygnębionym tonem.

– Tak! Nie mogę w to uwierzyć! Tak bardzo lubiłam małą księżniczkę... – Było mi naprawdę smutno. Pamiętałam jej melodyjny głosik, beztroski śmiech, śliczne długie, falujące włosy, kolorowe sukienki. – Wiesz, Suru, ona była taka radosna, kiedy przybiegała do Malai.

– No właśnie, Malaja. Chciałem o niej z tobą porozmawiać, bo ty najlepiej ją znałaś. Czy myślisz, że mogła dopuścić się tak okrutnej zbrodni?

Pewnie gdyby zapytano mnie o to wcześniej, stanowczo bym zaprzeczyła, bo przepełniona ciepłem troska, jaką Malaja obdarzała księżniczkę, nie wyglądała na udawaną. Ale przez ostatnie lata przekonałam się, że człowiek w ekstremalnych sytuacjach może dopuścić się czynów, których nigdy by się po sobie nie spodziewał. Sama nie przypuszczałam, że w ten sposób wyjdę za mąż. Nie sądziłam, że w ogóle tak szybko wyjdę za mąż.

– Nie sądzę... Nie wiem – poprawiłam się.

– A czy to prawda, że jej córka była śmiertelnie chora? Że Malaja nie miała już od kogo pożyczyć pieniędzy na jej leczenie? Tak mówił kierowca, który przywoził tu ją i księżniczkę. – Suru patrzył na mnie z uwagą, jakby moja odpowiedź przesądzała o niewinności lub winie Malai.

Musiałam ważyć słowa. Jeżeli potwierdzę, że Malaja rzeczywiście miała poważne kłopoty finansowe, wszyscy automatycznie mogli uznać ją za morderczynię.

– A jak to się stało? – Chciałam znać więcej szczegółów. – Jak zginęła księżniczka?

– To jakaś tajemnicza historia – odrzekł Suru. – Sam znam ją tylko ze strzępków informacji usłyszanych od kierowców. Ale żaden nie brał w niej osobistego udziału.

– Czyli ta tragedia nie wydarzyła się w pałacu?

– Nie. Księżniczka Amira była wtedy z wizytą u swojej koleżanki. Jak zwykle towarzyszyła jej Malaja. Szejka sama pojechała odebrać swoją córkę. A później... Tak dokładnie to właściwie nie wiadomo...

– A zatem to stało się w domu koleżanki księżniczki? – spytałam.

– Nie... – Suru z trudem opowiadał o zdarzeniu. – Ta koleżanka mieszka w dużym i wysokim apartamentowcu nad morzem. Jest to budynek o dość nietypowej konstrukcji, bo oprócz paru wind ma jeszcze usytuowane na zewnątrz żelazne schody. Szejka tuż przed przybyciem zadzwoniła do Malai, mówiąc, że za chwilę będzie na miejscu, więc księżniczka może się już pożegnać i skończyć wizytę. A kiedy szejka podjechała pod apartamentowiec... – Suru przerwał, żeby zaczerpnąć powietrza – to zobaczyła martwą księżniczkę Amirę leżącą na chodniku w kałuży krwi.

– Straszne... – szepnęłam.

– Szejka, rozmawiając z Malają, słyszała jeszcze rozbawiony głos księżniczki. A po dosłownie paru chwilach zobaczyła swoją córkę martwą. Wypadła chyba z siódmego piętra.

– A Malaja?! Gdzie była wtedy Malaja?!!! – zawołałam.

– To właśnie jest pytanie, które wszyscy sobie stawiamy. – Suru zastanowił się chwilę. – Malaja dotarła na dół windą tuż za szejką. Podobno gdy zobaczyła ciało księżniczki, wpadła w histerię, zaczęła krzyczeć, a zaraz potem uciekać. Dogonił ją dozorca budynku. Wezwano pogotowie i policję.

Zauważyłam zbliżającą się Marikę, więc szybko powiedziałam do Suru:

– Muszę już iść. Jeszcze o tym porozmawiamy.

Żałoba, która zapanowała w rodzinie królewskiej, udzieliła się także całej służbie. Dołączył do tego cień podejrzeń i niepewności, bo każdy zdał sobie sprawę z tego, że tak naprawdę nikomu nie można do końca ufać. Panująca dotąd pogodna i pełna wzajemnej życzliwości atmosfera w pałacu zniknęła wraz z tragiczną śmiercią księżniczki Amiry. Wiedziałam, że prowadzono śledztwo w sprawie wypadku, i bałam się, że mogę zostać wezwana na przesłuchanie. Nie mogłam przez to spać, bo obawiałam się, że jeżeli powiem całą prawdę o rodzinnej sytuacji Malai, moje zeznania zadziałają na jej niekorzyść. Nie chciałam, żeby fakty przyjmowane były jako świadczące przeciwko niej, bo wiedziałam, że czasem łatwo jest pogrążyć zupełnie niewinnego człowieka. Dobrze pamiętałam, że w mojej wiosce traktowano mnie jak dziwkę, chociaż byłam jeszcze dziewicą.

Po paru ponurych tygodniach Marika wezwała wszystkie służące do kuchni.

– Chciałam was poinformować, że śledztwo wyjaśniło sprawę śmierci księżniczki Amiry. To był nieszczęśliwy wypadek. Dokładnie przesłuchano świadków i uzyskane od nich informacje potwierdziły z całą pewnością, że nie doszło do morderstwa. Chociaż... – Zawsze obowiązkowa i wymagająca od nas tego samego Marika zawiesiła głos. – Chociaż można zastanawiać się, czy rzeczywiście Malaja sumiennie wywiązała się ze swojego zadania opieki nad księżniczką.

– A jak dokładnie doszło do tej tragedii? – zapytała Marisa.

– Po telefonie szejki księżniczka Amira pożegnała się ze swoją koleżanką i jej mamą... – Marika próbowała zatrzymać łzy cisnące się do oczu. – Wraz z Malają udała się w stronę windy właśnie wjeżdżającej na piętro, na którym przebywały. Otworzyły się drzwi i księżniczka razem ze służącą weszły do środka. I wtedy... To był moment. – Po policzkach Mariki zaczęły płynąć łzy. – Księżniczka wybiegła. Zrobiła to w chwili, kiedy automatyczne drzwi już zaczęły się zamykać. Malaja od razu nacisnęła guzik, który powinien otworzyć drzwi, ale było już za późno. Winda pojechała na dół, a tam...

– I to jest wersja Malai? – rzekła sceptycznie Rani, która pracowała jako kucharka. – A skąd możemy wiedzieć, że tak było naprawdę?

Marika spojrzała na nią surowo.

– Przecież mówiłam, że są zeznania naocznych świadków. W samej windzie znajdowało się parę osób, które to wszystko widziały. A później... Prawdopodobnie księżniczka pobiegła na zewnętrzną klatkę schodową. Tam wychyliła się... Może chciała zobaczyć, czy jej mama już przyjechała... – Poczułam żal, że księżniczka Amira już nigdy swoim dziewczęcym szczebiotem nie wprowadzi powiewu radości do pałacowej kuchni. – Rodzina królewska nadal głęboko przeżywa ten dramat – mówiła zdecydowanym głosem Marika. – Dlatego nie wolno wam już roztrząsać tego tematu. Proszę uszanować rozpacz szejki, matki księżniczki i jej bliskich – podkreśliła Marika, po kolei patrząc nam wszystkim poważnie prosto w oczy.

– A Malaja? – zapytałam. – Co z nią? – Wiedziałam, że jeżeli straci pracę, to nie zdoła opłacić leczenia swojej córki. Bez intensywnej terapii jej córka nie ma szans na przeżycie.

– Malaja zostaje na służbie w rodzinie królewskiej – stwierdziła Marika.

– Naprawdę? – Rani wydała okrzyk zdziwienia.

– Tak. A teraz wróćcie do swoich obowiązków i więcej na ten temat nie rozmawiajcie – poleciła Marika.

Mimo zakazu czasem zamienialiśmy z Suru parę słów na temat tragicznego wydarzenia. Dowiedziałam się, że załamana szejka, matka księżniczki, prawie nie opuszcza swoich prywatnych apartamentów. Księżniczka Amira były oczkiem w głowie całej rodziny panującej. Suru przypomniał, że zaraz po moim przyjeździe pokazywał mi jedną z okazałych królewskich rezydencji, na której widniał wielki ozdobny napis: AMIRA. Reprezentacyjną siedzibę nazwano tak na cześć małej księżniczki. Docenialiśmy z Suru fakt, że Malai pozwolono nadal pracować. Chociaż stwierdzono, że był to tragiczny wypadek, wydawało nam się naturalne, że szejka może mieć żal do Malai za niewłaściwą opiekę nad księżniczką. Może Malaja powinna trzymać ją za rękę albo złapać w momencie, kiedy wybiegała z windy? Ale z tego, co wiem, rodzina królewska nigdy nie oskarżała Malai o śmierć księżniczki Amiry. Do tej pory uważam, że jest to najwyższy stopień szlachetności i zdolności przebaczenia, z jakim się spotkałam w całym moim życiu.

Czasem przypominam sobie księżniczkę, która tak gnębiła swoją służącą, że w efekcie została przez nią zamordowana. Uważam, że nie jest ważne, czy rodzisz się księżniczką, czy służącą. Ważne jest, czy jesteś dobrym, czy złym człowiekiem.

# Rozdział X

# Pałac w Rijadzie

Śmierć księżniczki Amiry sprawiła, że atmosfera w pałacu stała się dość napięta. Miałam wrażenie, że nie wszyscy wierzą w całkowitą niewinność Malai. Nie dało się uniknąć szeptów po kątach, co wcześniej prawie się nie zdarzało. Krążyła nawet plotka głosząca, że to Malaja namówiła księżniczkę Amirę, aby wyszła z windy i zbiegła po zewnętrznych schodach. To miała być swego rodzaju zabawa, wyścig polegający na tym, kto pierwszy dotrze na dół. Malaja dobrze znała księżniczkę, więc mogła przewidzieć, że ta będzie się wychylać, aby sprawdzać, czy winda już zjechała, i wypatrywać służącej lub swojej mamy. A jeśli nawet służba nie wierzyła w taką wersję, to dominowało poczucie pewnej niesprawiedliwości, bo wszyscy ogromnie się starali, żeby w najmniejszym stopniu nie uchybić swoim codziennym, żmudnym obowiązkom. Księżniczka Amira zginęła, kiedy była pod opieką Malai, więc uważano, że służąca jest w jakimś stopniu odpowiedzialna za jej śmierć. Mimo wszystko Malaja nie straciła pracy, co powodowało wśród służby pewną frustrację.

Nie miałam z kim na ten temat porozmawiać. Suru ciągle był zajęty, tak samo jak Marisa, która pracowała prawie bez ustanku dzień i noc. Raz nawet zeszłam do garażu, żeby znaleźć kierowcę, ale go nie zastałam. Zauważyłam za to, że garaż opustoszał, i uświadomiłam sobie, że już od pewnego czasu nie widziałam wjeżdżającego do niego nowego ferrari księżniczki. Późno w nocy, kiedy moja współlokatorka wróciła do pokoju, zapytałam:

– Marisa, co się dzieje? Zauważyłam jakieś poruszenie w pałacu, w garażu brakuje paru samochodów, ty też cały czas siedzisz w garderobie księżniczki.

Koleżanka spojrzała na mnie z wyrazem wahania na twarzy. Jej mocno podkrążone oczy świadczyły o tym, że już od dłuższego czasu nie wysypiała się dobrze.

– Powiem to tylko tobie, ale proszę cię, zatrzymaj tę wiadomość dla siebie – rzekła zmęczonym głosem. – Księżniczka wyjeżdża na dłużej do Stanów Zjednoczonych.

– Co?!

– Tak. – Marisa zaczęła mówić konfidencjonalnym szeptem. – Wiem to od Rainy, ale obiecaj mi, że nikomu o tym nie powiesz.

– Nie, na pewno, obiecuję – zapewniłam.

– Para książęca planuje potomka, a sama wiesz, jaka atmosfera panuje w rodzinie królewskiej i jej pałacach po tragicznej śmierci księżniczki Amiry.

– Rzeczywiście, nie jest najprzyjemniej – przyznałam.

– No właśnie. Dlatego para książęca zdecydowała, że lepiej będzie, jeśli księżniczka wyjedzie stąd na dłuższy czas. Wiesz, jeszcze wszyscy mają w pamięci niedawną inwazję, a Saddam wciąż jest u władzy. Przecież każdy wie, że on nigdy sam nie ustąpi, więc nie wiadomo, kiedy może zacząć się następny konflikt zbrojny.

– A my? – Nagle uświadomiłam sobie, że z dnia na dzień mogę stracić dobrą pracę. – Co się stanie z nami, z całą służbą?

– Parę osób poleci do Stanów. Na pewno poleci Raina, bo ona zawsze podróżuje z księżniczką. A reszta? Naprawdę nie wiem.

Wiadomo, że największą szansę na wyjazd ma ten personel, który służy w pałacu najdłużej. Ale ty czy ja raczej nie możemy na to liczyć, więc radzę ci, abyś już teraz zaczęła rozglądać się za nową pracą. Dobrze, że wychodzisz w piątki, to masz okazję popytać. Ja niestety aż do wyjazdu księżniczki będę jej cały czas potrzebna. Przeglądam i odświeżam całą jej garderobę, a później księżniczka decyduje, co ze sobą zabiera. Część ubrań już została wysłana pierwszym specjalnym transportem.

– To teraz rozumiem.

– Co?

– Dlaczego została spakowana i zabrana cała nowa zastawa z jadalni w lewym skrzydle.

– Tak, dużo rzeczy zostanie przetransportowanych. Ferrari księżniczki i parę innych samochodów też już wysłano do Stanów.

– A kiedy dokładnie wyjeżdża księżniczka? – Chciałam wiedzieć, ile mam czasu na znalezienie nowego sponsora.

– Tego nikt nie wie, nawet Raina. Ale sądząc po tempie, w jakim muszę przygotowywać garderobę księżniczki, to sądzę, że niedługo.

Ta wiadomość głęboko mnie zmartwiła. Znowu przypomniałam sobie Czandrę. Czy jej przekleństwo ciągle będzie mnie prześladować i już nigdy nie zaznam spokoju? Czy już zawsze będę skazana na wpływ jej złego oka? Czy jeśli moje sprawy zaczną się trochę lepiej układać, zawsze zdarzy się coś, co wszystko zrujnuje? Jeszcze nie spłaciłam wszystkich długów, a wyglądało na to, że wkrótce mogę ponownie zostać bez pracy.

Wkrótce po tej rozmowie Marika powtórnie wezwała wszystkie służące.

– Chciałam przekazać istotną dla was informację – powiedziała. Wymieniałyśmy się z Marisą spojrzeniami, bo domyśliłyśmy się, co za chwilę usłyszymy. Wyglądało na to, że nie tylko my wiedziałyśmy, co się dzieje w pałacu, bo jedna ze służących zaczęła nagle płakać. Marika od razu ostro ją skarciła: – Natychmiast przestań! To nie czas na histerie! – Kiedy kobieta się uspokoiła, Marika kontynuowała: – Księżniczka wyjeżdża na bliżej nieokreślony czas do Stanów Zjednoczonych, więc w pałacu zajdą pewne zmiany personalne. – Rozległy się szmery. Jednak nie do wszystkich dotarła ta przenoszona pocztą pantoflową nowina. – Część służby poleci z księżniczką. – Marika popatrzyła na Marisę. – Z waszego grona należy do nich tylko garderobiana.

– Ja?!!! – Twarz Marisy rozpromieniła się.

– Tak – potwierdziła Marika. – Księżniczka jest zadowolona z twojej pracy, a poza tym służyłaś parę lat u szejki, jej kuzynki, więc dlatego zabiera cię ze sobą. – Zadźwięczał dzwonek telefonu, więc Marika przerwała w pół zdania. – Halo! – Uważnie słuchała tego, co ktoś mówił po drugiej stronie. – Dobrze, Raina, już idę. – Odłożyła słuchawkę i ponownie zwróciła się do nas: – Księżniczka mnie wzywa. Chce mi przekazać pozostałe decyzje dotyczące personelu.

Kiedy Marika wyszła, w kuchni zawrzało jak w ulu. Jedna ze służących znowu zaczęła płakać.

– Co ja teraz zrobię? – szlochała. – Jak oddam wszystkie długi? Z czego będzie żyć moja rodzina na Filipinach? – Wyrażała obawy każdej z nas, bo wtedy wszystkie zadawałyśmy sobie te same pytania.

Jedynie Marisa była szczęśliwa i jawnie to okazywała, nie zważając na pełne goryczy, zazdrosne spojrzenia koleżanek.

– Jadę!!! – wołała uradowana. – Jadę z księżniczką! Słyszałaś, Bibi?! Jadę do Ameryki! – Rzuciła mi się na szyję.

– Cieszę się – powiedziałam, ale tak naprawdę wcale nie było mi do śmiechu. Zastanawiałam się, jak teraz znajdę nową pracę. Dostałam silnego ataku kaszlu.

– Bibi! Co ci jest? – spytała Marisa. – Dobrze się czujesz?

– Tak, tak. – Poczułam ostry skurcz w dole brzucha. – Muszę iść... Muszę iść położyć się na chwilę.

Wróciłam do pokoju i z płaczem rzuciłam się na łóżko. Zdecydowałam się na niebezpieczny zabieg przerwania ciąży tylko dlatego, że wierzyłam w intratne, stałe zatrudnienie na dworze księżniczki. A co ostatecznie się stało? Straciłam i dziecko, i pracę. Nie mogłam się opanować. Moim ciałem zaczęły gwałtownie wstrząsać dreszcze podobne do tych, które miałam, kiedy chorowałam na gruźlicę. Zakryłam głowę poduszką, aby nikt na zewnątrz nie usłyszał mojego głośnego szlochania. Marika uważała, że jedną z ważnych cech służących pracujących na dworze jest umiejętność zachowania zimnej krwi w każdych okolicznościach. Zawsze podkreślała opanowanie tych, którzy towarzyszyli rodzinie królewskiej podczas inwazji, w różnych, czasami naprawdę niebezpiecznych sytuacjach. Po około godzinie ktoś zapukał do drzwi.

– Proszę! – powiedziałam szybko, wycierając łzy.

Do pokoju weszła Marika. Spojrzała na moją zapłakaną twarz. Nie skomentowała mojego wyglądu, lecz od razu przeszła do sedna sprawy.

– Księżniczka była zadowolona z tego, jak zajmowałaś się lewym skrzydłem i kinem, więc zaproponowała ci posadę w pałacu jednej z jej znajomych księżniczek w Rijadzie, w Arabii Saudyjskiej. Jeżeli ci to odpowiada, od jutra zaczniemy załatwiać wszystkie formalności.

Pomyślałam, że mogę zgodzić się na wszystko, byle nie wracać do Indii, i dlatego czym prędzej odpowiedziałam:

– Tak, zgadzam się.

Marika nawet nie była zdziwiona moją szybką decyzją.

– To dobrze. Kiedy dopełnimy wszystkich formalności,

niezwłocznie wyjedziesz. W Rijadzie jest potrzebna służąca od zaraz, więc nie ma na co czekać.

Kiedy Marika wychodziła, w drzwiach minęła się z Marisą.

– Czy ja dobrze słyszałam? – zapytała moja współlokatorka.

– Masz zapewnioną pracę w Rijadzie?

– Tak.

– To świetnie! Widzisz, księżniczka pomyślała o wszystkich. Część personelu zostaje w pałacu w Kuwejcie, a pozostałym proponowana jest praca gdzie indziej. A wiesz, że Marika też leci do Stanów?

– Naprawdę?

– Raina powiedziała mi, że księżniczka wysoko ceni jej zdolności organizacyjne. Ponadto Marika świetnie zna angielski, więc na pewno będzie tam księżniczce pomocna.

Kiedy wyszłam w piątek, korzystając z mojego wolnego dnia, poinformowałam męża, że wyjeżdżam do Arabii Saudyjskiej.

– A pieniądze? Jak będziesz mi dawać pieniądze? – Tak brzmiały jego pierwsze słowa, kiedy dowiedział się o moim wyjeździe.

– Będę ci je wysyłać.

– Na pewno? Co miesiąc? – pytał.

– Na pewno.

Jedną z pozytywnych stron mojego wyjazdu do Rijadu był fakt, że mogłam uniknąć małżeńskich kontaktów intymnych, które sprawiały mi duży ból psychiczny i fizyczny. Tego dnia też chciałam tego uniknąć, ale Zakir mi nie pozwolił. Znowu musiałam mocno zaciskać oczy, wstrzymywać oddech i marzyć, żeby to wreszcie się skończyło. Było to wyjątkowo nieprzyjemne.

Kiedy dopełniono formalności, które pozwalały mi na wyjazd do Arabii Saudyjskiej, poczułam żal, że moja służba u księżniczki w Kuwejcie nie trwała dłużej. Lubiłam swoją pracę i moje koleżanki. Zmiana oznaczała, że znowu będę musiała zaczynać wszystko od nowa w zupełnie nieznanym mi miejscu.

Krótko przed opuszczeniem pałacu zobaczyłam jeszcze raz Malaję. Przyjechała wraz z innymi służącymi z grupą książąt, którzy chcieli obejrzeć film w kinie. Malaja wyglądała tak strasznie, że ledwo ją poznałam. Kiedy weszła do kuchni, jej twarz od razu skurczyła się w grymasie ogromnego cierpienia. Usiadła na podłodze obok maszyny do robienia popcornu i trwała tak nieruchomo, wpatrując się w jeden punkt. Sprawiała wrażenie, jakby zaraz miała się rozpłakać, ale nie mogła tego zrobić, bo już zabrakło jej łez. Po pewnym czasie ledwo słyszalnym szeptem zaczęła mówić:

– Widzę ją, jak wybiega. I zasuwające się drzwi windy. A później roztrzaskaną na chodniku jej głowę. – Zamilkła i się skuliła.

– Te obrazy wciąż mnie prześladują. Dzień i noc. Noc i dzień. Gdyby nie to, że muszę ratować życie mojej córki, wyjechałabym.

– Przerwała na chwilę. – Rozpacz szejki. Nienaruszony pokój księżniczki. Napis „Amira" na rezydencji. To jest ponad moje siły. Ale muszę, muszę... – powtarzała bezbarwnym głosem.

– A jak się czuje twoja córka? – zapytałam.

– Lepiej. Lepiej. – Podniosła się i wyszła zgarbiona i przytłoczona ogromem swojej udręki.

Wierzyłam jej, kiedy mówiła, że śmierć księżniczki Amiry była nieszczęśliwym wypadkiem. Bardzo jej współczułam, bo wiedziałam, że ciężar tej tragedii będzie dźwigać do końca życia.

Tuż przed wyjazdem do Rijadu miałam krótką audiencję u księżniczki.

– Dziękuję ci za służbę u mnie – powiedziała jak zawsze dystyngowana księżniczka. – Poleciłam cię rodzinie królewskiej w Rijadzie, więc mam nadzieję, że mnie nie zawiedziesz.

– Zrobię wszystko, co w mojej mocy, aby saudyjska księżniczka była ze mnie zadowolona – zapewniłam.

– Cieszę się. – Księżniczka uśmiechnęła się łagodnie. – Jako odprawę otrzymasz równowartość swojej trzymiesięcznej pensji.

– Dziękuję, szejko.

Księżniczka wstała i udała się w stronę windy prowadzącej do jej prywatnych apartamentów. Wróciłam do pokoju i zaczęłam się pakować. Miałam niewiele rzeczy. Najcenniejszą z nich było kosztowne sari przywiezione dla mnie przez szejkę z Nowego Jorku. W dniu wyjazdu pożegnałam się ze wszystkimi koleżankami, a szczególnie serdecznie z moją współlokatorką Marisą. Raina też przyszła, żeby życzyć mi wszystkiego najlepszego i przyjemnej pracy w saudyjskim pałacu. Podziękowałam jej za pomoc, szczególnie na początku, kiedy musiałam się tak wiele nauczyć. Zawsze będę miło wspominać tamte chwile, kiedy razem obsługiwałyśmy księżniczkę i jej gości. Na końcu uściskała mnie Marika. Z życzliwością powiedziała mi, abym pamiętała o zasadach, które obowiązują w arabskich pałacach. Wyraziła nadzieję, że umiejętności, które nabyłam pod jej kierownictwem, okażą się pomocne w mojej pracy w Arabii Saudyjskiej. Odparłam, że z pewnością tak będzie, i za wszystko szczerze jej podziękowałam. Suru odwiózł mnie na lotnisko. Tak zakończył się mój drugi pobyt w Kuwejcie.

W Rijadzie odebrał mnie pałacowy kierowca. Nie był tak sympatyczny jak Suru i przez całą drogę nie powiedział do mnie ani słowa. Patrzyłam przez szybę. Pierwsze, co rzuciło mi się w oczy, to opustoszałe ulice. Było to dla mnie dziwne, bo Rijad wyglądał na wielkie miasto. Po kilkudziesięciu minutach jazdy samochód zatrzymał się przed zamkniętą bramą w wysokim murze. Kierowca zadzwonił i po chwili masywne drzwi otworzyły się. Wjechaliśmy na dość obszerny, pozbawiony zieleni dziedziniec. Zobaczyłam pałac. Okazał się jeszcze większy niż ten, w którym pracowałam w Kuwejcie. Zatrzymaliśmy się i kierowca, nie patrząc na mnie, ręką pokazał mi drzwi prowadzące do pomieszczeń dla służby. Wysiadłam i wyciągnęłam z bagażnika swoją niewielką torbę, a kierowca od razu wjechał do garażu. Zostałam sama na zupełnie pustym placu. Rozejrzałam się, bo spodziewałam się, że ktoś wyjdzie, aby mnie przywitać, tak jak przedtem zrobiła to Marika. Jednak tak się nie stało. Niepewnie podeszłam do bocznych drzwi. Położyłam rękę na klamce, ale natrafiłam na opór. Znalazłam mały przycisk dzwonka i go nacisnęłam. Odpowiedziała mi cisza. Zdezorientowana stałam w palącym słońcu, zastanawiając się, co dalej zrobić. Spróbowałam jeszcze raz użyć dzwonka, ale tym razem też nie zadziałał. Zaczęłam pukać do drzwi, na początku cicho, a później coraz głośniej i głośniej.

W końcu drzwi uchyliły się i pokazała się w nich niewielka postać w chustce na głowie.

– Czego tu chcesz? – zapytała niemiłym tonem.

– Ja przyjechałam do pracy.

– Nie potrzebujemy tu nikogo. Nie ma wolnych miejsc – powiedziała niesympatyczna kobieta i prawie zamknęła mi drzwi przed nosem. W ostatniej chwili przytrzymałam je ręką i szybko wykrzyknęłam:

– Księżniczka mnie zatrudniła!

Kobieta z ociąganiem otworzyła szerzej drzwi i wpuściła mnie do środka. Zaraz obok mnie znalazło się parę innych służących, które z ciekawością zaczęły mi się przyglądać. Poczułam się niezręcznie.

– Ona mówi, że będzie tu z nami pracować – oznajmiła z powątpiewaniem w głosie kobieta.

Zwróciłam uwagę na to, że wszystkie służące noszą na głowie chustki, które szczelnie zakrywają im włosy.

– Dojechała ta z Kuwejtu? – rozległ się nagle jakiś głos.

Oczy otaczających mnie służących otworzyły się szeroko ze zdumienia.

– Przyjechałaś z Kuwejtu? – zapytała ze zdziwieniem niechętna mi kobieta.

– Tak, z pałacu księżniczki – pochwaliłam się.

Od razu zauważyłam, że służące spojrzały na mnie z większym respektem. Rozległy się głośne kroki i do grupy dołączyła następna kobieta wyglądająca na Arabkę.

– Ty jesteś Bibi? – zwróciła się do mnie.

– Tak – odpowiedziałam.

– To chodź za mną, pokażę ci twoje miejsce.

Przeszłyśmy ciemnym korytarzem, mijając otwarte drzwi do kolejnych pokojów. Arabka zaprowadziła mnie do jednego z pomieszczeń.

– Tu będziesz spała. – Wskazała jeden z trzech rozłożonych na podłodze materacy, po czym spojrzała na moje odkryte włosy.

– A gdzie twój hidżab?

– Nie noszę hidżabu.

– W Kuwejcie też nie nosiłaś hidżabu? – Wyglądała na zaskoczoną.

– Nie.

– To teraz będziesz nosić – powiedziała tonem nieznoszącym sprzeciwu. – Cały czas musisz mieć hidżab na głowie.

– Co to znaczy cały czas? Nawet gdy jestem w pałacu?

– Tak. Nigdy nie wolno ci zdejmować chustki z głowy, niezależnie od tego, czy pracujesz w pałacowych komnatach, czy przebywasz w części przeznaczonej dla służby lub w swoim pokoju.

– Nawet kiedy jestem w moim pokoju? – Wydawało mi się, że te reguły są zbyt restrykcyjne.

– Tak. Spać też musisz w hidżabie.

Gdy usłyszałam ostatnie zdanie, początkowo pomyślałam, że Arabka ze mnie kpi, ale jej poważna mina mówiła coś zupełnie innego.

– W pałacu mieszkają książęta i nigdy nie wiadomo, kiedy który z nich będzie potrzebować cię do obsługi. Wtedy musisz udać się do niego jak najszybciej, więc nie ma czasu na zakładanie chustki. A żaden mężczyzna nie może zobaczyć twoich włosów – wyjaśniła, widząc zmieniony wyraz mojej twarzy. – Tutaj są stare hidżaby, diszdasze i abaje przeznaczone dla służących. Wybierz coś dla siebie – powiedziała, otwierając stojącą w rogu szafę.

Arabka wyszła, a ja, zmęczona podróżą, usiadłam na przydzielonym mi materacu. W pokoju nie było żadnego stolika ani krzeseł. Ścian dawno nie malowano; z niektórych odpadał tynk. Zorientowałam się też, że w pokoju nie ma ani jednego okna.

– Skąd jesteś? – zapytała wchodząca służąca, która była, jak się domyśliłam, moją współlokatorką.

– Z Indii. A ty?

– Ze Sri Lanki. Jak masz na imię?

– Bibi. A ty?

– Dżeja. Lepiej od razu załóż hidżab na głowę, bo jak Raszida zobaczy, że go nie masz, to ci obetnie pensję.

– Raszida?

– To Marokanka, przyprowadziła cię do pokoju. Ze wszystkich służących ona jest najbliżej młodych księżniczek i ma największe wpływy. Nie radzę ci z nią zadzierać. – Dżeja otworzyła szafę, ze sterty zmiętych ubrań wyciągnęła chustkę i mi ją podała. – Masz, włóż od razu i uważaj, żeby ci nie wystawał żaden kosmyk włosów.

Dżeja pomogła mi włożyć hidżab na głowę. Nie czułam się w nim komfortowo. Wiedziałam, że w Kuwejcie niektórzy pracodawcy polecali swoim służącym, aby nosiły hidżab, ale mnie to nigdy nie spotkało.

– A to prawda, że muszę też spać w tej chustce? – Wciąż nie mogłam w to uwierzyć.

– Prawda – odpowiedziała Dżeja i spuściła głowę.

Następnego ranka obudzono mnie bardzo wcześnie. Spostrzegłam, że pałac jest urządzony podobnie jak ten, który znałam z Kuwejtu. Dominowały marmury, kryształy, złocenia, unikalne gatunki drewna i ciężkie, ozdobne tkaniny. Na początek Raszida kazała mi posprzątać wszystkie łazienki, które mieściły się na parterze. To oznaczało sporo pracy, bo musiałam zająć się kilkunastoma pomieszczeniami. Pałac był rozległy i ciągle się gubiłam. W ciągu dnia wielokrotnie spotykałam członków saudyjskiej rodziny królewskiej. Jak powiedziała mi Dżeja, w pałacu mieszkał starszy książę z małżonką wraz ze swoim licznym potomstwem, kilkorgiem książąt i księżniczek. Królewskie rodzeństwo dzieliła dość duża różnica wieku, niektórzy byli już dorośli, inni zaś mieli zaledwie po kilka lat. Mijani domownicy w ogóle nie zwracali na mnie uwagi. Po pałacu krzątało się tak wiele osób z personelu, że nie sądzę, by ktoś w ogóle zauważył przybycie nowej służącej. Dżeja powiedziała mi później, że w związku z częstymi wyjazdami członków rodziny królewskiej za granicę, którzy mieli w zwyczaju zabierać ze sobą zaufaną służbę, potrzebowano więcej rąk do pracy na miejscu, w pałacu w Rijadzie.

Po południu czekały na mnie niezbyt miłe wiadomości. Po pierwsze, okazało się, że moja pensja była niższa od tej, którą dostawałam w Kuwejcie, o ponad sto dolarów. To oznaczało dla mnie duży cios finansowy, bo musiałam wysyłać pieniądze i mężowi, i mojej mamie. Zakir w ogóle nie pracował i wciąż domagał się ode mnie coraz większej gotówki. Po raz kolejny docierała do mnie gorzka prawda, że Zakir ożenił się ze mną jedynie po to, by wygodnie żyć na mój koszt w Kuwejcie. Mama ciągle wypominała mi wydatki, które poniosła w związku z moim niedoszłym weselem, i żądała, abym jej wszystko szybko zwróciła. Niższa pensja oznaczała dłuższą spłatę moich zobowiązań.

Drugą niedobrą informację stanowił fakt, że w Arabii Saudyjskiej służba nie miała wychodnego. Czasami księżniczki brały ulubione służące ze sobą, gdy wychodziły po zakupy do centrów handlowych, ale ja byłam nowa, więc na pewno nie miałam na to szans. Podobnie jak w Kuwejcie przyjęto, że obowiązek pracy obejmuje dwa lata, więc najprawdopodobniej czekało mnie spędzenie tego okresu za murami królewskiego pałacu. Nie była to radosna perspektywa. Wcześniej miałam nadzieję, że od czasu do czasu będę mogła zobaczyć pracującego w Arabii Saudyjskiej męża mojej siostry, Mowlala. Teraz zdawało się, że jest to zupełnie nierealne.

Praca w Rijadzie okazała się dla mnie dużo trudniejsza niż w Kuwejcie. Nie miałam ściśle określonych obowiązków, ale wymagano ode mnie, żebym w razie potrzeby była do dyspozycji każdego z członków ogromnej rodziny królewskiej. Czasem budzono mnie w środku nocy, bo książęta akurat w tym momencie życzyli sobie posprzątania konkretnej komnaty lub przygotowania posiłku. W związku z wyprawami księżniczek wraz z dworem do Stanów Zjednoczonych i Europy miałam wrażenie, że w pałacu wciąż brakuje personelu. Służące chodziły przemęczone i niewyspane, ponieważ posprzątanie olbrzymiego pałacu i całodobowe obsłużenie wielkiej rodziny królewskiej wymagało potężnego wysiłku. Mimo klimatyzacji źle się czułam, nosząc na głowie chustkę, której nie mogłam zdjąć nawet na noc. Brak okien w pokojach dla służby oraz całkowity brak kontaktu ze światem zewnętrznym potęgował ogólne poczucie przygnębienia wśród moich nowych koleżanek.

Siła robocza pochodziła z Filipin, Sri Lanki i Indonezji, ale wśród niej znalazło się też dużo kobiet innych narodowości, których nie spotykało się w Kuwejcie: służące z Maroka, Egiptu, Kenii, Kambodży i Wietnamu. Hindusek było niewiele, bo wolały pracować w Kuwejcie. Po moim pobycie w Rijadzie zrozumiałam, dlaczego tak się działo. Jeżeli trafiło się na dobrego kuwejckiego sponsora, miało się dużo więcej swobody niż w Arabii Saudyjskiej. Dowiedziałam się, że jest to niezmiernie restrykcyjny kraj, w którym wyjątkowe obostrzenia dotyczą nawet samych Saudyjek. Należał do nich między innymi zakaz prowadzenia samochodu przez kobiety.

Ze względu na nawał pracy nie miałyśmy zbyt wiele czasu wolnego. Jeżeli już się zdarzył, naszą jedyną rozrywką były plotki na temat saudyjskiej rodziny królewskiej. Szczególnie dużo do powiedzenia miały te służące, które długo przebywały na dworze lub towarzyszyły księżniczkom w ich zagranicznych wyprawach.

Posiadający miliardy dolarów członkowie rodu Saudów należeli do najbogatszych ludzi na świecie. Ich dochody pochodziły ze sprzedaży ropy naftowej, a także z rozsianych po całym świecie niezliczonych inwestycji w wielu sektorach, włączając bankowy, hotelowy, medialny czy obrót nieruchomościami. Niektórzy, pobierając prowizję, potrafili zarobić krocie na państwowych kontraktach, na przykład korzystając z tego, że Stany Zjednoczone zdecydowały się sprzedać Arabii najnowocześniejsze technologie wojskowe. Fortunę, która trafiła do prywatnej kieszeni saudyjskich książąt, zrobiono nawet na dostarczaniu wody wojskom koalicji w czasie wojny w Zatoce w tysiąc dziewięćset dziewięćdziesiątym pierwszym roku.

Od całych dekad niewyobrażalne pieniądze wydawane były na ekstrawagancje rodziny królewskiej. W samej Arabii Saudyjskiej budowano setki okazałych pałaców i bez przerwy kupowano coraz bardziej luksusowe samochody oraz prywatne samoloty i jachty. Uważano, że na osobiste potrzeby można spokojnie wydać nawet kilkaset milionów dolarów rocznie. Książęta już od dawna zasmakowali w rozrywkach europejskich kurortów i potrafili stracić milion dolarów w jedną noc w kasynie w Monte Carlo lub ekskluzywnym klubie nocnym. Powszechna była ich ostentacyjna rozrzutność i mówiono, że pobyt przez jeden sezon wysoko urodzonego Saudyjczyka na przykład w Hiszpanii może przynieść lokalnym władzom grubo ponad sto milionów dolarów dochodu. Książęta lubowali się w drogich cygarach, trunkach i prostytutkach. Pewna panienka do towarzystwa opowiadała, że jeżeli chodzi o saudyjskiego księcia, kwota dwudziestu do pięćdziesięciu tysięcy dolarów za noc nie jest wygórowana. A gdy kobieta naprawdę przypadła księciu do gustu, sumy mogły być znacznie wyższe.

Saudowie mogli czuć się jak w domu w samym Rijadzie, ale również w Londynie, Paryżu czy Nowym Jorku. Wszędzie mieli swoje pilnie strzeżone nieruchomości, które urządzali całkowicie według własnych gustów. Pewna służąca opowiadała mi, że księżniczka, dla której pracowała wcześniej, miała trzy rozrzucone po świecie wierne kopie jednej ze swoich ulubionych saudyjskich rezydencji. Również całe wyposażenie budynków było identyczne, i to w najdrobniejszych szczegółach. Cokolwiek kupowano do posiadłości w Arabii Saudyjskiej, musiało być dostarczone w tym samym momencie do trzech pozostałych. Nie chodziło wyłącznie o meble czy elementy wyposażenia wnętrz, ale również bieliznę, ubrania, ręczniki czy nawet perfumy lub mydła. Ostatnio kupiono cztery identyczne samochody, bo księżniczce spodobał się akurat ten konkretny model i kolor auta.

Niektórzy z Saudów budowali gigantyczne pałace w Europie lub Stanach, by spędzać w nich najwyżej kilka tygodni w roku. Zazwyczaj były położone na działkach o powierzchni kilkudziesięciu hektarów. Powstawały niezwykle drogie kompleksy, gdyż obok pałaców wznoszono dodatkowe rezydencje, a cały obszar starannie zagospodarowywano, korzystając z najnowszych osiągnięć architektury krajobrazu. Utrzymanie posiadłości Saudów przez cały rok wraz z pracującą w nich służbą kosztowało majątek. Raz w roku właściciele rezydencji razem z dworami przylatywali prywatnymi samolotami do danego kraju, a następnie kolumną kilkunastu lub więcej samochodów udawali się do swoich pałaców na odpoczynek.

Jednym z najbardziej popularnych kierunków wybieranych w lecie przez saudyjską rodzinę królewską było Lazurowe Wybrzeże. Książęta i księżniczki wydawali tam miliony w najdroższych hotelach, restauracjach i sklepach. Księżniczki uwielbiały kupować drogocenną biżuterię wysadzaną diamentami lub innymi szlachetnymi kamieniami. Służące z wypiekami na twarzy opowiadały o tym, jak pewnego dnia księżniczka, spacerując promenadą w Cannes, zobaczyła na wystawie naszyjnik, który przyciągnął jej uwagę. Szejka weszła do jubilera i po paru chwilach kupiła niezwykle piękny naszyjnik, wykonany z wyjątkowo dużych szmaragdów o głębokiej zielonej barwie i wielu diamentów. Klejnot kosztował milion dwieście tysięcy dolarów. Następnie księżniczka udała się do butiku Christiana Lacroix, aby od razu dobrać stroje pasujące do naszyjnika. W sklepie znanego francuskiego projektanta wydała kilkadziesiąt tysięcy dolarów. Przysłuchująca się tej rozmowie służąca z Egiptu stwierdziła, że szmaragdy są szczególnie chętnie kupowane przez arabskie księżniczki, bo kamienie te uważane są za amulet, który chroni przed złym okiem.

Na wodach Morza Śródziemnego, u wybrzeży Riwiery Francuskiej zawsze cumowało co najmniej kilka gigantycznych jachtów, pływających pałaców, których właścicielami byli członkowie saudyjskiej rodziny królewskiej. Utrzymanie jednej tak ogromnej jednostki mogło wynosić nawet sześć milionów dolarów rocznie. Niektóre z jachtów należały do największych na świecie i posiadały lądowisko dla helikopterów, które były niezwykle wygodnym środkiem transportu. Podróż samochodem w uczęszczane przez książęta miejsca mogła zająć od dwóch do trzech godzin, natomiast śmigłowiec umożliwiał znalezienie się w ulubionej restauracji lub klubie w piętnaście minut. Książęta chwalili sobie centralne usytuowanie Cannes, bo podróż jachtem w najczęściej wybierane kierunki, jak Włochy, Hiszpania, Sardynia czy Korsyka, zabierała zaledwie dwanaście godzin. Członkowie rodziny królewskiej lubili otaczać się przyjaciółmi, których zapraszali na swoje pływające pałace, aby spędzili z nimi wakacje. W letnie wieczory księżniczki i książęta, otoczeni kilkunastoosobową świtą składającą się z przyjaciół, służących i ochroniarzy, przechadzali się bulwarami znanych kurortów, jak Cannes czy Nicea.

Arabscy książęta podkreślali, że w swoich pływających pałacach czują się jak w domu, bo dzięki nim mogą przebywać blisko natury. Bezmiar wody był im tak samo bliski jak bezkres piasków pustyni. Co ciekawe, Huda, egipska służąca, która ze mną pracowała, powiedziała mi kiedyś, że wielbłąd nazywany jest przez Arabów statkiem pustyni, po arabsku *safina as-sahra*.

Podczas wakacji książęta aktywnie spędzali czas, oddając się z pasją różnego rodzaju sportom: jeździli na nartach i skuterach wodnych, pływali, uprawiali jogging, a także bawili się w gry zespołowe. Szczególnie popularne były skoki spadochronowe nad połyskującymi w promieniach słońca urokliwymi falami morskimi Lazurowego Wybrzeża. Kiedy wybierali się na krótkie wypady do stolic europejskich, zatrzymywali się w najbardziej ekskluzywnych hotelach. Niektóre należały do Królestwa Arabii Saudyjskiej, a właścicielami innych byli poszczególni członkowie rodziny królewskiej. Książęta przykładali dużą wagę do tego, by ich prywatne hotele reprezentowały najwyższy poziom, i często inwestowali ogromne kwoty, żeby je odnowić. Później wymagali, aby obsługa dbała o najmniejszy szczegół, który miał zapewnić wysoką klasę i elegancję w należących do nich hotelach. Służąca, która kiedyś podczas podróży mieszkała z księżniczką w takim hotelu, opowiadała, że same dostarczane do niego świeże kwiaty kosztowały milion dolarów rocznie.

Podczas swoich podróży książęta uczestniczyli w ważnych wydarzeniach, na których mieli możliwość spotkać się i prywatnie porozmawiać z przedstawicielami królewskich rodów europejskich. Między innymi pojawiali się na prestiżowych turniejach polo w Windsorze, w których brała udział królowa Wielkiej Brytanii Elżbieta II, jej syn, książę Karol, oraz elita angielskiej arystokracji. Przy tej okazji saudyjski książę zamieniał parę słów z księciem brytyjskim i jak opowiadali naoczni świadkowie, widać było, że obaj znakomicie się rozumieją. Nie dziwiło mnie to: książę rozmawiał z księciem.

Kiedy służba plotkowała o rodzinie królewskiej, czasem wspominała skandale, których bohaterami byli jej członkowie. Mówiono, że jedna z saudyjskich księżniczek opuściła luksusowy hotel w Paryżu bez zapłaty rachunku, który wynosił prawie osiem milionów dolarów. Otoczona dworem księżniczka wynajmowała całe czterdzieste pierwsze piętro hotelu przez okrągłe sześć miesięcy. Pewnego dnia o trzeciej trzydzieści nad ranem jej świta, składająca się z sześćdziesięciu osób, zaczęła ładować dziesiątki waliz do stojącej pod drzwiami hotelu kolumny limuzyn. To księżniczka, której król Arabii Saudyjskiej odmówił zapłacenia za jej pobyt, powołując się na immunitet dyplomatyczny, przenosiła się do położonego niedaleko, tuż przy Polach Elizejskich, innego hotelu, który należał do przyjaciela rodziny, emira Kataru. Po miesiącu księżniczka wyjechała z Francji bez uregulowania długu. Potem wyszło na jaw, że lista wierzycieli księżniczki jest znacznie dłuższa i znajduje się na niej między innymi pięciogwiazdkowa spółka, od której księżniczka wynajmowała limuzyny i szoferów. Ta sama firma zatrudniała również podwykonawców, którzy obsługiwali księżniczkę i jej dwór, zajmując się bezpieczeństwem, cateringiem i sprzątaniem. Szejka nie zapłaciła również za swoje liczne zbytkowne zakupy. Księżniczka kupiła trzy apartamenty w centrum Paryża jedynie po to, aby składować tam swoje nowe nabytki z codziennych wypraw do najbardziej ekskluzywnych sklepów w mieście. Wypełniła je po brzegi luksusowymi towarami skórzanymi, dziełami sztuki, biżuterią oraz odzieżą od znanych projektantów. Łączna wartość zgromadzonych dóbr wynosiła ponad piętnaście milionów dolarów. Służące wspominały, że to nie był jedyny przypadek, kiedy księżniczka nie zapłaciła za luksusy, którymi się otaczała.

Pewnego razu szejka opuściła Francję, zostawiając długi za zakupy wartości dwudziestu czterech milionów dolarów. Tego samego roku jej rozrzutny tryb życia sprawił, że jej wierzycieli, którym winna była miliony dolarów, można było znaleźć w całej Europie. Jedna ze służących sama widziała, jak szejka kupowała na kredyt najwyższej jakości szkło z ręcznymi zdobieniami ze złota i srebro wartości prawie trzydziestu tysięcy dolarów.

Słuchając tych wszystkich opowieści, myślałam sobie, że nie tylko ja mam niespłacone długi. Księżniczka też może je mieć.

Bywały wieczory, kiedy służące prześcigały się w tym, która z nich była świadkiem większej rozrzutności rodziny królewskiej. Jedna opowiadała o party zorganizowanym przez saudyjskiego księcia z okazji ukończenia szkoły średniej. Impreza dla sześćdziesięciu gości odbyła się w wynajętym wyłącznie na ten cel położonym pod Paryżem Disneylandzie. Trwała trzy dni i była zwieńczeniem światowej podróży nazwanej *Disney Dreamers Everywhere*, której cel stanowiła zabawa w parkach Disneylandu. Książę i jego kilkudziesięciu gości, którym Saudyjczyk opłacał całą wyprawę, odwiedzili parki rozrywki w Tokio, Kalifornii i na Florydzie. Finałowym akcentem była trzydniowa zabawa we Francji, gdzie sprowadzona grupa osiemdziesięciu tancerzy umilała gościom czas przygotowanymi specjalnie na tę okazję pokazami i przedstawieniami. Uszyto dziesiątki kostiumów dla disnejowskich postaci, włączając również te mniej popularne i rzadziej pojawiające się w filmach wytwórni Disneya. Książę osobiście zaangażował się w projektowanie kostiumów i przygotowywanie scenariuszy imprez. Na czas książęcego festynu kierownictwo parku zatrudniło dodatkową ochronę. Personel i służące otrzymały zakaz ujawniania szczegółów dotyczących zabawy księcia i jego gości. Wiadomo tylko, że książę doskonale się bawił. Trzy dni zabawy w wynajętym w całości na jego potrzeby parku Disneyland pod Paryżem kosztowały go ponad siedemnaście milionów dolarów. Nie był to pierwszy przypadek zarezerwowania przez księcia całego Disneylandu na prywatne potrzeby. Na wcześniejsze, skromniejsze party w tym samym miejscu, z towarzyszącą mu wąską grupą przyjaciół, wydał prawie milion dolarów.

Służące, które latały z członkami rodziny królewskiej prywatnymi samolotami, opowiadały, jak wielkie maszyny, które w regularnych lotach rejsowych mogły pomieścić setki pasażerów, zostały przemienione w podniebne pałace. Na pokładach mieściły się: luksusowo wyposażona łazienka z prysznicem, sypialnia, jadalnia, sala konferencyjna i kąciki wypoczynkowe. Fotele lotnicze, w których książęta i księżniczki musieli siedzieć podczas startu, lądowania i turbulencji, przypominały rozłożyste, miękkie trony. Wyposażenie całego samolotu wykończone było najlepszej jakości skórą i złoceniami. Na potrzeby cateringu najczęściej wynajmowano jeden z pięciogwiazdkowych hoteli. Obsługę stanowiły starannie wyselekcjonowane, wyjątkowo piękne stewardesy w obcisłych sukienkach, których odkryta góra z jednym ramiączkiem odsłaniała ich seksowne ciała i podkreślała jędrne biusty. Służące, śmiejąc się, snuły domysły, że jednym z kryteriów wyboru kobiet do załogi królewskich samolotów był rozmiar ich miseczek stanika, bo wyglądało na to, że wszystkie stewardesy mogą poszczycić się jednakowo wyglądającymi, dumnie wypiętymi piersiami. Kiedy książę opuszczał pokład i żegnał się z załogą, stojące w rządku kobiety przymilnie uśmiechały się do wychodzącego władcy, próbując zwrócić na siebie jego uwagę. Może miały nadzieję, że spodobają się księciu, który zapewni im życie pełne luksusów?

Plotkowano, że prywatne samoloty używane były do przerzutu heroiny i innych twardych narkotyków na teren Europy. Członkowie rodziny królewskiej mieli zapewnioną dożywotnią, comiesięczną rentę z puli państwowej, ale jej wysokość mogła znacznie się różnić w zależności od pozycji w rodzie. Rozpiętość najniższych i najwyższych wypłat była naprawdę duża, bo wynosiła od ośmiuset dolarów aż do dwustu siedemdziesięciu tysięcy dolarów miesięcznie. W związku ze zbytkownym stylem życia nie wszystkim książętom wystarczały wypłacane im pensje, więc zaczęli szukać innych źródeł dochodów. Wśród Saudów zaczęły się szerzyć korupcja, oszustwa, nadużycia związane z rządowymi przetargami, sprzedaż wiz, kradzież ropy i wszelkie pozostałe brudne interesy, z których profity mogły zapewnić realizację ich wymyślnych zachcianek.

Czasami opowieści o ekstrawagancjach członków rodziny królewskiej przedłużały się do białego rana i wtedy służące licytowały się, która z nich wie najwięcej o ich ekscesach.

– Jeden z królów stracił w jedną noc w kasynie w Monte Carlo sześć milionów dolarów.

– I nadużywał alkoholu.

– Rozdawał wszystkim odwiedzającym go osobom zegarki ze szczerego złota ze swoją podobizną.

– A jeden z książąt jeździł po pałacu na harleyu.

– I zbudował naturalnej wielkości replikę Alhambry[1] za ponad cztery miliardy dolarów.

– A księżniczki? Też wiedzą, jak się dobrze zabawić.

– Bywają pijane. I to nawet tu, w Arabii Saudyjskiej.

– Wiem. Słyszałam, że raz pijana księżniczka rozrabiała przed hotelem w mieście Dżudda i nikt przez długi czas nie mógł jej uspokoić. Krzyczała, tańczyła i nie było nikogo, kto odważyłby się do niej podejść, żeby ją uciszyć. Limuzyna czekała, ale rozbawiona księżniczka wcale nie miała zamiaru do niej wsiadać.

– A słyszałyście, jak jedna z księżniczek napastowała seksualnie swojego brytyjskiego ochroniarza?

– Co?

To była chyba nowa historia, bo większość służących otworzyła szeroko oczy ze zdumienia.

– Naprawdę? Opowiedz o tym. Mów, jak to było! – prosiły służące, niezwykle zainteresowane następną pikantną historią o swoich pracodawcach.

Drobna Filipinka, ta, która otworzyła mi drzwi saudyjskiego pałacu, z widocznym zadowoleniem spowodowanym przez fakt, że wywołała największą ciekawość koleżanek, zaczęła opowiadać:

– Pewien czterdziestoletni Brytyjczyk został zatrudniony do bezpośredniej ochrony księżniczki za roczną pensję stu tysięcy funtów.

– A chociaż był przystojny? – zapytała, chichocząc, któraś ze służących.

---

[1] Alhambra (arab. *al hamra*, dosł. „czerwona”) – obwarowany zespół pałacowy w Grenadzie, znany zabytek arabskiego budownictwa w Europie.

– Bardzo... Był wysoki i dobrze zbudowany. Miał niebieskie oczy.

– Ach – westchnęły niektóre kobiety.

– I księżniczka zaczęła go nękać do tego stopnia, że ochroniarz podczas licznych podróży z nią i jej dworem musiał znajdować sobie nocleg w pokojach innych członków personelu, gdyż obawiał się natrętnego molestowania seksualnego ze strony księżniczki.

Zaczęłyśmy się śmiać, bo wyobraziłyśmy sobie wysportowanego i świetnie wyszkolonego ochroniarza, który ucieka przed arabską księżniczką i szuka schronienia u swoich kolegów.

– Księżniczka często wracała późno w nocy pijana... – opowiadała Filipinka. – Jakby tego było mało, często znajdowała się pod wpływem narkotyków i angażowała się w pozamałżeńskie związki seksualne.

– A co na to jej mąż? – zapytała służąca siedząca najbliżej Filipinki.

– On też miał swoje sekretne rozrywki i księżniczka o tym wiedziała. Oglądał pornograficzne homoseksualne strony...

– Saudyjski książę?

– Tak. Było go stać.

Odpowiedź nas nie zdziwiła, bo wiedziałyśmy, że członkowie wielkiej rodziny Saudów często zawierają między sobą związki małżeńskie.

– W końcu ochroniarz nie mógł poradzić sobie z molestowaniem seksualnym ze strony księżniczki i musiał zrezygnować z pracy. Ponadto twierdził, że jej nieprzyzwoite zachowanie utrudniało mu należyte wykonywanie jego obowiązków polegających na zapewnieniu jej właściwej ochrony. Spotkał się też z napaścią fizyczną ze strony księżniczki, która kiedyś mocno kopnęła go w krocze.

Słysząc ostatnie słowa, wybuchnęłyśmy niepohamowanym śmiechem.

– Te księżniczki bywają nieobliczalne – wtrącił ktoś.

– Potrafią spoliczkować służbę.

– Tańczyć na maskach samochodów.

– Pokazywać się z odkrytą głową, palić papierosy i wysyłać zachęcające spojrzenia.

– A nawet całusy.

– Chodzą w minisukienkach.

– I potrafią korzystać z życia.

– Jeżdżą na narty do znanych kurortów w Alpy Francuskie.

– I na party do Włoch i Grecji.

– A wiecie, że suknia ślubna jednej z księżniczek kosztowała trzy miliony dolarów?

– Przypominała konstrukcję pokrytą złotem...

– A król podarował księżniczce toaletę całą zrobioną ze szczerego złota.

Służące mogły tak bez końca przerzucać się informacjami na temat nieograniczonego bogactwa rodziny królewskiej. Przyznam się, że osobiście nie rozumiałam tej fascynacji moich koleżanek luksusem naszych pracodawców. My spałyśmy we trzy w małym, zapuszczonym pokoju bez okien, a moja pensja była nieznacznie wyższa od wynagrodzenia służących zatrudnionych w innych saudyjskich domach. Ale, myślałam sobie, może gdybym tak jak moje koleżanki miała sposobność podróżowania z księżniczkami prywatnymi samolotami, pływania na jachtach i mieszkania w pięciogwiazdkowych hotelach, też zachwycałabym się otaczającym mnie przepychem. Może by tak było. Jednak w tamtych dniach moim największym marzeniem pozostawały pokój z oknami, odrobina świeżego powietrza i możliwość zdjęcia z głowy, chociaż na chwilę, niewygodnej dla mnie chustki.

Koleżanką, którą najbardziej polubiłam w saudyjskim pałacu, była wspomniana już wcześniej Huda. Ta stara Egipcjanka służyła w rodzinie królewskiej od kilkudziesięciu lat i nie podobały jej się niekończące się plotki na temat panujących. Była to służąca starej daty, niezwykle oddana swojej pani, księżniczce, nestorce rodu, matce mieszkających w pałacu książąt i księżniczek. Huda, podobnie jak Marika w Kuwejcie, wyznawała zasadę, że najważniejszą cechą dobrej służącej jest dyskrecja. Miała osobny pokój i czasem, żeby nie słuchać ciągłego trajkotania moich koleżanek, szłam do niej i razem piłyśmy zaparzaną przez nią niezwykle mocną i słodką herbatę. Egipcjanka podawała do niej małe arabskie ciasteczka i garść orzeszków, które co wieczór dostawała od swojej pani. Jeżeli Huda opowiadała o rodzinie królewskiej, przedstawiała ją w zupełnie innym świetle.

– Bibi, pamiętaj, że ród Saudów zrobił również wiele dobrego dla swojej ojczyzny i ludzi. W tysiąc dziewięćset sześćdziesiątym drugim roku administrujący wtedy krajem Fajsal ibn Abdulaziz Al Saud zniósł niewolnictwo. Musisz wiedzieć, że Arabia Saudyjska była ostatnim krajem, nie tylko arabskim, ale również na całym świecie, w którym zniesiono niewolnictwo. Sama jeszcze pamiętam czarnych niewolników, którzy podawali do stołu w białych długich szatach i turbanach na głowach. Szacowano, że w tysiąc dziewięćset sześćdziesiątym roku w Arabii było około trzystu tysięcy niewolników. – Huda przerwała na chwilę, napiła się herbaty, po czym mówiła dalej: – Fajsal oficjalnie został królem w tysiąc dziewięćset sześćdziesiątym czwartym roku i podczas swojego panowania przeprowadził w kraju wiele postępowych reform. Najważniejszą z nich było otwarcie szkół dla dziewcząt, co w konserwatywnym saudyjskim społeczeństwie spotkało się z dużym oporem. Ale władca postawił na swoim i dziewczynki zaczęły się kształcić. Rozpowszechniono również telewizję, a to nie należało do łatwych spraw w przywiązanym do tradycji, religijnym kraju. Pod rządami Fajsala zwiększono wydobycie ropy naftowej, co wraz ze wzrostem jej cen sprawiło, że Arabia Saudyjska stała się potęgą ekonomiczną. To właśnie król Fajsal ograniczył subsydia dla licznych linii rodowych Saudów, a pieniądze przeznaczył na modernizację kraju i budowę państwa opiekuńczego. Do tej pory książęta i księżniczki zajmują się dobroczynnością.

– To tak jak rodzina as-Sabah w Kuwejcie – wtrąciłam.

– Sama widzisz, że najbogatsi też potrafią się dzielić swoim majątkiem z innymi.

– Tak, moja koleżanka pracuje u rodziny kuwejckiej, która z własnych środków wybudowała w jej rodzinnej indyjskiej wiosce piękny meczet. Kuwejtczycy do tej pory go utrzymują, a nawet finansują wydawanie w nim żywności dla mieszkańców, których nie stać na jedzenie.

– A tutaj książęta lub księżniczki osobiście udają się do biednych dzielnic i rozdają koperty z zawartością sięgającą kilkuset dolarów. Bo nie wszyscy Saudyjczycy są bogaci. Niektórzy też mają problemy finansowe i borykają się z bezrobociem.

Lubiłam rozmawiać z Hudą. Dowiedziałam się od niej wielu istotnych rzeczy o rodzinie królewskiej. Przede wszystkim zaś stara egipska służąca przekazała mi niezmiernie ważną prawdę. Są dobrzy i źli ludzie, ale dobrzy ludzie mogą popełniać zarówno dobre, jak i złe uczynki, a źli ludzie mogą popełniać zarówno złe, jak i dobre uczynki.

Wśród historii Hudy o saudyjskich królach znalazła się opowieść o królu Chalidzie, który uwielbiał spędzać czas na pustyni wśród beduinów. Szejk Chalid był synem Abd al-Aziza ibn Su'uda, twórcy i pierwszego króla Arabii Saudyjskiej, oraz księżniczki Dżauhary. Uznawano go za rozważnego, otwartego i religijnego władcę. W tysiąc dziewięćset osiemdziesiątym pierwszym roku zapoczątkował posiedzenia Rady Współpracy Zatoki Perskiej. Zażegnał też niezwykle istotny konflikt o sporną oazę Al-Burajmi, gdzie zbiegały się granice Zjednoczonych Emiratów Arabskich, Omanu i Arabii Saudyjskiej. Wprowadził plan, który miał na celu poprawę saudyjskiej infrastruktury i służby zdrowia. Ale wytchnienie znajdował na pustyni, gdzie popijał wielbłądzie mleko i urządzał polowania z sokołami. Kiedy z powodu choroby poruszał się już na wózku inwalidzkim, lecz nawet tak trudno mu było siedzieć, na otwarty samochód terenowy ładowano miękką kanapę, na której spoczywał król, a z tyłu rządkiem usadawiały się jego ulubione sokoły.

Huda mówiła, że do tej pory najbogatsi książęta lubią przebywać na pustyni, na której odnajdują poczucie prawdziwej wolności i spokoju. Tam też często podejmują kluczowe decyzje dotyczące polityki lub biznesu.

– Pewnie wielu ludzi zdziwiłoby się faktem, że dużo wielomilionowych transakcji zostaje zawartych przez telefon lub faks z pustynnego namiotu – stwierdzała ze śmiechem Egipcjanka.

Ja też podzieliłam się z Hudą wrażeniami z wypraw na pustynię z rodziną mojej kuwejckiej *madame*. Wspominałam o polowaniu z sokołami i atencji, jaką Arabowie darzą te dumne ptaki. Ale starą Egipcjankę najbardziej wzruszyła opowieść o pustynnej miłości Dalai i Omara. Pamiętam, że opowiadałam tę historię miłosną przez parę wieczorów, bo akurat wtedy miałyśmy dużo pracy. I tak, wśród snutych nocami różnych opowieści, upływał nam czas za grubymi, wysokimi murami pałacu w Rijadzie.

Po niecałych trzech miesiącach od przyjazdu do Arabii moje zdrowie zaczęło szwankować. Prawdę mówiąc, od pierwszych dni pobytu w pałacu nie czułam się za dobrze, ale złe samopoczucie przypisywałam zmianie otoczenia, brakowi odpowiedniej ilości snu i temu, że cały czas musiałam przebywać w zamkniętych pomieszczeniach. Myślałam, że brak świeżego powietrza nie pomaga moim zniszczonym przez gruźlicę płucom i dlatego czuję się osłabiona, mam zawroty głowy, a czasem nawet wymiotuję. Na początku nie chciałam nikomu o tym mówić, bo bałam się utraty pracy. Ale kiedy nic się nie poprawiało, a wręcz przeciwnie, wykonywanie obowiązków przychodziło mi z coraz większym trudem, postanowiłam, że poradzę się Hudy, co mam w tej sytuacji zrobić.

Pewnego wieczoru poszłam do pokoju koleżanki. Po chwili Egipcjanka jak zwykle postawiła przed nami małe szklaneczki z herbatą.

– Huda! Bardzo źle się czuję – poskarżyłam się od razu.

– A co ci dokładnie dolega? – Huda zaczęła przyglądać mi się z uwagą.

– Jestem ciągle zmęczona i chce mi się spać. Zdarza mi się zwracać to, co zjem. Kręci mi się w głowie.

Egipcjanka uważnie przyjrzała się moim oczom, następnie niespodziewanie dotknęła moich piersi, które trochę obmacała, po czym oznajmiła:

– Jesteś w ciąży!

– Co?!!!

– A kiedy ostatni raz miałaś miesiączkę?

– Nie wiem… Chyba już w Arabii Saudyjskiej...

Nie przyznałam się Hudzie, że przeprowadziłam zabieg w Indiach i od tego czasu wszystko co miesiąc przebiegało inaczej.

– Mam nadzieję, że to nikt z pałacu? – Egipcjanka wystarczająco długo służyła w Arabii, aby móc wyrazić taką obawę.

– Nie! Ja mam męża.

– Ach, tak. Kiedyś o tym wspominałaś.

Nie kochałam swojego męża i nie lubiłam o nim rozmawiać. Miałam wrażenie, że kiedy o nim nie mówię, to go po prostu nie ma w moim życiu.

– I co teraz zrobisz? – spytała Huda. – Chcesz urodzić to dziecko?

Domyśliłam się, że tym pytaniem Egipcjanka sugeruje możliwość usunięcia ciąży. Z pewnością w Arabii, tak jak w Kuwejcie, służące miały swoje sposoby na pozbycie się kłopotu.

– Nie.. Tak... Nie wiem. – Wiadomość zaskoczyła mnie na tyle, że nie wiedziałam, co odpowiedzieć.

– Dobrze się zastanów, zanim coś zrobisz – radziła mi Huda. – Żebyś później nie żałowała swojej decyzji.

Egipcjanka nie miała pojęcia, że już raz przez to przeszłam. Szczególnie kiedy widziałam małe dzieci, wciąż zastanawiałam się, jak by wyglądało moje nienarodzone maleństwo.

– Pomyślę, pomyślę... – powiedziałam i czym prędzej wróciłam do swojego pokoju.

Moje dwie współlokatorki trajkotały mi nad głową, więc w ogóle nie mogłam się skupić. Tym razem żaliły się na prawo, które daje sponsorom w Arabii Saudyjskiej całkowitą kontrolę nad zatrudnionymi służącymi. Narzekały na siedmiodniowy, całodobowy system pracy i brak wolnego czasu.

– Czuję się, jakbym była niewolnicą – skarżyła się jedna z nich tuż nad moim uchem. – Zabrali mi paszport, muszę cały czas im służyć i nie mogę opuścić pałacu. Jeszcze ani razu nigdzie nie wyjechałam z żadną z księżniczek... – westchnęła. – Te służące, które podróżują, to mają szczęście.

– No nie wiem, czy mają tak dobrze, czy opowiadają bajki, żebyśmy im zazdrościły – powiedziała sceptycznie druga współlokatorka. – Raz jedna z nich wyznała mi, że w hotelu mieszkają po kilkanaście w jednym pokoju i też nigdzie nie mogą same wychodzić. A księżniczki na zakupy zabierają tylko najbliższe służące, tak jak to się dzieje w Rijadzie, więc w rezultacie większość służących zamienia jedne mury na drugie. A że za nimi jest Paryż czy Nowy Jork? Jakie to ma znaczenie?

– Ale przynajmniej przelecą się samolotem – powiedziała leżąca na materacu obok koleżanka.

Myślałam o moim dziecku. Raz już wybrałam pracę, którą później niespodziewanie straciłam. Postanowiłam, że tym razem postąpię inaczej.

Następnego dnia znowu poszłam do Hudy.

– Chcę urodzić to dziecko – powiedziałam z przekonaniem.

– Powiedz mi tylko, z kim w pałacu mam porozmawiać o tym, że chcę wrócić do Indii.

Zdawałam sobie sprawę, co oznacza dla mnie ta decyzja. Wiedziałam, że zawiodłam kuwejcką księżniczkę, bo miałam zamiar zrezygnować z pracy przed upływem zwyczajowych dwóch lat. Byłam pewna, że jeżeli teraz wyjadę, to już nigdy nie będę mogła pracować na arabskich dworach.

– Najlepiej zwróć się z tym do Raszidy – poradziła mi Huda.

– Ona jest najbliżej młodszych księżniczek, a z tego, co wiem, to któraś z nich cię tu sprowadziła.

– Tak, szejka w Kuwejcie mówiła mi, że saudyjska księżniczka to jej koleżanka.

– No właśnie. A masz jakieś odłożone pieniądze? – zapytała Huda, chociaż pewnie spodziewała się, że zaprzeczę. Co miesiąc oddawałyśmy jej swoje pensje, które przekazywała kierowcy, a ten wysyłał je do naszych bliskich w ojczystych krajach. Część pieniędzy dodatkowo przeznaczałam dla męża w Kuwejcie.

– Tak – odpowiedziałam. Spojrzała na mnie, zdziwiona. – To trzymiesięczna odprawa, którą dostałam od księżniczki – wyjaśniłam. – Nie powiedziałam mężowi, że ją dostałam, bo gdyby się dowiedział, od razu zabrałby mi pieniądze. Ale po inwazji, kiedy po kilku latach pracy musiałam wrócić do Indii bez grosza przy duszy, obiecałam sobie, że jeśli to będzie możliwe, zawsze postaram się mieć gotówkę odłożoną na wszelki wypadek.

– To dobrze. Na pewno będą od ciebie żądali zwrotu poniesionych na ciebie kosztów. Inaczej nie oddadzą ci paszportu.

– Tak, wiem. – Wiedziałam, że taka jest powszechna praktyka, jeżeli służąca chciała odejść, zanim minęły zwyczajowe dwa lata.

– Porozmawiaj z Raszidą i zobacz, co się stanie. Wiadomo, że nikt nie będzie zadowolony z takiego obrotu sprawy. Nikt nie lubi zmiany służących. Poza tym ciebie poleciła księżniczka z Kuwejtu, a w dzisiejszych czasach trudno jest znaleźć zaufaną służącą. – Egipcjanka podeszła do mnie i wzięła moje dłonie w swoje ręce. – Ale dobrze robisz. Jeżelibyś nie urodziła tego dziecka, to uwierz mi, zawsze by cię prześladował jego cień. – Jej oplecione siatką zmarszczek oczy zaszły mgłą. – I pamiętaj, jeśli kiedykolwiek będziesz miała jakieś kłopoty, daj mi znać.

– Dziękuję ci, Huda. Bardzo ci dziękuję! – Mocno uścisnęłam jej dłonie.

Od tej chwili czekałam na stosowny moment, aby porozmawiać z Raszidą. Nie było to łatwe, bo rzadko ją widywałam. Jej pokój, jako pomieszczenie osobistej służącej jednej z księżniczek, znajdował się na piętrze, tuż obok prywatnych apartamentów szejki. Minęło parę dni, zanim zobaczyłam Raszidę w dolnym holu, niosącą luksusowe torby za dwiema wracającymi z zakupów księżniczkami. Ledwo ją poznałam, bo Raszida miała na sobie czarną abaję, którą obowiązkowo, tak jak hidżab, musiały nosić wszystkie kobiety w miejscach publicznych. Korzystając z okazji, szybko do niej podeszłam.

– Raszida! Muszę z tobą porozmawiać.

– Bibi! Nie teraz! Nie widzisz, że jestem zajęta?! – burknęła ze złością.

– Ale to ważne! – nalegałam.

– Dobrze, później, nie przeszkadzaj mi! – fuknęła niechętnie.

Księżniczki nawet na mnie nie spojrzały, bo tak jak wszyscy inni mieszkańcy pałacu zauważały tylko te służące, które bezpośrednio je obsługiwały. Reszta pałacowej służby była dla nich zupełnie przezroczysta i nigdy nie zatrzymywały na niej wzroku. Po paru dniach w moim pokoju pojawiła się Raszida.

– Co się stało? – zapytała. – Tylko mów szybko, bo nie mam czasu.

Nie czułam się dobrze z tym, że muszę to powiedzieć, bo dostałam pracę tylko dlatego, że księżniczki mi zaufały. Ale wówczas moje dziecko było dla mnie najważniejsze.

– Ja... Muszę wracać do Indii. Sprawy osobiste... – wykrztusiłam.

– Ktoś ci umarł? – To było pierwsze pytanie Raszidy.

– Nie.

– Jesteś w ciąży? – To było drugie pytanie Raszidy.

– Tak. – Zaskoczyło mnie, że tak szybko się domyśliła.

– Książęta zabrali cię na party? – To było trzecie pytanie Raszidy. Nie wiedziałam, o czym mówi. W końcu byłyśmy w restrykcyjnej Arabii Saudyjskiej. Widząc mój zdziwiony wyraz twarzy, zapytała wprost:

– Pytam, skąd ta ciąża.

– Jestem mężatką. Mąż jest w Kuwejcie. Dopiero co przyjechałam – tłumaczyłam się.

Na twarzy Raszidy pojawiła się ulga. A może tylko tak mi się zdawało.

– Ale wiesz, że będziesz musiała pokryć wszystkie wydatki związane z twoim przyjazdem do Arabii? Bilet, wiza i wszystkie inne.

– Tak, wiem.

– I bilet do Indii też sama kupisz!

– Wiem.

– Masz tyle pieniędzy?

– Chyba tak.

– Dobrze, porozmawiam z księżniczką, która cię przyjęła, i zobaczymy, co zadecyduje. Ale musisz trochę poczekać. Opóźniła się dostawa zamówionych sukien z Paryża i księżniczka jest w złym nastroju. Jak coś się wyjaśni, to cię powiadomię.

Z tego wynikało, że nadal zostawałam w Rijadzie, lecz nie wiedziałam, na jak długo.

W rzeczywistości cieszyłam się, że jestem w ciąży, ale męczyły mnie związane z nią dolegliwości. Kiedy inne służące zorientowały się, że jestem w odmiennym stanie, zaraz pojawiły się szepty za moimi plecami. Koleżanki zaczęły na mnie dziwnie patrzeć, jakbym zrobiła coś złego. A przecież mówiłam im, że mam męża, z którym żegnałam się w Kuwejcie. Ale wyglądało na to, że nie do końca mi wierzyły.

Starałam się, jak mogłam, żeby sumiennie wykonywać wszystkie moje obowiązki, ale nie zawsze mi to wychodziło. Ponieważ najczęściej sprzątałam łazienki, musiałam cały czas używać różnych środków chemicznych. To powodowało, że często miałam mdłości i zawroty głowy. Dlatego czasami musiałam przerwać pracę i iść do swojego pokoju, aby trochę odpocząć. Pewnego razu chyba zasnęłam na dość długo. Kiedy się obudziłam, był już późny wieczór. Służące, które akurat nie pracowały, jadły kolację. Jedna z nich zawołała mnie i powiedziała:

– Bibi! Książę poskarżył się Raszidzie, że niektóre łazienki na dole są brudne! Idź szybko i dokończ swoją pracę, bo dziś książę przyjmuje gości!

Natychmiast pobiegłam do tego skrzydła pałacu, którego rzeczywiście nie zdążyłam rano posprzątać. Wtedy po raz kolejny zrozumiałam, dlaczego musimy cały czas nosić chustki na głowie, a nawet w nich spać. Gdyby wezwano mnie do pracy w środku nocy, mogłabym łatwo zapomnieć o obowiązkowym zakryciu włosów.

Zabrałam się za doprowadzenie do porządku jednej z łazienek znajdujących się w tej części, w której książęta przyjmowali swoich męskich gości. Prędko czyściłam marmury i polerowałam pozłacane baterie sanitarne, bo nie chciałam, by ktokolwiek powiedział, że źle wykonałam swoją pracę. Przykładałam się do tego porządnie, zwłaszcza że zależało mi na szybkim odzyskaniu paszportu i wyjeździe do Indii. Skończyłam pierwszą łazienkę i przechodziłam do następnej, kiedy usłyszałam dźwięki muzyki, dobiegające z jednej z dużych pałacowych sal. Wielkie, ozdobione złoceniami drzwi były uchylone, więc z ciekawości zajrzałam do środka. Salę wypełniali mężczyźni w ghutrach na głowach, w większości ubrani w białe diszdasze. Z zapałem podrygiwali w rytm głośnej arabskiej muzyki. Dopiero po chwili zauważyłam, że na środku tańczy również kobieta, potrząsając wyzywająco pośladkami. Ubrana była nietypowo jak na tancerkę tańca brzucha. Miała na sobie czarną abaję z wysokimi rozcięciami po bokach. Kiedy tańczyła, pokazywała swoje jędrne uda, prowokując mężczyzn, którzy wokół niej licznie się gromadzili. Niektórzy zbliżali się do kobiety i prawie jej dotykali, kołysząc się z nią i wykonując w jej stronę wyuzdane ruchy. W górnej części abai kobiety znajdował się suwak, na tyle rozpięty, że odsłaniał piersi falujące zmysłowo w takt arabskich dźwięków. Kobieta tańczyła boso i raz po raz spod czarnego materiału wyłaniały się zgrabne nogi. Kilkudziesięciu zgromadzonych w sali mężczyzn mogło podziwiać je w całej okazałości. Twarz kobiety była zakryta czarną zasłoną, więc dało się zauważyć jedynie jej duże błyszczące oczy, rzucające wokół zachęcające spojrzenia. Chusta na głowie zasłaniała tylko część włosów, więc do połowy jej pleców spływały falujące pukle, którymi tancerka zarzucała seksownie w pulsującym tempie coraz gorętszych taktów. Rozochoceni mężczyźni tańczyli, niektórzy kręcili się wokół własnej osi, a tancerka w płynnych ruchach sunęła od jednego do drugiego, rozpalając ich zmysły. Najbardziej pobudzeni próbowali chwytać kobietę za ręce lub ocierać się o jej ciało, ale wtedy jeden z młodych mężczyzn pewnym ruchem obejmował ją w talii i odciągał na bezpieczną odległość. Człowiek ten miał na sobie grafitową diszdaszę, ale nie nosił ghutry. Jego gęste, półdługie włosy lśniły, pyszniąc się głębokim kruczoczarnym kolorem. Na małym palcu jego lewej ręki błyszczał pokaźny sygnet. Domyśliłam się, że jest to książę. Tancerka najwyraźniej była z nim w niezwykle zażyłych stosunkach, bo kiedy zaczęli razem tańczyć, od czasu do czasu się dotykali, a kobieta bezceremonialnie kładła rękę na jego ramieniu. W pewnym momencie książę objął tancerkę wpół i krążył z nią po sali, a wokół nich rozbawieni kołysali się pozostali mężczyźni. Wodząc za nimi wzrokiem, zauważyłam, że na podwyższeniu gra profesjonalny zespół muzyczny z solistą, który śpiewał do mikrofonu.

Nagle spostrzegłam, że dwóch mężczyzn idzie w stronę drzwi. Cofnęłam się, ale nie wiedziałam, co mam dalej robić. Panująca na sali frywolna atmosfera przypomniała mi szejków zabawiających się z prostytutkami pracującymi dla Radżu. Nie chciałam, żeby pobudzeni goście mnie zobaczyli, i pragnęłam jak najszybciej opuścić przeznaczone dla mężczyzn skrzydło pałacu. Z drugiej strony chciałam dobrze wykonać swoją pracę, a zostały mi jeszcze trzy łazienki do posprzątania. Po krótkim wahaniu pobiegłam do najbliższej z nich, mając nadzieję, że uda mi się dokończyć sprzątanie i nie natknąć na żadnego z mężczyzn. Przez następne dwie godziny lawirowałam między łazienkami i zaułkami pałacu, żeby bezpiecznie dokończyć pracę i wrócić do pokojów dla służby. Kiedy wreszcie mi się to udało, moje koleżanki jeszcze nie spały. Byłam rozgrzana intensywną pracą i ciągłym ukrywaniem się przed mężczyznami. Współlokatorki spojrzały na siebie znacząco i zaczęły chichotać. Przypomniałam sobie pytania Hudy i Raszidy dotyczące mojej ciąży. Zrozumiałam, że pałac w Rijadzie też skrywa swoje mroczne tajemnice.

Następnego dnia Huda sama poprosiła mnie do swojego pokoju. Już wiedziała, że poprzedniego dnia wróciłam do pokoju późno w nocy. Wśród rozplotkowanej służby nic nie mogło się ukryć.

– Co robiłaś w nocy w drugim skrzydle? – zapytała jeszcze przed podaniem herbaty Egipcjanka.

– Jak to co? – Miałam już dosyć podejrzeń dotyczących mojej osoby. – To, co zawsze. Sprzątałam.

– O północy? – spytała Huda.

– Tak. O północy sprzątałam łazienki – powiedziałam, podkreślając każde słowo.

Huda wyczuła moje zirytowanie.

– Bibi! Nie denerwuj się! To nie jest dobre w twoim stanie! – Postawiła przede mną parującą herbatę. – Nie złość się! Ja się tylko o ciebie troszczę! Jesteś tu nowa i jeszcze nie wiesz o wielu rzeczach!

– Wiem! Wczoraj widziałam, co tu się dzieje!

– Pałac to jeszcze nic! – Huda usiadła blisko mnie. – Pustynia! Tam dopiero dzieją się ekscesy! Lepiej, żebyś tam nie trafiła! – Słowa „pustynia" i „ekscesy" wywołały we mnie bolesne wspomnienia. Znowu usłyszałam stukot laski licytującego mnie starucha. Odruchowo złapałam się za brzuch. – Boli cię coś? – Egipcjanka spojrzała na mnie z niepokojem. – Czy w nocy, gdy sprzątałaś, nikt cię nie zaczepiał? – W jej głosie wyczułam prawdziwą troskę.

– Nie, chowałam się. Nie chciałam, żeby ktoś mnie zobaczył.

– Dobrze zrobiłaś! Bo widzisz, w Arabii Saudyjskiej na pustyni są podziemne nocne kluby! – Huda popatrzyła na mnie, sprawdzając, jakie wrażenie zrobiła na mnie ta wiadomość. Ponieważ nie odezwałam się ani jednym słowem, mówiła dalej: – Te kluby wyglądają tak samo jak najekskluzywniejsze kluby w Europie czy w Stanach, ale to nie wszystko. Książęta organizują tam takie party, przy których imprezy w lokalach w Londynie czy Nowym Jorku to zabawa w przedszkolu dla dzieci. – „Trzydzieści dwa, trzydzieści trzy, trzydzieści cztery! Jest!" – zabrzmiało mi w głowie odliczanie podczas zawodów seksualnych młodych Kuwejtczyków nad basenem. – Saudyjskie party mogą też być organizowane w dźwiękoszczelnych, pilnie strzeżonych willach. Jest ich sporo w nadmorskiej Dżuddzie. Książęta na swoje huczne imprezy zapraszają po sto kilkadziesiąt osób, a czasem nawet więcej. Gośćmi są wyłącznie członkowie rodziny królewskiej lub nadzwyczajnie bogaci Saudyjczycy, zarówno mężczyźni, jak i kobiety. Najczęściej mają po dwadzieścia lub trzydzieści lat. Tam jest wszystko. Jeżeli akurat jest Halloween, to każdy przychodzi w dziwacznym stroju. Profesjonalni DJ-e puszczają muzykę ze sprzętu najnowszej generacji, filipińskie barmanki przygotowują drinki z wyszukanych alkoholi albo lokalnie pędzonego bimbru zwanego *sadiqi*. Bibi! – zawołała nagle Huda. – Czy ciebie to wszystko nie dziwi? W końcu ja mówię o chyba najbardziej konserwatywnym państwie na świecie!

– Nie – odpowiedziałam. – Ja to wszystko znam z Kuwejtu.

– No tak. Więc teraz rozumiem, dlaczego nie jesteś zdumiona.

– Naprawdę, ja to bardzo dobrze znam – powtórzyłam. Przypomniałam sobie apartament Radżu i dodałam: – Prostytutki. Narkotyki...

– Tak – potwierdziła Huda. – Kokaina, haszysz... Ostatnio zaczyna się to wymykać spod kontroli. Dzieją się coraz gorsze rzeczy. Wiesz, jaki straszny czyn popełnił ostatnio jeden z saudyjskich książąt?

– Nie, chyba nie. Nic nie słyszałam.

– Książę porwał dwudziestopięcioletnią kobietę z centrum handlowego, wywiózł ją gdzieś, a następnie brutalnie zgwałcił. Kiedy ofiara próbowała uciekać, książę dopuścił się bestialskiego morderstwa. A później... włożył ciało do samochodu, pojechał do Dżuddy, wyrzucił zwłoki na ulicę i odjechał! Nieżywa kobieta leżała w czarnej abai, w nienaturalnej pozycji, z odkrytą twarzą i skręconymi nogami oraz rękami. Świadkowie tego zdarzenia przykryli ją kocem i zadzwonili na policję. Ktoś zapamiętał numery rejestracyjne pojazdu, dzięki czemu funkcjonariusze dotarli do księcia. – Huda zamilkła na chwilę, po czym zaczęła mówić dalej: – Seks, narkotyki, alkohol... Widocznie dla niektórych to ciągle za mało. Właśnie dlatego musisz na siebie uważać, szczególnie teraz, kiedy jesteś w ciąży. – Egipcjanka wypiła łyk herbaty. – Rozmawiałaś już z Raszidą o swojej sprawie?

– Tak.

– I co?

– Powiedziała, że porozmawia z księżniczką, ale jeszcze nie teraz. Poczeka na odpowiedni moment, bo teraz księżniczka jest w złym humorze. Chyba z Paryża nie dotarły jeszcze jakieś suknie.

– Rozumiem. Mam nadzieję, że to szybko się rozwiąże.

– Ja też.

357

Po paru tygodniach pozwolono mi wrócić do Indii, ale musiałam zwrócić wszystkie poniesione na mnie koszty i zapłacić za bilet lotniczy. Pochłonęło to całą moją odprawę, którą dostałam od księżniczki w Kuwejcie.

Tuż przed moim wyjazdem plotkujące służące znów miały gorący temat do rozmów.

– Ty wiesz, jak ostatnio zabawiają się książęta? – pytały się nawzajem z przerażeniem w oczach.

– Urządzają walki nieletnich dziewcząt na noże aż do śmierci jednej z nich! – przekazywały sobie z ust do ust.

Chociaż trudno było uwierzyć w tak szokującą wiadomość, życie nauczyło mnie, że na tej ziemi dzieją się rzeczy, o których ponad dziewięćdziesięciu procentom jej mieszkańców nawet się nie śniło. Nie wiem do końca, czy informacja o nowej rozrywce książąt była prawdziwa, ale jeden z kierowców zarzekał się, że na własne oczy widział krwawe zmagania dziewcząt. Na pewno nie ulegało żadnej wątpliwości, że co roku rodziny z biednych państw, Indii, Pakistanu, Sri Lanki i Filipin, sprzedawały setki dziewczynek, które miały służyć jako zabawki do dawania przyjemności bogatym Arabom. Niekiedy dzieci również porywano. Później trafiały najpierw do Dubaju, gdzie przyuczano je do tego, jak mają służyć szejkom. Następnie były im sprzedawane z wysokim zyskiem dla pośredników. Najwyższe ceny płacono za dziewice, ponieważ szejkowie szczególnie upodobali sobie deflorację. Może część szejków szukała jeszcze większych doznań i stąd organizowanie prawdziwych walk na śmierć i życie? Wiedziałam, że kochali pełne przemocy i krwi polowania z sokołami. Trzymali w domach dzikie lwy, nie zważając na to, że mogą być groźne dla otoczenia. Pomyślałam więc, że wszystko jest możliwe.

Kiedy w pałacu w Rijadzie pakowałam swoją niewielką torbę, przyszła do mnie Huda i powiedziała:

– Dobrze, że wyjeżdżasz. To nie jest bezpieczny kraj dla kobiet. Przypomniałam sobie praktykowane w Indiach zakopywanie w ziemi żywych noworodków płci żeńskiej, zabijanie małych dziewczynek, masowe, bezkarne gwałty i próbę zbiorowego pohańbienia mnie w mojej wiosce. Świat, do którego wracałam, wcale nie był lepszy.

# Rozdział XI

# Nowe życie

Moja ukochana, maleńka córeczka przyszła na świat w pewien ponury, deszczowy dzień po skomplikowanym cesarskim cięciu. Lekarze walczyli o zdrowie moje i mojego dziecka, bo osłabiony ciężką gruźlicą organizm źle znosił operację, a moje narządy rodne były pokaleczone przez przeprowadzony w prymitywnych warunkach zabieg przerwania ciąży. Pierwsze krwawienie zauważyła moja sąsiadka. Zwróciła uwagę na brunatną plamę na krześle, na którym wcześniej siedziałam. Później przyszły przeraźliwe bóle. Nie wybierałam się do szpitala, bo większość kobiet w mojej wiosce rodziła w domu. Ale kiedy odeszły mi wody i przez następnych parę godzin jęczałam w strasznych boleściach, mama zdecydowała, że trzeba mnie zawieźć do prywatnego szpitala. Nie miałyśmy pieniędzy na lekarzy, więc znowu trzeba było szybko zaciągnąć dużą pożyczkę na wysoki procent.

W szpitalu zrobiono mi USG, na podstawie którego stwierdzono, że dziecko jest zaplątane w pępowinę i trzeba wykonać cesarskie cięcie. Początkowo nie chciałam się na to zgodzić. Zwyczajnie się bałam. W szpitalu gruźliczym przestrzegali mnie, że wszelkie zabiegi chirurgiczne są dla mnie szczególnie groźne ze względu na osłabione płuca. Lekarze w szpitalu położniczym musieli mnie długo przekonywać, że w mojej sytuacji cesarka jest jedynym rozwiązaniem. Dopiero gdy bóle stały się nie do wytrzymania i zaczęłam się dusić, podpisałam zgodę na zabieg.

Dostałam znieczulenie miejscowe i doktorzy co chwilę sprawdzali, czy już zaczęło działać. Ale kiedy dotykali mnie skalpelem, krzyczałam z bólu, więc nie można było zacząć. Po paru nieudanych próbach, gdy wciąż czułam ból spowodowany dotykiem zimnego, metalowego narzędzia w dole brzucha, lekarze nerwowo zaczęli się spierać, czy powinni dać mi jeszcze jeden zastrzyk. Jedni uważali, że to może być groźne dla mojego zdrowia, a nawet życia, inni zaś przekonywali, że w tej sytuacji nie ma innego wyjścia. W końcu, mimo sprzeciwu części personelu lekarskiego, zwiększono dawkę znieczulenia. Na podstawie toczących się rozmów zorientowałam się, że podano mi maksymalny dopuszczalny limit lekarstw.

Zaczęło się. Leki wreszcie zadziałały, więc już nie odczuwałam bólu od pasa w dół. Usłyszałam charakterystyczny odgłos przecinania powłok brzusznych. Lekarze rzucali urywane, sobie tylko zrozumiałe zdania. Atmosfera w sali stawała się coraz bardziej nerwowa. Miałam wrażenie, że co chwilę się gdzieś zapadam, i chyba traciłam świadomość, bo stojący po dwóch stronach mojego łóżka lekarze i pielęgniarki ciągle coś do mnie mówili, zadawali mi jakieś pytania, po czym na siłę żądali odpowiedzi i dokładali wszelkich starań, żebym cały czas była przytomna. Wydawało mi się, że to wszystko trwa nieskończenie długo. Wreszcie, po dramatycznych wysiłkach całego personelu, dotarł do mnie pierwszy krzyk mojego dziecka.

– Dziewczynka! – powiedział doktor tonem, jakby stało się największe nieszczęście.

– Dziewczynka... – powtórzyła pielęgniarka, wzdychając ciężko parę razy.

– Zobacz! – Lekarz pokazał mi na chwilę umazanego mazią płodową i krwią noworodka. Następnie przekazał dziecko pielęgniarce, która wyniosła je z sali.

Lekarze zajęli się szyciem mojej rany.

– Rwie się! – Jak przez mgłę słyszałam komentarze.

– Ja nie dam rady, ty spróbuj!

– Ciężki dzień! – narzekali lekarze.

Po ponad dwóch godzinach zabieg się skończył.

W sali, gdzie leżały matki po porodach, panowała grobowa atmosfera.

– Same dziewczynki dzisiaj! – z żalem mówiła położna.

– W całym tygodniu prawie same dziewczynki! – dodawała inna.

– Jakiś urok czy co? – Hinduska plunęła przez ramię.

– Spójrz na te nieszczęśnice! – Położna wskazała leżące w łóżkach kobiety. – Ze wstydu nie wiedzą, gdzie schować oczy!

Rozejrzałam się wokół. Siedząca na łóżku obok mnie świeżo upieczona matka trzymała ze spuszczoną głową swoje zawiniątko. Wokół jej łóżka zgromadziła się rodzina jej męża i patrzyła na nią oskarżycielsko.

– Już trzecia dziewczynka!

– Kiedy wreszcie urodzisz chłopca?!

– To twoja wina! – wołały krewne jej męża.

Po twarzy młodej matki spływały łzy i kapały na kocyk, którym owinięto jej dziecko.

Ja też urodziłam dziewczynkę. Dobrze, że mój mąż nadal przebywał w Kuwejcie. Na pewno też by mi wypominał, że nie urodziłam mu syna. Spojrzałam na moją córeczkę. Przytuliłam ją do siebie i już wiedziałam, co zrobię. Dam jej na imię

Mumtaz. Wyróżnię ją tym imieniem, tak jak cesarz Szahdżahan[1] uhonorował kobietę, miłość swojego życia, wznosząc na jej cześć mauzoleum, które wielu ludzi uważa za najpiękniejszą budowlę świata – Tadż Mahal. Ten cudowny pomnik miłości, położony w Agrze, nad rzeką Jamuna, w odległości ponad dwustu kilometrów od Delhi, przyciąga co roku setki tysięcy turystów. Uwielbiam opowiadać historię z nim związaną, bo pokazuje siłę prawdziwej miłości i cześć oddaną kobiecie w kraju, w którym dzisiaj pojawienie się na świecie dziewczynki jest powodem do dużego zmartwienia.

Kiedy książę Churram z dynastii Wielkich Mogołów, spokrewniony z jednym z największych zdobywców świata Czyngis--chanem, odwiedzał w tysiąc sześćset siódmym roku rodzinę jednej z żon swojego ojca, córki perskiego dostojnika i wezyra Mirzy Ghijasa-bega, spodobała mu się jej czternastoletnia bratanica Ardżumand Banu Begum. Zapałał do niej takim uczuciem, że zabił jej męża, aby ją poślubić. Nastąpiło to pięć lat później, bo książę czekał na odpowiednią astrologiczną datę, aby zawrzeć swój wymarzony związek. Rozkochany mężczyzna uważał, że jego żona „wyglądem i charakterem przewyższa wszystkie kobiety świata", i dlatego nadał jej nowe imię Ozdoba Pałacu – Mumtaz Mahal. Piętnaście lat później książę został cesarzem Szahdżahanem, a jego żona – cesarzową. Mumtaz była ukochaną i uwielbianą żoną cesarza, a także jego powiernicą. Wieczorem siadywała na perskich dywanach i z uwagą słuchała męża. Zawsze trwała u jego boku, towarzyszyła mu w podróżach po imperium, a nawet brała udział w wyprawach wojennych. Kiedy w tysiąc sześćset trzydziestym pierwszym roku wojska cesarskie udały

---

[1] Szahdżahan (Shahbuddin Muhammad Szahdżahan, 1592–1666) – piąty władca imperium muzułmańskiego w Indiach z dynastii Mogołów, nakazał wybudowanie Tadż Mahal po stracie ukochanej żony Mumtaz Mahal (1593–1631).

się na południe subkontynentu, uczestnicząca w tej kampanii Mumtaz zmarła przy porodzie córki Gauharary Begum.

Śmierć najukochańszej kobiety sprawiła, że cesarz osiwiał w ciągu jednej nocy i przygarbił się na zawsze. Przez następne dni prawie nie jadł, nie pił i nie spał. Pogrążony w rozpaczy, ogłosił w wielkim kraju dwuletnią żałobę, zakazując śpiewów, tańców, jakiegokolwiek świętowania, a nawet strojenia się w klejnoty i skrapiania perfumami. Sam zrezygnował z królewskich szat i przemów do poddanych. Ogarnęła go wyłącznie jedna obsesja: zbudować najdroższej zmarłej żonie mauzoleum, którego piękno zachwyciłoby cały świat. Rozpoczęta rok po śmierci tak ubóstwianej kobiety budowa trwała ponad dwadzieścia lat. Przy nazwanym na cześć cesarzowej Tadż Mahal monumencie pracowało nieustannie ponad dwadzieścia tysięcy robotników, architektów, artystów, rzeźbiarzy i dekoratorów. Pomnik miłości powstał z marmuru, złota, srebra i klejnotów. Marmur sprowadzany był z kamieniołomu odległego o prawie trzysta pięćdziesiąt kilometrów, a do jego transportu wykorzystano tysiąc słoni. Kamienie szlachetne, złoto i srebro do ozdoby ścian sprowadzano z Arabii, Persji, Bagdadu, Rosji, Chin, Tybetu i Cejlonu. Powstał oszałamiający doskonałym pięknem, najwspanialszy na świecie monument miłości. Charakteryzuje go idealna harmonia i symetria, bo ze wszystkich stron wygląda tak samo. Wrażenie lekkości potęgują sklepienia łukowe, kształtne kopuły, ażurowe zdobienia i wymyślne arabeski. Biały marmur inkrustowany jest diamentami, rubinami, zielonymi jadeitami, kryształem górskim, czerwonymi agatami, błękitnymi turkusami, ciemnoniebieskimi lapis lazuli, szafirami, szmaragdami i wieloma innymi drogocennymi kamieniami. Do licznych zdobień należą też inskrypcje z czarnego marmuru. Kiedy olśniewająca budowla odbija się w tafli błękitnej wody, odnosi się wrażenie, że grobowiec znajduje się w niebie. Wewnątrz, dokładnie pośrodku mauzoleum, otoczony ażurowymi parawanami z białego marmuru, mieści się cenotaf, symboliczny sarkofag cesarzowej, której szczątki pochowane są w krypcie poniżej. To centralne, specjalnie wybrane miejsce wiecznego spoczynku cesarzowej Mumtaz Mahal ma wskazywać na to, że dla potężnego cesarza jego małżonka była centrum wszechświata. Podczas pełni księżyca zbudowany z białego błyszczącego marmuru, eteryczny Tadż Mahal o bajecznym kształcie promieniuje wręcz nieziemskim pięknem. Ten ponadczasowy cud architektury, zwany „świątynią miłości", został wzniesiony na znak absolutnej miłości mężczyzny do kobiety.

Przypominając sobie tę historię, trzymałam w ramionach moją maleńką, nowo narodzoną córeczkę Mumtaz i szeptałam jej do uszka:

– Zobaczysz, będziesz szczęśliwa, obiecuję ci to. – Pocałowałam ją w czółko. – Będziesz szczęśliwa. Na pewno.

Ze szpitala pojechałam z dzieckiem do domu mojej mamy. Mieszkałam w nim prawie cały czas od momentu mojego przyjazdu z Arabii Saudyjskiej. Kiedy tak szybko wróciłam do wioski, i to do tego w ciąży, znowu zaczęły się nieprzyjemne plotki na mój temat. Wszyscy wiedzieli, że mój mąż jest w Kuwejcie. Bałam się sama mieszkać w jego domu, tuż obok moich niedoszłych gwałcicieli. Mama też nie była zadowolona, że ze względu na ciążę zrezygnowałam z pracy w Arabii. Od pierwszego dnia ciągle mi powtarzała, że zaraz po porodzie mam jechać do pracy do Kuwejtu. Nawet obiecała, że pożyczy pieniądze, żeby zapłacić pośrednikom, którzy przyślą mi wizę.

– Jedź do Kuwejtu i wreszcie spłać wszystkie swoje długi! – słyszałam to prawie codziennie. – Nie możesz tu tak siedzieć i nic nie robić!

W ten sposób dawała mi do zrozumienia, że jestem na utrzymaniu męża mojej siostry, Mowlala, który przysyłał pieniądze z Arabii Saudyjskiej. Problem polegał na tym, że sumy te nie były duże, bo on też oddawał pożyczone na swój wyjazd pieniądze. Kiedy nagle przyjechałam w ciąży bez grosza przy duszy, w domu znowu ledwo starczało na jedzenie. A potem jeszcze mama zapłaciła za kosztowne cesarskie cięcie w prywatnym szpitalu.

Bardzo chciałam zostać w Indiach i zająć się moją maleńką córeczką, ale to było niemożliwe. Musiałam ją zostawić. Kiedy nadszedł ten moment, stałam w drzwiach z rozdartym sercem, nie mogąc przekroczyć progu, który oddzieli mnie od mojego dziecka. Kiedy ją znowu zobaczę? – myślałam w rozpaczy. – Najwcześniej za dwa lata. A ona jest taka maleńka... Tak samo jak Basma, kiedy zaczęłam się nią zajmować. Poświęciłam tyle czasu i wysiłku, służąc obcemu dziecku, a teraz nie mogę zostać i wychować własnej córki. Gorzkie łzy płynęły mi po policzkach i nie zdołałam zrobić kroku, bo miałam wrażenie, że nogi mam tak sparaliżowane jak wtedy, kiedy podali mi zastrzyki przed cesarskim cięciem.

– No idź już, idź! – Mama wypchnęła mnie za drzwi. – Spóźnisz się na pociąg, a później na samolot! – Nie mogłam oderwać oczu od trzymanej na rękach przez siostrę mojej córeczki Mumtaz. Rozpłakałam się na głos i chciałam wrócić, aby ostatni raz przed podróżą pocałować moje dziecko, ale mama stanęła w drzwiach i zagrodziła mi przejście. – Idź już! – krzyknęła na mnie ostro. – Zaraz przyjedzie pociąg!

– Opiekujcie się nią dobrze! – zawołałam na odchodne i szlochając, poszłam sama na dworzec kolejowy. Mumtaz była za mała, żeby pobiec za pociągiem, tak jak kiedyś zrobiłam to ja, gdy moja mama odjeżdżała do pracy do Kuwejtu.

Po wylądowaniu zobaczyłam już dobrze mi znany widok. Na lotnisku dziesiątki kobiet z Indii, Sri Lanki i Filipin stały potulnie w kolejkach, żeby dopełnić niezbędnych formalności związanych z przekroczeniem granicy i podjęciem pracy jako służące w kuwejckich domach. Ich twarze wyrażały całą gamę uczuć. Radość spowodowana tym, że udało im się przyjechać do Kuwejtu, gdzie będą mogły zarabiać i wysyłać pieniądze swoim rodzinom, aby zapewnić im podstawowy byt, mieszała się ze strachem przed niepewnością, do jakiego domu trafią i co je tam spotka. Przyjeżdżałam do nowego sponsora, więc musiałam na niego czekać, aby mnie odebrał i podpisał odpowiednie dokumenty. Stałam i zastanawiałam się, kto po mnie przyjdzie. Jeżeli widziałam sympatycznie wyglądającą twarz, miałam nadzieję, że właśnie to jest mój pracodawca. Jeżeli natomiast pojawiał się groźnie wyglądający mężczyzna, chowałam się za inne służące, jakby to mogło mnie uchronić przed służeniem złym ludziom. W końcu wyczytano moje nazwisko. Poszłam i zobaczyłam starego, grubego Kuwejtczyka w diszdaszy, podpisującego moje papiery. Od razu wiedziałam, że go nie polubię. W wyrazie twarzy, spojrzeniu, całej postawie miał coś takiego, że budził we mnie grozę. Kiedy podeszłam, zmierzył mnie od góry do dołu swoim pożądliwym wzrokiem, który później tak znienawidziłam, i cmoknął obleśnie. Jego usta wykrzywiły się w nienaturalnym uśmieszku, a oczy zaszkliły się złowrogo. Popatrzył na mnie jak na swoją własność i ruchem głowy dał do zrozumienia, żebym za nim poszła. Nie mogłam zrobić nic innego, niż go posłuchać.

W samochodzie zamknęłam oczy, zacisnęłam mocno kciuki i w kółko powtarzałam w duchu: „*Madame* na pewno będzie dla mnie dobra, *madame* na pewno będzie dla mnie dobra". Nie bałam się nawału obowiązków, bo od dziecka byłam przyzwyczajona do ciężkiej pracy. Pragnęłam za to ze wszystkich sił, żeby mnie dobrze traktowano.

Kiedy auto się zatrzymało, otworzyłam oczy. Staliśmy przed dużą willą. Mężczyzna nic nie mówiąc, wysiadł z samochodu. Zrobiłam to samo. Dom był spory, więc pomyślałam, że na pewno będę jedną z paru służących. Miałam nadzieję, że znajdę życzliwą koleżankę, z którą będę mogła podzielić się swoim bólem spowodowanym rozłąką z moją córeczką. Milczący Kuwejtczyk nie otworzył dużych głównych drzwi, prowadzących do rezydencji, lecz skierował się na tyły domu. Nie zdziwiło mnie to, było bowiem powszechnie przyjęte, że w willach są oddzielne, boczne wejścia dla służby. Mężczyzna wszedł do środka, a ja za nim. W wąskim, ciemnym korytarzu zobaczyłam schody. Zeszliśmy na dół. Na końcu schodów znajdowały się niedomknięte drzwi. Mężczyzna je pchnął, po czym gestem pokazał mi, żebym weszła do mieszczącego się za nimi pokoju. Kiedy to zrobiłam, Kuwejtczyk zatrzasnął drzwi z drugiej strony i zamknął je na klucz.

Postawiłam moją torbę na podłodze i rozejrzałam się wkoło. Było to niewielkie pomieszczenie z rozłożonym na podłodze jednym materacem. Obok, za niewielkim przepierzeniem, znajdowała się prowizoryczna łazienka z rozlatującym się prysznicem. Na podłodze stała mała lodówka. To wszystko. W pokoju nie było okien.

A później...

Myślałam, że potrafię już opowiedzieć o wszystkim, ale się myliłam. Ogromnie się myliłam. Moje ciało na rękach, udach i piersiach wciąż szpecą głębokie szramy po cięciach nożem. W dole brzucha mam brzydką bliznę po wielokrotnie krwawiącej i ropiejącej ranie po cesarskim cięciu. Okrągłe, ciemnoczerwone wgłębienia na całym ciele przypominają o przypalaniu cygarami.

Są też ślady po nożyczkach. Nie, nie mogę teraz o tym mówić. Jeszcze nie teraz, choć od tamtego czasu minęło już kilkanaście lat. Może kiedyś opowiem o tym dokładnie. A może nigdy. Przychodził do mnie co noc, a ja wtedy myślałam: Dlaczego nie umarłam na gruźlicę? Dlaczego nie zginęłam od bomby „Chemicznego Alego"? Dlaczego nie wpadłam pod koła pociągu? Dlaczego dawka gazu, którą zażyłam, była za mała, żeby umrzeć? Dlaczego moja mama i siostra uratowały mnie od śmiertelnego ciosu, który chciał zadać mi mój ojciec? Dlaczego w ogóle się urodziłam?

Po paru miesiącach, a może roku, bo trudno nawet powiedzieć, ile czasu spędziłam sama w piwnicy, myślałam wyłącznie o jednym: jak odebrać mu jego długi i ostry nóż. Marzyłam, że wbijam go w jego wielki brzuch, a on leży i powoli wykrwawia się do końca. Ale jeszcze przedtem, zanim wyda ostatnie tchnienie, pozbawiam go męskich narządów… W momencie kiedy obmyślałam mój plan, dopadał mnie atak tak silnego kaszlu, że prawie się dusiłam. Kaszlałam i kaszlałam, specjalnie głośno, mając nadzieję, że ktoś mnie usłyszy. A później wyłam rozpaczliwie w samotności jak złapane w sidła zwierzę.

Na początku płakałam i prosiłam go, żeby mnie wypuścił. Później, zaraz gdy wszedł, rzucałam się na niego z pięściami. Przez pewien czas starałam się być dla niego miła, mając nadzieję, że mnie polubi i wysłucha. Naprawdę próbowałam wszystkiego. Zaciskania nóg. Gromadzenia podpasek ubrudzonych krwią miesięczną, by go oszukać, że znowu mam okres. Obejmowania kolan rękami i zwijania się w kłębek, żeby było mu jak najtrudniej się do mnie dobrać. Kopania, gryzienia i drapania. Ale to nic nie dało. Wręcz przeciwnie. Stawał się pobudzony w jeszcze większym stopniu. Brał nóż… Przez cały ten czas nie odezwał się do mnie ani słowem.

Nie wiem, kto wtedy otworzył drzwi. Czy była to kobieta, czy mężczyzna. Czy inna służąca, czy kierowca, czy ktoś z domowników z wielkiej willi. Wiem tylko, że ktoś otworzył drzwi i stanął w progu, pytając zdziwiony:

– Kto tu jest?

To nie był on.

Rzuciłam się do ucieczki. Wybiegłam na zewnątrz i słońce tak mnie oślepiło, że przez chwilę zupełnie nic nie widziałam. Biegłam przed siebie, nie oglądając się w tył, byle uciec jak najszybciej i jak najdalej. W pewnym momencie znalazłam się chyba na ulicy, bo ze wszystkich stron usłyszałam głośne klaksony. Nie wiem, czy potrącił mnie samochód, czy sama straciłam przytomność. Wiem, że nagle upadłam bez czucia na ulicę.

Kiedy się obudziłam, leżałam w czystej pościeli w normalnym łóżku. Byłam chyba w czyimś domu. Przestraszyłam się, że mnie złapali i jestem na górze willi mojego sponsora. Usłyszałam toczoną po angielsku rozmowę.

– Jak myślisz? Skąd ona jest? – pytała kobieta.

– Wygląda na Hinduskę – odpowiedział mężczyzna.

– Widziałeś jej rany? – W głosie kobiety współczucie mieszało się z przerażeniem. – Może od razu powinnam ją zawieźć do szpitala?!

– Nie, Linda, dobrze zrobiłaś, że do mnie zadzwoniłaś. W końcu sam jestem lekarzem. Przepiszę jej antybiotyki, odpowiednie maści. Jak najszybciej powinien ją też zbadać ginekolog. Podejrzewam, że rany są nie tylko zewnętrzne. Mam tu jednego znajomego, który tak jak ja pochodzi z Nowego Jorku. To zaufany człowiek. Zostawię ci jego numer telefonu. Jeżeli zawiozłabyś ją do szpitala, od razu skontaktowaliby się z jej sponsorem. Takie mają procedury. A wygląda na to, że właśnie od niego uciekła.

– Masz rację. Niech dojdzie trochę do siebie, a później powiadomimy jej ambasadę.

– Linda, jeżeli naprawdę chcesz pomóc tej dziewczynie, to lepiej będzie, jeśli sama zajmiesz się jej leczeniem. Wiesz, co się dzieje teraz w ambasadach Indii i Filipin? Dziesiątki uciekinierek, z których każda to oddzielny przypadek! A w takim stanie, w jakim jest, ambasada umieściłaby ją w szpitalu, który zadzwoniłby do sponsora. Ambasada ledwie ogarnia problem ogromnej liczby uciekinierek. Musi zapewnić im schronienie, wyżywienie, nowe dokumenty. Prawie żadna nie ma paszportu, który został u ich pracodawców. Pracownicy ambasady mają na głowie tyle spraw, że jeżeli naprawdę chcesz jej konkretnie pomóc...

– Tak, David, chcę. My sobie zazwyczaj wygodnie żyjemy w naszych cywilizowanych krajach i potrafimy jedynie urządzać konferencje i ładnie mówić o prawach człowieka i wolności jednostki. Nie zdajemy sobie sprawy z tego, że dla milionów ludzi na świecie nie istnieje podstawowe prawo: do poszanowania godności ludzkiej – mówiła z głębokim przekonaniem kobieta.

– Zobaczyłam ją, kiedy jak oszalała wybiegła na ulicę. Samochody zaczęły trąbić, zatrzymywać się z piskiem. Wtedy upadła. Wysiadłam z auta i zobaczyłam straszne krwawiące cięcia na jej ciele. Ktoś chciał dzwonić na policję, ale w jakimś nagłym odruchu podniosłam ją i słaniającą się na nogach, ledwie przytomną, zaprowadziłam do swojego samochodu.

– Policja też od razu powiadomiłaby jej sponsora – stwierdził mężczyzna. – Ona tu jest jego własnością i miałaby obowiązek do niego wrócić. Jedyną możliwością jest ucieczka do ambasady, ale tam są dziesiątki takich jak ona.

– Sam widzisz, jakie tu panuje prawo. Tak, David, pomogę jej – powiedziała kobieta z taką żarliwością, jakby miała do wykonania jakąś misję.

Doktor zbliżył się do mojego łóżka.

– Linda! – zawołał. – Chodź tu! Obudziła się!

Zobaczyłam nachylającą się nade mną kobietę. Miała krótko ścięte, kasztanowe włosy i życzliwą twarz, wyrażającą niezwykłe przejęcie i troskę.

– Mówisz po angielsku? – zapytała.

Poruszyłam niewyraźnie ustami, starając się wypowiedzieć jakieś słowa. Przypomniałam sobie, jak przywoływałam w wyobraźni marmurową, lśniącą nieziemskim blaskiem budowlę Tadż Mahal, aby swoim promieniującym pięknem rozświetlała czeluści komórki, w której byłam uwięziona. Żeby nie zapomnieć języka, rozmawiałam z moją córeczką Mumtaz. Kołysałam ją na rękach i mnóstwo razy opowiadałam jej o mężczyźnie, który tak pokochał kobietę, że kazał zbudować dla niej najpiękniejszą budowlę świata. Śpiewałam mojej córeczce kołysanki. Brałam ją na spacery. Bawiłam się z nią kolorowymi zabawkami Basmy. Nawet urządziłam jej królewskie urodziny. Ubrałam ją w piękną suknię. Założyłam biżuterię. Potem powiozłam pełną przepychu karetą. Właśnie dzięki temu przeżyłam i nie zapomniałam ludzkiej mowy.

– Mówisz po angielsku? – powtórzyła pytanie kobieta.

– Tak – odpowiedziałam cicho. Przecież kiedyś w Indiach z angielskiego byłam najlepsza w klasie.

– To świetnie! – Twarz kobiety rozjaśniła się. – Jak masz na imię?

– Bibi.

– Ja mam na imię Linda. Mów do mnie Linda.

– Dobrze, *madame*.

– Mów mi Linda.

– Tak, *madame*.

Kobieta i doktor wymienili się spojrzeniami.

– Skąd jesteś? – zapytała łagodnie kobieta.

– Z Indii.

– Opowiesz nam, co się stało?

W moich oczach momentalnie pojawiły się łzy, zaczęłam trząść się jak w delirium, a całym moim ciałem wstrząsnął gwałtowny atak kaszlu.

– Nie mów, nic nie mów! – krzyknęła od razu kobieta.

– Tak, daj jej odpocząć – powiedział doktor. – Na stole masz wypisane recepty. Koniecznie zadzwoń do tego ginekologa. Tu masz jego numer. – Podał kobiecie wizytówkę. – Ja już muszę iść. Odżywiaj ją dobrze, ale na początku podawaj jej tylko wzmacniające zupy. Nie wiadomo, ile to trwało i jak była karmiona.

– Pakował swoją lekarską torbę. – Codziennie będę ci tu przysyłać moją pielęgniarkę. Przemyje i opatrzy jej rany. Bibi rozumie po angielsku, więc spróbuję też znaleźć dla niej jakiegoś psychologa. A w razie czego dzwoń do mnie.

– Dobrze, David. Dziękuję ci za wszystko.

Lekarz podszedł do mojego łóżka, wziął mnie za rękę i powiedział:

– Bibi! Wszystko będzie dobrze! Wyjdziesz z tego! – Uśmiechnął się przyjaźnie, ściskając mi mocno dłoń.

Przez następny miesiąc kobieta opiekowała się mną z niezwykłą troską. Zabrała mnie też do ginekologa, który aż krzyknął z przerażenia, gdy zaczął badanie.

– Dziecko! – zawołał. – Kto cię tak urządził?!

Stojąca obok pielęgniarka odwróciła głowę, a po jej policzkach zaczęły płynąć duże łzy.

Dwa razy w tygodniu przychodziła też do mnie wyjątkowa sympatyczna Amerykanka, która przez godzinę ze mną rozmawiała. Właściwie to ona mówiła, a ja jej słuchałam. Jedynie czasem, kiedy zadawała jakieś pytania, ruchem głowy potwierdzałam jej przypuszczenia. To była pani psycholog.

Pewnego dnia, kiedy *madame* Linda poszła do pracy, a ja poczułam, że mam już dość siły, wstałam i posprzątałam kuchnię, łazienkę, sypialnię, jadalnię i salon. Wyprałam też jej wszystkie brudne ubrania, a pozostałe wyprasowałam. Następnie w kuchni znalazłam potrzebne produkty i ugotowałam obiad. Kiedy *madame* Linda przyszła z pracy, zobaczyła czysty apartament, wypraną odzież oraz powieszone na wieszakach spodnie i koszulowe bluzki, które zwykle zakładała do pracy.

– *Madame*, zaraz podam obiad – powiedziałam.

*Madame* Linda dziwnie na mnie spojrzała, a kiedy postawiłam przed nią dymiące danie i podałam jej sztućce, rozpłakała się na głos. Nie wiem, dlaczego tak zrobiła.

Doktor David przychodził do nas regularnie i za każdym razem dokładnie mnie badał. Polecił nawet swojej pielęgniarce pobrać mi krew i mocz do analizy. Czasem *madame* Linda zapraszała go na obiad. Wtedy często słyszałam rozmowy o sytuacji służących w Kuwejcie.

– Wiesz, Linda, że przypadki złego traktowania służby wyraźnie się zwiększyły po inwazji? – zapytał doktor.

– Słyszałam o tym. Mówi się o dziesiątkach dramatycznych przypadków.

Później *madame* Linda i doktor David zniżali głos, abym nie usłyszała tego, o czym rozmawiali. Ale czasami docierały do mnie mrożące krew w żyłach historie.

Opowiadano o ślicznej nepalskiej służącej, którą kuwejcki pracodawca zmuszał do kontaktów intymnych. Dziewczyna natomiast zakochana była z wzajemnością w zatrudnionym w tym samym domu kierowcy. Pewnego razu jej sponsor wyszedł, a para spotkała się w pokoju służącej. Prawdopodobnie zazdrosny sponsor coś podejrzewał i dlatego szybko wrócił do domu. Kiedy zobaczył swoją nałożnicę w ramionach kierowcy, jego wściekłość sięgnęła zenitu. Zamknął parę w pokoju, po czym sprowadził swoich kolegów. Mężczyźni zaczęli bez opamiętania bić kochanków do momentu, aż obydwoje umarli od ciężkich ciosów. Ciała były tak zakrwawione i zmasakrowane, że trudno ich było rozpoznać. W innym przypadku zarzucono kierowcy, że Kuwejtce, u której pracował, czynił niedwuznaczne propozycje. Wątpię, żeby to była prawda, bo kierowca nigdy nie odważyłby się na coś takiego. Ale mężczyźni z jej rodziny uważali, że tak się stało. Zamknęli go w garażu i zaczęli się okrutnie nad nim znęcać. Jeden z mężczyzn przypalał go palnikiem, drugi bił grubym pasem, a trzeci dźgał nożem. Na koniec oprawcy zawinęli go w stary dywan i zaczęli po nim skakać. Skatowali go na śmierć. Zmarł w strasznych męczarniach.

– Uważa się, że ten wyraźny wzrost brutalnej przemocy wobec służby po inwazji to wynik PTSD, czyli *Posttraumatic Stress Disorder* – mówił doktor David. – Kuwejtczycy byli świadkami wymyślnych tortur i gwałtów. Wielu osobiście przeżyło trudne do zniesienia tortury. Sama inwazja również była nagła i bez-względna. A później ciemności i apokaliptyczne obrazy po pod-paleniu przez Saddama szybów naftowych...

– Ale takie okrucieństwa?! – Wyczułam, że *madame* Linda ze sceptycyzmem podchodzi do tej teorii. – Czy zespół stresu pourazowego jest dostatecznym wytłumaczeniem nieludzkich zachowań?

Zgadzałam się z *madame* Lindą. Ja też uważałam, że żaden PT-coś tam nie może usprawiedliwić bezlitosnego i bestialskiego dręczenia drugiego człowieka.

– Przeżycie traumatycznego wydarzenia wywołuje różnego rodzaju zaburzenia – tłumaczył doktor David. – Lista objawów jest długa i obejmuje między innymi trudności ze snem, koszmary senne, depresje, stany lękowe, ale też rozdrażnienie i wybuchy gniewu. Istnieją badania, które potwierdzają związek między zespołem stresu pourazowego a wzrostem przemocy i agresji.

Przypomniałam sobie dramatyczne przypadki gnębienia służących w Arabii Saudyjskiej. Zapadła mi w pamięć zwłaszcza historia Filipinki, która doznała ciężkich poparzeń, obejmujących całą tylną część ciała, bo jej *madame* oblała ją wrzącą wodą. Dwudziestotrzyletnia służąca po przyjeździe do pracy w saudyjskim domu od samego początku była notorycznie kopana, bita i poniżana przez swojego sponsora i jego żonę. Jej płacz z tęsknoty za domem powodował jeszcze większe obelgi i częstsze razy ze strony jej pracodawców. W końcu Saudyjczyk za namową żony, która już dłużej nie chciała mieć takiej służącej, oddał Filipinkę na służbę swojej matce. Ta również nie była zadowolona z obsługi i ciągle krzyczała i wyzywała dziewczynę. Pewnego razu *madame* poprosiła o zaparzenie i podanie kawy. Kiedy oczekiwanie na napój się przedłużało, *madame* rozzłoszczona, że musi tak długo czekać, wzięła czajnik z gotującą się wodą i całą zawartość wylała na plecy służącej. Wrzątek poparzył ręce Filipinki oraz całe jej plecy, pośladki i uda. Służąca dopiero po sześciu godzinach została zabrana do szpitala, gdzie w sekrecie zdołała podać pielęgniarce kartkę z prośbą o pomoc i danymi kontaktowymi do jej rodziny. Zaalarmowana tą drogą kuzynka służącej dotarła do szpitala, udokumentowała rozległe rany na plecach poparzonej krewnej, a następnie powiadomiła ambasadę Filipin. Pracownicy placówki szybko zajęli się sprawą i uwolnili służącą od zależności od jej sponsora. Przez następne tygodnie kobieta pod opieką ambasady leczyła swoje straszliwe rany i czekała na wizę wyjazdową.

Pomyślałam, że Saudyjczycy nie przeżyli żadnej inwazji, a też dokonywali makabrycznych, niczym nieuzasadnionych aktów okrucieństwa wobec służby. Wiedziałam, że niejednokrotnie zdarzały się również w Kuwejcie jeszcze przed atakiem Saddama. Jakby czytając w moich myślach, *madame* Linda powiedziała:

– David, nie sądzę, żeby wszystkie przypadki znęcania się nad służbą można wytłumaczyć zespołem stresu pourazowego. Cały ten system jest zły. Pamiętaj, że w tym regionie służba jest całkowicie zdana na łaskę swojego sponsora. Służącym zabiera się paszporty, nie mają określonych godzin pracy, większość nie ma nawet jednego wolnego dnia. Czasami nie pozwala im się rozmawiać przez telefon. Muszą ubierać się tak, jak każe im pracodawca, nawet dostęp do jedzenia mają ograniczony! Muszą służyć dwadzieścia cztery godziny na dobę! No, sam powiedz! – *Madame* Linda podniosła głos. – Czy taki system pracy jest do pomyślenia u nas, w Stanach?!

Widziałam, że doktor David z uwagą przysłuchiwał się słowom *madame* Lindy.

– Ale musisz też wziąć pod uwagę to, że pieniądze zarobione tu na służbie ratują setki tysięcy ludzi od skrajnej nędzy i głodu. – Doktor David starał się spojrzeć na problem ze wszystkich stron. – Najczęściej jest to jedyny sposób na przerwanie zaklętego kręgu dziedziczenia biedy przez kolejne pokolenia. Służące wysyłają pieniądze do swoich krajów nie tylko na jedzenie, ale też na edukację swoich dzieci. To jest jakaś szansa na lepszą przyszłość następnych generacji. Nie trzeba daleko szukać. – Doktor David poprawił się na krześle. – W moim gabinecie zatrudniam filipińską pielęgniarkę, której matka pracowała w Kuwejcie jako służąca i jedynie dzięki temu możliwe było opłacenie dla niej szkoły dla pielęgniarek.

W tym momencie musiałam się zgodzić z doktorem Davidem. Mnie też mama posłała do prywatnej szkoły, gdzie edukacja była dużo lepsza niż w placówkach państwowych. Nauczyłam się tam na tyle angielskiego, że teraz mogłam bez większych trudności porozumieć się z moją amerykańską *madame*. Gdyby nie to, że mama miała wypadek i już nie mogła dłużej pracować, to może też skończyłabym szkołę dla pielęgniarek. Obiecałam sobie, że zrobię wszystko, aby zapewnić dobre wykształcenie mojej córeczce Mumtaz.

Po prawie trzech miesiącach *madame* Linda powiedziała mi, że trzeba uregulować moje sprawy, więc musimy skontaktować się z ambasadą Indii. Mój paszport nadal był u mojego sponsora, więc należało albo odzyskać dokument, albo wyrobić nowy. Kiedy wcześniej zaczęłam z własnej woli wykonywać domowe obowiązki dla *madame* Lindy, od razu zaproponowała mi pensję równą tej, którą dostawałam w pałacu kuwejckiej księżniczki. Pomyślałam sobie, że może *madame* Linda zgodzi się na to, żebym została i pracowała dla niej oficjalnie. Zanim znalazłam się w domu *madame* Lindy, dwa razy w tygodniu przychodziła do niej Filipinka, która sprzątała jej apartament oraz prała i prasowała ubrania. Kiedy poczułam się lepiej, od razu zaczęłam zajmować się wszystkimi pracami domowymi, żeby odwdzięczyć się *madame* za opiekę. Ale ta potraktowała to jak pracę, którą dla niej wykonuję, i po pierwszym miesiącu od razu otrzymałam pensję. Kiedy zaczęły się rozmowy na temat mojej przyszłości, miałam nadzieję, że *madame* zatrudni mnie na stałe. Należało uregulować sprawę dokumentów i zrobić transfer wizy od mojego dawnego sponsora do *madame* Lindy.

Zapytałam *madame* Lindę, czy jest zadowolona z mojej pracy i czy istnieje możliwość, żebym u niej została. *Madame* odpowiedziała, że nie ma do mnie żadnych zastrzeżeń, ale z zatrudnieniem może być kłopot.

– Dlaczego?! – Nie kryłam rozczarowania. *Madame* Linda była dla mnie życzliwa i tak dobrze się mną opiekowała w najcięższych dla mnie chwilach. Co ja zrobię bez jej pomocy?!

– myślałam przerażona. – Nawet jeszcze nie skontaktowałam się ani z mężem, ani z rodziną w Indiach! Nie byłam gotowa odpowiadać na ich wszystkie pytania dotyczące tego, co się ze mną działo przez ten cały czas. Poza tym na pewno mieliby do mnie pretensje, że nie przysyłałam im tak długo żadnych pieniędzy. Mogliby uważać, że wymyśliłam całą historię jedynie po to, żeby im nie płacić!!!

Kiedy zdałam sobie sprawę z tego, że zostanę zupełnie sama, bez opieki *madame* Lindy, wybuchnęłam niepohamowanym płaczem.

– Bibi! Co się dzieje?! – *Madame* Linda usiadła obok na kanapie i objęła mnie ramieniem.

– *Madame*! Co ja teraz zrobię?! – Cała się trzęsłam z rozpaczy.
– Oni mnie odeślą do mojego sponsora!!! Ja nie chcę, nie chcę!!!
– Dostałam gwałtownego ataku kaszlu.

– Bibi! Nie martw się! Nie musisz do niego wracać! – *Madame* mnie pocieszała. – Twoja ambasada się tobą zajmie! Wrócisz do Indii!

– Nie chcę do Indii! – Mój płacz stawał się coraz głośniejszy.
– Nie chcę!!! Nie mogę!!! – W wyobraźni znowu znalazłam się w swojej wiosce, gdzie rodzina ciągle żądała ode mnie pieniędzy, wszyscy traktowali mnie jak dziwkę, a po sąsiedzku mieszkali moi niedoszli gwałciciele.

Moje wewnętrzne obrażenia wciąż nie były zagojone do końca i dlatego nie widziałam się jeszcze z mężem. Nie chciałam służyć żadnemu mężczyźnie do zaspokojenia jego chuci. Na samą myśl o tym robiło mi się niedobrze i dostawałam silnego ataku kaszlu. Obiecałam sobie, że nigdy już nie pozwolę na to, aby mężczyzna dotykał mojego ciała. I tak też się stało.

– Bibi! Mówiłaś, że w Indiach masz córeczkę. Nie chcesz jej zobaczyć? – pytała łagodnie *madame* Linda.

– Chcę! Oczywiście, że chcę! – mówiłam przez łzy. – Ale nie chcę, żeby pracowała jako służąca! Jeśli teraz wrócę bez pieniędzy do Indii, to gdy Mumtaz jeszcze trochę podrośnie, będę musiała wysłać ją na służbę! Wszyscy tak robią! – Znowu zaniosłam się głośnym płaczem.

– Bibi! Ja bym cię z chęcią zatrudniła, ale problem jest w tym, że ja niedługo wyjeżdżam z Kuwejtu – tłumaczyła *madame* Linda.

– Ja mogę jechać z *madame* do Ameryki! – W moje serce wstąpiła nadzieja. Przecież moje koleżanki z pałacu księżniczki, Marika i Marisa, też pojechały do Stanów.

– Ale ja nie wracam do domu – mówiła *madame* Linda. – Moja korporacja chce mnie wysłać gdzieś do Europy. Tam zachodzi teraz wiele zmian, więc to jest dobry czas na ekspansję naszej firmy na zupełnie nowe rynki. Wiem, że na pewno będzie to kraj europejski, ale jeszcze nie wiem dokładnie który.

– To ja mogę jechać z *madame* do Europy – zapewniłam, ocierając łzy. Mogłam jechać w każde miejsce, byle uchronić się przed powrotem do Indii.

*Madame* Linda uśmiechnęła się.

– Jesteś pewna? – zapytała.

– Tak, na pewno – zapewniłam żarliwie.

– Dobrze, pomyślę. – Widać było, że *madame* Linda nad czymś się zastanawia. – Porozmawiam z doktorem Davidem i twoją psycholog. Zorientuję się, jak wygląda sprawa wszelkich formalności. Daj mi trochę czasu, a później wrócimy do tego tematu.

– Dziękuję, *madame* – rzekłam z nadzieją.

Po paru dniach *madame* powiedziała do mnie:

– Bibi! Już wiem, do którego państwa przenosi mnie moja firma. To jest Polska. Zastanów się dobrze, czy nadal chcesz tam ze mną jechać. – *Madame* patrzyła na mnie uważnie.

– Tak, *madame*, na pewno chcę – potwierdziłam.

Po tej rozmowie *madame* zajęła się urzędowymi procedurami związanymi z naszym wyjazdem, a ja starałam się ze wszystkich sił wykonywać dobrze swoje obowiązki, by mieć pewność, że nie zmieni zdania i zabierze mnie ze sobą.

Na pierwszy telefon do Indii zdobyłam się dopiero tuż przed wyjazdem do Polski.

– Mama! Tu Bibi! – powiedziałam.

– Nie ma Bibi – powiedziała mama. – Bibi umarła.

– Mamo! To ja, Bibi! Jak się czuje Mumtaz?! A jak moja siostra Anisa?! A jej dzieci?! Nazir i Sunita?! – krzyczałam do słuchawki.

– A Mumtaz?! Jak wygląda?! Jaka jest moja córeczka Mumtaz?!

Po drugiej stronie telefonu zapanowała przejmująca cisza, po czym mama wybuchnęła długim, spazmatycznym płaczem.

Pomyślałam, że czasem trzeba umrzeć, żeby narodzić się na nowo.

„Niewolnica Laura ucieka" – głosiły nagłówki gazet. Z zainteresowaniem sięgnęłam po artykuły. Po prawie dwudziestu latach pobytu w Polsce mogłam swobodnie czytać gazety. Prasa rozpisywała się o ucieczce filipińskiej służącej, która pracowała dla kuwejckiego dyplomaty w Warszawie. Historia tej kobiety przypomniała mi moje życie sprzed lat. Trzydziestoparoletnia Filipinka pracowała w Kuwejcie, a kiedy przestała być potrzebna swojemu sponsorowi, oddał Laurę do agencji pracy, która wcześniej ściągnęła ją z Filipin. Wtedy zatrudnił ją dyplomata, z którym służąca musiała przyjechać do Polski. Mimo że Filipinka nie była z tego zadowolona, nie miała wyboru, bo w kraju zostawiła pięcioro dzieci. Przez dwa lata w rezydencji kuwejckiego dyplomaty w Warszawie służąca sprzątała, prała, gotowała i opiekowała się dziećmi. Pracowała cały czas, włącznie z sobotami i niedzielami, po szesnaście godzin na dobę. Nie wolno jej było wychodzić poza ogrodzenie okalające teren posiadłości. Jedynie czasami żona dyplomaty brała ją ze sobą, kiedy szła na zakupy. No tak, pomyślałam, *madame* potrzebowała przecież kogoś do noszenia toreb. To były jedyne momenty, kiedy Filipinka dostawała na chwilę paszport, ale musiała go oddać zaraz po powrocie do ambasady. Za swoją pracę służąca dostawała osiemset złotych miesięcznie.

Pewnego dnia udało jej się uciec i dotrzeć na spotkanie zorganizowane przez La Stradę, czyli Fundację Przeciwko Handlowi Ludźmi i Niewolnictwu, oraz ambasadę Filipin dla jej rodaczek pracujących w Polsce. Tam dowiedziała się, że jej wynagrodzenie to zaledwie połowa polskiej płacy minimalnej. Kiedy wróciła do swojego pracodawcy i zażądała podwyżki oraz należnych jej praw, ten natychmiast postanowił odesłać Laurę do jej ojczystego kraju. Następnego dnia rano, mówiąc służącej, że jedzie na parę tygodni do Kuwejtu, dyplomata zawiózł ją na lotnisko. W rzeczywistości kupił jej bilet do Manili, o czym miała dowiedzieć się dopiero po przejściu przez bramki kontroli.

Przed wyjazdem na lotnisko Filipince udało się powiadomić telefonicznie La Stradę o tym, co się dzieje. Oprócz tego miała przy sobie kartkę, której treść drogą esemesową dostała od fundacji. Było na niej napisane: „Jestem ofiarą handlu ludźmi". Została poinstruowana, żeby pokazać ją odpowiednim służbom na lotnisku. Nie okazało się to jednak konieczne, bo La Strada zdążyła już poinformować Straż Graniczną, która rozpoznała służącą i pomogła jej opuścić lotnisko.

Z zamieszczonych w prasie tekstów dowiedziałam się, że nie jest to pierwszy tego typu przypadek w Polsce. Wcześniej inny kuwejcki dyplomata zatrudniał, na warunkach równie upokarzających jak jego rodak Laurę, dwie służące z Filipin, May i Lisę. Ponadto May była znieważana i gnębiona przez żonę dyplomaty. Po kolejnej awanturze May, nie mogąc wytrzymać już więcej upokorzeń, natychmiast uciekła z rezydencji w warszawskim Wilanowie. Była połowa marca. Bez pieniędzy i ciepłego ubrania błąkała się po ulicach miasta. Przypadkowa kobieta zaprowadziła ją na posterunek policji, która z kolei powiadomiła La Stradę. Od tej pory May mieszkała w schronisku prowadzonym przez fundację. Dyplomatów nie można było pociągnąć do odpowiedzialności, bo chronił ich immunitet.

Czytając tego rodzaju artykuły, zdałam sobie sprawę, że opisane przypadki, które w Polsce wywołują tyle emocji i trafiają na pierwsze strony gazet, to codzienność i norma w bogatych krajach Zatoki. Popatrzyłam na swoje wciąż widoczne blizny... Wydarzenia, które wzbudziły falę oburzenia w Europie, nie są jeszcze czymś najgorszym, co mogło spotkać służące zdane na całkowitą łaskę sponsorów. To skrzypienie zamykanych i otwieranych drzwi, kiedy byłam więziona przez tyle miesięcy... Zbliżające się kroki na schodach... Do tej pory odgłos uderzających o stopnie butów powoduje, że dostaję gęsiej skórki. Nie mogę też jeździć windą, ponieważ boję się zamkniętych pomieszczeń.

Kiedy przyjechałam do Polski z *madame* Lindą, zaczęłam zupełnie nowe życie i pracę na innych niż wcześniej warunkach. Na początku *madame* musiała mnie pilnować, żebym za dużo nie pracowała, bo byłam przyzwyczajona do kilkunastogodzinnego dnia pracy i dyspozycyjności dwadzieścia cztery godziny na dobę. *Madame* Linda zwykła do mnie mówić:

– Bibi! Wyjdź gdzieś z domu! Idź na spacer do parku! Już na dzisiaj skończyłaś swoją pracę!

– Nie, nie chcę – odpowiadałam. Wolałam być pod ręką, jeżeli *madame* by mnie potrzebowała.

Od razu po przyjeździe do Polski *madame* zapisała siebie i mnie na kurs języka polskiego. Od początku świetnie dawałam sobie radę z nauką i *madame* była ze mnie dumna. Uczestnicy kursu traktowali mnie jak swoją koleżankę, więc musiałam do nich mówić po imieniu. Było to dla mnie naprawdę trudne.

*Madame* Linda nauczyła mnie wielu rzeczy, ale jednego nie mogła we mnie przełamać. Nie mogłam zdobyć się na to, żeby razem z nią jeść posiłki przy jednym stole. Byłam jej służącą i uważałam to za niestosowne. *Madame* wielokrotnie próbowała zapraszać mnie do wspólnego stołu, ale widząc moje skrępowanie, kiedy siadałam na brzegu krzesła i z ociąganiem zabierałam się do jedzenia, w końcu uszanowała mój pogląd na ten temat i już więcej mnie do tego nie namawiała. Przez cały czas pracy zwracałam się do niej *madame* Linda.

Po około dziesięciu latach pobytu w Polsce korporacja, w której pracowała *madame* Linda, znowu wysyłała ją w inne regiony świata. Tym razem był to Daleki Wschód. To *madame* Linda namówiła mnie, żebym została w Polsce.

– Bibi! Doskonale mówisz po polsku, poznałaś już ten kraj, zostań i ułóż tu sobie życie – przekonywała mnie. – Poleciłam cię moim znajomym, więc masz zapewnioną dobrze płatną pracę u dyplomatów amerykańskich. Zatrudnię prawnika, który zajmie się wszystkimi formalnościami. Będziesz mogła tu sprowadzić swoją córkę Mumtaz.

W rzeczywistości przekonał mnie ten ostatni argument. W Indiach byłam parę razy i nie widziałam tam żadnej przyszłości dla mojej córki. Opłacałam jej prywatną szkołę, ale wiedziałam, że gdy wkrótce podrośnie i kogoś poślubi, zostanie zmuszona do całkowitego podporządkowania się swojemu mężowi i jego rodzinie. Chciałam uchronić ją przed takim losem. Kiedy podjęłam decyzję o pozostaniu w Polsce, *madame* Linda niezmiernie ucieszyła się z tego powodu i jeszcze przed wyjazdem dopilnowała, żeby Mumtaz przyjechała do Polski i została zapisana do szkoły. Pomogła nam też wynająć niewielkie mieszkanie.

Razem z Mumtaz odprowadziłam *madame* Lindę na lotnisko Okęcie. Kiedy się żegnałyśmy, obie głośno płakałyśmy. Ale w oczach *madame* Lindy oprócz smutku spowodowanego tym, że się rozstajemy, dostrzegłam też satysfakcję wynikającą z poczucia dobrze wypełnionej misji.

Zaraz po wyjeździe *madame* Lindy wzorem arabskich księżniczek kupiłam sobie i Mumtaz biżuterię ze szmaragdami, żeby chroniła nas od złego oka. Noszę złoty pierścionek ze szmaragdami, otoczony cyrkoniami, a moja córka kolczyki o identycznym wzorze. Wierzę, że dzięki temu klątwa Czandry już nas nie dosięgnie.

Moja mama jeszcze żyje, ale jest już poważnie schorowana. Pomagam jej, jak mogę. Z rekompensaty wypłaconej mi w dwóch transzach za straty poniesione podczas irackiej inwazji spłaciłam wszystkie swoje długi w Indiach. Teraz mama i siostra z rodziną są bezpieczne i nie grozi im wyrzucenie z domu na ulicę.

Z mężem nie utrzymuję w ogóle kontaktów. Kiedy zniknęłam w Kuwejcie na tak długi czas, moja rodzina myślała, że zostałam zamordowana i pogrzebana na pustyni, tak jak to się nieraz zdarzało z niektórymi służącymi. Mąż od razu znalazł sobie drugą żonę, która zaczęła go utrzymywać. Przez wszystkie lata nie zainteresował się losem naszej córki.

Z zadowoleniem przyjęłam wiadomość o pojmaniu Saddama Husajna w dwa tysiące trzecim roku. Przez tego okrutnego dyktatora cierpiały miliony ludzi – w jego własnym kraju i w wielu innych. To przekonało mnie po raz kolejny, że wszystko, co złe, musi się kiedyś skończyć.

Ostatnio pojawiła się nadzieja, że system, w którym służące pracowały dniami i nocami bez chwili wytchnienia i należnych im praw, też niedługo przejdzie do przeszłości. Pod wpływem ostrej krytyki ze strony międzynarodowych organizacji zajmujących się prawami człowieka zarówno rządy krajów Rady Współpracy Zatoki Perskiej, jak i rządy państw, z których pochodzą służące, dostrzegły skalę problemu współczesnego niewolnictwa. W listopadzie dwa tysiące czternastego roku w Kuwait City odbyło się istotne spotkanie na poziomie podsekretarzy pracy z krajów Rady Współpracy Zatoki Perskiej. W efekcie uzgodniono projekt zunifikowanego kontraktu, na podstawie którego może być przyjęta do pracy służba domowa. Przyjęte uregulowania obejmują ośmiogodzinny dzień pracy, ograniczenie nadgodzin do dwóch, prawo do dni wolnych, zapewnienie minimalnej, określonej przez dany kraj pensji oraz odpowiednich warunków mieszkaniowych. Oprócz tego projekt zabrania pracodawcom zatrzymywania paszportów swoich pracowników, zapewnia im swobodę poruszania się, prawo do zamieszkania poza domem pracodawcy oraz możliwość podróżowania w każdym wybranym przez siebie momencie. Pod koniec kontraktu pracodawca musi zapewnić służbie lotniczy bilet powrotny do ojczystego kraju.

Dowiedziałam się również, że od niedawna w Kuwejcie obowiązują nowe uregulowania dotyczące zatrudniania służących z Indii. Każdy pracodawca musi złożyć do ambasady Indii wniosek z prośbą o potwierdzenie kontraktu pracownika, który zamierza przebywać w Kuwejcie na wizie numer dwadzieścia. We wniosku pracodawca zobowiązuje się do respektowania szeregu warunków wynikających z dopiero co wprowadzonych zmian. Do nich należą między innymi: ośmiogodzinny dzień pracy przez sześć dni w tygodniu i dodatkowe wynagrodzenie za każde nadgodziny; wyposażenie pracownika w telefon komórkowy z opłaconym abonamentem; zagwarantowane prawo do swobodnego kontaktowania się i spotkań z rodziną oraz znajomymi; prawo do zatrzymania przy sobie paszportu przez pracownika. Ponadto jeżeli pracownik będzie niezadowolony z pracy lub warunków życiowych, które oferuje mu pracodawca, i wyrazi chęć powrotu do Indii przed upływem określonego w kontrakcie terminu, to pracodawca ma obowiązek opłacenia pracownikowi biletu do Indii. W przypadku sporu między pracodawcą a pracownikiem należy zawiadomić o tym ambasadę Indii, której urzędnicy dołożą wszelkich starań, aby rozwiązać spór polubownie. Z kolei w przypadku śmierci pracownika pracodawca jest zobowiązany do natychmiastowego powiadomienia ambasady Indii.

Ponadto obie strony muszą podpisać kontrakt, który należy złożyć w indyjskiej ambasadzie w Kuwejcie. W owym dokumencie należy określić czas trwania pracy, wysokość wynagrodzenia oraz procent zagwarantowanej corocznej podwyżki. W oddzielnym formularzu pracodawca musi dokładnie opisać, w jakich warunkach będzie żyła i pracowała służąca, to znaczy odpowiedzieć na pytania, czy będzie to willa, czy apartament, wymienić liczbę pięter i pokojów, podać, ile osób jest w rodzinie, włączając w to dzieci wraz z określeniem ich wieku, oraz liczbę pracujących w rodzinie służących. Jeżeli służąca nie będzie miała oddzielnego pokoju, pracodawca musi wyjaśnić, dlaczego tak się dzieje. Ambasada Indii zastrzegła sobie również prawo do odmowy zalegalizowania złożonego kontraktu.

Moim zdaniem te wszystkie zapoczątkowane zmiany z pewnością przyczynią się do tego, że system niewolniczej pracy pracowników z najuboższych rodzin, które musiały w ten sposób walczyć o przeżycie, odejdzie do przeszłości. Myślę, że proces ten wymaga czasu i transformacja na dużą skalę może być widoczna dopiero za dekadę czy nawet dwie. Nadal miliony służących pracują na dawnych zasadach w bogatych arabskich krajach. Jeżeli nie zaakceptowaliby panujących tam warunków, to setki innych nadal czekają na wyjazd nad Zatokę jak na podróż do raju. Zdecydowałam się opowiedzieć historię mojego życia, bo wierzę, że nadejdzie dzień, w którym nikt już nie będzie musiał służyć innym dwadzieścia cztery godziny na dobę przez siedem dni w tygodniu, z daleka od swojej ojczyzny – wyłącznie po to, aby zagwarantować swojej rodzinie środki do życia. Wtedy niech ta opowieść przywoła pamięć o ludziach, którzy przez kolejne pokolenia pracowali w warunkach urągających godności człowieka, przesyłając cały swój zarobek rodzinom, by wystarczyło im na codzienną egzystencję.

Żeby moja opowieść była pełna, muszę powiedzieć o tym, że znałam wiele rodzin kuwejckich, które naprawdę dobrze traktowały swoje służące. Między pracodawcą a pracownikiem wywiązywała się specyficzna więź, która zapewniała im długą i bezkonfliktową relację. Wiele służących pracowało dla tych samych sponsorów po kilkanaście, a nawet ponad dwadzieścia lat i dzięki temu mogły zapewnić swoim dzieciom dobre wykształcenie i lepszą przyszłość.

Przebywając w Polsce, czasami czytałam o rodzinach królewskich, dla których wcześniej pracowałam. W dwa tysiące piątym roku król Arabii Saudyjskiej Abd Allah ibn Abd al-Aziz Al-Su'ud sfinansował operację rozdzielenia polskich bliźniaczek syjamskich, przeznaczając na ten cel około półtora miliona dolarów. Ucieszyłam się z tego, że część bogactwa rodu Saudów, o którym z wypiekami na twarzy opowiadały moje koleżanki w pałacu w Rijadzie, została wykorzystana w tak dobry sposób. W dwa tysiące czternastym roku emir Kuwejtu, szejk Sabah al-Ahmad al-Jaber as-Sabah, został uhonorowany przez sekretarza generalnego ONZ tytułem *Humanitarian Leader*. W ciągu ostatnich lat Kuwejt przekazał setki milionów dolarów na pomoc humanitarną dla potrzebujących na Bliskim Wschodzie, głównie w Iraku i Syrii, oraz w wielu państwach afrykańskich, jak Czad, Etiopia, Kenia, Nigeria, Somalia i Sudan. W styczniu dwa tysiące piętnastego roku szejka Rima as-Sabah, filantropka i żona ambasadora Kuwejtu w Stanach Zjednoczonych, szejka Salima as-Sabaha, została mianowana Ambasadorem dobrej woli UNHCR. Nie zdziwiły mnie te tytuły, ponieważ obsługując kuwejcką księżniczkę w jej pałacu, wielokrotnie słyszałam, jak ona sama i jej goście rozmawiali o licznych akcjach charytatywnych, w których brali czynny udział.

Lubię Polskę i dobrze się czuję w tym kraju. Bardzo lubię również Polaków, a szczególnie ich gościnność i życzliwość, którą mnie wielokrotnie obdarzali. Ale nie podoba mi się to, że Polacy tak często narzekają. Zauważyłam, że zawsze potrafią znaleźć jakiś powód do niezadowolenia. Skarżą się na szefa w pracy, na drożyznę, na polityków, na korki na ulicach, kolejki w sklepach, biurokrację, spóźnione tramwaje i pociągi, samopoczucie, znajomych, rodzinę, zdrowie, a przede wszystkim na pracę i finanse! Polacy potrafią narzekać nawet na pogodę! Że pada deszcz, że wieje, że jest śnieg albo nie ma śniegu, że jest pochmurno, że nie ma słońca. Wtedy myślę sobie tak: Komu potrzebne jest słońce, jeżeli ma się prawdziwą wolność?

Najbardziej cieszę się z tego, że moja córka Mumtaz nie musi pracować jako służąca na warunkach, których nie zaakceptowałby żaden europejski kraj. Bo w Europie taka forma pracy nazywana jest niewolnictwem. To jest moje największe szczęście. Fakt, że moja ukochana córka mogła przyjechać do lepszego świata. Do Polski.

# Spis treści